岩溶地区盾构法隧道关键技术

齐明山 陈发达 晏启祥 王祥 王春凯 ◎ 著

西南交通大学出版社
·成都·

图书在版编目（CIP）数据

岩溶地区盾构法隧道关键技术 / 齐明山等著. -- 成都：西南交通大学出版社，2023.12
ISBN 978-7-5643-9707-4

Ⅰ.①岩… Ⅱ.①齐… Ⅲ.①岩溶区－隧道施工－盾构法－研究 Ⅳ.①U455.43

中国国家版本馆 CIP 数据核字（2024）第 027415 号

Yanrong Diqu Dungoufa Suidao Guanjian Jishu
岩溶地区盾构法隧道关键技术

齐明山　陈发达　晏启祥　王祥　王春凯　著

策 划 编 辑	罗俊亮
责 任 编 辑	杨　勇
助 理 编 辑	陈发明
封 面 设 计	GT 工作室
出 版 发 行	西南交通大学出版社
	（四川省成都市金牛区二环路北一段 111 号
	西南交通大学创新大厦 21 楼）
营销部电话	028-87600564　028-87600533
邮 政 编 码	610031
网　　　址	http://www.xnjdcbs.com
印　　　刷	成都勤德印务有限公司
成 品 尺 寸	185 mm × 260 mm
印　　　张	17
字　　　数	426 千
版　　　次	2023 年 12 月第 1 版
印　　　次	2023 年 12 月第 1 次
书　　　号	ISBN 978-7-5643-9707-4
定　　　价	98.00 元

图书如有印装质量问题　本社负责退换
版权所有　盗版必究　举报电话：028-87600562

前言
PREFACE

随着交通强国战略的大力推进，城市化进程不断加速，城市轨道交通系统持续完善，已成为现代城市发展的重要组成部分。盾构法作为隧道建设的重要技术手段，具有施工速度快、对环境影响小、安全性高等优点，已广泛应用于城市轨道交通、公路、水利等领域。然而，盾构法在岩溶地区的应用面临着诸多困难和挑战，如地层复杂多变软硬不均、岩溶空洞和隐伏岩溶、裂隙发育和突水涌水、超前地质预报手段有限准确度不高等问题。这不仅影响了盾构施工的效率和质量，也威胁着盾构隧道的施工安全和运营安全，甚至可能造成重大的社会影响和经济损失。因此，深入研究岩溶地区盾构法隧道的关键技术，对于提高盾构法隧道的建设质量、保障城市轨道交通建设与运营安全具有重要意义。

本书以贵阳轨道交通3号线一期工程为依托，从理论分析、数值模拟、现场监测和试验研究等方面，系统地研究了岩溶地层盾构隧道管片衬砌的力学特性、盾构掘进参数、地层变形与控制技术、盾构刀具受力机理及磨耗预测、建（构）筑物保护技术等内容，提出了一系列的理论方法、计算模型、预测公式、控制措施和优化方案，为岩溶地区盾构法隧道建设提供指导和参考。

本书共分为7章，各章内容如下：

第1章介绍了本书的研究背景及意义，概述了喀斯特地貌的特点，分析了岩溶地区盾构法隧道的建设难点。

第2章研究了岩溶地层盾构隧道管片衬砌的力学特性，模拟分析了溶洞分布状态对开挖洞室稳定性和管片受力的影响；并通过数值模型分析了地质顺层分布对盾构隧道管片受力的影响规律。

第3章研究了列车振动荷载下隧道结构的动力响应特征，分析了溶洞位置、溶洞间距、溶洞大小对隧道动力响应的影响规律。

第4章研究了岩溶地层盾构掘进参数的相关性，并基于机器学习算法，建立了土舱压力和地表沉降的预测模型。

第5章采用数值模型分析了盾构穿越复杂地层的三维变形特性，探讨了岩溶地层开挖后的地表沉降规律，并对渣土改良技术进行了试验研究。

第6章基于离散元方法，模拟了盾构刀具的破岩机理，并预测了滚刀磨损速率及使用寿命。

第 7 章分析了盾构掘进参数的相互影响，探讨了溶洞分布对地表沉降和推力、扭矩的影响，划分了岩溶地层盾构掘进影响分区，提出了盾构施工对邻近建（构）筑物的影响机理和控制方法。

本书是作者多年来从事岩溶地区盾构法隧道建设研究的成果总结和反思。参与本书研究工作的还有杨波、午鹏奇、彭旸、张君臣、苏留锋、廖晓龙、钟浩嘉、陈光友、刘琛尧等。

本书力求在理论上有所创新，实践上有所指导，但由于作者水平有限，书中难免有不足之处，恳请广大读者批评指正。

作 者

2024 年 7 月

目 录
CONTENTS

1 绪 论

1.1 喀斯特地貌及其特点 ……………………………………… 001
1.2 盾构技术发展现状 ………………………………………… 003
1.3 岩溶地区盾构法隧道建设难点 …………………………… 006
1.4 岩溶地区盾构法隧道建设关键技术 ……………………… 011

2 岩溶地层盾构隧道管片衬砌力学特性研究

2.1 荷载计算 …………………………………………………… 016
2.2 横向理论解析分析法 ……………………………………… 023
2.3 岩溶影响分析 ……………………………………………… 042
2.4 地质顺层分布影响分析 …………………………………… 063
2.5 本章小结 …………………………………………………… 078

3 列车振动对管片衬砌力学特性影响研究

3.1 列车振动数值模型 ………………………………………… 080
3.2 列车振动荷载作用下隧道结构的响应特征 ……………… 082
3.3 溶洞位置对隧道力学性能的影响 ………………………… 086
3.4 溶洞间距对隧道受力的影响 ……………………………… 095
3.5 溶洞大小对隧道的影响特征分析 ………………………… 104
3.6 软硬不均地层对隧道受力的影响 ………………………… 109
3.7 本章小结 …………………………………………………… 115

4 岩溶地区复杂地层盾构合理掘进参数研究

4.1 国内外研究现状 …………………………………………… 117
4.2 机器学习算法简介 ………………………………………… 121
4.3 盾构掘进参数统计分析 …………………………………… 127
4.4 基于机器学习的土舱压力预测模型 ……………………… 132
4.5 基于机器学习的地表沉降预测模型 ……………………… 138
4.6 本章小结 …………………………………………………… 145

5　岩溶地区复杂地层变形与控制技术研究

- 5.1　盾构隧道施工过程的有限元模拟方法 …………………………………… 147
- 5.2　盾构穿越复杂地层三维变形特性 …………………………………………… 149
- 5.3　地表沉降预测公式 …………………………………………………………… 155
- 5.4　土压平衡盾构渣土改良方法 ………………………………………………… 156
- 5.5　本章小结 ……………………………………………………………………… 163

6　盾构刀具受力机理及磨耗预测优化研究

- 6.1　盘形滚刀破岩机理 …………………………………………………………… 164
- 6.2　切刀破岩机理 ………………………………………………………………… 174
- 6.3　离散元参数标定 ……………………………………………………………… 177
- 6.4　贯入度对滚刀受力的影响 …………………………………………………… 185
- 6.5　安装半径对滚刀受力的影响 ………………………………………………… 192
- 6.6　滚刀磨损及寿命预测 ………………………………………………………… 201
- 6.7　本章小结 ……………………………………………………………………… 206

7　岩溶地区盾构隧道近距离穿越建（构）筑物保护技术研究

- 7.1　白云岩地层盾构掘进参数相互影响研究 …………………………………… 208
- 7.2　溶洞分布对地表沉降和推力扭矩的影响 …………………………………… 229
- 7.3　岩溶地层盾构掘进影响分区 ………………………………………………… 242
- 7.4　盾构施工对邻近建（构）筑物的影响机理与控制 ………………………… 249
- 7.5　本章小结 ……………………………………………………………………… 257

附录　Python 代码 …………………………………………………………………… 259

参考文献 ……………………………………………………………………………… 262

1 绪 论

1.1 喀斯特地貌及其特点

喀斯特地貌是指可溶性岩石（如石灰岩、白云岩、石膏、盐岩等）在地下水和地表水的化学溶蚀和物理侵蚀作用下形成的各种地形和地貌，如溶沟、溶洞、天坑、峰林、石林、地下河等。喀斯特地貌分布广泛，尤其在我国西南地区，如广西、贵州、云南等省份。喀斯特地貌的特点是地下水资源丰富、地下地质条件复杂多变，给城市建设带来了很大的挑战和影响。

1.1.1 岩溶作用的机理和影响因素

岩溶作用是指水中的二氧化碳和其他酸性物质与可溶性岩石发生化学反应，使岩石溶解的过程。例如，石灰岩的主要成分是碳酸钙，其化学反应如下：

$$CO_2 + H_2O \rightleftharpoons H_2CO_3$$

$$H_2CO_3 + CaCO_3 \rightleftharpoons Ca^{2+} + 2HCO_3^-$$

影响岩溶作用的因素有气候、生物、地质和人类活动等。

气候因素主要包括温度、降水和气压等，温度越高，水中的二氧化碳溶解度越低，岩溶作用越弱；降水量越大，水中的二氧化碳和酸性物质越多，岩溶作用越强；气压越高，水中的二氧化碳分压越大，岩溶作用越强。

生物因素主要包括植物、动物和微生物等，它们通过呼吸、分解、分泌等方式，增加水中的二氧化碳和酸性物质，促进岩溶作用。

地质因素主要包括岩石成分、岩石结构和地质构造等，岩石成分决定了岩石的溶解度，一般来说，碳酸盐岩的溶解度大于硫酸盐岩，硫酸盐岩的溶解度大于卤盐岩；岩石结构决定了岩石的透水性，一般来说，晶粒细小、孔隙发育、裂隙多的岩石透水性强，有利于岩溶作用；地质构造决定了岩石的产状、破裂和抬升等，一般来说，平缓、张性和上升的岩石有利于岩溶作用。

人类活动主要包括农业、工业、城市化和旅游等，它们通过排放废气、废水、废渣等，改变水中的化学成分和物理性质，影响岩溶作用的强度和方向。

1.1.2 岩溶水的分布和循环特征

岩溶水是指岩溶化岩体中的地下水，它是岩溶作用的主要载体和动力。岩溶水的分布和循环受到岩溶作用的影响，具有以下特征：

（1）岩溶水分布不均匀，呈现出垂直和水平的分带。垂直分带主要包括包气带、过渡带、水平循环带和深部循环带。包气带是指地下水位以上的岩层，其空隙中既有水又有气，水的含量随季节变化而变化，岩溶作用较强；过渡带是指地下水位附近的岩层，其空隙中的水受到重力和压力的共同作用，水的含量随地下水位的升降而变化，岩溶作用较弱；水平循环带是指地下水位以下的岩层，其空隙中的水受到重力的作用，水的含量相对稳定，岩溶作用较弱；深部循环带是指深层的岩层，其空隙中的水受到压力的作用，水的含量较低，岩溶作用极弱。水平分带主要包括空隙水、裂隙水和溶隙水。空隙水是指存在于岩石颗粒或晶粒之间的水，水的含量较低、流动性较弱，岩溶作用较弱；裂隙水是指存在于岩石节理、裂缝或缝合面等的水，水的含量较高、流动性较强，岩溶作用较强；溶隙水是指存在于岩石溶洞或地下河等的水，水的含量最高、流动性最强，岩溶作用最强。

（2）岩溶水的循环速度快，径流方式复杂，水文条件多变。岩溶水的循环速度受到岩石透水性、地形坡度、水位差和水量等因素的影响，一般来说，透水性强、坡度大、水位差大和水量多的岩溶水循环速度快，反之则慢。按径流方式，岩溶水可分为地表径流、地下径流和伏流等。地表径流是指沿着地表的溶沟、溶谷或河道流动的水，它是岩溶水的主要补给来源，也是岩溶作用的主要场所；地下径流是指沿着地下的裂隙、溶洞或地下河流动的水，它是岩溶水的主要运输方式，也是岩溶作用的主要结果；伏流是指在某一地点突然消失，经过一段地下流程后再出现在地表的水，它是岩溶水的特有现象，也是岩溶作用的特殊表现。

1.1.3 典型喀斯特貌发育特征

贵州处于我国长江水系与珠江水系的分水岭地区，形成中部高，向南、向北两面斜坡，因而又成为高耸于四川盆地与广西丘陵间的高原山地。地层以第四纪全新统和第三纪红层为主，广泛分布有碳酸盐岩，贵州碳酸盐类岩石面积约占全省总面积的70%，贵阳市碳酸盐类岩石面积约占全市总面积的85%。区内不断的地质运动使岩性以碳酸盐岩为主的水溶性岩层发生块举升，岩溶作用得以强烈发育，形成典型的喀斯特地貌特征。

喀斯特地貌地表形态包括石芽、溶沟、漏斗、落水洞、竖井、洼地、溶盆、槽谷、峰林、峰丛、溶丘、岩溶湖、潭、多潮泉等，类型众多。喀斯特地貌地下形态包括有溶洞、地下河、暗湖及各种钙质沉积形态，如钟乳石、石笋、石盾、卷曲石、钙板、石幔、石瀑布、石帷幕、鹅管状钟乳石等。

根据岩溶溶蚀类型，贵州地貌类型大致可分为以下四种：

（1）峰林区：分布范围为黔中、黔西南，地层岩性主要为下三叠统至中三叠统白云岩、灰岩、泥质白云岩。

（2）峰丛区：分布范围为黔南、黔西北，地层岩性主要为中泥盆统、上石炭统至中二叠统白云岩、灰岩。

（3）岩溶丘丛-峰丛区：分布范围为黔北、黔东北，地层岩性主要为下寒武统至下奥陶统、下三叠统白云岩、灰岩。

（4）中低山丘陵丹霞地貌、低中山丘陵区、低山丘陵盆谷区：分布范围为赤水、习水及桐梓西北部，凯里-三都一线以东，黔西南南部、北盘江下游及红水河地区，地层岩性主要为中三叠统至上三叠统、侏罗系、白垩系的红色砂砾岩、陆源碎屑岩及浅变质岩。

1.1.4 喀斯特地貌地质特点

贵阳地处中国南方喀斯特地貌区，是典型的岩溶地区之一，其地质特点主要包括以下几个方面：

（1）贵阳地区的岩溶地质构造复杂，地下水系统发育。该地区主要由石灰岩、石膏和盐岩组成，这些岩石易受水溶蚀作用影响，形成了大量的溶洞和地下水通道。地下水系统的发育使得地下水位变化较大，地下水对地表和地下岩层的侵蚀作用明显，导致地下空洞的形成。

（2）贵阳地区岩溶地貌丰富多样。在贵阳地区，可以看到各种规模不一的溶洞、天坑、地下河等地貌景观。这些地貌为地下工程建设带来了一定的挑战。

（3）贵阳地区岩溶地质环境脆弱。由于岩溶地区地下空洞多、地表岩层薄，地质环境较为脆弱，地下水位变化大，地下水对地下岩层的侵蚀作用明显，这为地下工程建设增加了一定的不确定性和风险。

（4）地表和地下水体之间联系密切。地表水通过地下岩溶通道与地下水系统相互交换，形成了独特的水文地质环境。这种地表水和地下水的相互作用对地下工程建设提出了更高的要求，需要充分考虑地下水对隧道工程的影响，以及地下水的排水和防治措施。

（5）地下水对地表和地下岩层的侵蚀影响大。地下水的流动和侵蚀作用使得岩溶地区的地下空洞和溶洞发育十分复杂，这为地下工程的建设增加了一定的难度和风险。在盾构法隧道的施工过程中，需要充分考虑地下水对地下岩层的侵蚀作用，采取相应的支护和加固措施，以确保隧道工程的安全施工和运营。

综上所述，贵阳地区岩溶地质工程建设面临着独特的挑战。在盾构法隧道等地下工程建设中，需要充分考虑地下空洞、地下水位变化等因素对工程的影响，深入研究地质特点，制定科学合理的工程方案，采取相应的工程措施，以应对岩溶地区地质环境的挑战，推动地下工程建设的发展。

1.2 盾构技术发展现状

1.2.1 盾构技术的发展历程

盾构技术的出现可以追溯到 19 世纪，最早应用于水利工程和地下隧道的建设。随着城市化进程的加快和交通基础设施的需求增加，盾构技术得到了更广泛的应用。从最初的手工操作到现代化的机械化施工，盾构技术经历了长足的发展。在这一过程中，盾构机的结构和工作原理得到了不断改进，施工效率和安全性也得到了显著提高。

当前，盾构技术在全球范围内得到了广泛应用，尤其是在城市地铁、水利工程、交通隧道等领域。随着城市化进程的加快和基础设施建设的需求增加，盾构技术的市场前景广阔。同时，盾构技术在智能化、自动化方面的发展也日益成熟，为施工提供了更多可能性，在工法和设备发展上有了进一步的提高和创新。

(1)智能化盾构工法。

随着人工智能和大数据技术的飞速发展,盾构工法也进入了智能化时代。智能化盾构工法的核心在于利用先进的数据分析和自动化技术,以提高施工的安全性和效率。智能化盾构工法具有以下特点:① 实时数据监控:通过在盾构机上安装传感器,实时收集掘进过程中的数据(如土压、扭矩、推进速度等),并通过高级数据分析技术进行处理,以获得即时的施工反馈;② 自动调节系统:盾构机能够根据监控数据自动调整掘进参数,如刀盘转速、推进力等,以适应不断变化的地质条件;③ 预测模型:采用机器学习算法,基于历史数据和实时数据,预测可能的障碍和风险,从而提前作出调整。该工法提高了施工的安全性,减少了由于人为判断错误导致的事故;优化了施工效率,通过精准的参数调整减少了不必要的停机和维护时间。

(2)环境友好型盾构工法。

随着公众环保意识的提高,减少城市施工对环境的影响成为了重要课题。环境友好型盾构工法旨在减少施工过程中对环境的负面影响,如噪声、振动和空气污染。这种工法具有以下特点:① 低噪声、低振动设备:采用先进的隔音和减震技术,使得盾构机在工作时产生的噪音和振动大大减少;② 尘埃和废物管理:优化盾构机的渣土处理系统,减少施工过程中产生的尘土和废物;③ 绿色建材:在衬砌结构中使用环保材料,减少对环境的长期影响。该工法能够改善施工区域的环境质量,减小对周围居民生活的影响。

(3)复合地层适应性盾构工法。

在复杂地质条件下进行盾构施工,尤其是在软硬不均的岩层中,一直是盾构工程的难题。复合地层适应性工法的开发旨在提高盾构机对这些复杂条件的适应能力。这种工法具有以下特点:① 灵活的切削系统:根据地层特性(如硬度、湿度等)自动调整刀盘类型和切削力;② 多模式掘进策略:盾构机可根据地质条件切换不同的掘进模式,如全断面掘进、分段掘进等;③ 增强型盾尾密封系统:以适应不同地层对密封性能的要求,特别是在水文地质条件复杂的区域。该工法提高了盾构机在复杂地层中的适应性和掘进效率,减少了地层不均匀性对施工进度和质量的负面影响。

通过这些工法创新,盾构技术正成为更加智能化、环境友好且能有效应对复杂地质条件的先进施工方法。这些技术的发展不仅提高了施工效率和安全性,也为城市地下空间的开发提供了更加坚实的技术支撑。

盾构技术在不同地质条件下的应用具有很强的适应性,可以应对岩石地层、软土地层、泥岩地层等不同的地质环境。针对不同地质条件,盾构技术可以采用不同的工艺和设备,以确保施工的顺利进行。在特殊地质条件下,如高地应力、地下水涌入等情况,盾构技术也在不断探索和创新,以克服诸多挑战。随着工程技术的不断进步,盾构设备也在经历着革命性的变化,大致可分为以下3种:

(1)高性能盾构机。

近年来,高性能盾构机的发展成为了盾构技术设备进步的重要发展趋势。这些盾构机在提升驱动力、耐用性和操作精度方面取得了显著进步。它们配备了更强大的驱动系统,能够有效应对硬岩和复杂地层的挑战。同时,这些机器的渣土处理系统也得到了优化,可以更快速、更高效地处理掘进过程中产生的渣土和岩石,减少堵塞和穿孔风险。此外,高性能盾构机还采用了先进的导航技术,如GPS和激光制导,以提高掘进精度,确保隧道按预定路线施工。这些改进显著提升了在复杂地质条件下的施工效率和隧道质量。

（2）模块化盾构机设计。

模块化盾构机设计是另一个重要的发展趋势。在这种设计理念下，盾构机的关键部件，如刀盘、盾尾密封系统和渣土处理系统，被设计成模块化结构，以便根据地质条件或工程需求快速更换。这种设计使得同一台盾构机可以适应多种不同类型的隧道工程，大大提升了设备的通用性和灵活性。此外，模块化设计也使得盾构机的维护和升级工作更为简便，降低了长期运行成本。模块化盾构机设计的出现，为盾构机的适应性和多功能性开辟了新的可能。

（3）遥控和自动化技术。

遥控和自动化技术的引入标志着盾构设备向更高级别的操作效率和安全性迈进。这些技术允许操作人员在地面控制室远程控制盾构机，显著减少了直接在隧道内工作的风险。高级自动化系统能够自动执行多项操作任务，如掘进速度调节、刀盘旋转等，减少了对人工操作的依赖。此外，集成的智能监控系统能够实时监测设备状态，对潜在的故障和风险提前发出预警，及时进行维护。这些技术的应用不仅提高了施工的安全性，尤其是在极端或危险的环境中，还提高了操作效率和设备的可靠性。

总的来说，这些设备发展方面的进步不仅提升了盾构施工的效率和安全性，而且为适应各种复杂地质和环境条件提供了更加高效和灵活的解决方案，推动了地下工程领域的技术进步。

1.2.2　岩溶地区盾构技术发展现状

在喀斯特地貌条件下，盾构技术作为一种先进的地下工程施工方法，面临着独特的挑战和机遇。喀斯特地貌条件下的盾构技术发展现状需要从地质勘察和工程设计、施工技术，以及安全管理等方面进行讨论。

在地质勘察和工程设计方面，喀斯特地貌的地质特点对盾构隧道的线路选择、隧道断面设计、地质灾害风险评估等提出了更高的要求。在施工技术方面，喀斯特地貌的地下空洞、地下水位变化等特点对盾构隧道的掘进、支护和排水提出了更高的要求。在安全管理方面，喀斯特地貌的地质环境脆弱性对盾构隧道的安全施工和运营管理提出了更高的要求。

不仅如此，喀斯特地貌条件下的盾构技术发展现状还需要从国内外研究和实践经验进行讨论。国内方面，贵阳市是我国首个在喀斯特地貌区域大规模使用盾构法施工的城市，贵阳市轨道交通 3 号线 75% 的正线隧道采用盾构法施工，创造了我国喀斯特地貌大规模盾构施工的先例。除贵阳市外，南宁市、昆明市等城市也在喀斯特地貌区域开展了盾构法施工，积累了一定的经验和技术。

国际方面，由于喀斯特地貌区域的地下水资源和生态环境的保护，以及盾构法施工的高成本和风险，目前在世界范围内，喀斯特地貌区域的盾构法施工还很少见，相关的技术和经验也比较缺乏。据了解，目前只有泰国曼谷、马来西亚吉隆坡等城市在喀斯特地貌区域进行了少量的盾构法施工，但其规模和难度都不及我国的喀斯特地貌盾构施工。

随着我国地下空间利用需求的不断增加，盾构技术在喀斯特地貌条件下的应用将面临更多的挑战和机遇。因此，需要对未来喀斯特地貌条件下的盾构技术发展趋势和关键技术方向进行深入研究和探讨，以指导相关领域的研究和实践。

综上所述，喀斯特地貌条件下的盾构施工是一个复杂而又具有挑战性的课题，喀斯特地貌盾构施工仍然面临着地质条件复杂、施工成本高、环境影响大等问题，需要进一步加强技术研究和创新，从地质勘察和工程设计、施工技术、安全管理、未来发展趋势和关键技术方向等多个方面进行综合分析和研究，提高盾构机的适应性和智能化水平，完善盾构施工的规范和标准，加强盾构施工的监测和管理，实现喀斯特地貌盾构施工的安全、高效、节能、环保的目标。只有深入了解和总结喀斯特地貌条件下的盾构技术发展现状，才能更好地指导相关领域的研究和实践，推动盾构技术在喀斯特地貌条件下的持续发展和创新。

1.3 岩溶地区盾构法隧道建设难点

1.3.1 岩溶对盾构施工的不利影响

1. 岩溶空洞对掘进稳定性的不利影响

岩溶区常见的地质情况包括：

（1）大型地下溶洞。

岩溶地层中可能发育有体积较大的地下溶洞，这种大型空洞一旦被盾构机突然切入，会严重破坏掘进面的平衡压力状态。根据盾构工作面土压力分布特点，上部压力最大，下部最小。如果上部切入溶洞，会造成压力骤减，下部压力维持不变，破坏上下压力平衡，引发严重的掌子面变形甚至坍塌。

（2）局部地下暗河。

暗河多发育于岩溶溶洞顶部，河道含水量大，两岸围岩质量差。当盾构面进入暗河河道，上部围岩可能发生坍落，高压流水还可对掌子面产生强烈冲刷作用，加剧泥土损失和变形。

（3）局部软弱隔水层。

若在软土或粉砂质的薄弱隔水带被盾构切入，这一软弱层的出现也会导致掘进面压力骤减，造成严重的失稳变形或涌水事故。软土层含有的微量渗流水，也可能对掌子面产生腐蚀和松动。

上述三种情况均会破坏掘进面的力学平衡状态，造成严重变形事故，需要提前识别预警，避免掘进面突入该类岩溶空洞。一旦发生严重变形，要及时调整推力或停止掘进并采取处理措施。

2. 地下水对施工安全的不利影响

岩溶区地下水多含量大，水头压力高，一旦大量涌入隧道，会对盾构施工产生多方面危害：

（1）冲刷掌子面。

当工作面突遇承压水体时，高压水流会对掌子面产生强烈的冲刷作用。严重时可致使掌子面土体流失，发生严重塑性变形。高压水流的强大冲击力会破坏掌子面土体的结构，并迅速带走破碎的泥土颗粒，导致掌子面发生严重灾难性后果。

（2）增加掘进阻力。

涌入大量水流会增加盾构掘进的阻力，需要增大推力才能保证进尺，增加能量消耗。这将提高施工难度，影响正常掘进进度。而推力过大也可能导致其他问题，需要选择合适参数。

（3）冲刷管片间接头。

高压水流还会对管片环间的接头产生冲刷。长期冲击可导致接头密封性变差，造成漏水事故。接头处的防水材料直接暴露在高压水流下，很容易被冲毁和破坏。

因此，必须采取有效措施防治岩溶区盾构隧道的涌水事故，包括提前水文地质预报，备好防涌物资等。发生涌水事故后，要迅速实施人员转移，同时组织抢堵工作，尽快关闭涌水通道。

3. 软硬岩互层对掘进稳定性的不利影响

岩溶地区常见岩性差异大的软硬岩互层组合，典型情况包括：

（1）机械性能差异大。

软岩和硬岩的抗压、抗剪性能差异巨大，与其相适应的盾构掘进难度和参数要求也迥然不同。面对同一水平的推力或扭矩，软硬岩层的反应和承受能力截然不同。这将对参数选择和控制带来很大难度。

（2）破坏力学平衡。

软硬岩在压力作用下的应变和变形特性不同，软岩层容易发生压缩变形，而硬岩层抗压性强。二者的这种差异会破坏层间原有的力学平衡状态。

（3）增加变形风险。

软硬岩重复交替出现，地层力学性状频繁变化，需要反复调整盾构掘进参数。长期的应力调整会造成应变累积，导致围岩产生过大塑性区，出现严重的非均匀变形，最终可能超出围岩的变形阈值，导致管片脱离和大面积围岩破坏。

4. 岩溶对围岩稳定性的不利影响

岩溶区围岩长期受到地下水的侵蚀作用，岩石内部产生了大量微观的裂隙缝隙，这削弱了围岩的力学完整性。当盾构机挖掘通过时，会使围岩中的应力状态和平衡发生改变。原有的微观裂隙在应力作用下迅速张开扩大，这进一步降低了围岩抵抗外力的能力，岩石的完整性和稳定性变得更差。严重时可能导致围岩破裂、开裂、坍塌等问题，不利于盾构施工。

具体来说，岩溶对围岩稳定性的不利影响主要有：

（1）削弱岩石抗压抗剪性能。

岩溶作用会导致岩石内部出现各向异性的裂隙、微孔隙，显著降低岩石的抗压强度和抗剪强度。

（2）加重岩石风化削弱效应。

充足的地下水可加速围岩岩石的化学风化效应，使其矿物成分发生衰变，加重岩石的强度衰减和物理结构破坏，降低了稳定性。

（3）加大岩石内部裂隙的张开程度。

盾构挖掘会使围岩内部应力环境发生改变，原有的微细裂隙在应力作用下迅速张开，破坏了岩石的力学完整性，不利于其承受稳定外力。

上述因素综合作用下，岩溶区围岩质量较差，承载能力差，出现围岩松动、开裂、脱块等破坏现象的可能性更大，给盾构施工增加了风险。

1.3.2 岩溶地区盾构隧道建设的主要难点

1. 地质预报的难度

岩溶发育具有很大的随机性和不确定性，准确预测地质情况存在很大困难，主要体现为以下几点：

（1）岩溶空洞分布范围难以确定。

岩溶溶洞形态复杂多变，空洞范围和形状难以提前判断。即使经过现场勘察，也很难完全掌握其空间几何形态特征。溶洞顶部常不规则变化，无法确定空洞上部范围。单个溶洞还可能沿不同方向分岔延伸，扩展方向难以提前预测。这些空间不确定因素导致很难准确预测岩溶空洞的整体分布范围。

（2）地下暗河走向难以确定。

在岩溶系统中，地下暗河河道走向多弯曲，有明显的蜿蜒现象，根据地表地形地貌情况难以判断实际河道走向。单条暗河在地下也可能分多支河道，河网情况复杂。同一条暗河道宽度也可能随地点不同而发生明显变化，在限定范围内难以确定其复杂走向。这使得岩溶区地下暗河的具体走向很难被准确预测。

（3）软硬岩互层分布难以准确判断。

通常在软硬岩互层的情况下，岩性变化频繁，软硬岩多次互相交替出现，难以从有限的勘探信息中准确识别它们的界面与位置。当岩层出现褶曲时，软硬岩界面会更加复杂，难以仅从局部情况推断整体分布规律。

（4）小型岩溶空隙难以发现。

岩溶系统中存在大量小型的溶蚀空隙，其尺度小到无法用常规勘探手段有效识别。这部分空隙对盾构施工也存在一定的负面影响与安全隐患。但由于它们体积小、分散随机，所以无法有效预测其空间分布范围和规模，只有在实际施工作业中才可能发现。

上述情况导致岩溶区地质预报存在困难，给工程技术人员提出了严峻挑战，需要采用多种勘探手段，提高预报准确率。但由于地质情况复杂，预报难度仍然很大。

2. 掘进参数难以确定

直接应用常规岩层的参数开挖，会给岩溶盾构施工带来严重风险。但是确定岩溶区合理参数也存在以下难点：

（1）推力参数难以设定合理范围。

软岩层和硬岩层的合适推力参数可相差一个数量级，但在岩溶互层中软硬岩频繁交替，无法提前预设一个固定的推力范围，需要根据地层变化不断调节。推力的取值不仅取决于岩性，还与刀盘扭矩、进尺等参数互相关联，在复杂变化环境下，很难提前预估一个合理的推力参数范围。

（2）刀盘扭矩难以合理预判。

岩溶空洞的大小、形状及围岩的力学强度可能变化很大，这导致不同空洞对应的刀盘扭矩需求差异显著。在这些高度不确定的复杂情况下，提前预设一个合适的扭矩范围是很困难的。扭矩的调整幅度也难以合理把握，需要结合实际地层情况进行频繁修正。

（3）最佳掘进速度难以提前判断。

软硬岩层的最佳进尺迥异，在岩性复杂多变环境中很难提前预判最优进尺。进尺不仅与岩性相关，还与推力、扭矩等参数存在复杂的关系。在复杂变化情况下准确预测最佳掘进速度具有很大困难。

上述种种不确定因素，使得岩在溶地区难以提前确定合理的盾构参数，需要根据实际情况不断调整和优化。

3. 管片接头处坍塌风险

管片接头是隧道衬砌中的关键部位，通常也是最脆弱的环节。在岩溶地区，由于地质条件复杂多变，如不稳定的岩石质量、水流侵蚀、岩溶空洞等因素使得管片接头处的风险更为突出，而管片接头的稳定性直接影响到整个隧道衬砌的安全性和完整性。岩溶地区管片接头的主要问题包括以下几点：

（1）推进易造成接头围岩损伤。

盾构掘进过程中，刀盘的机械动作会对管片接头处的围岩产生冲击和扰动效应。刀盘高速旋转撞击围岩，会在围岩中产生微裂隙。推进推力也对围岩施加额外的动荷载。长期下来，这些动作对围岩的损伤效应会逐渐累积，降低围岩的完整性，增加接头处发生裂隙、脱块和坍塌的风险。

（2）不良地层降低接头稳定性。

如果管片接头处发育有软弱的粉质黏土夹层或高度破碎的岩石破碎带，都会降低接头处围岩的整体稳定性。软弱层的力学性能差，易发生变形，而破碎带岩块松动，抗剪力差，这些不良地层的存在会削弱接头处围岩的力学性能，降低其抵抗外力的能力，提高发生坍塌和破坏的风险。

（3）接头处水蚀作用加重。

岩溶区充足的地下水可对管片接头处的围岩产生长时间的水流侵蚀效应。水流的长期环流会加重围岩的风化削弱效应，水中矿物质的化学腐蚀也会进一步降低围岩岩石的结构强度。水压还可能导致岩石裂隙面进一步张开，增加围岩破坏程度。

（4）岩溶空洞负面影响。

岩溶发育的空洞边缘及其周边围岩的应力状态非常复杂。这可能导致接头处岩应力环境被扰乱，力学性能变差。大型空洞还可能直接破坏围岩原有的力学平衡状态。另外，空洞的存在也降低了围岩的整体抗震能力。这些负面效应都增加了管片接头处发生破坏的可能性。

（5）断裂带动荷载作用。

如果接头附近发育有活动的断裂带，其断块的微震运动可对接头构造产生疲劳性质的微震动荷载影响；而大的断层突发运动也会产生冲击波对围岩产生破坏作用；断裂带还会削弱围岩的抗震、减震和能量消耗的性能。这些不良效应会提高接头处围岩破坏风险。

4. 高涌水风险

岩溶溶洞、暗河等地下空间含水量大，涌水事故高发，主要问题是：

（1）暗河、暗涌威胁。

岩溶区发育的暗河含水量大且河道走向难以预测，一旦被盾构切入，高压暗河水会猛然迸发暗涌，撞击掌子面并对围岩冲刷，造成严重后果。暗河暗涌来势汹汹且难以预警，如果无法快速堵截，会在短时间内将工作面淹没。

（2）溶洞储水效应。

规模较大的岩溶溶洞可能形成具有充足静水压力的地下水库。一旦水库通过任何通道破口与盾构工作面连接，巨大的涌水量会在瞬间喷发出来，造成非常危险的情况。这种溶洞储水池的涌水难以预知，且冲击力极强。

（3）岩性差异导致涌水通道。

岩溶地区软硬岩层交替，它们的接触面或软岩层自身就可能形成透水通道。这些透水通道可将暗河或地下水快速导向盾构工作面，在岩性突变处产生高风险的涌水情况。

（4）空洞内充水压力巨大。

如果盾构面遭遇溶洞内部充满高压水的情况，由于水获得突发释放的通道，其喷发的水柱冲击力和涌出水量都极其惊人，后果不堪设想。

（5）涌水物质成分复杂。

岩溶溶洞充盈的涌出水还可能含有大量的砂砾物质，这会迅速堵塞水泥浆封堵管道，极大地增加涌水处理难度。部分溶洞水中也可能含有溶解的化学物质，需要针对性处理。

上述种种涌水隐患，使得岩溶区盾构段涌水事故高发，防治难度大。必须采取防涌措施，做好应急准备，以控制涌水事故风险。

5. 地面沉降风险

地面沉降风险的出现与岩溶地区的特殊地质结构紧密相关，具体表现在以下几个方面：

（1）地质特性导致的地面沉降风险。

① 不稳定的岩溶结构。岩溶地区的地质结构通常包括可溶解岩石（如石灰石），这些岩石容易形成洞穴和裂缝。在盾构隧道施工过程中，这些不稳定的结构可能会因振动和压力变化而发生坍塌，导致地面沉降。

② 地下水流动性。岩溶地区的地下水流动性强，这可能导致地下水流动路径改变，增加地面沉降的风险。地下水的流动可以侵蚀岩溶地层，形成新的洞穴或扩大已有的空腔，从而影响地表稳定性。

③ 不均匀的地层压力分布。由于岩溶地形的不均匀性，地层压力分布可能不均衡，特别是在大型洞穴或空腔附近。在盾构施工过程中，如果未能正确评估并应对这种不均匀压力，可能会导致地面沉降。

（2）盾构施工引起的地面沉降风险。

① 盾构机操作不当。若盾构机操作不当，如推进速度过快或土压控制不准确，可能会导致地层移动或不稳定，进而引发地面沉降。

② 渣土排放不当。在盾构隧道施工中，渣土的排放需谨慎处理。如果排放不当，可能会导致地面负荷变化，引发地面沉降。

③ 衬砌结构设计不足。衬砌结构若设计不足以承受岩溶地区的地质压力，可能会在施工或运营过程中发生变形或破裂，导致地面沉降。

地面沉降还可能导致周边建筑物出现裂缝、倾斜甚至坍塌，特别是对于旧建筑或基础较弱的结构。地面沉降还可能影响地面的公共设施，如道路、管道和电线杆，导致公共服务中断。在生态敏感区域，地面沉降可能导致地表水和地下水的流向改变，影响当地生态系统。

综上所述，岩溶地区盾构法隧道建设中地面沉降的风险不仅来自地质本身的复杂性，也与施工过程中的操作、渣土处理和设计选择密切相关。因此，进行详细的地质勘探、精确的施工规划和严格的工程监控对于预防和控制地面沉降至关重要。

6. 隐伏岩溶引发运营风险

岩溶地区盾构法隧道建设面临的另一个重要难点是隐伏岩溶对隧道运营安全的潜在风险。隐伏岩溶是指地表以下不易被直接探测到的岩溶结构，包括隐蔽的溶洞、溶蚀裂隙和地下河等。这些隐伏岩溶结构在隧道运营阶段可能引发一系列问题，具体包括：

（1）隧道稳定性风险。

① 突发性地下空洞塌陷：隐伏岩溶结构可能在地下形成大型空洞。随着时间的推移，这些空洞可能因自然因素或隧道运营引起的振动而发生塌陷，导致隧道结构损坏。

② 长期地质变化。隐伏岩溶地区的地质环境可能随时间发生变化，如地下水位的变化可能导致原有岩溶结构扩大或新的岩溶形成，影响隧道的长期稳定性。

③ 衬砌结构破损。由于隐伏岩溶导致的不均匀压力或地质变化，隧道衬砌可能出现裂缝、变形甚至破裂。

（2）安全风险。

① 水害风险：隐伏岩溶区域常伴随着地下水活动。如果隧道穿过或靠近这些区域，地下水的压力或流动可能导致水害，如渗漏或洪水。

② 结构完整性损害：由于隐伏岩溶结构的不确定性，隧道的结构完整性可能受到损害，增加了隧道塌陷的风险。

（3）维护和修复成本。

① 持续监测和维护需求：由于隐伏岩溶的不确定性和潜在变化，隧道运营期间需要持续的地质监测和定期维护，以确保隧道安全。

② 紧急修复和改造：如果隧道受到隐伏岩溶结构的影响，可能需要进行紧急修复或改造工作，这将增加运营成本。

隐伏岩溶在岩溶地区盾构法隧道建设中是一个重要难点，尤其在隧道运营阶段。它不仅对隧道的稳定性和安全性构成威胁，还可能导致维护成本增加。因此，在设计和建设阶段进行全面的地质勘探和风险评估，以及在运营阶段实施有效的监测和维护措施，对于保障岩溶地区隧道的安全运营至关重要。

1.4 岩溶地区盾构法隧道建设关键技术

1.4.1 贵阳市轨道交通 3 号线一期工程概况

贵阳市轨道交通 3 号线一期工程线路全长 43.03 km，其中地下线 41.672 km，高架线 0.710 km，过渡段 0.648 km，全线设车站 29 座，线路走向如图 1-1 所示。最大站间距 2.965 km，最小站间距 0.486 km，平均站间距 1.52 km。设车辆段和停车场各 1 处，控制中心 1 处，主变电所 3 座。

1. 工程地质条件

（1）地形地貌。

贵阳市位于贵州省中部偏北，地处云贵高原的东斜坡，地形起伏较大，有山地、台地与丘陵，河谷、槽谷和盆地，海拔最高为 1 762 m，最低为 1 006 m。本次贵阳市轨道交通 3 号线沿线地形地貌类型较为复杂，桐木岭站—营坡站段主要属于溶蚀类型的丘峰谷地地貌，该区段处于贵阳向斜北部扬起端近轴黔灵山溶蚀残丘附近，位于贵阳溶蚀盆地北部；大营坡站—温泉路站段属于溶蚀—侵蚀类型的丘陵沟谷地貌；温泉路站—师范学院站段属于溶蚀类型的丘峰洼地地貌；师范学院站—东风镇车辆段区段属于剥蚀类型的断裂盆地地貌。

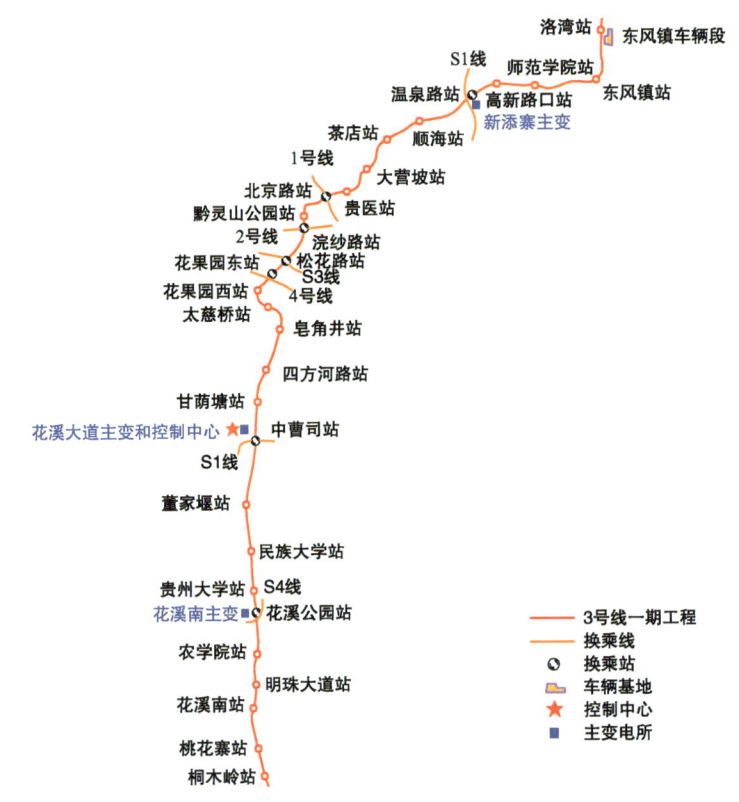

图 1-1　贵阳市轨道交通 3 号线一期工程线路走向示意

（2）地质构造。

区域地质构造单元属扬子准地台（一级构造单元）、黔北台隆（二级构造单元）、遵义断拱（三级构造单元）、贵阳复杂构造变形区（四级构造单元），以南北向构造为主。贵阳市大构造属川黔经构造体系的南部西缘，跨黔西山字形东翼外侧和黔东北新华夏隆起带的西南端。

沿线大断层主要有乌当断层、花溪断层和六神观断层，这 3 条大断层规模大，与 3 号线一期工程线路不相交，但与线路的距离不大；线路北部线路穿越 8 处小断层，断层破碎带岩石相对较破碎，对地下工程不利。根据区域地质资料和本工程的地质灾害危险性评估报告，全新世以来，沿线周边断层均为非活动断层。

场区及附近发育的褶皱主要有贵阳复式向斜、黔灵湖向斜、中曹司向斜；拟建线路全线穿越 3 处小型褶皱——五里关背斜、大桥背斜和沙鱼沟向斜。花果园西站和相邻区间位于五里关背斜轴部，受构造运动影响，上部岩石相对较破碎；根据物探测试结果，线路上部分布有溶洞、溶蚀区或破碎带，但埋深一般小于 20 m，初步判断该褶皱对隧道施工影响不大。

（3）地层岩性。

沿线岩体结构以层状岩体为主，涉及地层主要有白垩系、二叠系、三叠系、石炭系、泥盆系及第四系地层。

（4）地震效应。

明珠大道站—董家堰站、甘荫塘站—花果园东站（不含）、黔灵山公园站、顺海站—新添大道立交、师范学院站、YCK48+400—洛湾站、东风镇车辆段，建筑场地类别属I_1类；沿线其余区域建筑场地类别属Ⅱ类。

场地类别属Ⅱ类的场区地震动峰值加速度为 0.05g，其特征周期为 0.35 s；场地类别属I_1类的场区地震动峰值加速度为 0.04g，其特征周期为 0.25 s。

（5）岩溶。

对贵阳市轨道交通 3 号线一期工程 3 302 个钻孔资料进行统计分析，共发现溶洞 475 个，见洞率为 17.4%，部分钻孔遇多个溶洞，呈串珠状。溶洞埋深及洞径统计如图 1-2 所示。

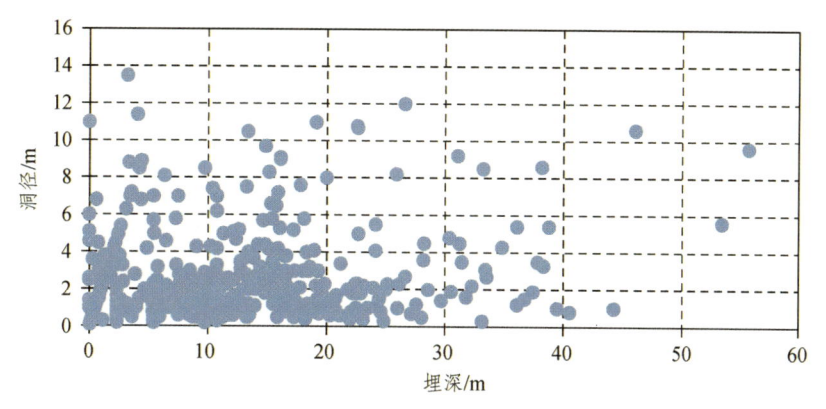

图 1-2　贵阳市轨道交通 3 号线一期工程溶洞统计情况

对 3 号线的岩溶埋深及洞径数据进行统计分析，如表 1-1 和表 1-2 所示。

表 1-1　贵阳市轨道交通 3 号线一期工程溶洞埋深统计

埋深/m	个数	比例/%
<10	324	56.35
10～20	179	31.13
>20	72	12.52

表 1-2　贵阳市轨道交通 3 号线一期工程溶洞洞径统计

溶洞发育高度/m	个数	比例/%
≤3	448	78.05
>3	126	21.95

分析表 1-1 和表 1-2 统计可以发现，贵阳市轨道交通 3 号线一期工程溶洞见洞率约 17.4%，溶洞发育程度较高的区段为桐木岭站—桃花寨站区段、太慈桥站—花果园东站区段、浣纱路站—黔灵山公园站区段、东风镇车辆段，溶洞埋深在 10 m 以内的超过 50%，且溶洞发育高度大多小于 3 m。

2. 水文地质条件

地下水按赋存介质可分为孔隙水、基岩裂隙水及岩溶水三种类型，贵阳市轨道交通 3 号线一期工程沿线以岩溶水为主。

（1）孔隙水。

孔隙水一般分布于场地松散层内，主要为沿线的填土层中，水量不大，且随季节性变化很大；花果园东站—松花路站区域分布厚度较大的填土层，具有一定的含水量。

（2）基岩裂隙水。

基岩裂隙水主要赋存于三叠系安顺组、松子坎组、杨柳井组中泥岩、页岩，主要为地表风化裂隙水，富水性差，泉水多出露于灰岩、白云岩夹层中。基岩裂隙水主要为大气降雨通过裂隙、洼地等入渗及上层滞水补给。

（3）岩溶水

主要赋存于灰岩和白云岩中，地表径流及地下伏流相间分布，局部形成高原湖泊，该段地下水埋深一般位于地表以下 8～15 m，沟谷等低洼地带埋深相对较浅，山坡部位埋深较深。岩溶水主要为大气降雨通过溶孔、溶蚀裂隙、洼地等入渗补给，以及地表径流通过洼地、落水洞等由岩溶管道直接集中注入补给。

1.4.2 岩溶地区盾构隧道建设关键技术研究

（1）岩溶地层盾构隧道管片衬砌力学特性研究。

采用修正惯用法、梁-弹簧法计算盾构隧道管片受力状态；分析不同埋深、不同水位对衬砌结构的影响；采用数值模型对溶洞分布对衬砌管片受力的影响进行模拟计算，分析溶洞不同方位、不同尺寸、与盾构隧道不同净距，以及在不同围岩等级中对隧道开挖洞室稳定性、隧道衬砌管片受力的影响规律。

（2）列车振动对管片衬砌力学特性影响研究。

采用地层-隧道-轨道的三维模型数值计算，研究列车振动荷载下隧道结构的动力响应特征，分析溶洞位置、溶洞与隧道间距、溶洞大小，以及软硬不均地层对隧道动力响应的影响规律。

（3）岩溶地区复杂地层盾构合理掘进参数研究。

研究掘进速度、盾构推力、刀盘转速与土舱压力之间的关系；基于人工智能算法分析复合地层变形与盾构推力、刀盘转速、掘进速度、刀盘扭矩等掘进参数之间的非线性数学关系，建立基于盾构掘进参数的土舱压力和地表沉降预测模型。

（4）岩溶地区复杂地层变形与控制技术研究。

研究岩溶地区复合多变地层盾构掘进的地层变形三维空间特性、变形形态及地表沉降预测公式；探究盾构穿越岩溶、上软下硬复合地层、破碎带、红黏土等地层掌子面塑性滑动破坏机理，提出合理的土舱压力保持范围；研究土压平衡式盾构施工时的土舱渣土改良方法、材料参数、防喷涌效果。

（5）盾构刀具受力机理及磨耗预测优化研究。

研究滚刀和切刀破岩效果及其受力特性，分析不同贯入度、不同安装半径条件下的滚刀受力特性及破岩性能；研究复合地层刀盘切削载荷随时间的变化规律，分析刀盘推力、转速、贯入度等对滚刀磨损的影响；预测并优化刀具的合理使用寿命。

（6）岩溶地区近距离穿越构建筑物保护技术研究。

研究不同埋深情况下岩溶地区复杂地层盾构机掘进时对地面建筑物及邻近建构筑物的影响程度，给出影响区域划分方法；研究邻近建构筑物变形影响控制措施，研究盾构机不同推力、不同扭矩、不同注浆压力对地面建构筑物的影响，给出合理的控制范围；提出盾构通过不同建构筑物时土舱压力合理保持模式和选择原则。

2 岩溶地层盾构隧道管片衬砌力学特性研究

采用修正惯用法、梁-弹簧法计算盾构隧道管片受力状态；分析不同埋深、不同水位对衬砌结构的影响；采用数值模型模拟对溶洞分布对衬砌管片受力的影响进行模拟计算，分析溶洞不同方位、不同尺寸、与盾构隧道不同净距，以及在不同围岩等级中对隧道开挖洞室稳定性、隧道衬砌管片受力的影响规律；采用数值模型对地质顺层引起偏压受力下的盾构隧道管片受力进行计算，分析分层面上下岩层弹性模量之比、分层面倾角和位置对盾构隧道管片受力的影响规律。

2.1 荷载计算

2.1.1 工况设计

为研究分析不同埋深、不同水位对衬砌结构的影响，以贵阳市轨道交通 3 号线工程为工程依托，根据设计方案及地勘资料，盾构隧道穿越地层主要为白云岩、灰岩，埋深主要分布在 6～40 m 之间，地下水位埋深主要分布在 0～12 m 之间。且隧道埋深分布在 12.5～27 m 之间，地下水水面深度主要在地下 0～12 m 范围内。

（1）不同埋深。

研究不同埋深对盾构隧道衬砌结构的影响关系，故需将其他影响因素固定。设计区间隧道地下水常水位在地表以下 9 m 左右，地层为均质风化泥质白云岩，隧道埋深取 12.5 m、17 m、22 m、27 m 共 4 种工况，分析衬砌荷载情况。

（2）不同水位。

贵阳地铁 3 号线盾构区间隧道穿越地层地下水常年在地表以下 0～12 m。为分析不同地下水位对盾构隧道结构的影响，设计地下水位为地面下 0 m、3 m、6 m、9 m、12 m 共 5 种计算工况，地层取为均质风化泥质白云岩，隧道埋深为 22 m，计算分析衬砌荷载情况。

2.1.2 荷载分类

结合相关设计规范和实际工程设计需要，盾构隧道结构上的荷载按表 2-1 考虑。

2.1.3 荷载计算

2.1.3.1 不同埋深

计算地层参数如表 2-2 所示，管片混凝土容重 25 kN/m³。管片弹性模量 $E = 3.45 \times 10^{10}$ Pa，

隧道外径 $D=6.2$ m，管片厚度 $h=0.35$ m，单位宽度截面惯性矩 $I=3.57\times10^{-3}$ m^4，管片轴心半径 $R_c=\dfrac{D}{2}-\dfrac{h}{2}=2.925$ m，地层抗力系数取值为 $k=200$ MN/m^3，弯曲刚度有效率 $\eta=0.8$。

表 2-1 荷载分类

荷载分类	荷载名称
永久荷载	结构自重
	地层压力
	结构上部和破坏棱体范围内的设施及建筑物压力
	水压力及浮力
	设备重量
可变荷载	地面车辆荷载及其动力作用
	地面车辆荷载引起的侧向土压力
	地铁车辆荷载及其动力作用
	人群荷载
	施工荷载
偶然荷载	地震作用
	人防荷载

表 2-2 地层参数

土层名称	类型	厚度/m	天然重度/(kN/m^3)	饱和重度/(kN/m^3)	内聚力/kPa	内摩擦角/(°)
4-风化泥质白云岩	弱风化岩	100.000	25.50	25.50	200.00	25.00

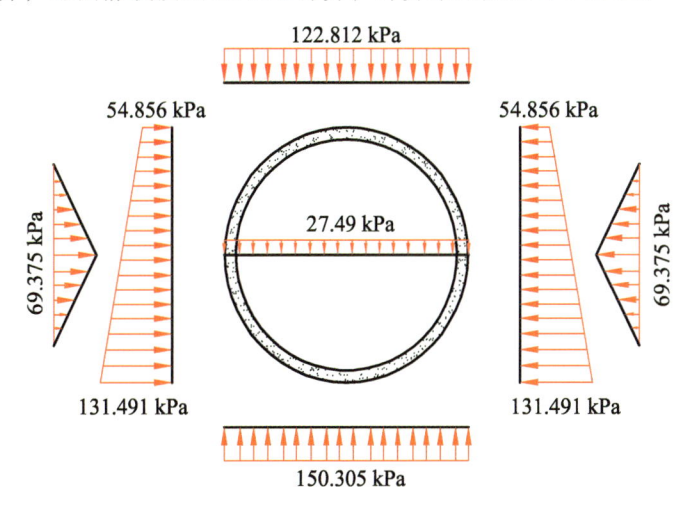

（1）埋深 12.5 m。

按照水土分算，地面静载按照 20 kPa 计算，计算结果如图 2-1 所示。

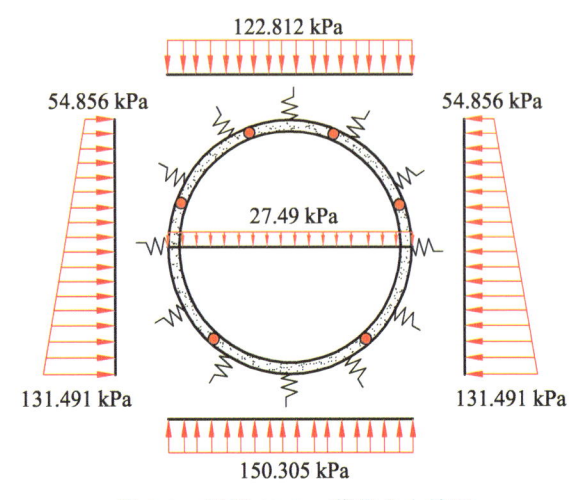

图 2-1 埋深 12.5 m 荷载分布情况

（2）埋深 17 m。

按照水土分算，地面静载按照 20 kPa 计算，计算荷载如图 2-2 所示。

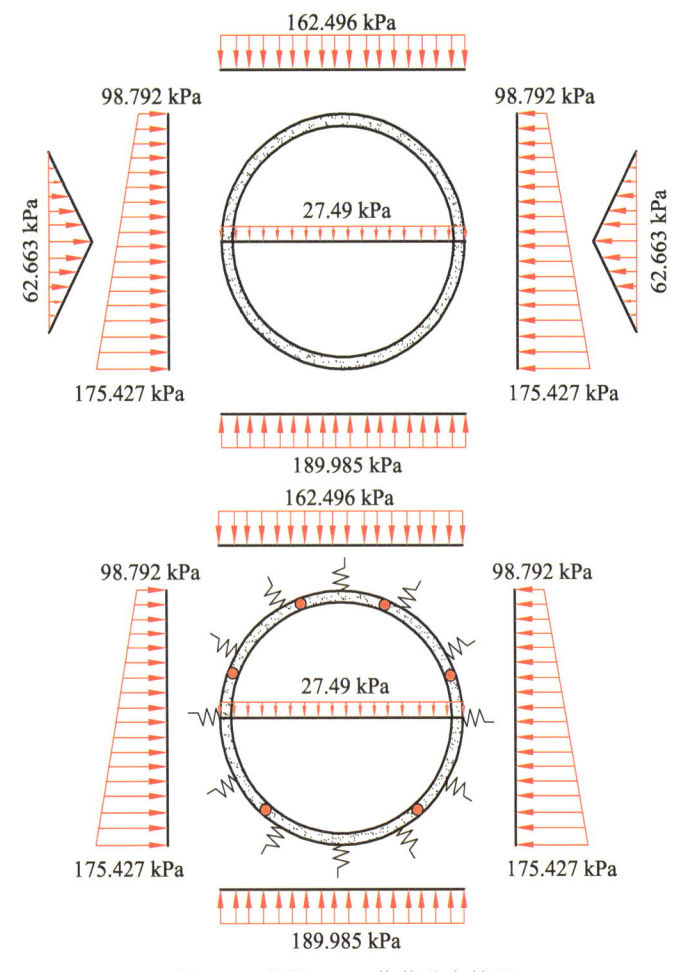

图 2-2 埋深 17 m 荷载分布情况

（3）埋深 22 m。

按照水土分算，地面静载按照 20 kPa 计算，计算荷载如图 2-3 所示。

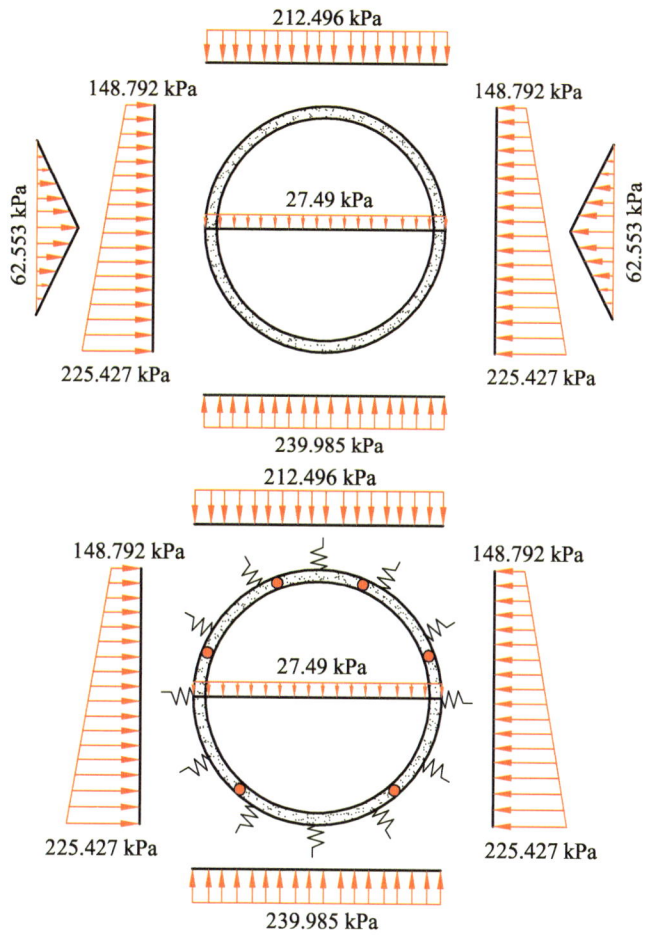

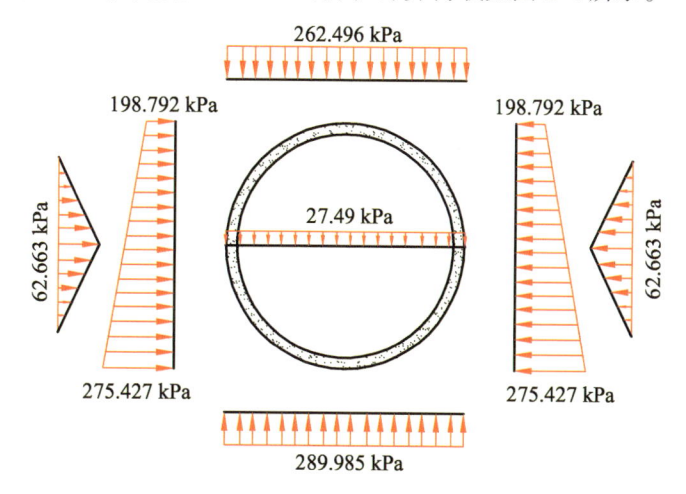

图 2-3　埋深 22 m 荷载分布情况

（4）埋深 27 m。

按照水土分算，地面静载按照 20 kPa 计算，计算荷载如图 2-4 所示。

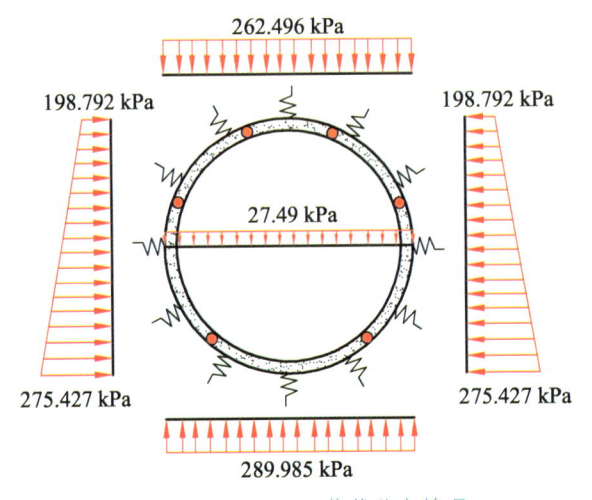

图 2-4　埋深 27 m 荷载分布情况

2.1.3.2　不同水深

（1）地下水深 0 m。

按照水土分算，地面静载按照 20 kPa 计算，计算荷载如图 2-5 所示。

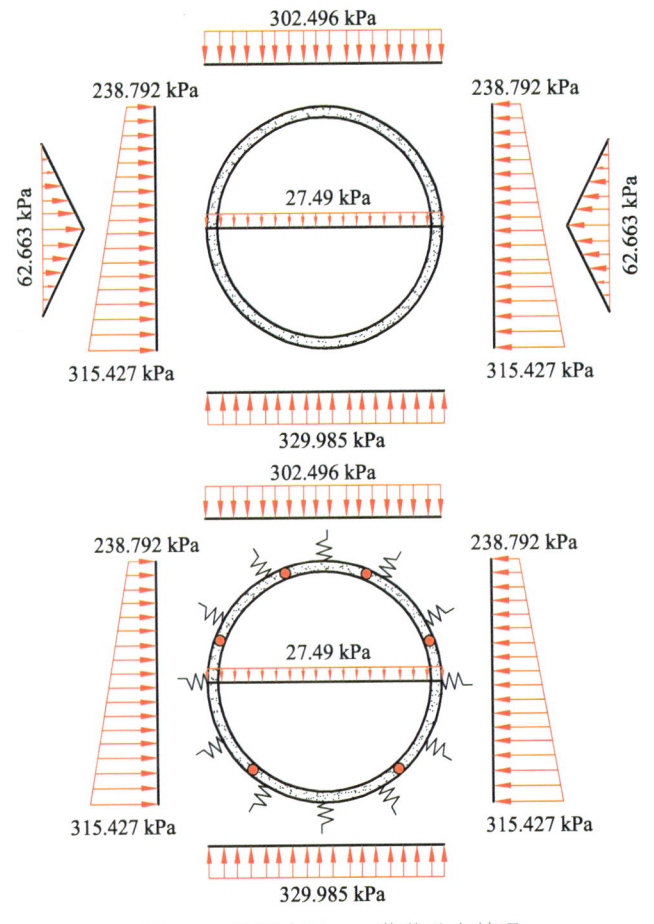

图 2-5　地下水深 0 m 荷载分布情况

（2）地下水深 3 m。

按照水土分算，地面静载按照 20 kPa 计算，计算荷载如图 2-6 所示。

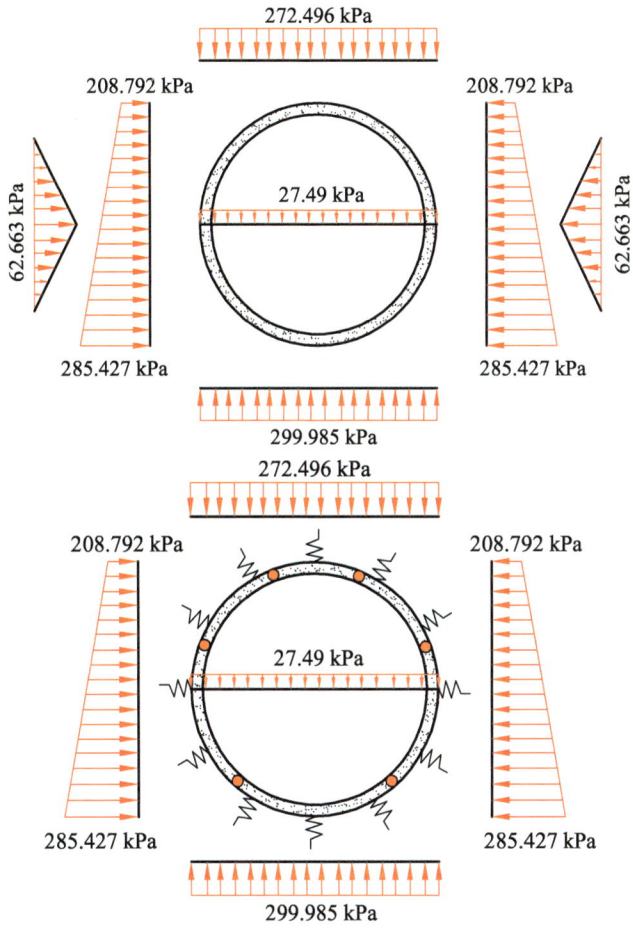

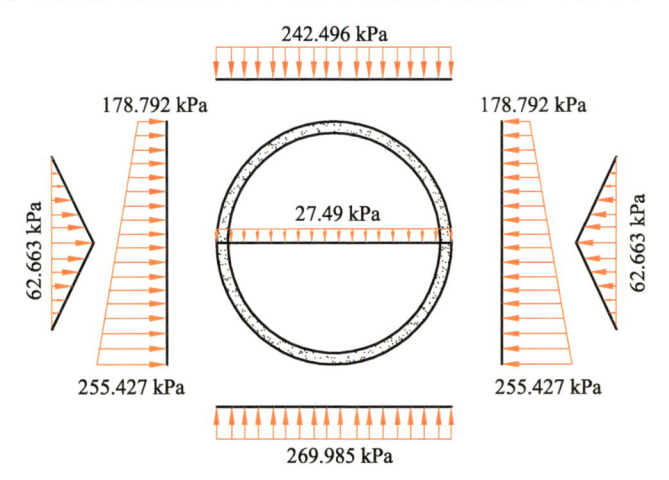

图 2-6　地下水深 3 m 荷载分布情况

（3）地下水深 6 m。

按照水土分算，地面静载按照 20 kPa 计算，计算荷载如图 2-7 所示。

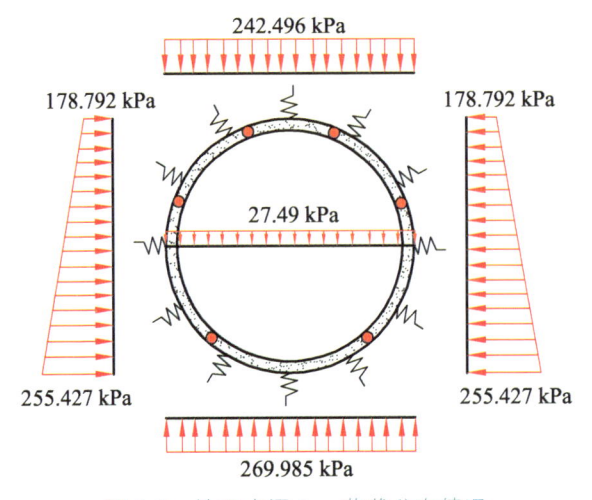

图 2-7 地下水深 6 m 荷载分布情况

（4）地下水深 9 m。

按照水土分算，地面静载按照 20 kPa 计算，计算荷载如图 2-8 所示。

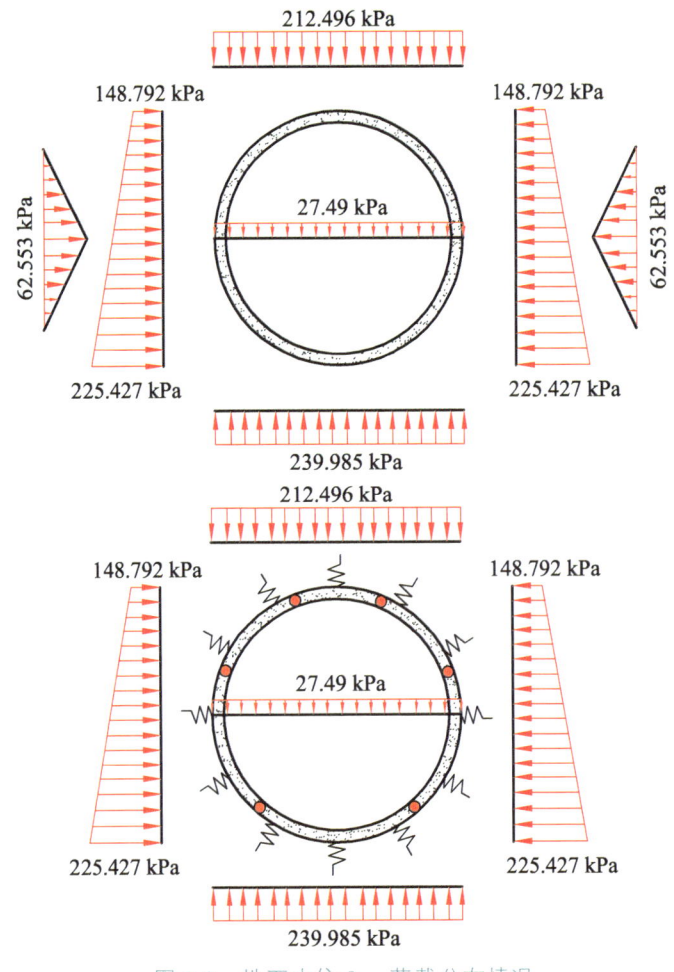

图 2-8 地下水位 9 m 荷载分布情况

（5）地下水深 12 m。

按照水土分算，地面静载按照 20 kPa 计算，计算荷载如图 2-9 所示。

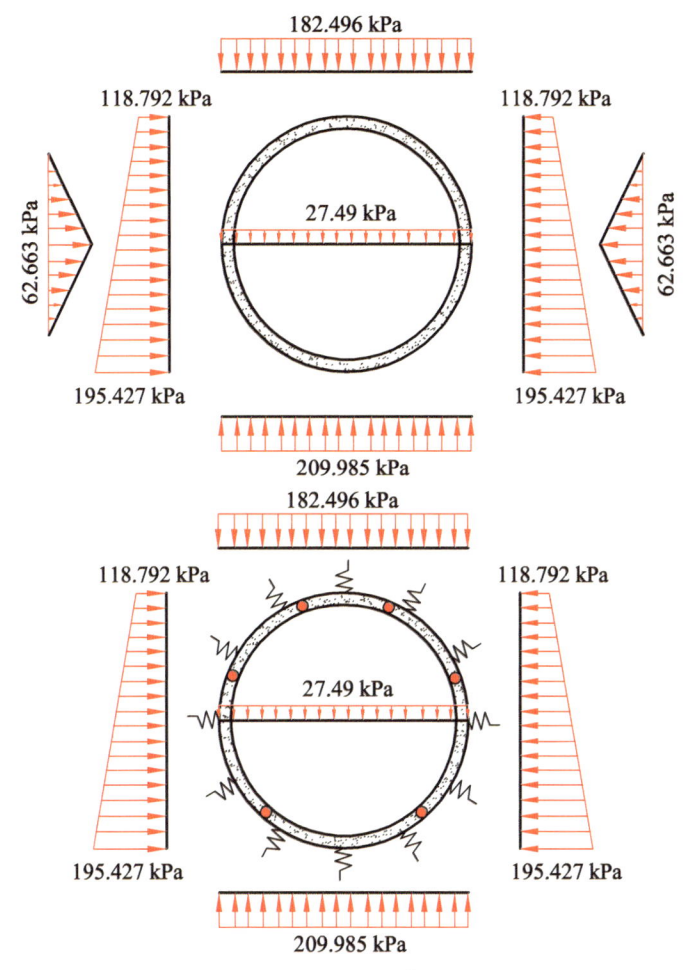

图 2-9　地下水深 12 m 荷载分布情况

2.2　横向理论解析分析法

2.2.1　修正惯用法

1. 修正惯用法简介

管片环一般是通过螺栓等将几个管片连接而成，与相同截面但具有均匀刚度的环相比更容易变形。这是管片的接头部分的刚度（尤其是弯曲刚度）小于管片主截面的刚度而引起的。

修正惯用法假设将接头部分弯曲刚度的下降评价为管片环整体的弯曲刚度下降，认为管片环是弯曲刚度为 ηEI 的等效均质环，弯曲刚度有效率 η 是等效均质环的弯曲刚度与管片主体截面弯曲刚度的比值。在该方法中，还考虑到错缝拼装接头部分的弯矩分配，把弯曲刚度为 ηEI 的等效均质环推算出来的截面弯矩再增减 ξ（弯矩的提高率 $\xi \leqslant 1$），设 $(1+\xi) \cdot M$ 为主截面的设计弯矩，$(1-\xi) \cdot M$ 为接头的设计弯矩，弯矩的提高率 ξ 是传递给接头邻近管片上的弯矩

M_2 与等效均质环上产生的弯矩 M 之比 (M_2/M)，如图 2-10 所示。

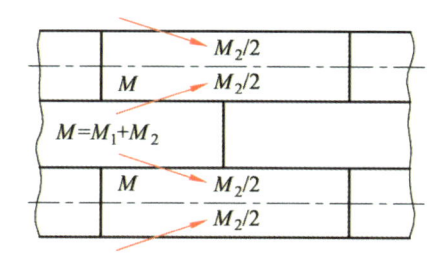

图 2-10　接头处弯矩传递示意

本次设计采用弯曲刚度有效率 $\eta=0.8$，弯矩提高率 $\xi=0.3$，根据文克勒假定，修正惯用法认为水平方向的地层被动抗力在水平方向 45°～135° 内呈三角形形态分布，其荷载分布形式如图 2-11 所示。

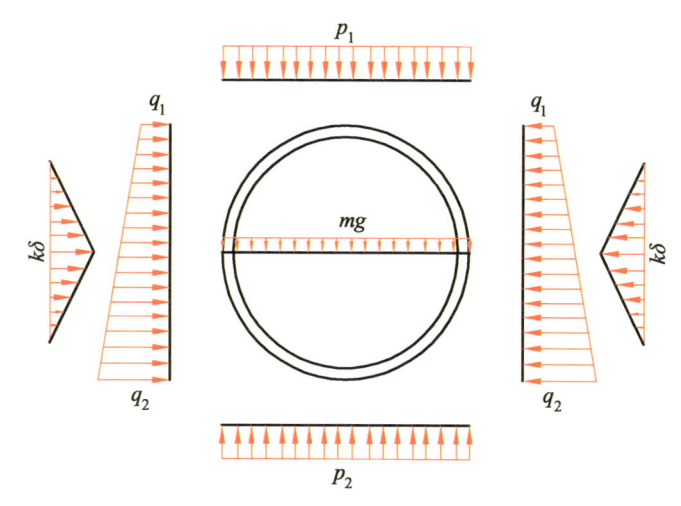

图 2-11　修正惯用法计算荷载分布形式

修正惯用法管片内力计算公式如表 2-3 所示。

表 2-3　修正惯用法管片内力计算表达式

荷载	弯矩	轴力	剪力
垂直荷载	$M = \dfrac{1}{4}(1-2\sin^2\theta)(p_{e1}+p_{w1})R_c^2$	$N = (p_{e1}+p_{w1})R_c \sin^2\theta$	$Q = -(p_{e1}+p_{w1})R_c \sin\theta\cos\theta$
水平荷载	$M = \dfrac{1}{4}(1-2\cos^2\theta)(q_{e1}+q_{w1})R_c^2$	$N = (q_{e1}+q_{w1})R_c \cos^2\theta$	$Q = (q_{e1}+q_{w1})R_c \sin\theta\cos\theta$
水平三角荷载	$M = \dfrac{1}{48}(6-3\cos\theta - 12\cos^2\theta + 4\cos^3\theta)(q_{e2}+q_{w2}-q_{e1}-q_{w1})R_c^2$	$N = \dfrac{1}{16}(\cos\theta + 8\cos^2\theta - 4\cos^3\theta)(q_{e2}+q_{w2}-q_{e1}-q_{w1})R_c$	$Q = \dfrac{1}{16}(\sin\theta + 8\sin\theta\cos\theta - 4\sin\theta\cos^2\theta)(q_{e2}+q_{w2}-q_{e1}-q_{w1})R_c$

续表

荷载	弯矩	轴力	剪力
地层抗力	$0 \leq \theta < \frac{\pi}{4}$时， $M = (0.234\,6 - 0.353\,6 \times \cos\theta)k\delta R_c^2$ $\frac{\pi}{4} \leq \theta \leq \frac{\pi}{2}$时， $M = (-0.348\,7 + 0.5\sin^2\theta + 0.235\,7\cos^3\theta)k\delta R_c^2$	$0 \leq \theta < \frac{\pi}{4}$时， $N = 0.353\,6\cos\theta k\delta R_c$ $\frac{\pi}{4} \leq \theta \leq \frac{\pi}{2}$时， $N = (-0.707\,1\cos\theta + \cos^2\theta + 0.707\,1\sin^2\theta\cos\theta)k\delta R_c$	$0 \leq \theta < \frac{\pi}{4}$时， $Q = 0.353\,6\sin\theta k\delta R_c$ $\frac{\pi}{4} \leq \theta \leq \frac{\pi}{2}$时， $Q = (\sin\theta\cos\theta - 0.707\,1\cos^2\theta \times \sin\theta)k\delta R_c$
自重	$0 \leq \theta < \frac{\pi}{2}$时， $M = (\frac{3}{8}\pi - \theta\sin\theta - \frac{5}{6} \times \cos\theta)gR_c^2$ $\frac{\pi}{2} \leq \theta \leq \pi$时， $M = [-\frac{1}{8}\pi + (\pi-\theta)\sin\theta - \frac{5}{6}\cos\theta - \frac{1}{2}\pi\sin^2\theta]gR_c^2$	$0 \leq \theta < \frac{\pi}{2}$时， $N = (\theta\sin\theta - \frac{1}{6}\cos\theta)gR_c$ $\frac{\pi}{2} \leq \theta \leq \pi$时， $N = (-\pi\sin\theta + \theta\sin\theta + \pi \times \sin^2\theta - \frac{1}{6}\cos\theta)gR_c$	$0 \leq \theta < \frac{\pi}{2}$时， $Q = -(\theta\cos\theta + \frac{1}{6}\sin\theta)gR_c$ $\frac{\pi}{2} \leq \theta \leq \pi$时， $Q = [(\pi-\theta)\cos\theta - \pi\sin\theta \times \cos\theta - \frac{1}{6}\sin\theta]gR_c$

2. 修正惯用法计算结果

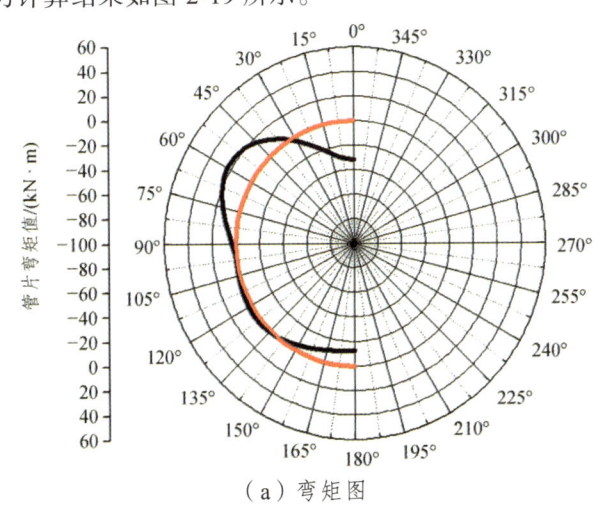

采用修正惯用法计算管片内力，隧道埋深 12.5 m，地下水深 9 m 时，管片内力计算结果如图 2-12 所示；隧道埋深 17 m，地下水深 9 m 时，管片内力计算结果如图 2-13 所示；隧道埋深 22 m，地下水深 9 m 时，管片内力计算结果如图 2-14 所示；隧道埋深 27 m，地下水深 9 m 时，管片内力计算结果如图 2-15 所示；隧道埋深 22 m，地下水深 0 m 时，管片内力计算结果如图 2-16 所示；隧道埋深 22 m，地下水深 3 m 时，管片内力计算结果如图 2-17 所示；隧道埋深 22 m，地下水深 6 m 时，管片内力计算结果如图 2-18 所示；隧道埋深 22 m，地下水深 12 m 时，管片内力计算结果如图 2-19 所示。

（a）弯矩图

(b) 轴力图

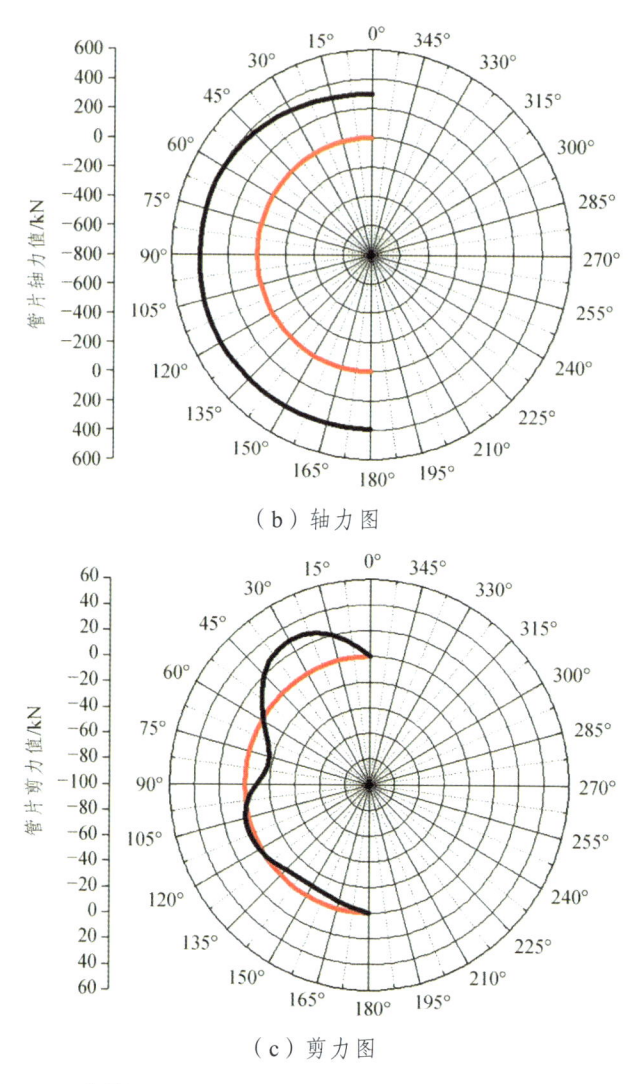

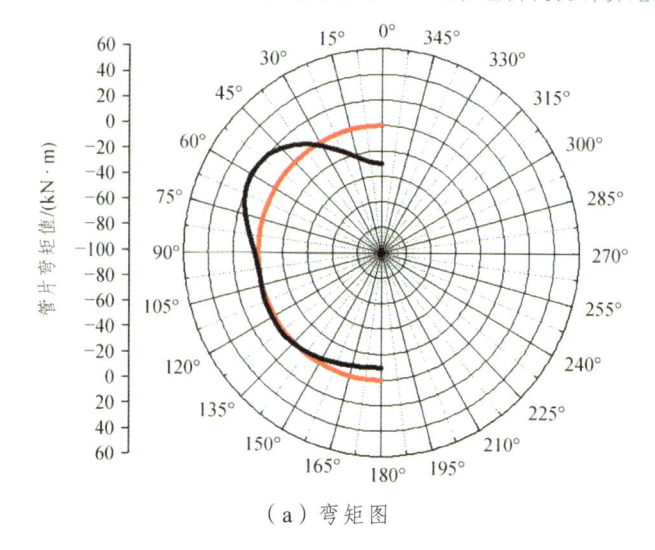

(c) 剪力图

图 2-12　隧道埋深 12.5 m，地下水深 9 m 时，管片内力计算结果

(a) 弯矩图

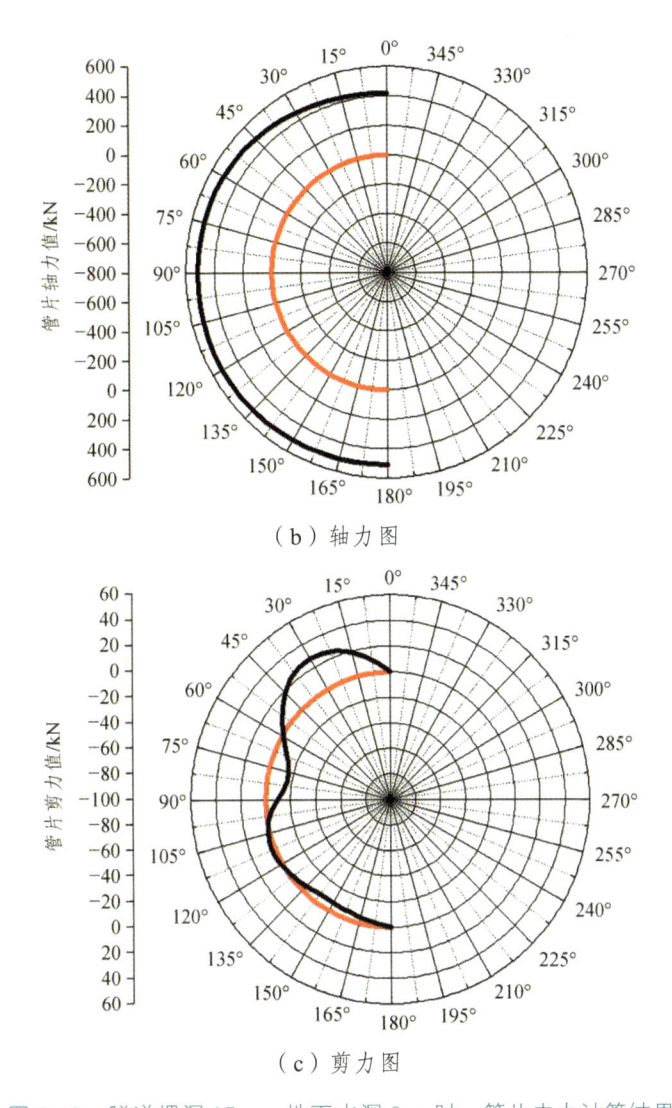

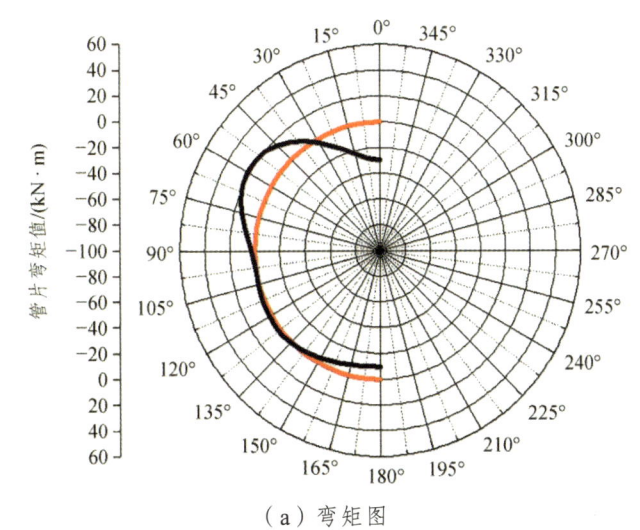

2 岩溶地层盾构隧道管片衬砌力学特性研究

(b)轴力图

(c)剪力图

图 2-13　隧道埋深 17 m，地下水深 9 m 时，管片内力计算结果

(a)弯矩图

(b)轴力图

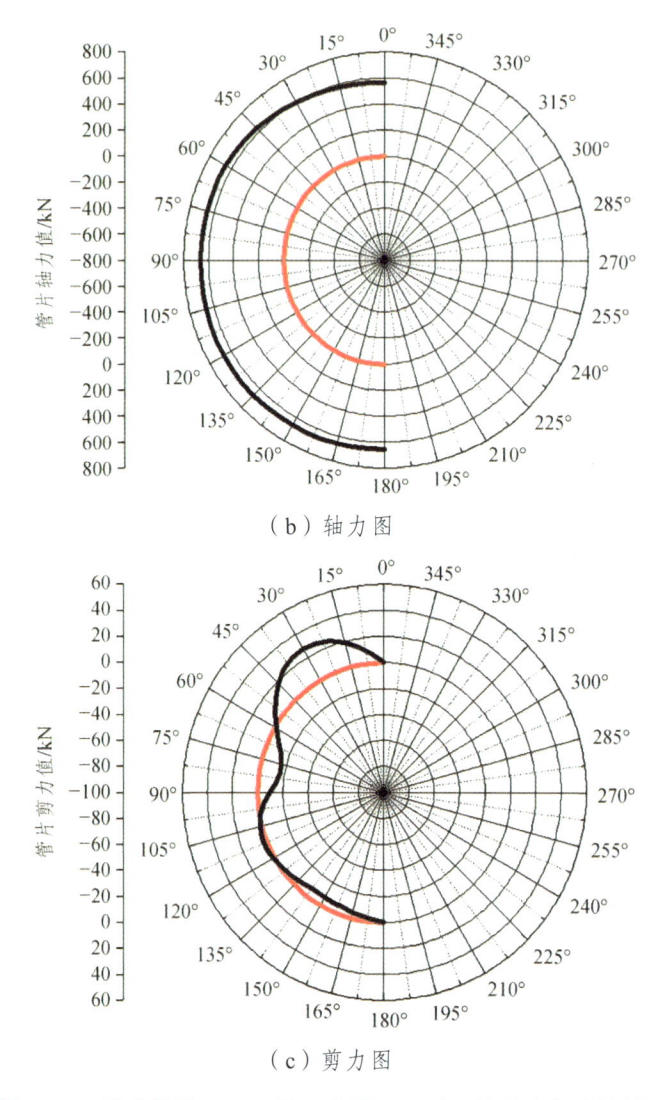

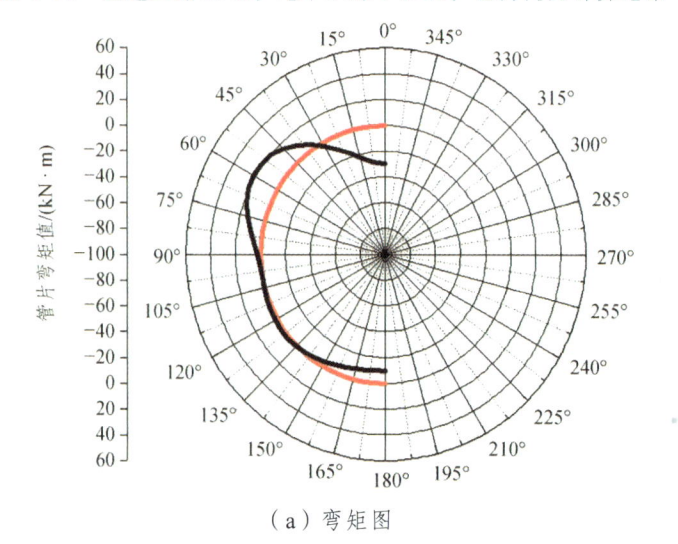

(c)剪力图

图 2-14　隧道埋深 22 m，地下水深 9 m 时，管片内力计算结果

(a)弯矩图

（b）轴力图

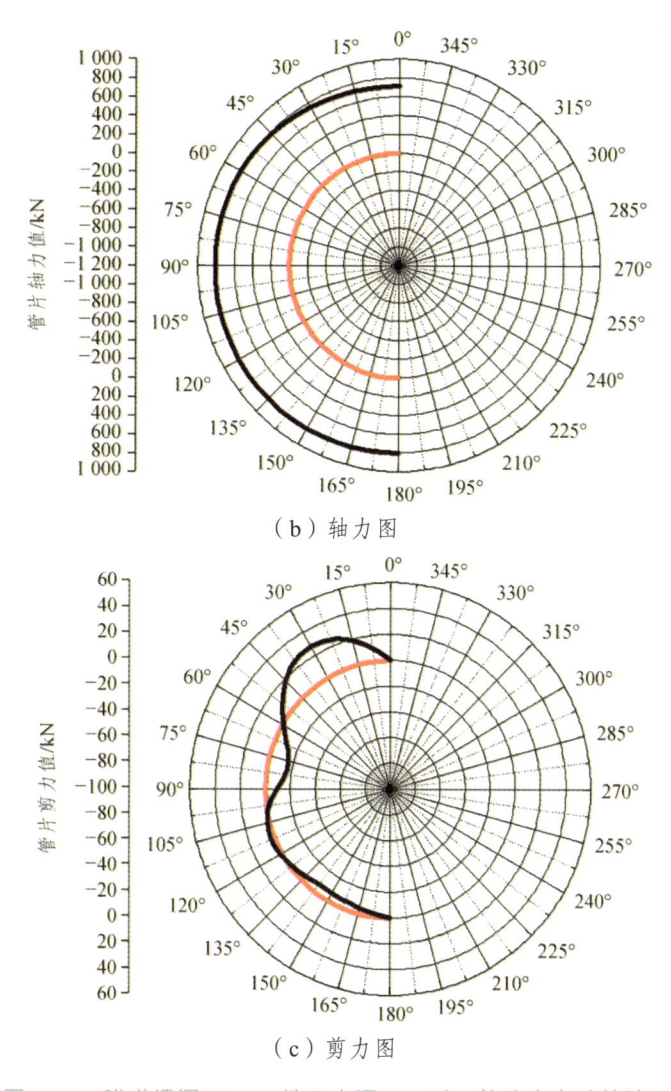

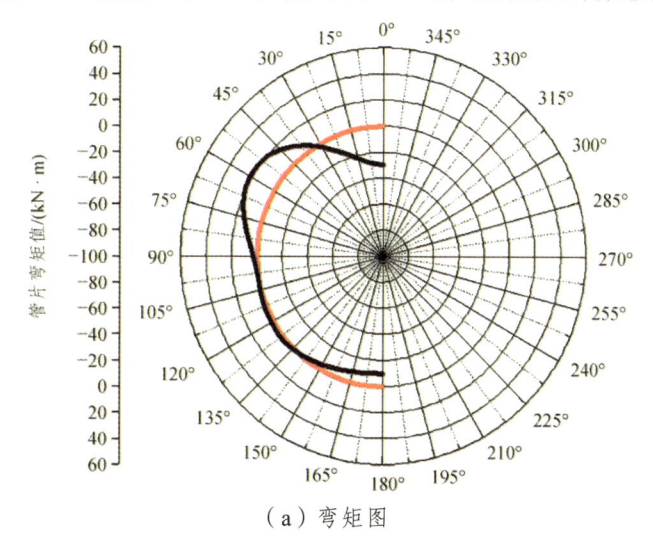

（c）剪力图

图 2-15　隧道埋深 27 m，地下水深 9 m 时，管片内力计算结果

（a）弯矩图

(b) 轴力图

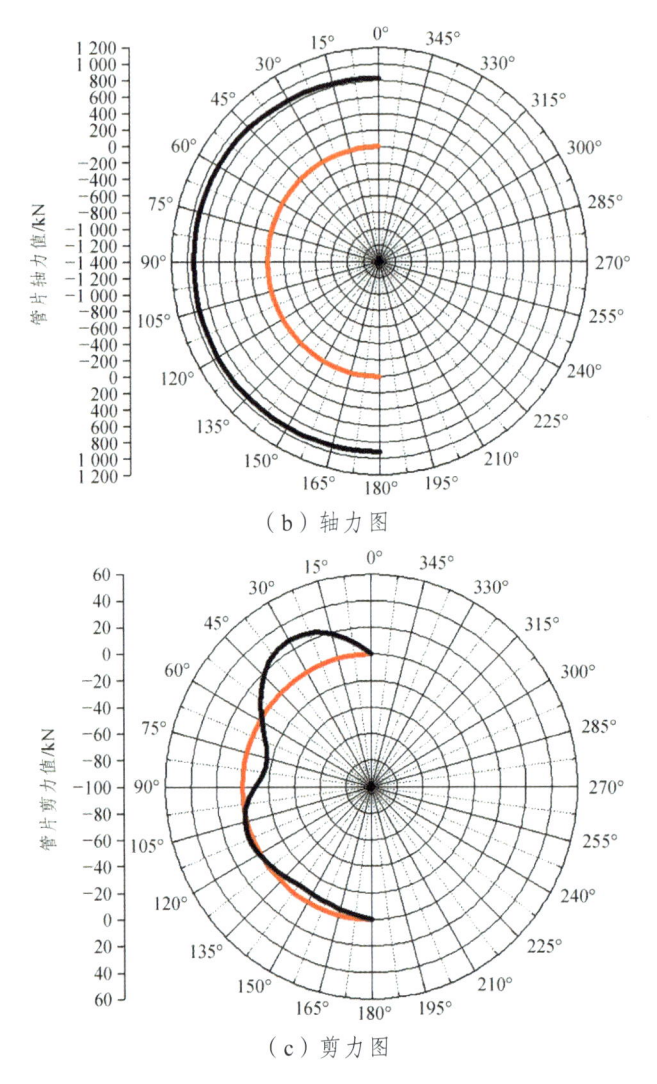

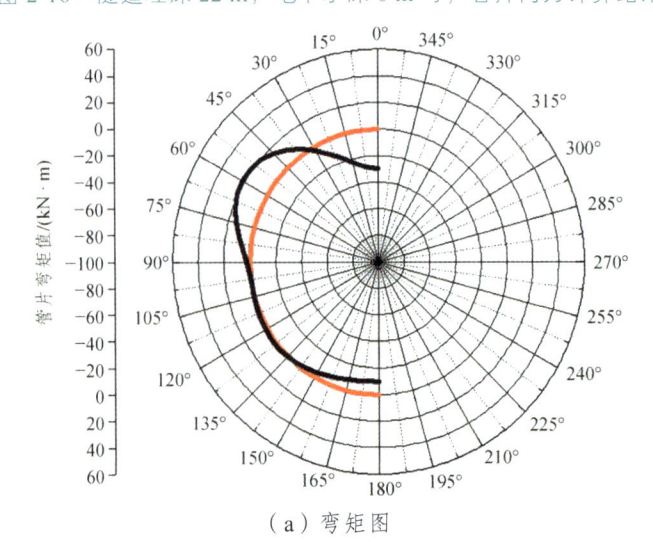

(c) 剪力图

图 2-16　隧道埋深 22 m，地下水深 0 m 时，管片内力计算结果

(a) 弯矩图

(b) 轴力图

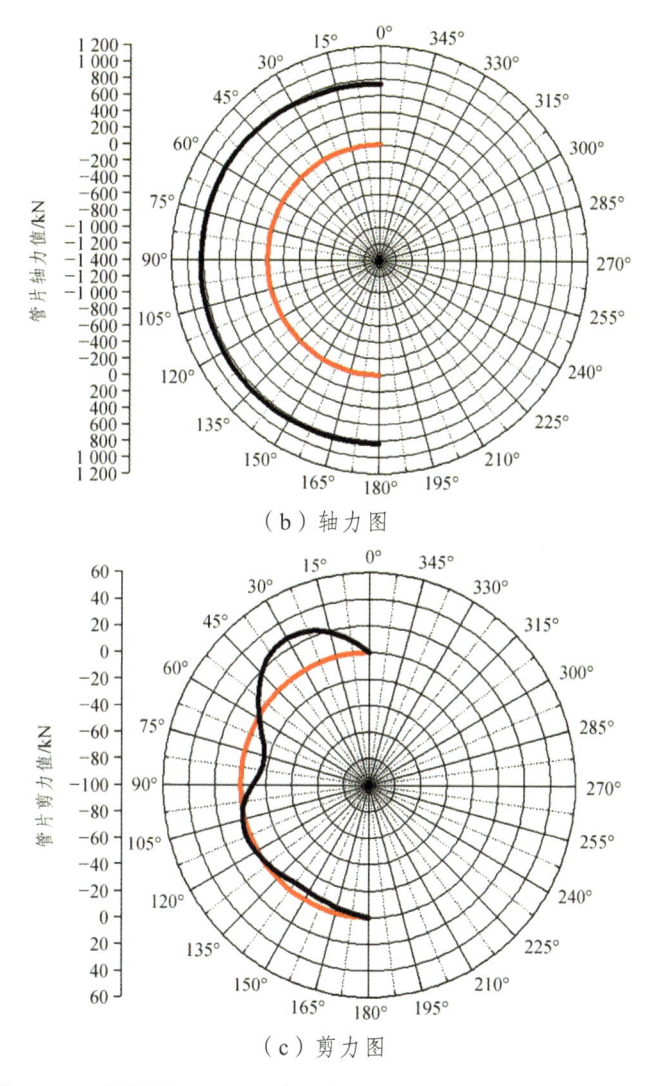

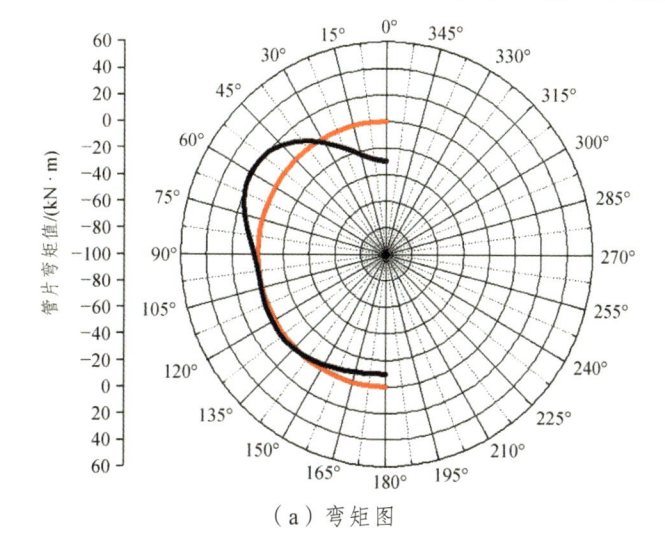

(c) 剪力图

图 2-17　隧道埋深 22 m，地下水深 3 m 时，管片内力计算结果

(a) 弯矩图

(b)轴力图

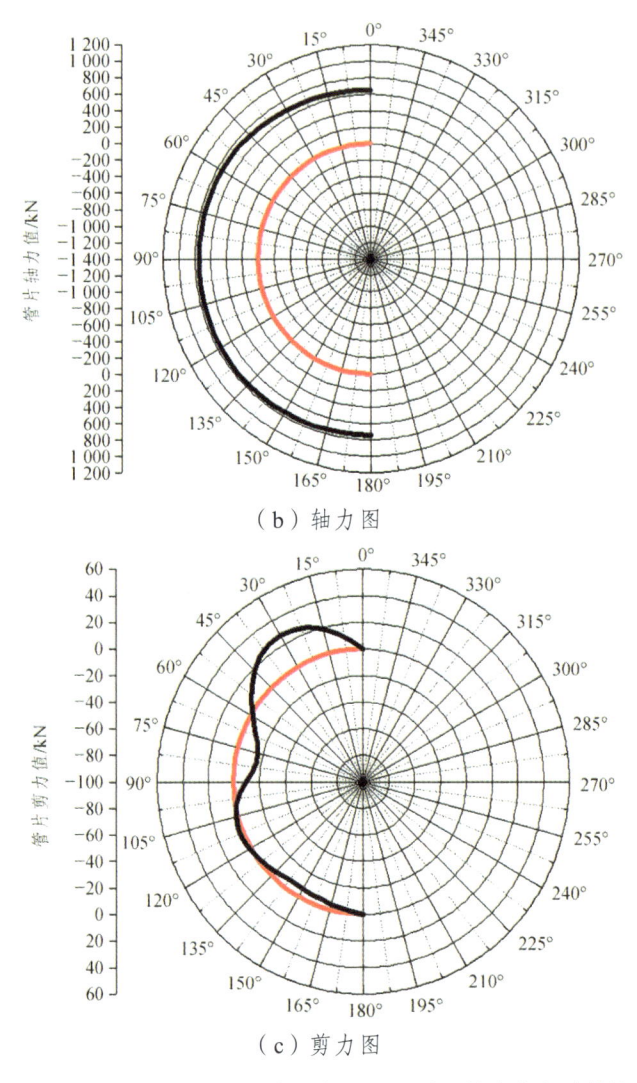

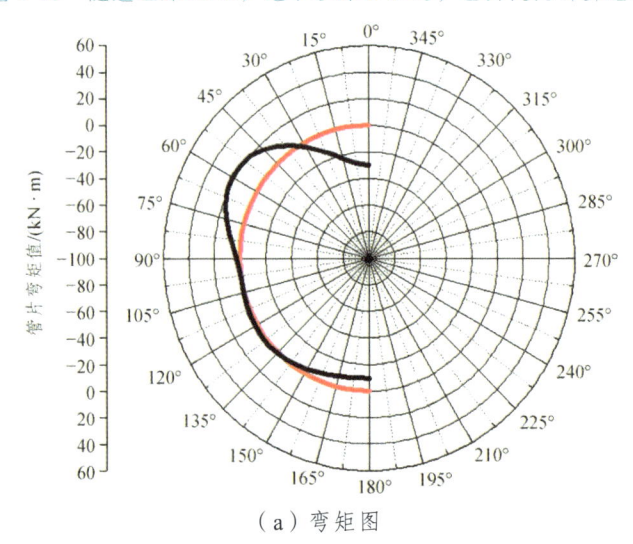

(c)剪力图

图 2-18　隧道埋深 22 m，地下水深 6 m 时，管片内力计算结果

(a)弯矩图

（b）轴力图

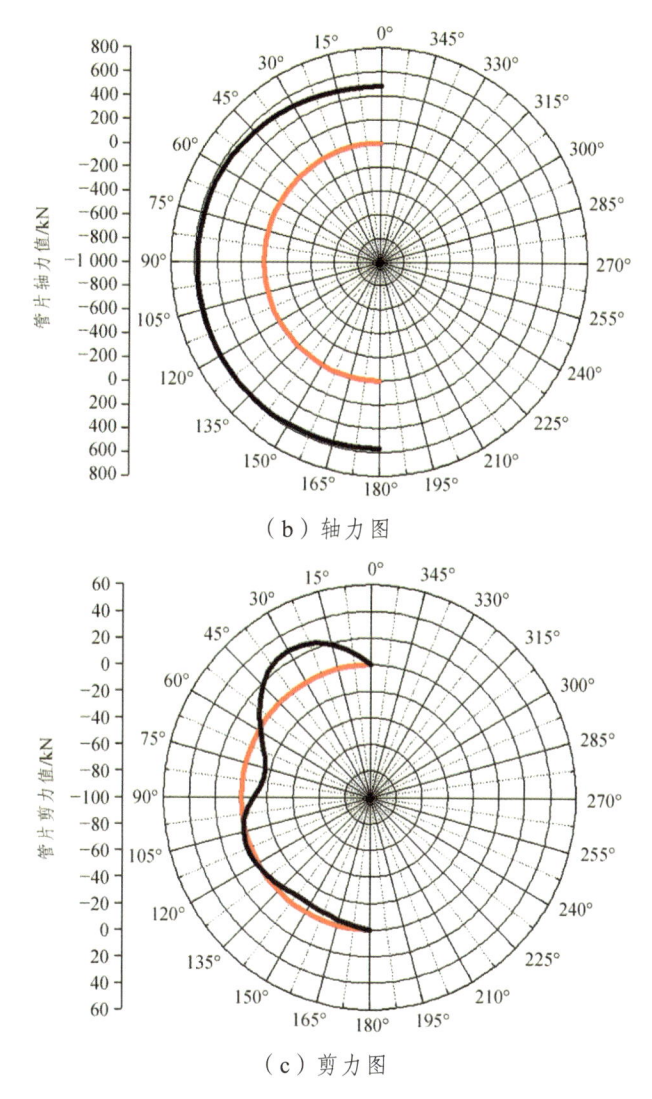

（c）剪力图

图 2-19　隧道埋深 22 m，地下水深 12 m 时，管片内力计算结果

2.2.2　梁-弹簧法

1. 梁-弹簧法简介

梁-弹簧模型就是将管片主截面简化成圆弧梁或者直线梁，对于弯矩将管片接头考虑由旋转弹簧、剪切弹簧和压缩弹簧构成的组合弹簧，使模型在计算过程中考虑由接头引起的管片环刚度降低和错缝接头的拼装效应。随着大埋深、高水压等复杂地质环境下长大隧道数量的增加，管片结构及接头的力学特性更加得到重视，梁-弹簧模型能够更好地改进修正惯用法无法考虑纵向接头的问题。

该计算方法中，如将剪切弹簧常数和旋转弹簧常数设置为 0 时，则基本上与多铰圆环计算方法相同；如将剪切弹簧常数设置为 0，将旋转弹簧设置为无穷大时，则与均质圆环计算法相同。可以认为，梁-弹簧模型不仅包含了上述两种计算方法，同时还可以根据管片环的剪切刚度大小反应错缝接头的拼装效应。

2. 梁-弹簧法力学理论

梁-弹簧模型中，将弹簧的类型分为旋转弹簧、剪切弹簧和压缩弹簧，分别将旋转刚度、剪切刚度和压缩刚度记作 k_θ、k_s 和 k_n。考察图 2-11 中的直梁系统，假定结点 2 固定，结点 1 受到轴力 N_1，剪力为 Q_1 和弯矩为 M_1 的一组未知力作用，且两端轴向、切向和转动弹簧的刚度参数为 k_{ni}，k_{si}，$k_{\theta i} (i = 1, 2)$。在系统为线弹性的条件下，应变余能为

$$U = \frac{1}{2}\int_0^l \frac{M^2}{(EI)}\mathrm{d}s + \frac{1}{2}\int_0^l \frac{N^2}{EA}\mathrm{d}s + \frac{1}{2}\int_0^l \frac{\mu Q^2}{GA}\mathrm{d}s + \frac{1}{2}\sum_{i=1}^2 \left(\frac{M^2}{k_{\theta i}} + \frac{N^2}{k_{ni}} + \frac{Q^2}{k_{si}}\right)\Big|_b^a \quad (2\text{-}1)$$

式中：$N = N_1$，$Q = Q_1$，$M = M_1 - Q_1 s$，s 为梁上任意一点至结点 1 的距离；E，G 为梁的弹性模量以及剪切模量；μ 为泊松比；I 为惯性矩；A 为界面积，l 为单元长度。

利用卡尔第二定理可知，结点 1 位移 $\{\delta_1\} = \{u_1 \ v_1 \ \theta_1\}^\mathrm{T}$ 和力 $\{F_1\} = \{N_1 \ Q_1 \ M_1\}^\mathrm{T}$ 之间的矩阵关系式为

$$\{\delta_1\} = \begin{bmatrix} a_1 & 0 & 0 \\ 0 & b_1 & d_1 \\ 0 & d_1 & c_1 \end{bmatrix}\{F_1\} \quad (2\text{-}2)$$

式中：$a_1 = \dfrac{l}{EA} + \dfrac{1}{k_{n1}} + \dfrac{1}{k_{n2}}$，$b_1 = \dfrac{l^3}{3EI} + \dfrac{1}{k_{s1}} + \dfrac{1}{k_{s2}} + \dfrac{l^2}{k_{\theta 2}}$，$c_1 = \dfrac{l}{EI} + \dfrac{1}{k_{\theta 1}} + \dfrac{1}{k_{\theta 2}}$，$d_1 = -\dfrac{l^2}{2EI} - \dfrac{l}{k_{\theta 2}}$。

由于式（2-1）中的 GA 项对变形的影响较小，可以忽略。

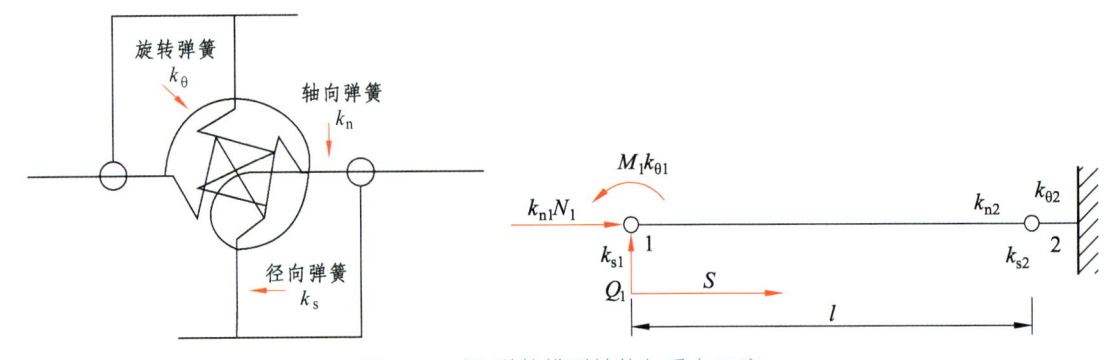

图 2-20　梁-弹簧模型结构与受力示意

对式（2-2）求逆，可以得到结点 1 的结点力为

$$\{F_1\} = [k_{11}]\{\delta_1\} \quad (2\text{-}3)$$

式中：$\{k_{11}\} = \begin{bmatrix} \dfrac{1}{a_1} & 0 & 0 \\ 0 & \dfrac{c_1}{g_1} & -\dfrac{d_1}{g_1} \\ 0 & -\dfrac{d_1}{g_1} & \dfrac{b_1}{g_1} \end{bmatrix}$，$g_1 = b_1 c_1 - d_1^2$。

利用静力平衡条件，可以得到结点 2 的结点力为

$$\{F_2\} = [A]\{F_1\}, \quad [A] = \begin{bmatrix} -1 & 0 & 0 \\ 0 & -1 & 0 \\ 0 & l & -1 \end{bmatrix} \tag{2-4}$$

将式（2-3）带入可以得到：

$$\{F_2\} = [K_{21}]\{\delta_1\} \tag{2-5}$$

式中：$[k_{21}] = [A][K_{11}]$，$\{F_2\} = \{N_2 \ Q_2 \ M_2\}^T$。

然后在固定结点 1，即该点的位移 $\{\delta_1\}$ 为 0，同理可以得到结点 2 的力与位移之间的关系式为

$$\{F_2\} = [K_{22}]\{\delta_2\} \tag{2-6}$$

式中：$\{\delta_2\} = \{u_2 \ v_2 \ \theta_2\}^T$，$[k_{22}] = \begin{bmatrix} \dfrac{1}{a_2} & 0 & 0 \\ 0 & \dfrac{c_2}{g_2} & -\dfrac{d_2}{g_2} \\ 0 & -\dfrac{d_2}{g_2} & \dfrac{b_2}{g_2} \end{bmatrix}$，$a_2 = a_1$，$c_2 = c_1$，$b_2 = \dfrac{l^3}{3EI} + \dfrac{1}{k_{s1}} + \dfrac{1}{k_{s2}} + \dfrac{l^2}{k_{\theta 1}}$，

$d_2 = \dfrac{l^2}{2EI} + \dfrac{l}{k_{\theta 1}}$，且 $g_2 = b_2 c_2 - d_2^2 = g_1$。

该情形下结点 1 的结点力 $\{F_1\}$ 可以表示为

$$\{F_1\} = [A]^{-1}\{F_2\} \tag{2-7}$$

将式（2-6）带入式（2-7）中可得

$$\{F_1\} = [k_{12}]\{\delta_2\}, \quad [k_{12}] = [A]^{-1}[k_{22}] \tag{2-8}$$

以结点位移 $\{\delta_1\}$、$\{\delta_2\}$ 作为基本未知量，叠加上述两种固定的结点力系，可以得到直梁-弹簧单元的结点力与结点位移之间关系式：

$$\begin{Bmatrix} F_1 \\ F_2 \end{Bmatrix} = \begin{bmatrix} k_{11} & k_{12} \\ k_{21} & k_{22} \end{bmatrix} \begin{Bmatrix} \delta_1 \\ \delta_2 \end{Bmatrix} \tag{2-9}$$

由对称性可得，$[k_{12}] = [k_{21}]$。

3. 梁-弹簧法中计算参数取值

根据参考文献 [3] 的计算结果，考虑弯曲刚度 $k_\theta = 3 \times 10^5 \ \text{kN·m/rad}$，抗拉刚度 $k_n = 1.6 \times 10^7 \ \text{kN·m/rad}$，抗剪刚度 $k_s = 2.4 \times 10^7 \ \text{kN·m/rad}$。计算荷载如图 2-21 所示。

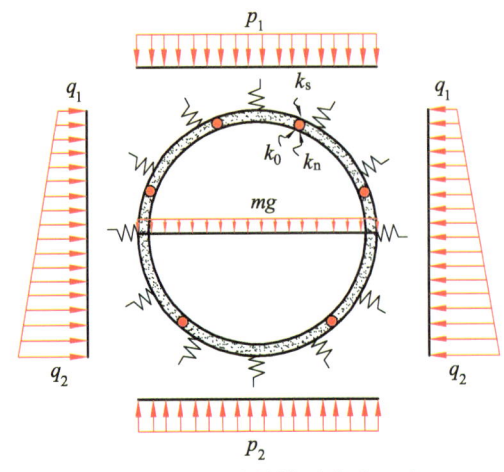

图 2-21 梁-弹簧模型荷载示意

4. 梁-弹簧模型计算结果

按照上述计算方案，经过 ANSYS 软件计算，管片内力计算结果如下：

（1）不同埋深。

埋深 12.5 m 时，计算结果如图 2-22 所示。

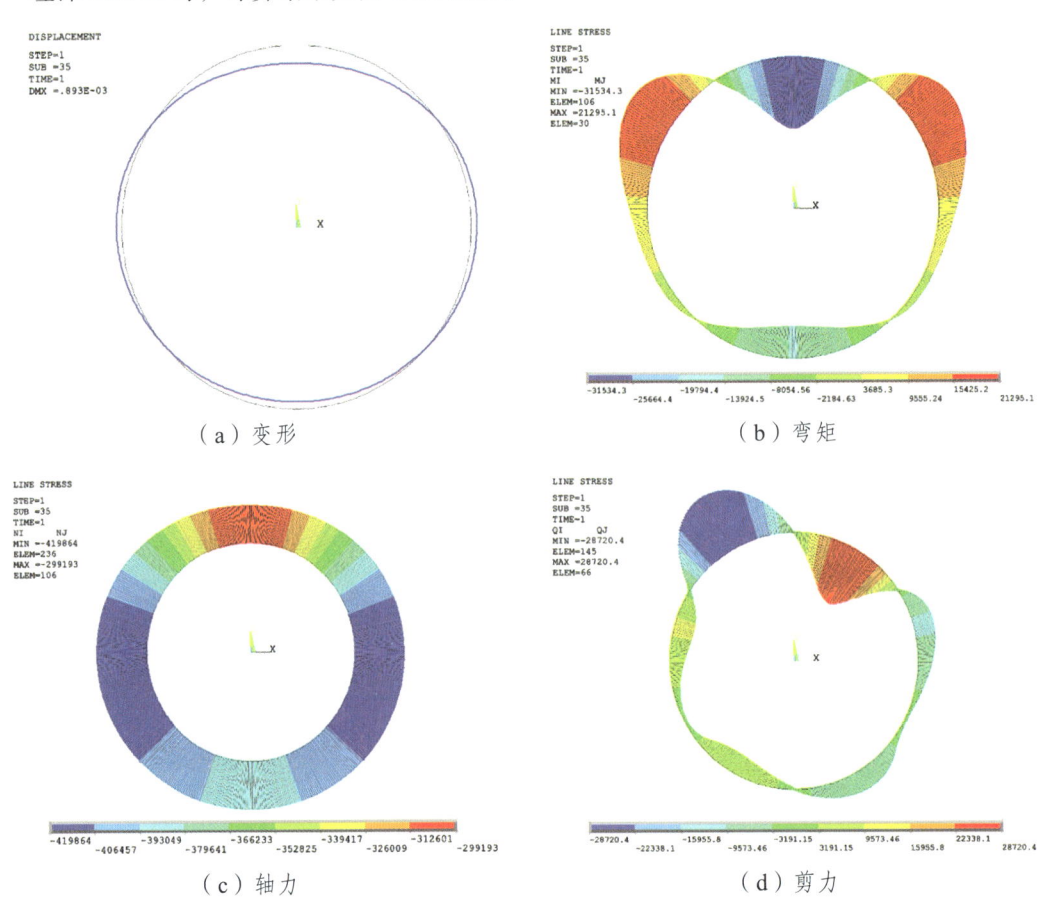

（a）变形　　（b）弯矩

（c）轴力　　（d）剪力

图 2-22　12.5 m 埋深管片变形及内力计算结果

2 岩溶地层盾构隧道管片衬砌力学特性研究

埋深 17 m 时，计算结果如图 2-23 所示。

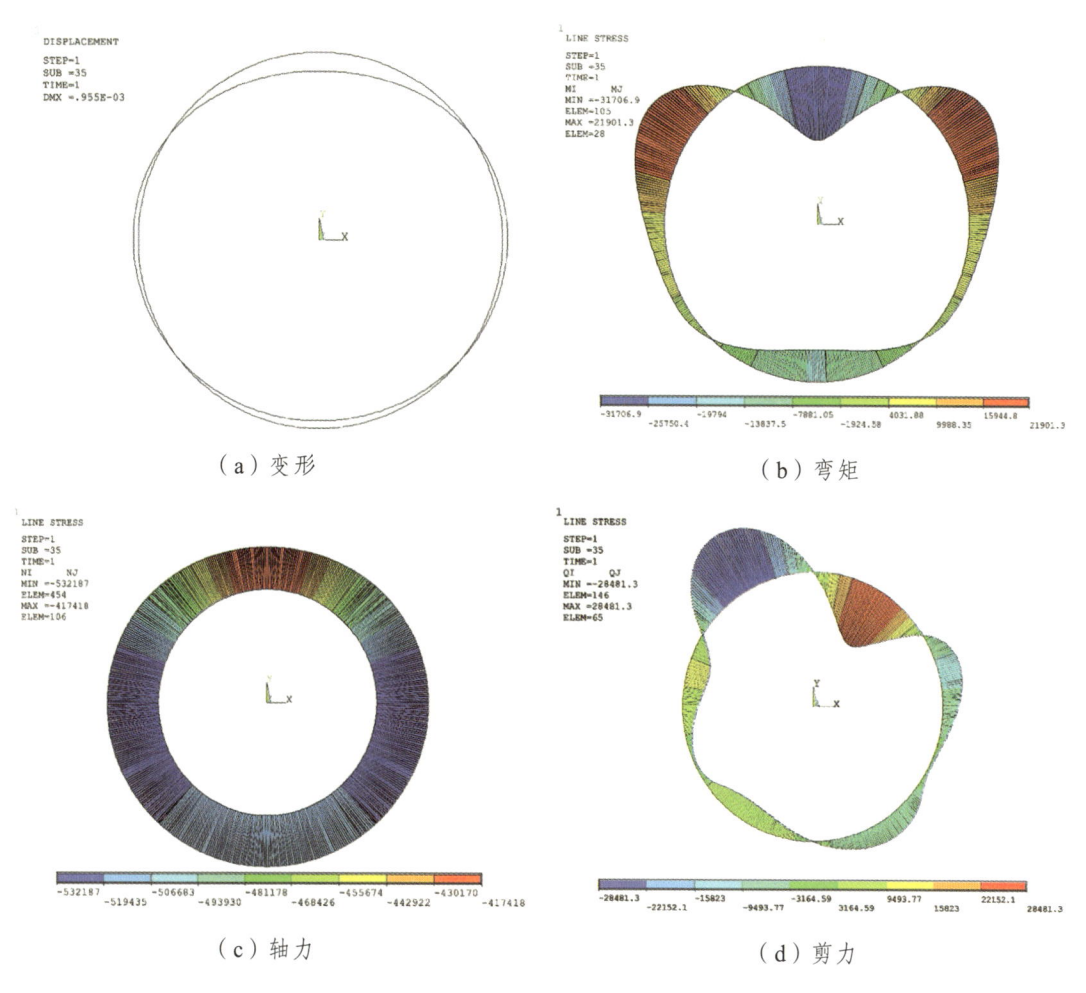

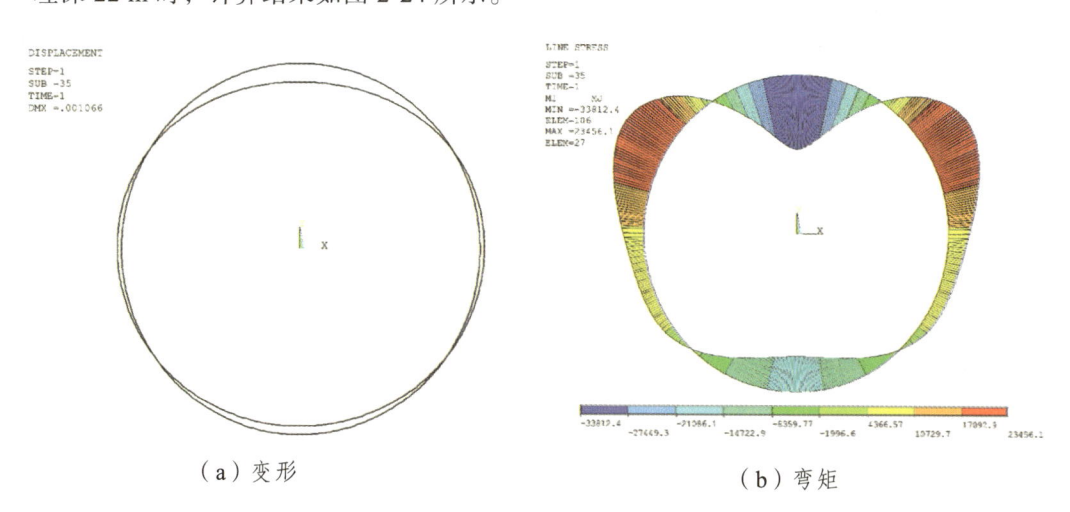

(a) 变形

(b) 弯矩

(c) 轴力

(d) 剪力

图 2-23 17 m 埋深管片变形及内力计算结果

埋深 22 m 时，计算结果如图 2-24 所示。

(a) 变形

(b) 弯矩

(c) 轴力　　　　　　　　　　　　　　(d) 剪力

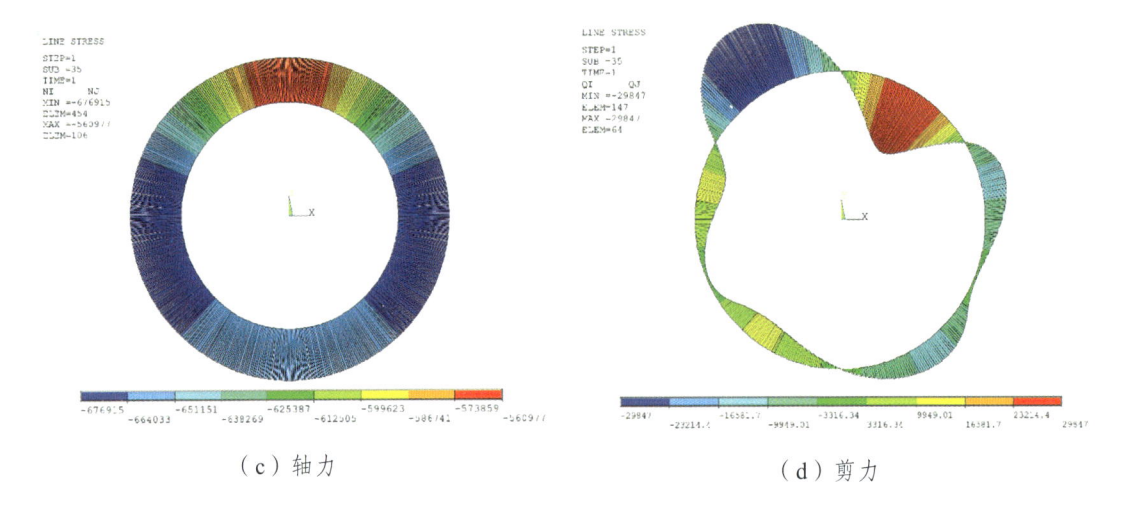

图 2-24　22 m 埋深管片变形及内力计算结果

埋深 27 m 时，计算结果如图 2-25 所示。

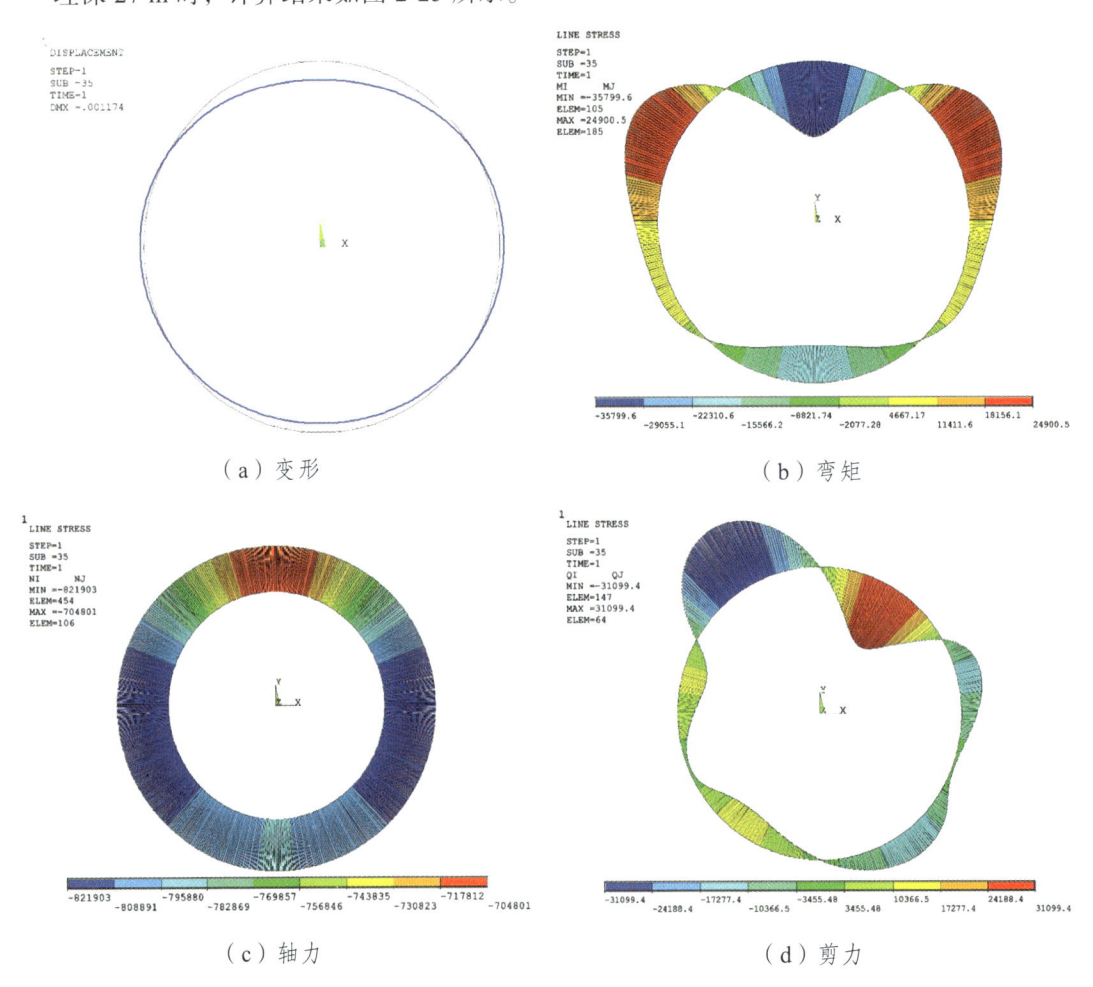

(a) 变形　　　　　　　　　　　　　　(b) 弯矩

(c) 轴力　　　　　　　　　　　　　　(d) 剪力

图 2-25　27 m 埋深管片变形及内力计算结果

2 岩溶地层盾构隧道管片衬砌力学特性研究

梁-弹簧法考虑接头作用，管片变形主要表现为拱顶下沉以及拱底隆起；弯矩最大值出现在拱顶处；轴力表现为整体受压状态；剪力最大值体现在 45°夹角处。受到接头铰接作用，剪力云图变化均发生在管片铰接处。

以埋深 12.5 m 时管片所受的剪力、弯矩、轴力作为基准，绘制岩溶地区管片在不同埋深下的应力变化情况，如图 2-26 所示。

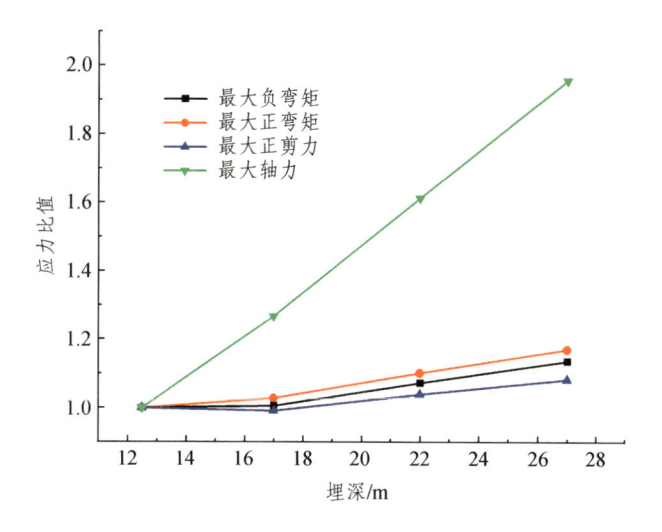

图 2-26 管片内力随埋深变化情况

因地铁穿越岩溶地区地层稳定性好，易成拱。按照水土分算，管片受到土压力的影响小，更多的是受到周围水压力的影响。因此在图 2-26 中表现为，最大弯矩与最大剪力随埋深变化不大，在埋深 27 m 时，最大弯矩值与最大剪力值大致为埋深 12.5 m 时的 1.05～1.15 倍，而最大轴力值大约为埋深 12.5 m 时的 2 倍。

（2）不同水位。

地下水位 0 m 时，计算结果如图 2-27 所示。

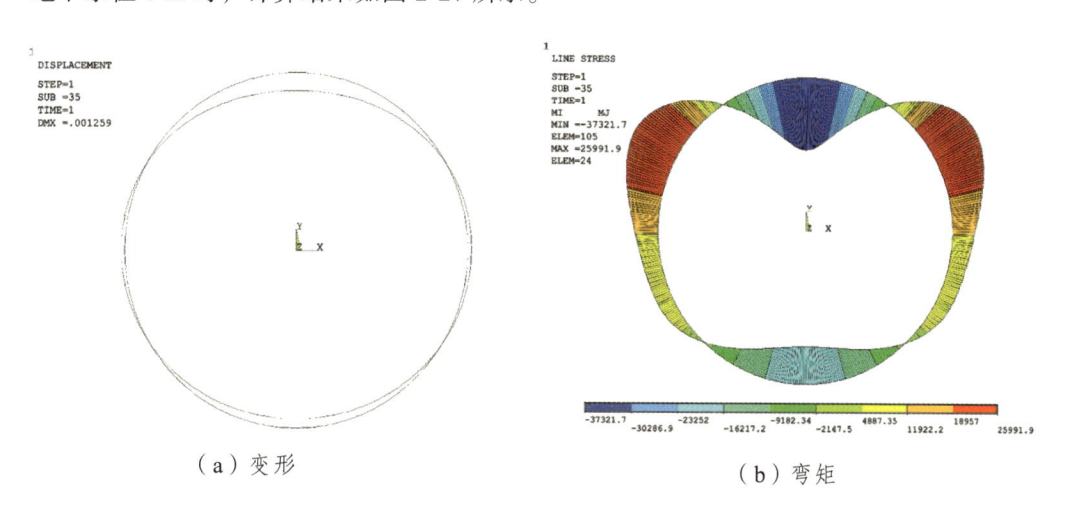

（a）变形　　　　　　　　　　　（b）弯矩

（c）轴力　　　　　　　　　　　　　　　（d）剪力

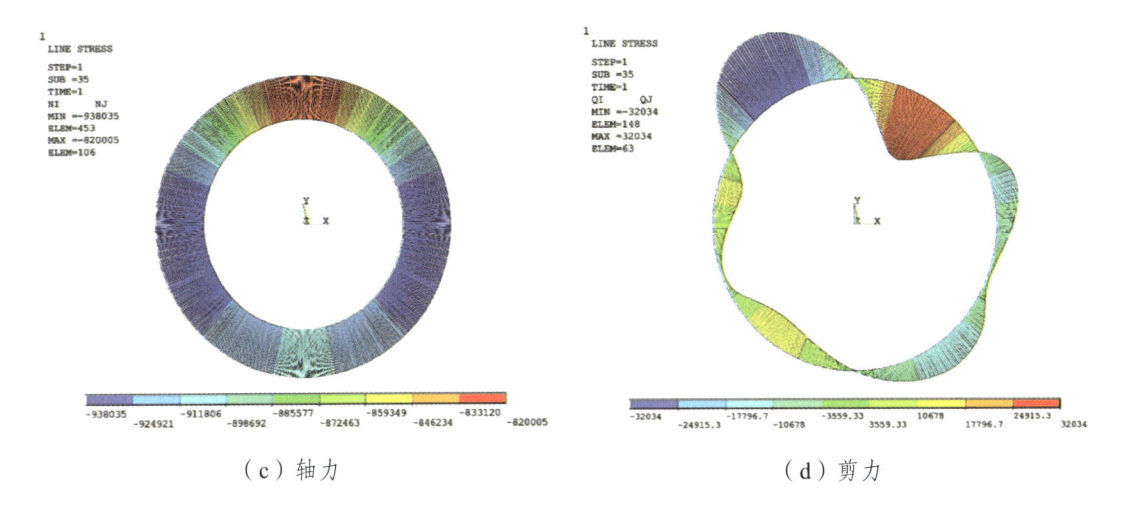

图 2-27　地下水位 0 m 时管片变形及内力计算结果

地下水位 3 m 时，计算结果如图 2-28 所示。

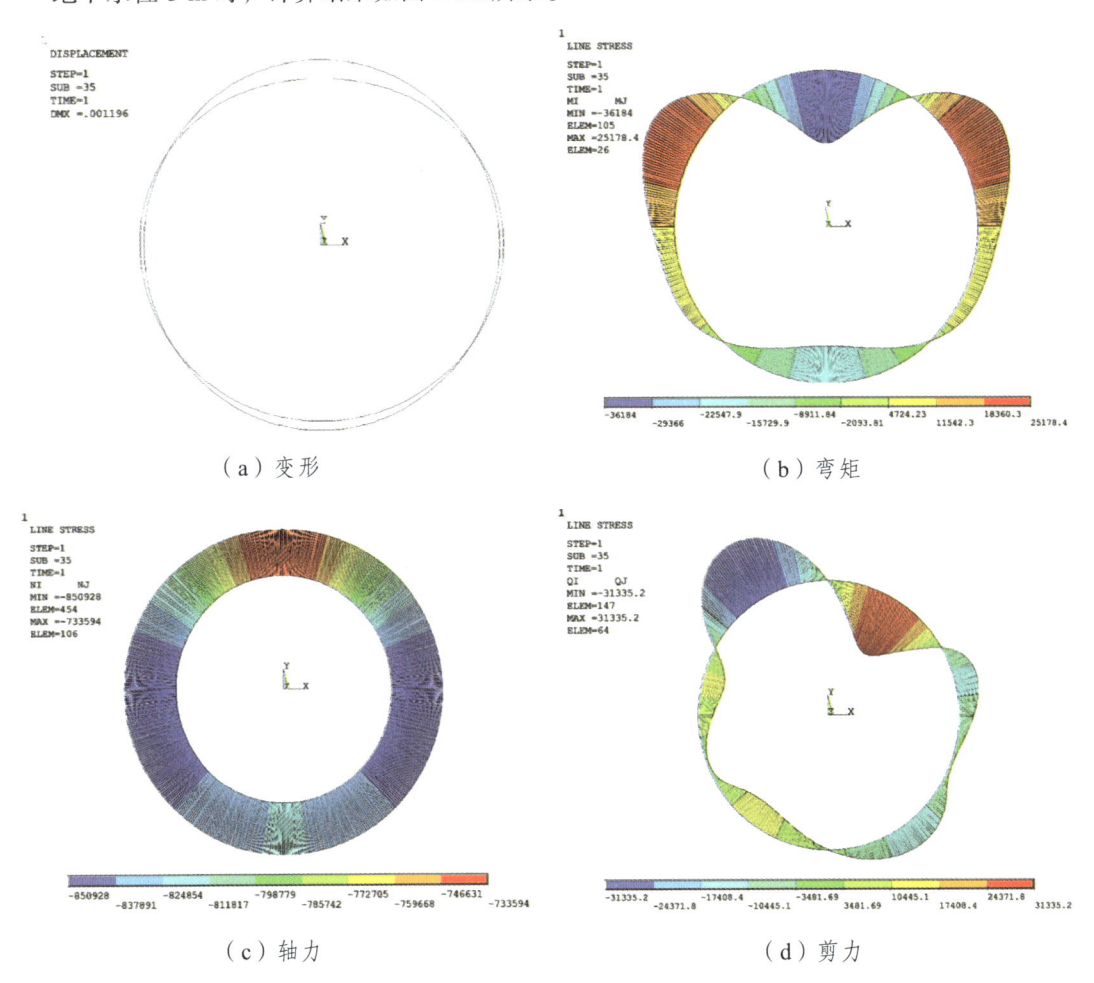

（a）变形　　　　　　　　　　　　　　　（b）弯矩

（c）轴力　　　　　　　　　　　　　　　（d）剪力

图 2-28　地下水位 3 m 时管片变形及内力计算结果

地下水位 6 m 时，计算结果如图 2-29 所示。

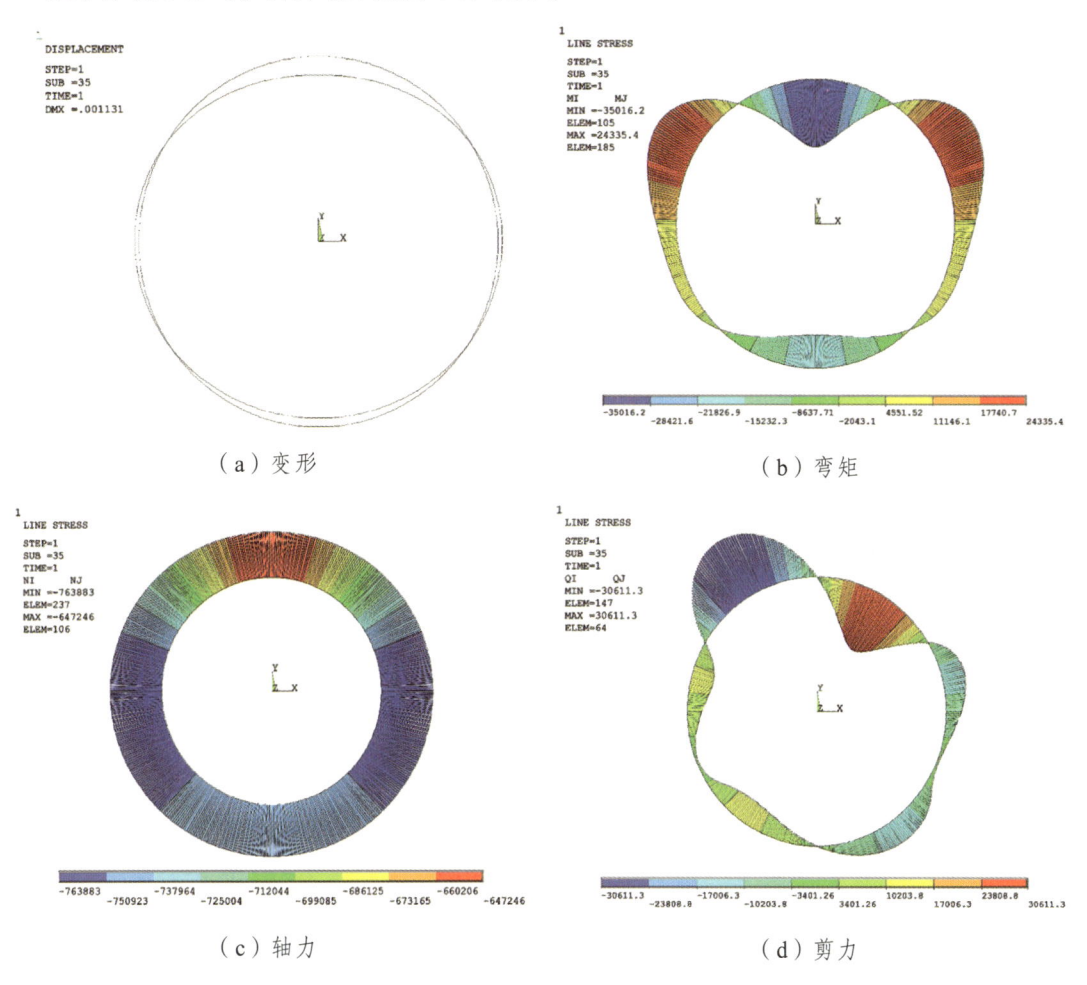

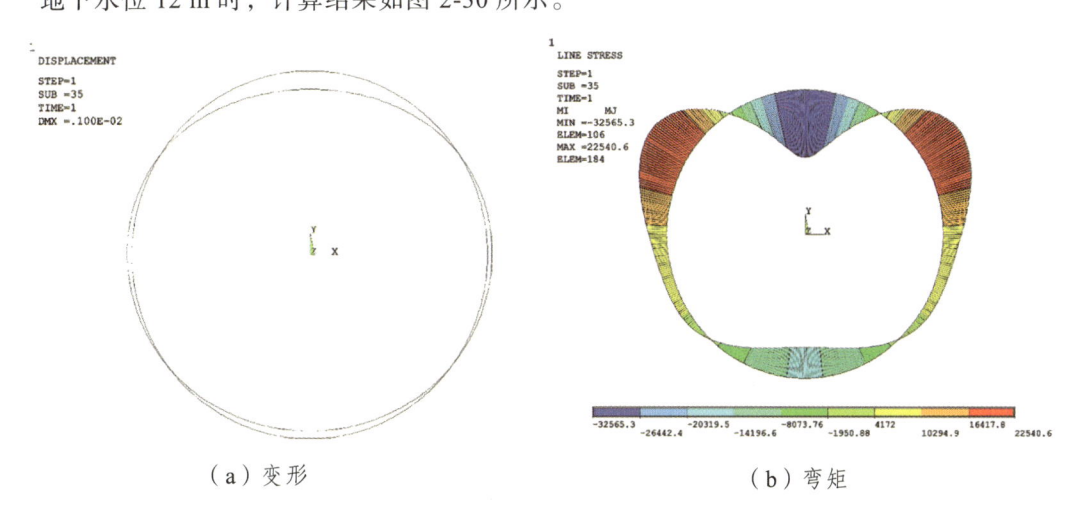

（a）变形　　　　　　　　　　　　（b）弯矩

（c）轴力　　　　　　　　　　　　（d）剪力

图 2-29　地下水位 6 m 时管片变形及内力计算结果

地下水位 12 m 时，计算结果如图 2-30 所示。

（a）变形　　　　　　　　　　　　（b）弯矩

(c) 轴力　　　　　　　　　　　　(d) 剪力

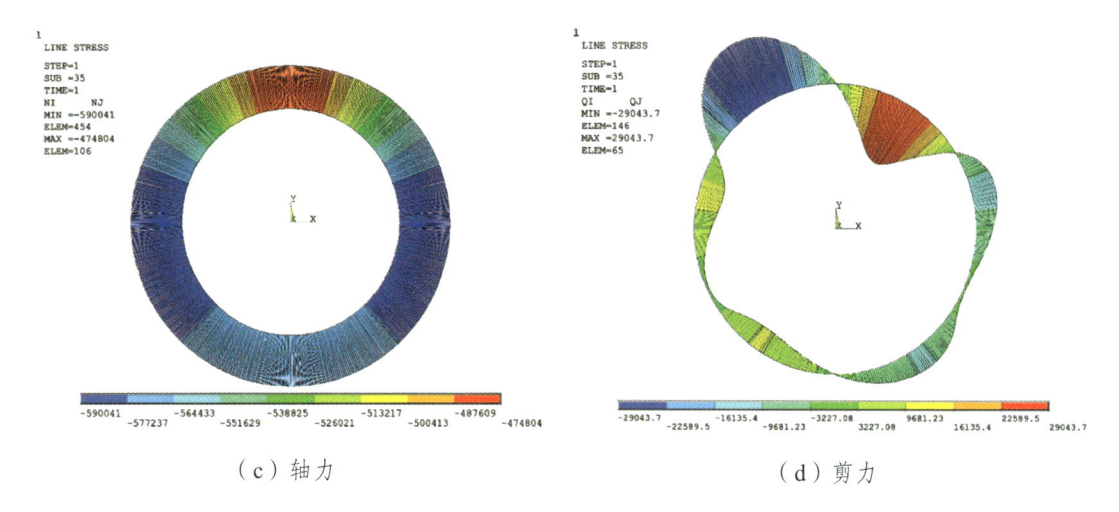

图 2-30　地下水位 12 m 时管片变形及内力计算结果

以地下水位 0 m 时管片所受的剪力、弯矩、轴力作为基准，绘制岩溶地区管片在不同水位深度下应力变化情况，如图 2-31 所示。由图 2-31 可知，随着水位的下降，隧道的内力最大值呈减小趋势，但幅度不大。在地下水位 12 m 时，最大弯矩值与最大剪力值大致为 0 m 时的 85%~95%，而最大轴力值大约为 0 m 时的 60%。

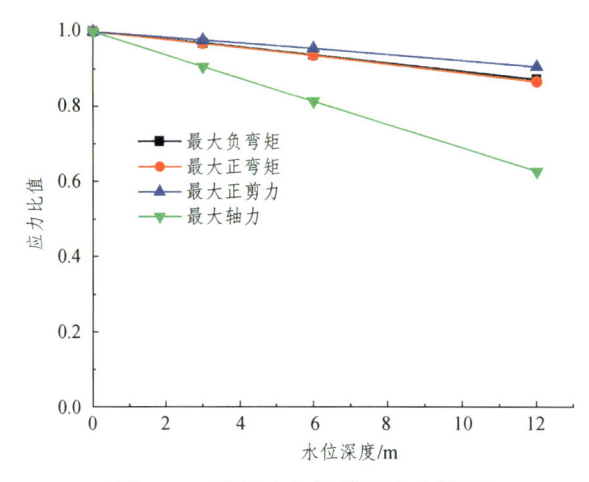

图 2-31　管片内力随埋深变化情况

2.3　岩溶影响分析

针对贵阳市轨道交通 3 号线盾构区间溶洞分布特点，通过数值计算，分别分析隧道底部、上部、侧部不同大小、不同距离的溶洞分布对隧道围岩周边变形及衬砌结构内力的影响，研究溶洞的位置、大小和距离对围岩稳定性的影响规律，从而确定盾构区间内溶洞处理基本原则。

2.3.1　计算模型

经统计，贵阳市轨道交通 3 号线盾构区间段的溶洞多在中风化白云岩、中风化灰岩地层中，但各断面隧道埋深、地层类型、各地层厚度差异较大，为能同时分析溶洞位于隧道上方

2　岩溶地层盾构隧道管片衬砌力学特性研究

时对盾构隧道的影响，隧道埋深不宜太浅，数值模型最终取隧道上方有溶洞存在的皂角井站—太慈桥站区间段（埋深较深）地层作为分析地层。

隧道所处地层自上而下分别为：0.8 m 杂填土、16.6 m 红黏土，其余均为中风化白云岩。隧道埋深 26 m，隧道内径 5.5 m，外径 6.2 m，计算直径 5.7 m，取 D=5.7 m。

为准确分析隧道开挖时围岩变形规律，并较好地模拟围岩与衬砌环的相互作用（刚度差异），按照地勘报告选取地层参数，如表 2-4 和表 2-5 所示。

表 2-4　地层参数

地层	压缩模量/MPa	泊松比	重度/(kN/m³)	黏聚力/kPa	内摩擦角/(°)
杂填土	5.7	0.42	19	10	19
红黏土	5.7	0.40	16.5	20	7
中风化白云岩	1 300	0.22	27.4	470	41

表 2-5　衬砌管片参数

衬砌结构	弹性模量/MPa	泊松比	密度/(kg/m³)
	3.45×10^4	0.2	2 500

在本次计算中，做了如下假定：

（1）地层初始应力场为自重应力场；

（2）不考虑地下水；

（3）地层（岩土层）水平分层，材料均匀、各向同性，采用 Drucker-Prager 屈服准则；

（4）溶洞简化为圆形，均无填充；

（5）考虑开挖后地层与衬砌"协调变形"。

数值计算模型如图 2-32 所示。

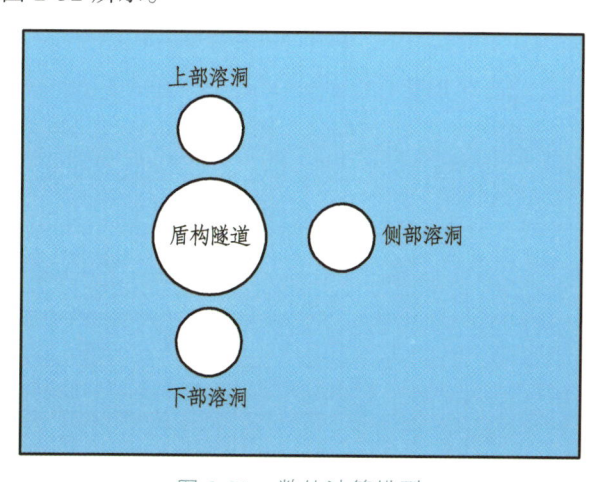

图 2-32　数值计算模型

模型基本参数如下：

（1）模型尺寸：模型两侧与隧道底部均取 5D 作为边界，即模型尺寸为 66 m × 62 m（宽 × 高）；

（2）模型边界：上边界取自由边界，左右边界约束水平位移，底部边界约束竖向位移；
（3）本模型分析中取溶洞直径为 3 m（之后作参数分析）；
（4）考虑平面应变问题，衬砌圆环的环宽取 1 m；
（5）采用平面单元模拟地层，梁单元模拟隧道衬砌圆环。

2.3.2 计算工况

计算工况如下：
（1）工况 1（初始工况）：仅溶洞存在，地层未开挖时计算初始应力场；
（2）工况 2（开挖工况）：开挖地层，应力释放 50%；
（3）工况 3（衬砌工况）：拼装盾构衬砌圆环，应力释放 50%。

数值计算方案如下：
（1）参照模型：无溶洞。
（2）Ⅳ级围岩溶洞分析模型：分析不同溶洞大小、不同溶洞至隧道距离，以及溶洞不同方位（隧道上部、隧道侧部、隧道下部）对开挖洞室及衬砌结构内力的影响。
（3）Ⅴ级围岩溶洞分析模型：选取 3 m 直径溶洞，分析不同溶洞至隧道距离，以及溶洞不同方位（隧道上部、隧道侧部、隧道下部）对开挖洞室及衬砌结构内力的影响，与Ⅳ级围岩溶洞作对比分析。

Ⅳ级围岩和Ⅴ级围岩下各方案的模型参数对比如表 2-6 和表 2-7 所示。

表 2-6　Ⅳ级围岩溶洞分析模型参数

Ⅳ级围岩			
	溶洞方位	溶洞中心距隧道距离	溶洞发育直径/m
方案 1_1	隧道上部	$D/2$	3
方案 1_2		D	3
方案 1_3		$D/2$	1.5
方案 1_4		D	1.5
方案 1_5		$D/2$	4.5
方案 1_6		D	4.5
方案 2_1	隧道侧部	$D/2$	3
方案 2_2		D	3
方案 2_3		$3D/2$	3
方案 2_4		$D/2$	1.5
方案 2_5		D	1.5
方案 2_6		$3D/2$	1.5
方案 2_7		$D/2$	4.5
方案 2_8		D	4.5
方案 2_9		$3D/2$	4.5

续表

IV级围岩				
	溶洞方位	溶洞中心距隧道距离	溶洞发育直径/m
方案 3_1	隧道下部	$D/2$	3
方案 3_2		D	3
方案 3_3		$3D/2$	3
方案 3_4		$2D$	3
方案 3_5		$D/2$	1.5
方案 3_6		D	1.5
方案 3_7		$3D/2$	1.5
方案 3_8		$2D$	1.5
方案 3_9		$D/2$	4.5
方案 3_10		D	4.5
方案 3_11		$3D/2$	4.5
方案 3_12		$2D$	4.5

表 2-7　V 级围岩溶洞分析模型参数

V级围岩			
	溶洞方位	溶洞中心距隧道距离	溶洞发育大小/m
方案 1_1	隧道上部	$D/2$	3
方案 1_2		D	3
方案 2_1	隧道侧部	$D/2$	3
方案 2_2		D	3
方案 2_3		$3D/2$	3
方案 3_1	隧道下部	$D/2$	3
方案 3_2		D	3
方案 3_3		$3D/2$	3
方案 3_4		$2D$	3

2.3.3 地层无溶洞工况

（1）开挖工况。

开挖工况下地层位移增量如图 2-33 所示。

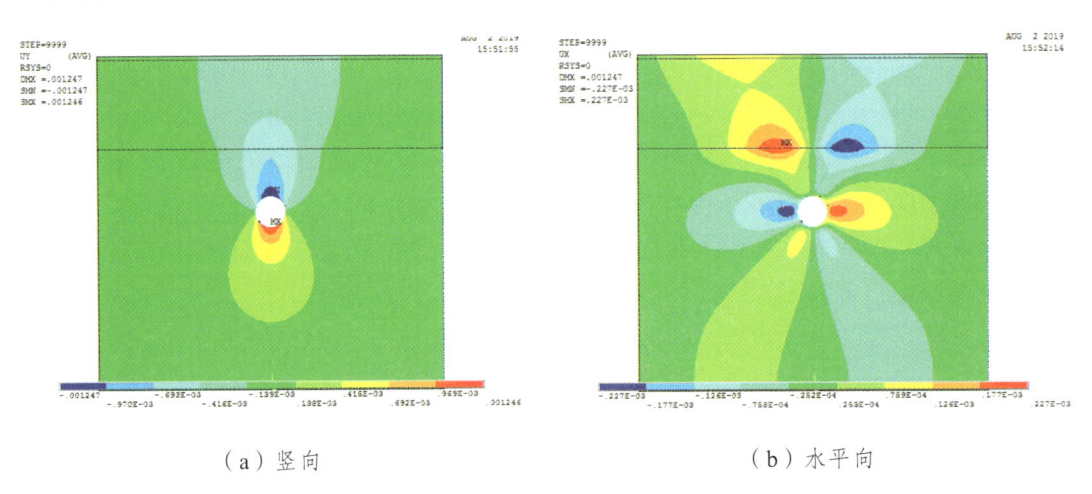

（a）竖向　　　　　　　　　　（b）水平向

图 2-33　开挖工况地层位移增量

分析图 2-33 可知，洞室开挖后，应力释放 50%，洞室顶部向下塌落 1.24 mm，底部隆起 1.24 mm，腰部水平向外收敛 0.45 mm。

（2）衬砌工况。

衬砌内力计算结果如图 2-34 所示。

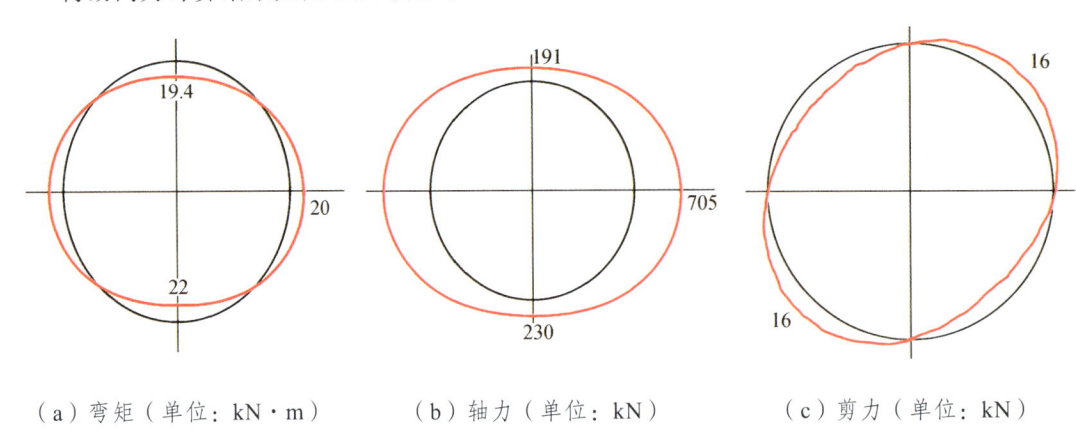

（a）弯矩（单位：kN·m）　　　（b）轴力（单位：kN）　　　（c）剪力（单位：kN）

图 2-34　衬砌内力计算结果

分析图 2-34 可知，隧道底部的正弯矩最大，约 22 kN·m，腰部的负弯矩最大，约 20 kN·m；隧道顶底部轴力较小，顶部轴力为 191 kN，底部轴力为 230 kN，腰部轴力为 705 kN；最大剪力值为 16 kN，出现在衬砌圆环肩部和脚部。

根据数值计算结果可得，隧道竖向收敛约 1.22 mm，顶部竖向向下位移小于底部向上位移（17%），水平收敛约 0.77 mm，左右对称分布。

2.3.4　上部溶洞对衬砌的结构影响

2.3.4.1　上部溶洞距隧道顶部 $D/2$

（1）开挖工况。

开挖工况下地层位移增量如图 2-35 所示。

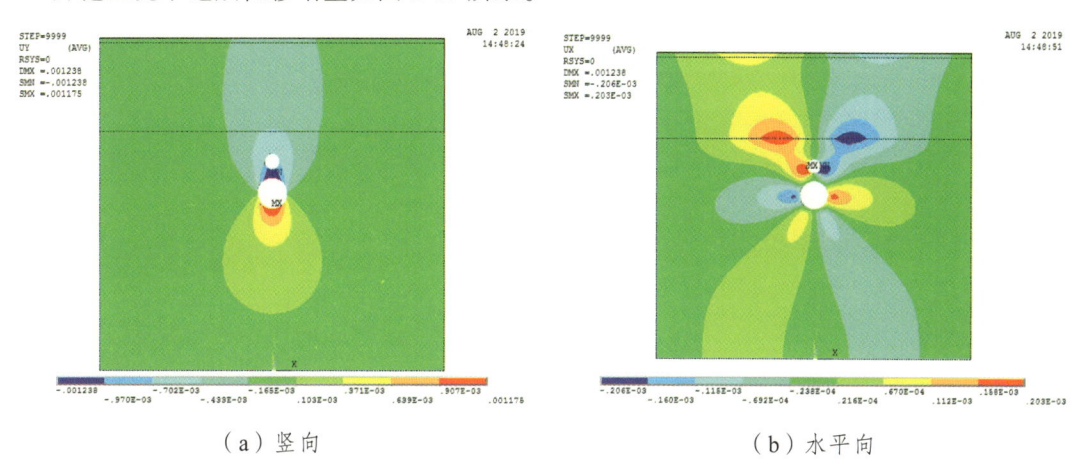

（a）竖向　　　　　　　　　　　（b）水平向

图 2-35　开挖工况地层位移增量

分析图 2-35 可知，洞室开挖后，应力释放 50%，洞室顶部向下塌落 1.22 mm，底部隆起 1.17 mm（减小 6%）；腰部水平向外收敛 0.32 mm（减小 30%）；且水平位移变化最大值（0.4 mm）出现在溶洞腰部偏下位置，溶洞向内塌落。

结合洞室开挖后水平地应力及溶洞变形，可判断洞室开挖后溶洞上部地层自溶洞腰部向内"流动"，造成溶洞底部水平应力增加，且溶洞向内塌落。

（2）衬砌工况。

衬砌内力计算结果如图 2-36 所示。

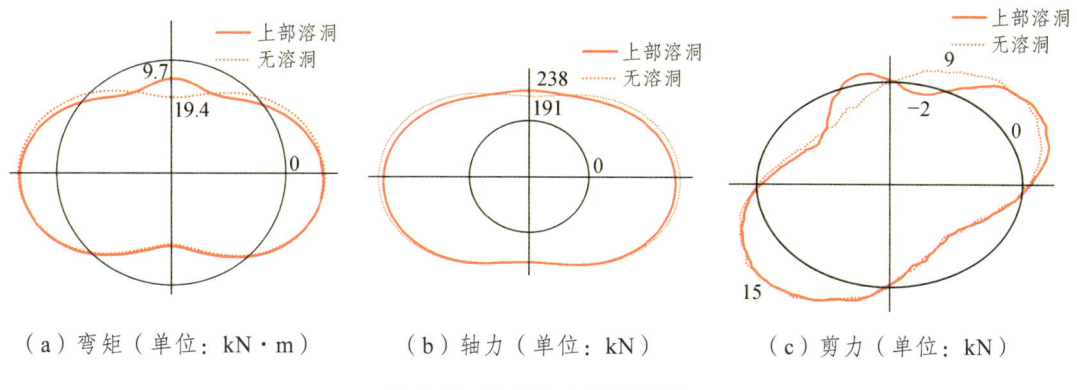

（a）弯矩（单位：kN·m）　　　（b）轴力（单位：kN）　　　（c）剪力（单位：kN）

图 2-36　衬砌内力计算结果

分析图 2-36 可知，隧道顶部的正弯矩减小，0°附近减小量最大，约 9.7 kN·m（50%），上半环其余位置正弯矩增加（或负弯矩减小），42°处正弯矩增加，最大值为 4.6 kN·m（500%）；隧道顶部轴力增加 47 kN（24%），隧道肩部及腰部轴力均减小，减小量最大值约 56 kN，腰部增加 40 kN（6%）；最大剪力为 15 kN，拱顶左右 10°范围内剪力明显增加。

根据数值计算结果可得，隧道竖向收敛约 1.07 mm（减小 13%），顶部竖向向下位移小于底部向上位移（27%），水平收敛约 0.68 mm（减小 12%），左右对称分布。

2.3.4.2 上部溶洞距隧道顶部 1D

（1）开挖工况。

开挖工况下地层位移增量如图 2-37 所示。

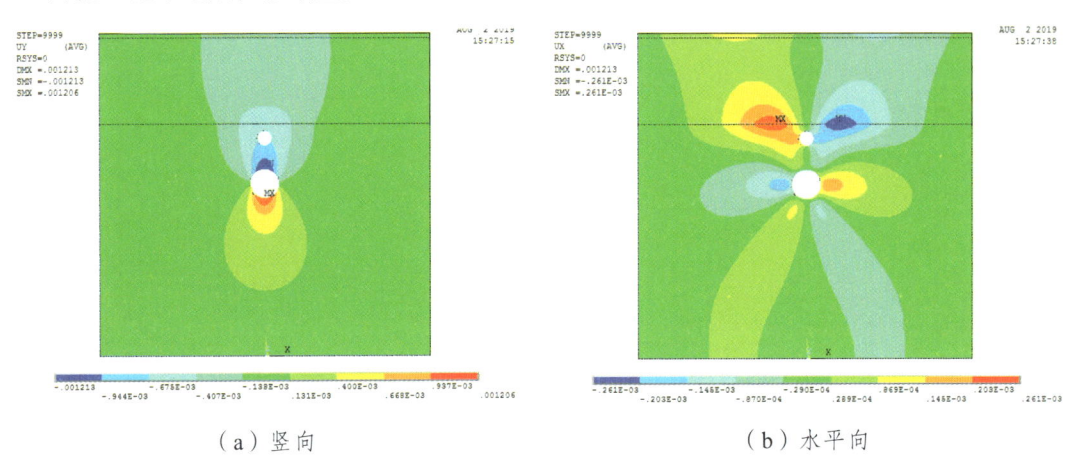

(a)竖向　　　　　　　　　　　(b)水平向

图 2-37　开挖工况地层位移增量

分析图 2-37 可知，洞室开挖后，应力释放 50%，洞室顶部向下塌落 1.2 mm，底部隆起 1.2 mm（减小 3%）；腰部水平向外收敛 0.4 mm（减小 11%）；且水平位移变化最大值（0.52 mm）出现在溶洞顶部、岩土层分层处，溶洞向内塌落。

结合洞室开挖后水平地应力及溶洞变形，可判断洞室开挖后溶洞上部地层自溶洞腰部向内"流动"，造成溶洞底部水平应力增加，且溶洞向内塌落。

（2）衬砌工况。

衬砌内力计算结果如图 2-38 所示。

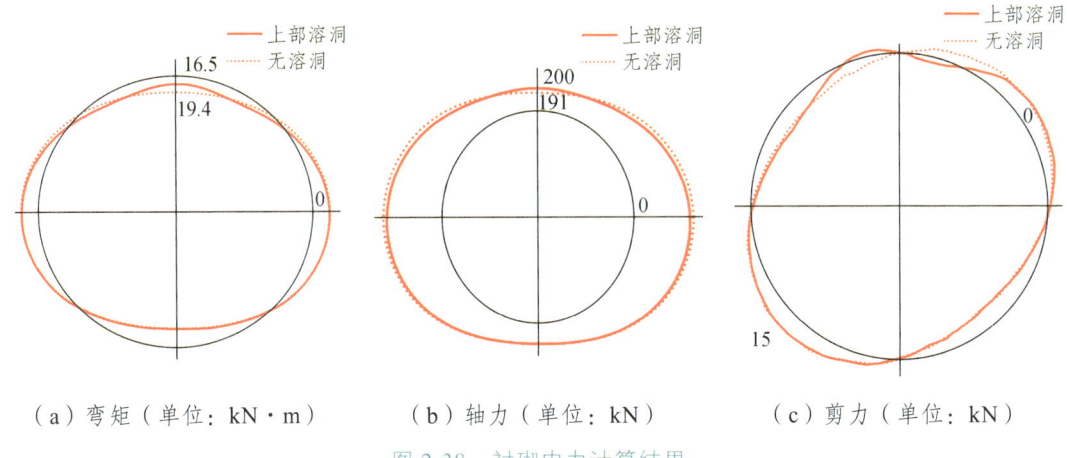

(a)弯矩（单位：kN·m）　　(b)轴力（单位：kN）　　(c)剪力（单位：kN）

图 2-38　衬砌内力计算结果

分析图 2-38 可知，隧道顶部的正弯矩减小，0°附近减小量最大，约 2.9 kN·m（15%），上半环其余位置正弯矩增加（或负弯矩减小），62°处正弯矩增加值最大，为 1.6 kN·m；隧道顶部的轴力增加,隧道肩部及腰部的轴力均减小,增量变化约在5%以内;剪力最大值为15 kN,拱顶左右10°范围内剪力明显增加,其余位置基本不变。

根据数值计算结果可得,隧道竖向收敛约1.15 mm(减小6%),顶部竖向向下位移小于底部向上位移,但两者差异明显减小(12%),水平收敛约0.72 mm(减小5%),左右对称分布。

2.3.4.3 小 结

溶洞在隧道上部时,衬砌结构的响应如表2-8所示,得出主要结论如下:

表2-8 隧道上部溶洞工况下衬砌结构响应

溶洞方位	溶洞直径/m	溶洞中心距隧道距离	洞室拱顶沉降/mm	洞室拱底上浮/mm	管片最大拉应力/kPa	管片最大拉应力位置	管片最大剪力/kN
隧道上部	3	$D/2$	1.22	1.17	369	拱底	15
		D	1.21	1.20	377		16

(1)隧道开挖(无衬砌),按地层应力释放50%计算,结合洞室开挖后水平地应力及溶洞变形,可判断洞室开挖后溶洞上部地层自溶洞腰部向内"流动",造成溶洞底部水平应力增加,且溶洞向内塌落。

(2)溶洞的存在造成初始地应力中洞室上部竖向地应力减小,且溶洞存在减弱了隧道顶部等效变形刚度。

(3)就洞室变形而言,地层开挖后洞室拱底上浮及拱顶下沉量均减小,但由于围岩变形模量较大,洞室收敛值仅3 mm左右,洞室围岩稳定,计算未出现塑性区。

(4)就衬砌结构受力而言,主要影响为:隧道顶部弯矩减小,轴力增加,从管片计算应力来看溶洞的存在对结构受力而言无不利因素;剪力在拱顶上下10°附近出现明显变化。

2.3.5 下部溶洞对衬砌的结构影响

2.3.5.1 下部溶洞距隧道底部 $D/2$

(1)开挖工况。

开挖工况下地层位移增量如下图2-39所示。

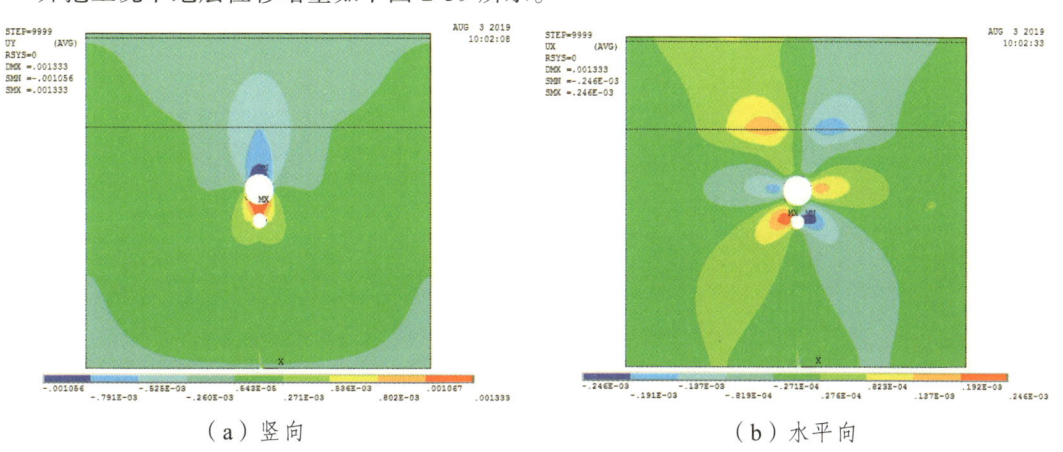

(a)竖向　　　　　　　　　　(b)水平向

图2-39 开挖工况地层位移增量

分析图 2-39 可知，洞室开挖后，应力释放 50%，洞室顶部向下塌落 1 mm（减小 15%），底部隆起 1.33 mm（增加 7%）；且水平位移变化最大值（0.49 mm）出现在溶洞腰部，溶洞向内塌落。

（2）衬砌工况。

衬砌内力计算结果如图 2-40 所示。

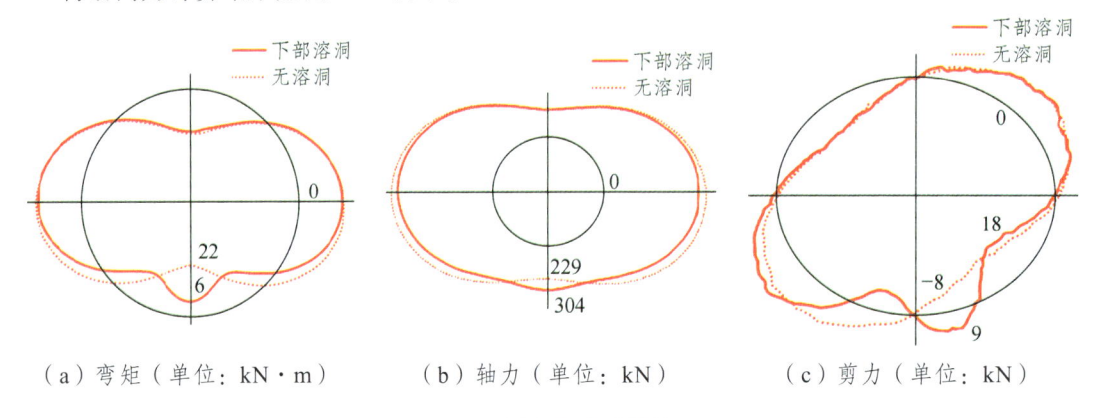

(a) 弯矩（单位：kN·m）　　(b) 轴力（单位：kN）　　(c) 剪力（单位：kN）

图 2-40　衬砌内力计算结果

分析图 2-40 可知，隧道底部的正弯矩减小，180°附近减小量最大，约 15.34 kN·m（70%），下半环其余位置正弯矩增加（或负弯矩减小），136°处正弯矩增加量最大，约 7.32 kN·m（800%）；在隧道底部轴力增加 75 kN（33%），隧道顶部轴力基本不变，其余位置轴力减小，124°位置轴力减小量达 71 kN（减小 12%）；剪力最大值 18 kN（增加 12%），拱底左右两侧 10°范围内剪力明显增加。

根据数值计算结果可得，隧道竖向收敛约 1.01 mm，顶部竖向向下位移小于底部向上位移（27%），水平收敛约 0.66 mm，两侧对称分布。

2.3.5.2　下部溶洞距隧道底部 1D

（1）开挖工况。

开挖工况下地层位移增量如图 2-41 所示。

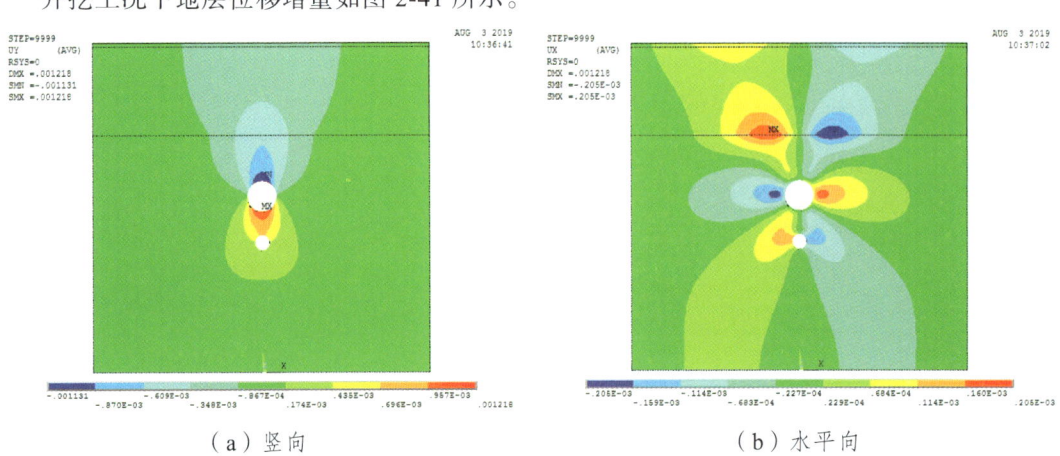

(a) 竖向　　(b) 水平向

图 2-41　开挖工况地层位移增量

分析图 2-41 可知，洞室开挖后，应力释放 50%，洞室顶部向下塌落 1.1 mm（减小 11%），底部隆起 1.2 mm（减小 2.5%）；且水平位移变化最大值（0.40 mm）出现在岩土层分界处，溶洞腰部较距隧道 $D/2$ 时向内收敛减小，且此时溶洞腰部收敛值小于洞室腰部收敛。

（2）衬砌工况

衬砌内力计算结果如图 2-42 所示。

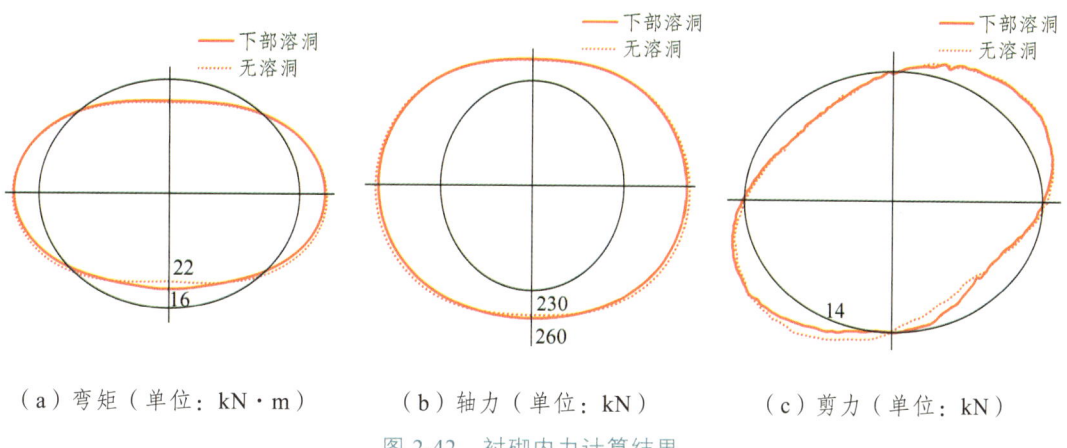

图 2-42　衬砌内力计算结果

(a) 弯矩（单位：kN·m）　(b) 轴力（单位：kN）　(c) 剪力（单位：kN）

分析图 2-42 可知，在隧道底部正弯矩减小，180°附近减小量最大，约 6.36 kN·m（30%），下半环其余位置正弯矩增加（或负弯矩减小），124°处正弯矩增加量最大，约 3.27 kN·m（40%）；在隧道底部轴力增加 30 kN（13%），隧道顶部轴力基本不变；其余位置轴力减小，118°位置轴力减小量最大，约 40 kN（减小 7%）；剪力最大值 14 kN，略有减小。

根据数值计算结果可得，隧道竖向收敛约 1.10 mm，顶部竖向向下位移小于底部向上位移（23%），水平收敛约 0.69 mm，两侧对称分布。

2.3.5.3　下部溶洞距隧道底部 $3D/2$

（1）开挖工况。

开挖工况下地层位移增量如图 2-43 所示。

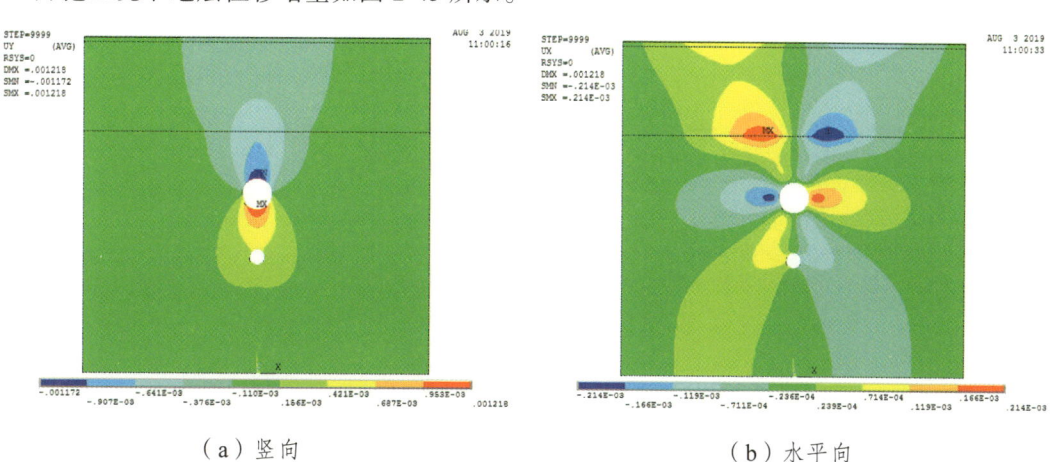

(a) 竖向　(b) 水平向

图 2-43　开挖工况地层位移增量

分析图 2-43 可知，洞室开挖后，应力释放 50%，洞室顶部向下塌落 1.17 mm（减小 5%），底部隆起 1.2 mm（基本不变）；且水平位移变化最大值（0.42 mm）出现在岩土层分界处，溶洞腰部较距隧道 D 时向内收敛减小，且此时溶洞腰部收敛值明显小于洞室腰部收敛。

（2）衬砌工况。

衬砌内力计算结果如图 2-44 所示。

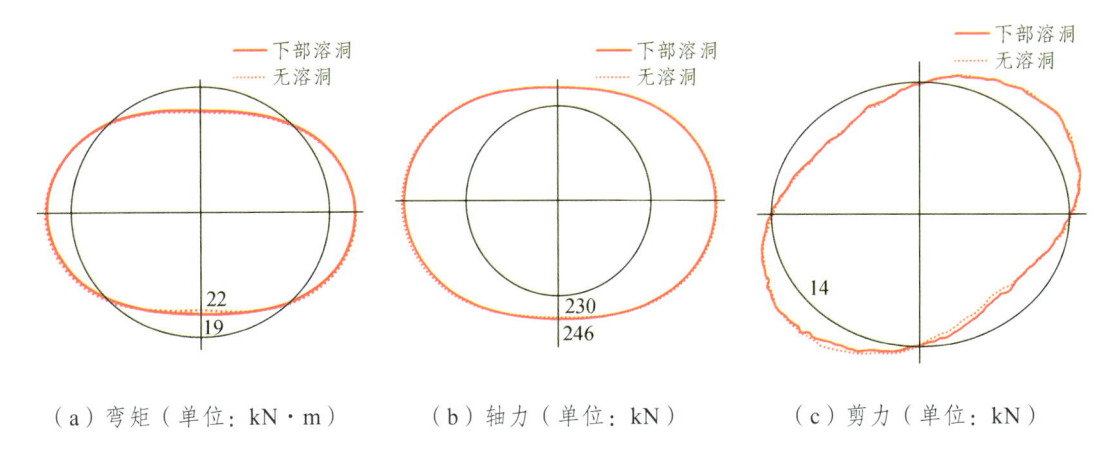

（a）弯矩（单位：kN·m）　　（b）轴力（单位：kN）　　（c）剪力（单位：kN）

图 2-44　衬砌内力计算结果

分析图 2-44 可知，隧道底部正弯矩减小，180°附近减小量最大，约 3.28 kN·m（15%），下半环其余位置正弯矩增加（或负弯矩减小），244°处正弯矩增加量最大，约 1.88 kN·m（13%）；隧道底部轴力增加 16 kN（7%），隧道顶部轴力基本不变；其余位置轴力减小，106°位置轴力减小量最大，约 26 kN（减小 4%）；剪力最大值 14 kN，减小 12%。

根据数值计算结果可得，隧道竖向收敛约 1.14 mm，顶部竖向向下位移小于底部向上位移（21%），水平收敛约 0.71 mm，两侧对称分布。

2.3.5.4　下部溶洞距隧道底部 2D

（1）开挖工况

开挖工况下地层位移增量如图 2-45 所示。

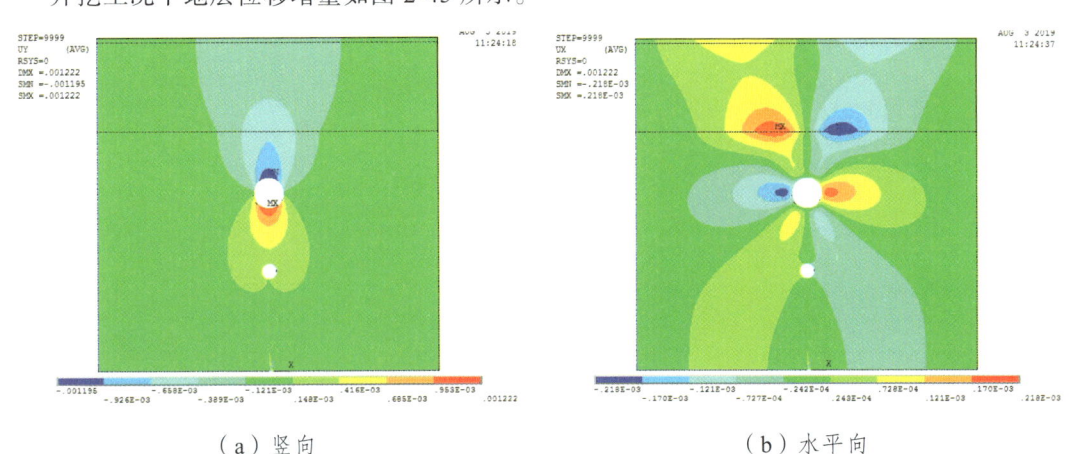

（a）竖向　　（b）水平向

图 2-45　开挖工况地层位移增量

分析图 2-45 可知，洞室开挖后，应力释放 50%，洞室顶部向下塌落 1.2 mm（减小 4%），底部隆起 1.22 mm（基本不变）；且水平位移变化最大值（0.44 mm）出现在岩土层分界处，溶洞腰部较距隧道 D 时向内收敛减小，且此时溶洞腰部收敛值明显小于洞室腰部收敛。

（2）衬砌工况。

衬砌内力计算结果如图 2-46 所示。

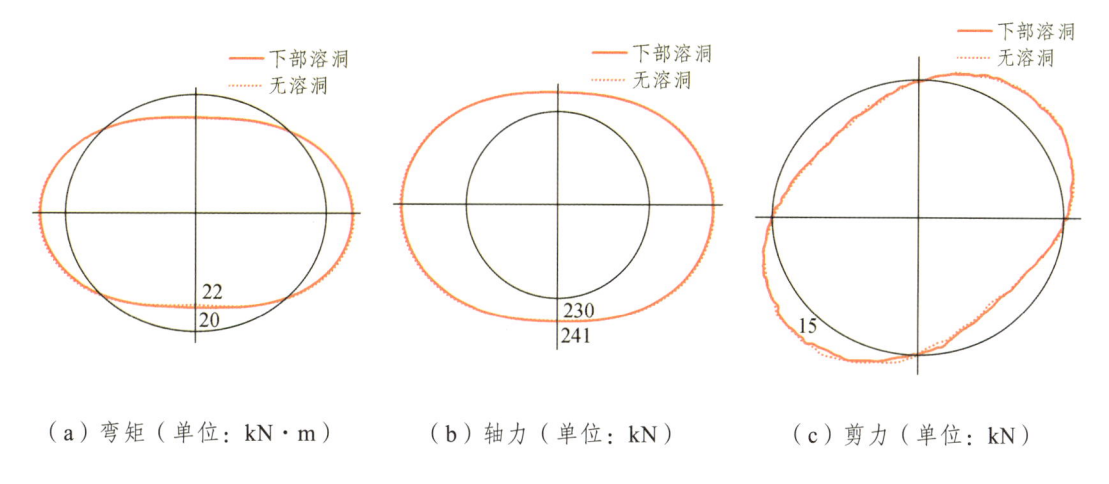

（a）弯矩（单位：kN·m）　　（b）轴力（单位：kN）　　（c）剪力（单位：kN）

图 2-46　衬砌内力计算结果

分析图 2-46 可知，隧道底部正弯矩减小，180°附近减小量最大，减小约 2.4 kN·m（11%），下半环其余位置正弯矩增加（或负弯矩减小），120°处正弯矩增加量最大，增加约 1.2 kN·m（11%）；隧道底部轴力增加 11 kN，隧道顶部轴力基本不变，其余位置轴力减小，114°位置轴力减小量最大，约 17 kN，轴力变化量均在 5%以内；剪力最大值约 15 kN，减小 6%。

根据数值计算结果可得，隧道竖向收敛约 1.16 mm，顶部竖向向下位移小于底部向上位移（20%），水平收敛约 0.73 mm，两侧对称分布。

2.3.5.5　小　结

溶洞在隧道下部时，衬砌结构的响应如表 2-9 所示，得出主要结论如下：

表 2-9　隧道下部溶洞工况下衬砌结构响应

溶洞方位	溶洞直径/m	溶洞中心距隧道距离	洞室拱顶沉降/mm	洞室拱底上浮/mm	管片最大拉应力/kPa	管片最大拉应力位置	管片最大剪力/kN
隧道下部	3	$D/2$	1.07	1.33	354	拱顶	17
		D	1.13	1.22	344		14
		$3D/2$	1.17	1.22	353		14
		$2D$	1.2	1.22	360		15

（1）溶洞的存在造成初始地应力中洞室下部竖向地应力减小，且减弱了隧道底部等效变形刚度。

（2）就洞室变形而言，在溶洞距洞室较近时，地层开挖后洞室拱底上浮增加、拱顶下沉量减小，但由于围岩变形模量较大，洞室收敛值仅 3 mm 左右，洞室围岩稳定，计算过程中未出现塑性区。

从管片计算应力来看，溶洞的存在对结构受力而言无不利因素；剪力在拱底上下 10°附近出现明显变化，剪力最大值在拱底左右两侧有所增加。

2.3.6 侧部溶洞对衬砌的结构影响

2.3.6.1 侧部溶洞距隧道侧部 $D/2$

（1）开挖工况

开挖工况下地层位移增量如图 2-47 所示。

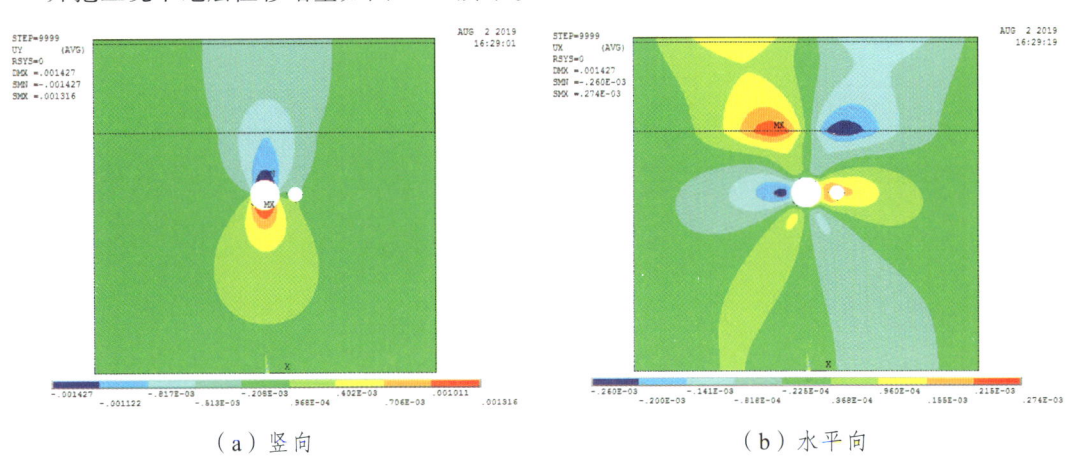

（a）竖向　　　　　　　　　　　　（b）水平向

图 2-47　开挖工况地层位移增量

分析图 2-47 可知，洞室开挖后，应力释放 50%，洞室顶部向下塌落 1.4 mm（增加 15%），底部隆起 1.3 mm（增加 5%），最大值偏向于溶洞一侧；腰部水平向外收敛 0.40 mm，水平位移变化最大值（0.52 mm）出现在岩土层分界处。

结合洞室开挖后水平地应力及溶洞变形，侧部溶洞的存在对洞室开挖的主要影响是溶洞所在一侧水平应力增加，同时侧部地层约束刚度减小。

（2）衬砌工况。

衬砌内力计算结果如图 2-48 所示。

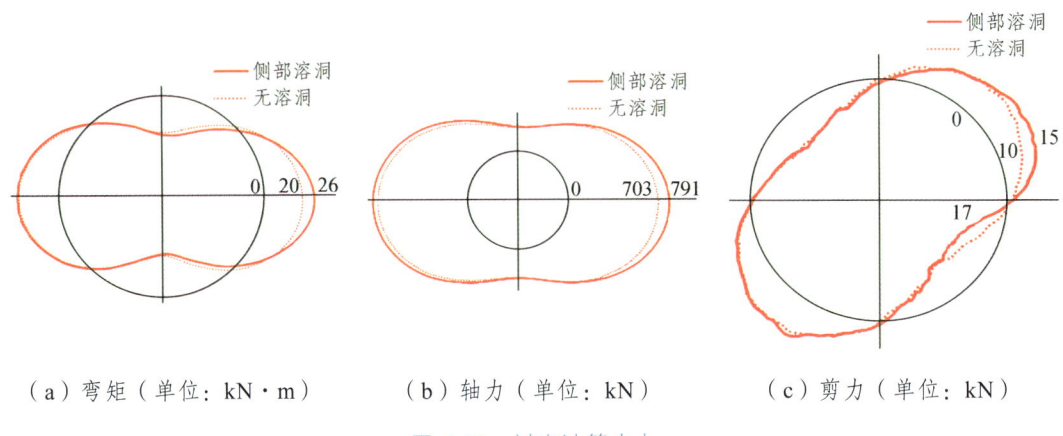

（a）弯矩（单位：kN·m）　　　（b）轴力（单位：kN）　　　（c）剪力（单位：kN）

图 2-48　衬砌计算内力

分析图 2-48 可知，隧道近溶洞侧腰部负弯矩最大，增加 6 kN·m（30%），远离溶洞一侧腰部负弯矩增加 5%，近溶洞侧隧道肩部及脚部弯矩正弯矩增加（弯矩图关于衬砌环水平轴线对称），增加量约 3 kN·m；隧道顶底轴力变化很小，变化 3% 以内，腰部轴力增加，近溶洞侧腰部轴力增加 87 kN（12%），远离溶洞一侧腰部轴力增加 40 kN（5.6%）；剪力最大值约 17 kN，增加 6%，近溶洞一侧腰部衬砌剪力明显增加。

根据数值计算结果可得，隧道竖向收敛约 1.33 mm，顶部竖向向下位移小于底部向上位移（12%），水平收敛约 0.86 mm，隧道腰部在溶洞所在一侧水平变形较大（20%）。

2.3.6.2 侧部溶洞距隧道侧部 1D

（1）开挖工况。

开挖工况下地层位移增量如图 2-49 所示。

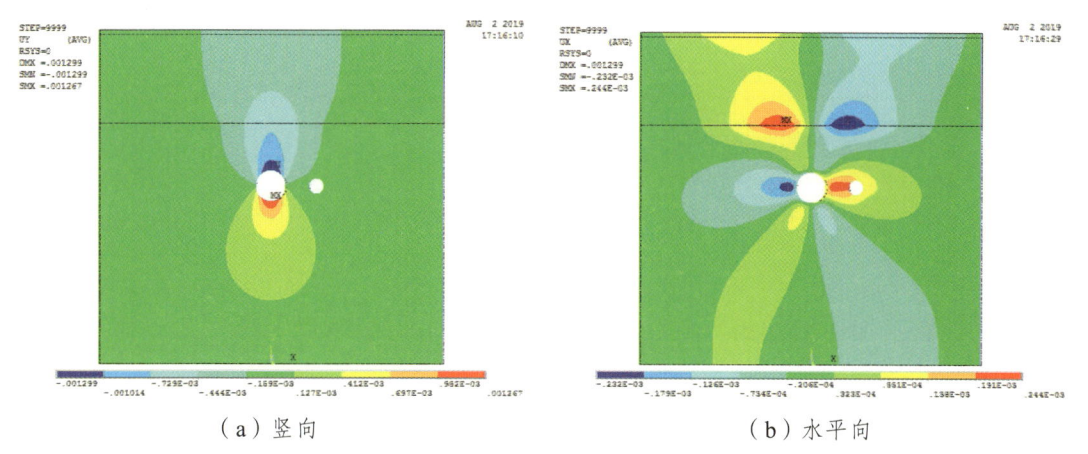

(a) 竖向 (b) 水平向

图 2-49　开挖工况地层位移增量

分析图 2-49 可知，洞室开挖后，应力释放 50%，洞室顶部向下塌落 1.3 mm（增加 5%），底部隆起 1.26 mm（增加 2%）；且水平位移变化最大值（0.46 mm）出现在岩土层分界处。

结合洞室开挖后水平地应力及溶洞变形，侧部溶洞的存在对洞室开挖的主要影响是溶洞所在一侧地层约束刚度减小。

（2）衬砌工况。

衬砌内力计算结果如图 2-50 所示。

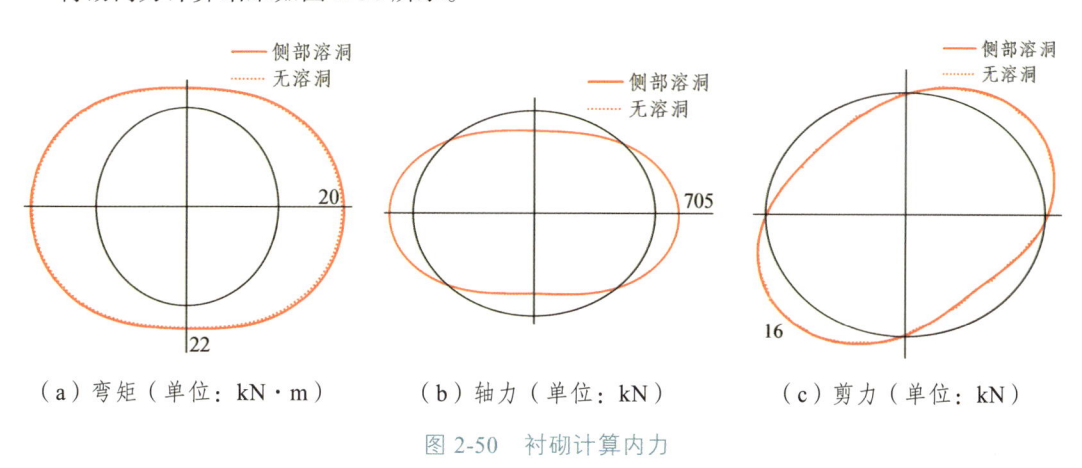

(a) 弯矩（单位：kN·m） (b) 轴力（单位：kN） (c) 剪力（单位：kN）

图 2-50　衬砌计算内力

分析图 2-50 可知，弯矩变化在 1 kN·m 以内，可认为弯矩基本不受溶洞存在的影响；隧道全环轴力增加，但数值变化较小，且顶底轴力增加量明显小于腰部轴力增量，最大轴力增加量发生在近溶洞侧腰部，增加量绝对值约 24 kN（3.5%）；剪力基本不变。

根据数值计算结果可得，隧道竖向收敛约 1.25 mm，顶部竖向向下位移小于底部向上位移（16%），水平收敛约 0.78 mm，隧道腰部在溶洞所在一侧水平变形较大（5%），但较溶洞距隧道侧部 $D/2$ 工况明显减小。

2.3.6.3 侧部溶洞距隧道侧部 $3D/2$

（1）开挖工况。

开挖工况下地层位移增量如图 2-51 所示。

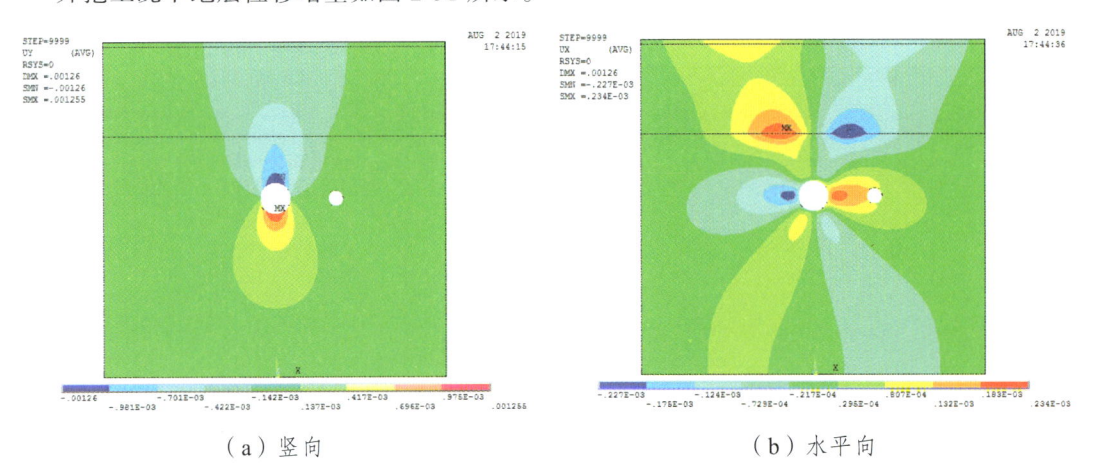

（a）竖向　　　　　　　　　　（b）水平向

图 2-51　开挖工况地层位移增量

分析图 2-51 可知，洞室开挖后，应力释放 50%，洞室顶部向下塌落 1.26 mm（增加 2%），底部隆起 1.25 mm（基本不变）；且水平位移变化最大值（0.45 mm）出现在岩土层分界处。

结合洞室开挖后水平地应力及溶洞变形，侧部溶洞的存在对洞室开挖的主要影响是溶洞所在一侧地层约束刚度减小。

（2）衬砌工况

衬砌内力计算结果如图 2-52 所示。

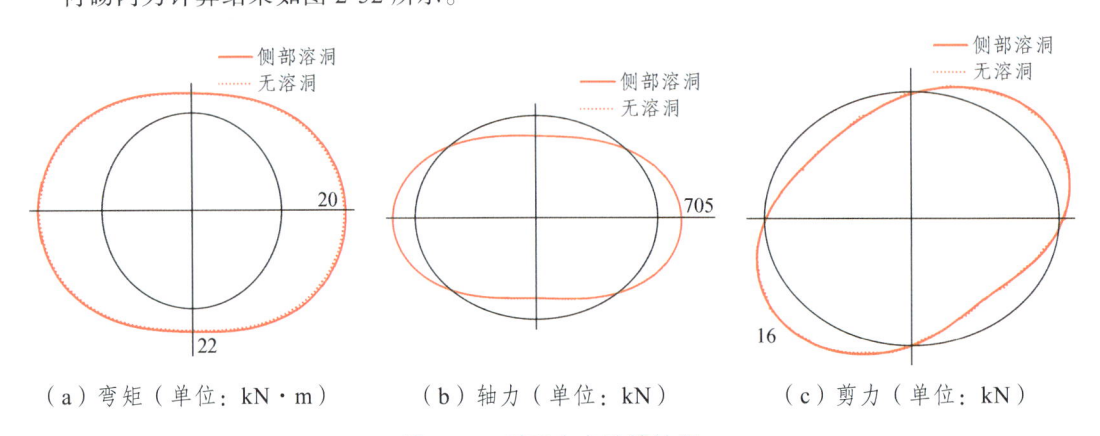

（a）弯矩（单位：kN·m）　　　（b）轴力（单位：kN）　　　（c）剪力（单位：kN）

图 2-52　衬砌内力计算结果

分析图 2-52 可知,弯矩变化在 0.5 kN·m 以内,可认为弯矩基本不受溶洞存在的影响;隧道全环轴力增加,但数值变化较小,且顶底轴力增加量明显小于腰部轴力增量,最大轴力增加量发生在近溶洞侧腰部,增加量绝对值约 14 kN(2.5%);剪力基本不变。

根据数值计算结果可得,隧道竖向收敛约 1.22 mm,顶部竖向向下位移小于底部向上位移(17%),水平收敛约 0.77 mm,隧道腰部在溶洞所在一侧水平变形较大(3%),但较溶洞距离隧道侧部 $D/2$ 工况明显减小。

2.3.6.4 小 结

溶洞在隧道侧部时,衬砌结构的响应如表 2-10 所示,得出主要结论如下:

表 2-10 隧道侧部溶洞工况下衬砌结构响应

溶洞方位	溶洞直径/m	溶洞中心距隧道距离	洞室拱顶沉降/mm	洞室拱底上浮/mm	管片最大拉应力/kPa	管片最大拉应力位置	管片最大剪力/kN
隧道侧部	3	$D/2$	1.43	1.31	462	拱底	17
		D	1.30	1.27	403		15
		$3D/2$	1.26	1.26	381		16

(1)溶洞的存在造成初始地应力中洞室水平地应力增加,但溶洞存在会减弱隧道侧部等效变形刚度。

(2)就洞室变形而言,地层开挖后洞室拱底上浮及拱顶下沉量均增加,但由于围岩变形模量较大,洞室收敛值仅 3 mm 左右,洞室围岩稳定,计算过程未出现塑性区。

(3)就衬砌结构受力而言,主要影响为:隧道腰部弯矩增加,轴力增加。从管片计算应力来看,溶洞的存在对结构受力而言可能造成不利;剪力在近溶洞侧腰部上下 10°附近出现明显变化,最大剪力增加 6%。

2.3.7 数值模型计算结果分析

2.3.7.1 溶洞所在方位影响规律

(1)溶洞在隧道上部。

就衬砌结构受力而言,主要影响为:隧道顶部弯矩减小,轴力增加,从管片计算应力来看,溶洞的存在对结构受力而言无不利因素;剪力在拱顶上下 10°附近出现明显变化。

(2)溶洞在隧道侧部。

就衬砌结构受力而言,主要影响为:隧道腰部弯矩增加,轴力增加,从管片计算应力来看,溶洞的存在对结构受力而言可能造成不利;剪力在近溶洞侧腰部上下 10°附近出现明显变化,最大剪力增加 6%。

(3)溶洞在隧道下部。

就衬砌结构受力而言,主要影响为:隧道底部弯矩减小,轴力增加,从管片计算应力来看,溶洞的存在对结构受力而言无不利因素;剪力在拱底上下 10°附近出现明显变化,剪力最大值在拱底左右两侧有所增加。

2.3.7.2 距离、溶洞大小影响分析

（1）计算结果分析。

本书除分析直径为 3 m 的溶洞在不同方位时对隧道的影响之外，还对溶洞直径、溶洞中心距隧道边界距离进行参数分析，计算结果如表 2-11 ~ 表 2-14 所示。

表 2-11　无溶洞工况下衬砌结构响应

无溶洞	洞室拱顶沉降/mm	洞室拱底上浮/mm	管片最大拉应力/kPa	管片最大拉应力位置	管片最大剪力/kN
	1.24	1.24	410	拱底	16

表 2-12　隧道上部溶洞工况下衬砌结构响应

溶洞方位	溶洞直径/m	溶洞中心距隧道距离	洞室拱顶沉降/mm	洞室拱底上浮/mm	管片最大拉应力/kPa	管片最大拉应力位置	管片最大剪力/kN
隧道上部	1.5	$D/2$	1.24	1.23	390	拱底	16
		D	1.24	1.24	398		14
		$3D/2$	—	—	—	—	—
	3	$D/2$	1.22	1.17	369	拱底	15
		D	1.21	1.20	377		16
		$3D/2$	—	—	—	—	—
	4.5	$D/2$	1.24	1.08	295	拱底	17
		D	1.60	1.20	290		25
		$3D/2$	—	—	—	—	—

溶洞在隧道上部时，不同溶洞直径下，洞室开挖时围岩稳定；同一距离下，溶洞直径增加时，衬砌结构最大拉应力（均出现在隧道拱底）反而减小，但最大剪力在拱顶周边有所增加（56%）。

表 2-13　隧道侧部溶洞工况下衬砌结构响应

溶洞方位	溶洞直径/m	溶洞中心距隧道距离	洞室拱顶沉降/mm	洞室拱底上浮/mm	管片最大拉应力/kPa	管片最大拉应力位置	管片最大剪力/kN
隧道侧部	1.5	$D/2$	1.29	1.26	412	拱底	15
		D	1.26	1.25	407		15
		$3D/2$	1.25	1.25	401		15
	3	$D/2$	1.43	1.31	462		17
		D	1.30	1.27	403		15
		$3D/2$	1.26	1.26	381		16

续表

溶洞方位	溶洞直径/m	溶洞中心距隧道距离	洞室拱顶沉降/mm	洞室拱底上浮/mm	管片最大拉应力/kPa	管片最大拉应力位置	管片最大剪力
隧道侧部	4.5	$D/2$	1.77	1.44	571	拱顶	48
		D	1.36	1.29	404	拱底	17
		$3D/2$	1.28	1.26	371	拱底	16

溶洞在隧道侧部时，不同溶洞直径下，洞室开挖时围岩稳定；同一距离下，溶洞直径增加时，衬砌结构最大拉应力（隧道拱底或拱顶）增加，最大剪力在近溶洞侧拱腰周边增加，最大增加至 48 kN（增加 200%）。

表 2-14 隧道下部溶洞工况下衬砌结构响应

溶洞方位	溶洞直径/m	溶洞中心距隧道距离	洞室拱顶沉降/mm	洞室拱底上浮/mm	管片最大拉应力/kPa	管片最大拉应力位置	管片最大剪力/kN
隧道下部	1.5	$D/2$	1.19	1.27	395		16
		D	1.22	1.24	392		15
		$3D/2$	1.23	1.24	395		15
		$D/2$	1.23	1.24	395		16
	3	D	1.07	1.33	354		17
		$3D/2$	1.13	1.22	344	拱顶	14
		$D/2$	1.17	1.22	353		14
		D	1.2	1.22	360		15
		$3D/2$	0.85	1.39	284		28
	4.5	$D/2$	1.00	1.18	284		13
		D	1.08	1.18	301		13
		$3D/2$	1.14	1.19	311		13

溶洞在隧道下部时，不同溶洞直径下，洞室开挖时围岩稳定；同一距离下，溶洞直径增加时，衬砌结构最大拉应力（均出现在隧道拱顶）反而减小，但最大剪力在拱顶周边有所增加（最大增加 75%）。

（2）对衬砌受力影响规律。

不同溶洞直径下管片最大拉应力随溶洞距隧道距离变化曲线如图 2-53 所示。

(a)上部溶洞

(b)侧部溶洞

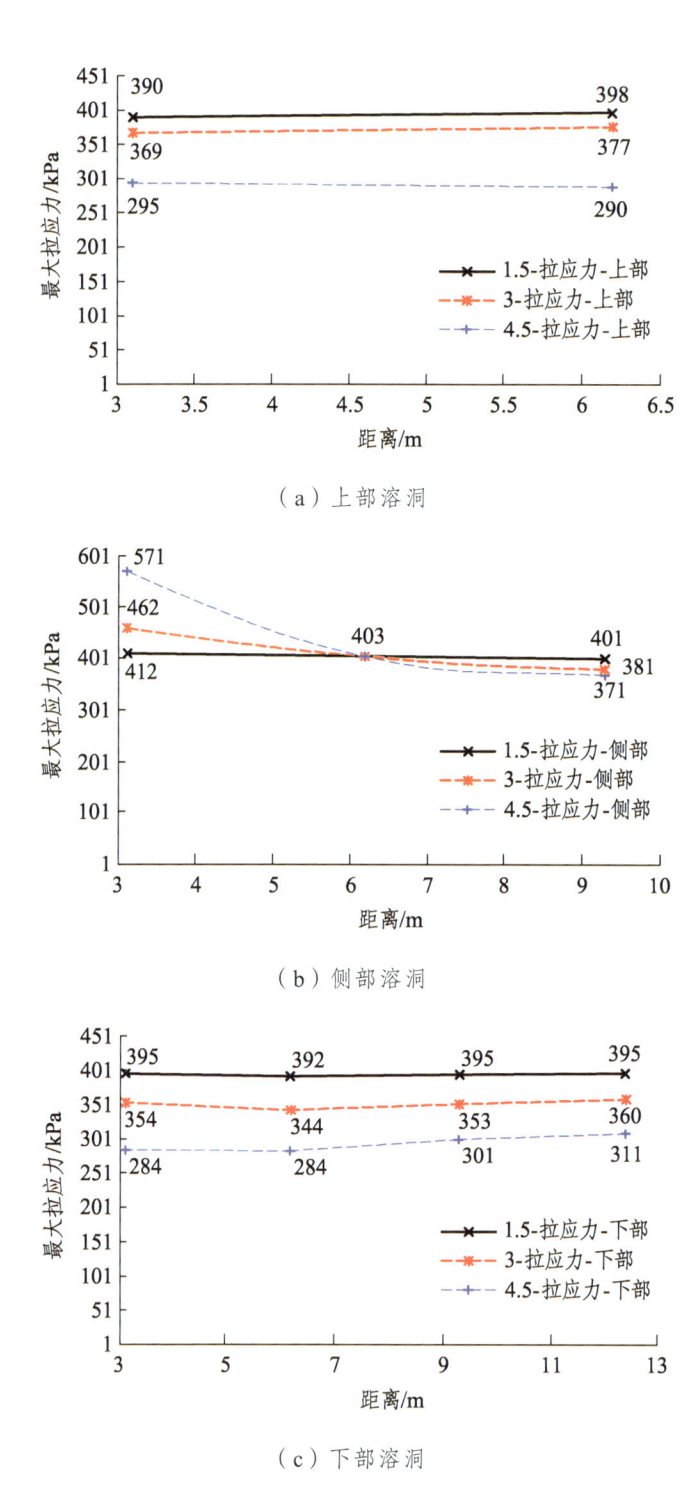

(c)下部溶洞

图 2-53　衬砌最大拉应力随溶洞距隧道距离变化曲线

不同溶洞直径下管片最大剪力随溶洞距隧道距离变化曲线如图 2-54 所示。

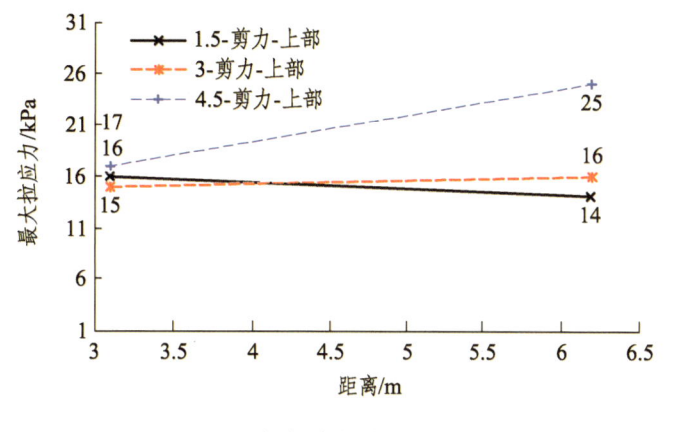

（a）上部溶洞

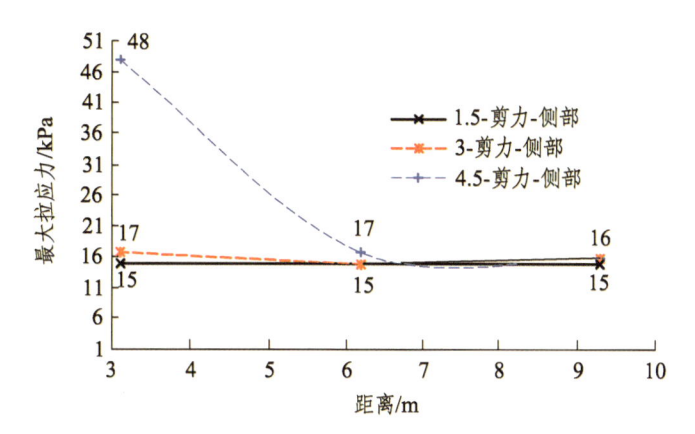

（b）侧部溶洞

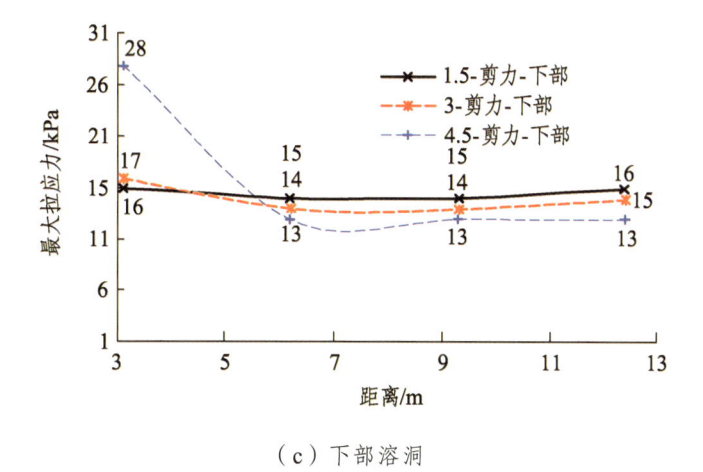

（c）下部溶洞

图 2-54　衬砌最大剪力随溶洞距隧道距离变化曲线

就衬砌结构最大拉应力而言：

（1）溶洞在隧道上部时，随着溶洞直径增加，衬砌结构最大拉应力减小（均小于无溶洞时最大拉应力），且同一直径溶洞对隧道的影响基本与距离无关。

（2）溶洞在隧道侧部时，在溶洞中心距隧道距离<1D（隧道直径）时，随着溶洞直径增加，衬砌最大拉应力增加，特别是在溶洞直径为4.5 m时，除最大拉应力增加外，偏压压应力较小一侧的压应力由1 000 kPa减小至1 00 kPa；距离大于1D时，溶洞大小对隧道影响较小，且与无溶洞时相比，最大拉应力减小。

（3）溶洞在隧道下部时，随着溶洞直径增加，衬砌结构最大拉应力减小（均小于无溶洞时最大拉应力），且同一直径溶洞对隧道的影响基本与距离无关。

就剪力而言，溶洞中心距隧道边界1D范围以内，衬砌结构剪力增加较大，尤其是溶洞在隧道侧部更加明显。溶洞中心距隧道边界1D范围以外，侧部、下部的溶洞对衬砌结构剪力影响可以忽略，剪力基本恢复到无溶洞时的水平，而上部溶洞却造成衬砌剪力再次增加。

2.3.8 围岩刚度影响分析

（1）模型说明。

前文主要分析溶洞处于Ⅳ级围岩中的情况，但考虑盾构区间Ⅴ级围岩的存在（强风化白云岩、强风化"砂糖状"白云岩），变形模量的减小，势必造成对开挖时围岩变形及衬砌结构受力变化，故本节主要对溶洞存在时，围岩刚度（变形模量）的影响进行参数化分析，为工程提供参考。

本模型依然采用上述分析截面，仅改变隧道及围岩所在岩层：0.8 m杂填土，16.6 m红黏土，其余均为Ⅴ级围岩（强风化白云岩），隧道埋深26 m。

为准确分析隧道开挖时围岩变形规律，并较好地模拟围岩与衬砌环的相互作用（刚度差异），根据贵阳地铁地勘报告并参考相关规范，相关参数取值如表2-15所示。

表2-15　地层参数

地层	压缩模量/MPa	泊松比	重度/（kN/m³）	黏聚力/kPa	内摩擦角/（°）
杂填土	5.7	0.42	19	10	19
红黏土	5.7	0.40	16.5	20	7
强风化白云岩	40	0.3	25.5	150	30

（2）计算结果分析。

经分析，在不同变形模量下，衬砌结构轴力、弯矩、剪力与无溶洞工况下的变化位置和性质基本一致，数值差异较大，Ⅴ级围岩下开挖洞室变形及衬砌结构内力变化如表2-16~表2-19所示。

表2-16　无溶洞工况下衬砌结构响应

无溶洞	洞室拱顶沉降/mm	洞室拱底上浮/mm	管片最大拉应力/kPa	管片最大拉应力位置	管片最大压应力/kPa	管片最大剪力/kN
	126	148	13 827	拱底	—	210

无溶洞工况下，开挖时应力释放50%，开挖洞室变形量达274 mm，超出洞室稳定控制变形值；计算发现衬砌结构最大拉应力为11.8 MPa，且所选控制截面的内外弧面始终有一侧受拉，管片最大剪力为210 kN。

2 岩溶地层盾构隧道管片衬砌力学特性研究

表 2-17　隧道上部溶洞工况下衬砌结构响应

溶洞方位	溶洞直径/m	溶洞中心距隧道距离	洞室拱顶沉降/mm	洞室拱底上浮/mm	管片最大拉应力/kPa	管片最大拉应力位置	管片最大剪力/kN
隧道上部	3	D/2	131	139	11 610	拱底	183
		1D	122	144	12 751		196

溶洞在隧道上部时，随着距离的减小，洞室拱底上浮减小，洞室变形已超越洞室稳定控制要求，管片最大拉应力及最大剪力较无溶洞时减小；最大剪力及管片最大拉应力随着距离的不断增加逐渐向无溶洞工况下靠拢。

表 2-18　隧道侧部溶洞工况下衬砌结构响应

溶洞方位	溶洞直径/m	溶洞中心距隧道距离	洞室拱顶沉降/mm	洞室拱底上浮/mm	管片最大拉应力/kPa	管片最大拉应力位置	管片最大剪力/kN
隧道侧部	3	D/2	144	158	15 142	拱底	234
		1D	133	152	14 211		214
		3D/2	129	150	13 976		212

溶洞在隧道侧部时，随着距离的减小，洞室拱顶下沉及拱底上浮均增加，洞室变形已超越洞室稳定控制要求；在溶洞中心距隧道边界 2D 内，管片最大拉应力及最大剪力均增加，但距离 1D 时溶洞对衬砌内力的影响就可控制在 5% 以内；最大剪力及管片最大拉应力随着距离的不断增加逐渐向无溶洞工况下靠拢。

表 2-19　隧道下部溶洞工况下衬砌结构响应

溶洞方位	溶洞直径/m	溶洞中心距隧道距离	洞室拱顶沉降/mm	洞室拱底上浮/mm	管片最大拉应力/kPa	管片最大拉应力位置	管片最大剪力/kN
隧道下部	3m	D/2	109	157	10 539	拱顶	166
		1D	116	143	11 634		178
		3D/2	120	143	12 154		186
		2D	121	145	12 517	拱底	192

溶洞在隧道下部时，随着距离的减小，洞室拱顶下沉减小，拱底上浮增加，洞室变形已超越洞室稳定控制要求，管片最大拉应力及最大剪力减小；最大剪力及管片最大拉应力随着距离的不断增加，逐渐向无溶洞工况下靠拢。

综上可得，在溶洞中心距隧道边界 6 m 以外，溶洞的存在对衬砌结构受力的影响可控制在 5% 以内。

2.4 地质顺层分布影响分析

针对贵阳市轨道交通 3 号线盾构区间穿越非均质岩层，通过数值计算，对地质顺层引起偏压受力下的盾构隧道管片的受力进行分析，分析分层面上下岩层弹性模量之比、分层面倾角和位置对盾构隧道管片受力的影响规律。

2.4.1 计算模型

贵阳市轨道交通 3 号线盾构隧道局部工作面土层同时遇到黏性土和中风化基层、强度不等的岩层。经统计分析，各断面隧道埋深、地层类型、各地层厚度差异较大。为分析非均质岩层分层面对盾构隧道的影响，选取桃花寨站—花溪南站区间段地层作为典型地层，具体分布情况如图 2-55 所示。

地质参数取值如表 2-20 和表 2-21 所示。

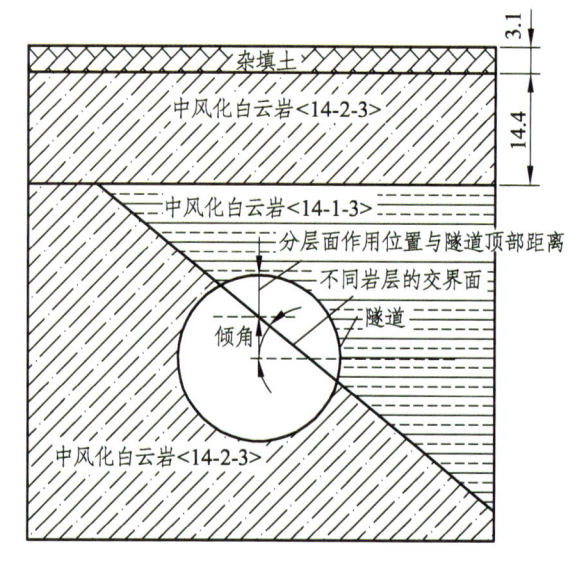

图 2-55 地层断面示意（单位：m）

表 2-20 岩土参数

岩土名称	重度/（kN/m³）	黏聚力/kPa	内摩擦角/（°）	泊松比
杂填土	18	8.0	17	0.35
中风化白云岩<14-2-3>	27.4	450	38	0.22
中风化白云岩<14-1-3>	27.5	800	45	0.22
中风化白云岩<14-2-3>	27.4	450	38	0.22

表 2-21 岩层分层面参数

岩层分层面	凝聚力/kPa	内摩擦角/（°）	剪切刚度/（kN/m³）
	70	20	5×10^5

在本次计算中，做了如下假定：

（1）不考虑由地形偏压引起的偏压作用的影响，即取地表面为水平表面。

（2）忽略上部覆盖的多种土层，仅有两种不同岩层。仅考虑两种岩层的层理面作为整个地层软弱面。

（3）围岩采用各向同性、连续的弹塑性材料参数，采用 Drucker-Prager 屈服准则。

（4）初始地应力计算只考虑由岩体自重引起的自重应力场，忽略构造应力场。

（5）假设岩层的走向与隧道轴线平行，计算采用二维平面问题建模，为平面应变问题。

（6）不考虑地下水的影响。

（7）开挖后地层与衬砌完全协调变形。

各个部位的模拟单元见表 2-22。

2 岩溶地层盾构隧道管片衬砌力学特性研究

表 2-22 模拟单元

模拟位置	选用单元
地层	Plane42
衬砌管片	Beam188
岩层分界面	Conta178

对于岩层分界面一般有两种模拟形式：

（1）一种是用较薄的实体单元来模拟等厚度的节理，由于夹层的厚度很小，这往往会成为网格划分中的一个尺度瓶颈，导致网格单元划分不规则或者单元数过多，造成求解困难；

（2）一种是用接触单元来模拟无厚度节理，即将节理用一层附着在二维实体单元上的单元来模拟，从而不会对实体网格划分形成造成限制，但是建模过程比较烦琐。此次计算中，综合考虑选用接触单元 Conta178 进行模拟。

模型基本参数如下：

（1）模型尺寸：模型两侧与隧道底部均取 3D（D 为隧道直径）作为边界，即模型尺寸中宽度为 40 m，高度为 22.8 m+地表距隧道顶部距离。

（2）模型边界：上边界取自由边界，左右边界约束水平位移，底部边界约束竖向位移。

有、无顺层倾斜面的模型如图 2-56 和图 2-57 所示。

2.4.2 计算工况

结合实际地勘报告，为探究地质顺层相关参数的影响，选取断面有关地质顺层计算信息如表 2-23 所示。

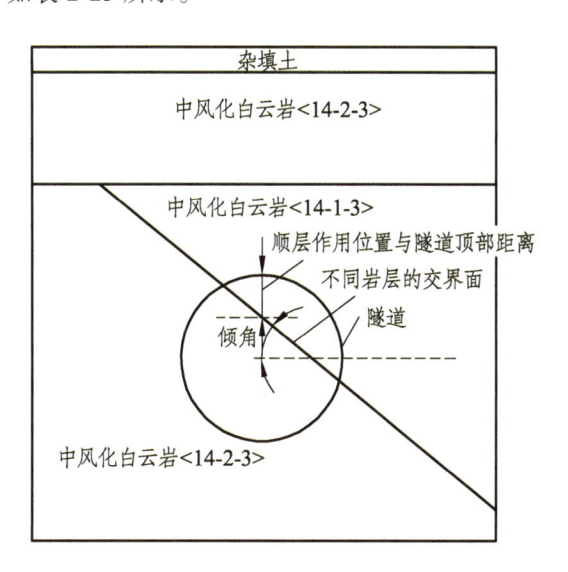

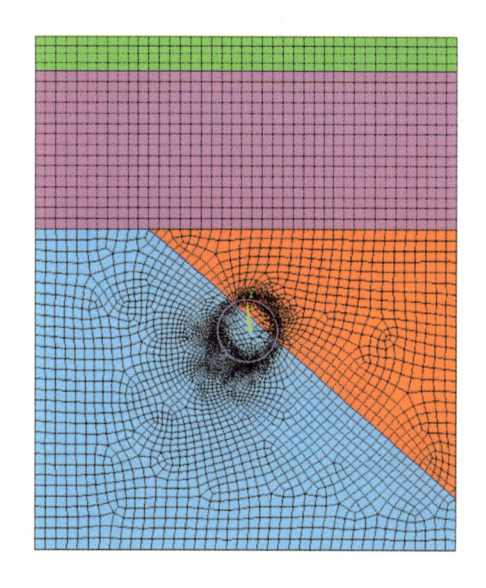

图 2-56 有顺层倾斜面的模型

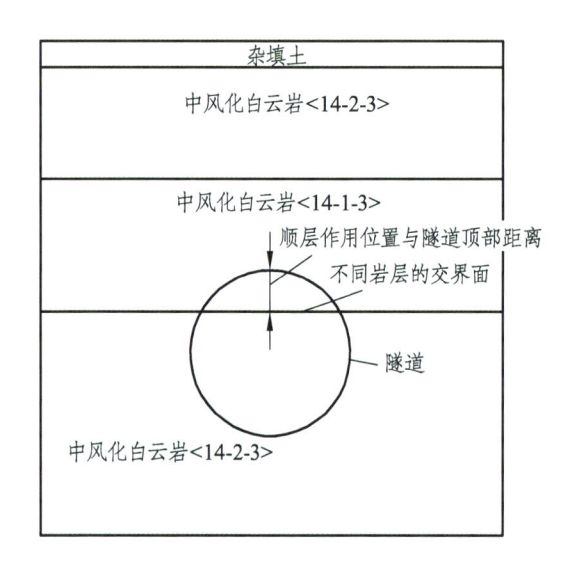

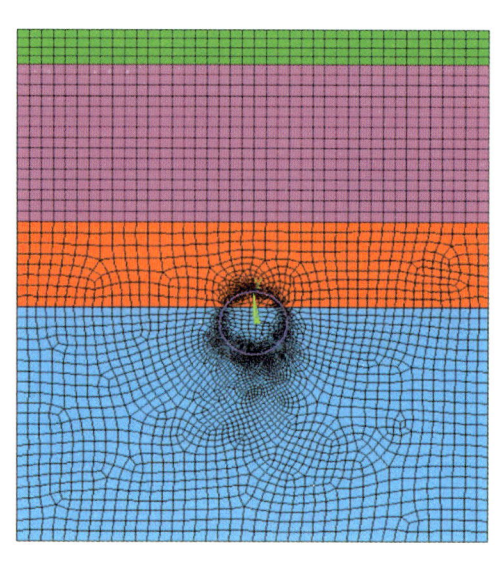

图 2-57　没有顺层倾斜面的模型

表 2-23　计算工况

计算工况	倾角/(°)	分层面作用位置	分层面剪切刚度/(kN/m³)	上下岩层变形模量相对比值
1	无，即不考虑顺层			
2	40	0.25D	5×10^5	1
3	40	0.25D	5×10^5	0.2
4	40	0.25D	5×10^5	0.1
5	40	0.25D	5×10^5	0.05
6	40	0	5×10^5	0.1
7	40	0.25D	5×10^5	0.1
8	40	0.50D	5×10^5	0.1
9	40	0.75D	5×10^5	0.1
10	40	D	5×10^5	0.1
11	20	0.25D	5×10^5	0.1
12	30	0.25D	5×10^5	0.1
13	50	0.25D	5×10^5	0.1
14	60	0.25D	5×10^5	0.1
15	70	0.25D	5×10^5	0.1
16	80	0.25D	5×10^5	0.1

2.4.3　上下岩层相对弹性模量分析

为探究不同相对模量的影响，分析了第 2~5 个计算工况，分析结果如图 2-58~图 2-60 所示。

上下岩层变形模量相对比值为 1 时，最大正弯矩出现在顶底处，约 48 kN·m，最大负弯矩出现在右侧腰部，为-59 kN·m，弯矩分布略有不对称。最大轴力为 1618 kN，最小轴力为 656 kN，轴力分布基本对称。剪力最大值出现在分层面穿过隧道的右下侧，达到 60 kN。整体来看，受力还是保持着相对对称的状态。

上下岩层变形模量相对比值为 0.2 时，最大正弯矩出现顶部，约 78 kN·m，最大负弯矩出现在右侧腰部，为-110 kN·m，弯矩分布显然不对称。最大轴力为 1786 kN，出现在左侧腰部，最小轴力为 781 kN，出现在顶部和底部偏右位置。剪力最大值出现在分层面穿过隧道的右下侧，达到 110 kN。整体受力不再对称。

上下岩层变形模量相对比值为 0.1 时，最大正弯矩出现顶部偏右侧，约 186 kN·m，最大负弯矩出现在右侧腰部，为-245 kN·m，弯矩分布显然不对称。最大轴力为 1968 kN，出现在左侧腰部，最小轴力为 530 kN，出现在底部偏右位置。剪力最大值出现在分层面穿过隧道的右下侧，达到 382 kN。整体受力不再对称。

上下岩层变形模量相对比值为 0.05 时，最大正弯矩出现顶部偏右侧，约 205 kN·m，最大负弯矩出现在右侧腰部，为-267 kN·m，弯矩分布显然不对称。最大轴力为 1884 kN，出现在左侧腰部，最小轴力为 433 kN，出现在底部偏右位置。剪力最大值出现在分层面穿过隧道的右下侧，达到 421 kN。整体受力不再对称。

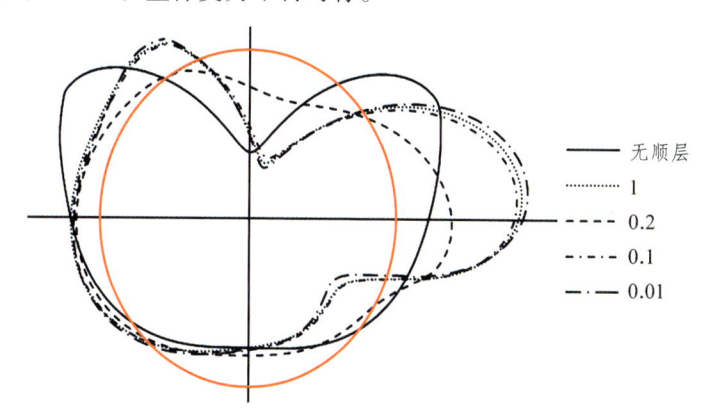

图 2-58　不同上下岩层变形模量相对比值下的弯矩分布

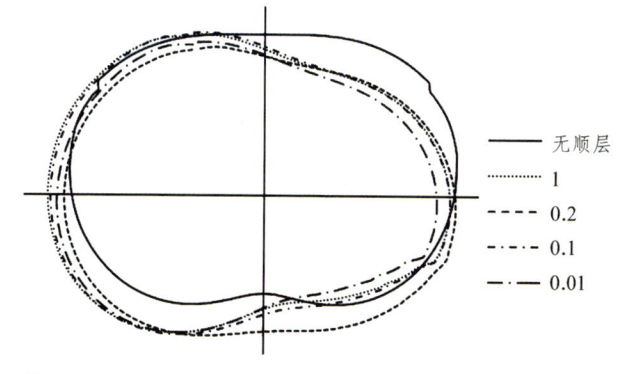

图 2-59　不同上下岩层变形模量相对比值下的轴力分布

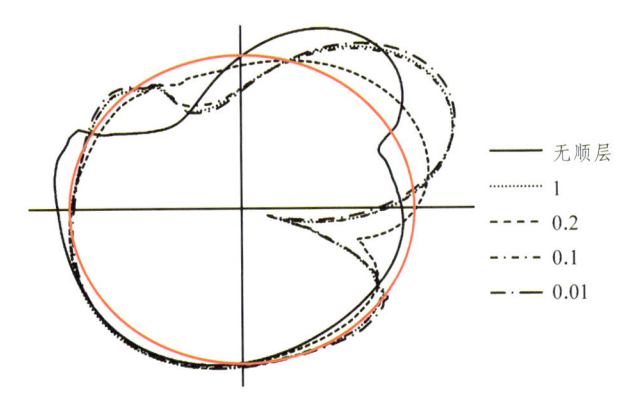

图 2-60　不同上下岩层变形模量相对比值下剪力分布

结合图 2-58~图 2-60 可以看出，隧道穿越岩层分界面时，上下岩层的变形模量相对比值会明显地影响到管片的受力。当上下岩层的变形模量相对比值为 1 时，衬砌弯矩略有降低，最小轴力会小幅度提升，整体受力还具有一定的对称性，整体受力反而是偏好的。

而当上下岩层的变形模量相对比值逐渐减小，即穿越的上岩层变形模量小于下岩层的变形模量，内力分布会出现明显的分布不对称的情况。主要表现为：最大正弯矩出现在顶部偏右位置，最大的负弯矩出现在右侧腰部；而最大轴力则出现在了左侧腰部，最小轴力出现在底部偏右位置；最大剪力出现在分层面穿过隧道的右下侧，且右上部还分布着较大的剪力。该趋势会随着上下岩层变形模量相对比值的降低而逐渐增强。值得注意的是，当该比值从 0.2 降至 0.1 与从 0.1 降至 0.01 两种情况相比，相应产生的上述现象的"强度"，或者说造成的内力增幅是在减小的。

总的来说，当上下岩层的变形模量相对比值小于 1 时，整体受力不再对称，轴力偏向于弹性模量更大的左下部，弯矩更偏向于弹性模量更小的右上部。

2.4.4　分层面倾角对衬砌受力影响分析

为探究不同分层面倾角的影响，分析了第 11~16 个计算工况，计算结果如图 2-61~图 2-64 所示。

倾角为 20°时，最大正弯矩出现顶部，约 176 kN·m，最大负弯矩出现在右侧腰部，为 -169 kN·m，弯矩分布显然不对称。最大轴力为 1744 kN，出现在左侧腰部，最小轴力为 435 kN，出现在顶底偏右位置。剪力最大值出现在衬砌结构的右上侧，达到 170 kN。整体受力不再对称。

倾角为 40°时，最大正弯矩出现顶部，约 197 kN·m，最大负弯矩出现在右侧腰部，为 -254 kN·m，弯矩分布显然不对称。最大轴力为 2007 kN，出现在左侧腰部，最小轴力为 470 kN，出现在顶底偏右位置。剪力最大值出现在分层面穿过隧道的右下侧，达到 388 kN。整体受力不再对称。

倾角为 60°时，最大正弯矩出现底部偏右处，约 215 kN·m，最大负弯矩出现在右侧腰部，为 -275 kN·m，弯矩分布显然不对称。最大轴力为 2649 kN，出现在左侧腰部，最小轴力为 522 kN，出现在顶底偏右位置。剪力最大值出现在分层面穿过隧道的右下侧，达到 555 kN。整体受力不再对称。

倾角为 80°时，最大正弯矩出现底部靠近分层面与衬砌结构的交界处，约 264 kN·m，最大负弯矩出现在右下部，为-200 kN·m，弯矩分布显然不对称。最大轴力为 3227 kN，出现在左侧腰部，最小轴力为 315 kN，出现在顶底偏右位置。剪力最大值出现在分层面穿过隧道的右下侧，达到 381 kN。整体受力不再对称。

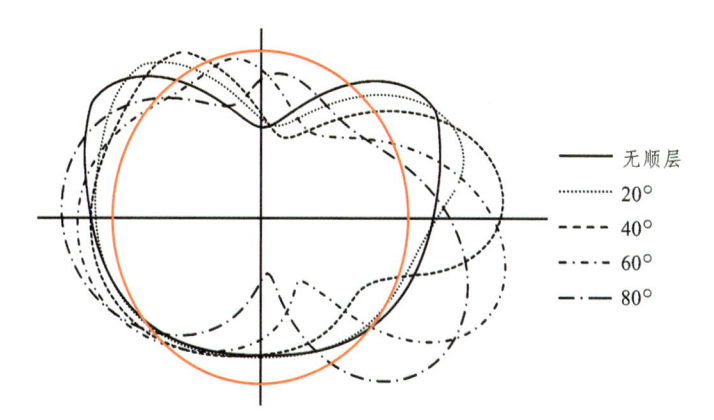

图 2-61 不同结构作用位置下的弯矩分布

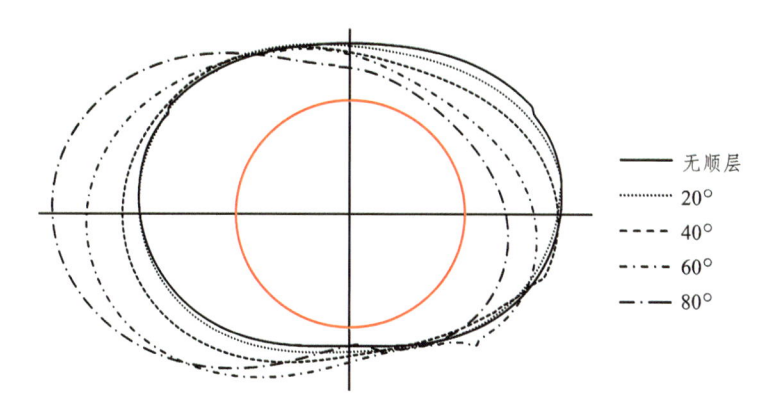

图 2-62 不同结构作用位置下的轴力分布

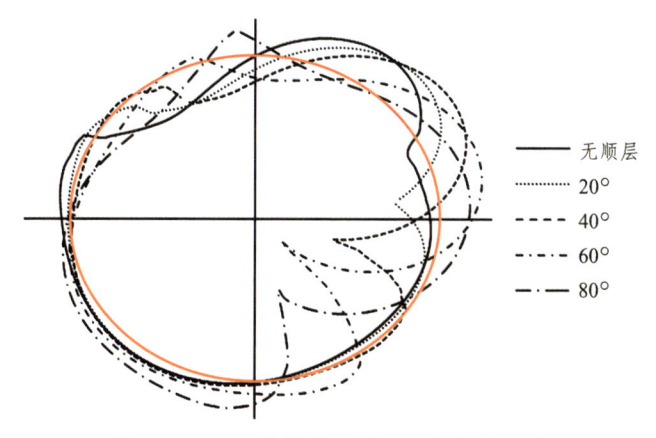

图 2-63 不同结构作用位置下的剪力分布

(a) 最大正弯矩

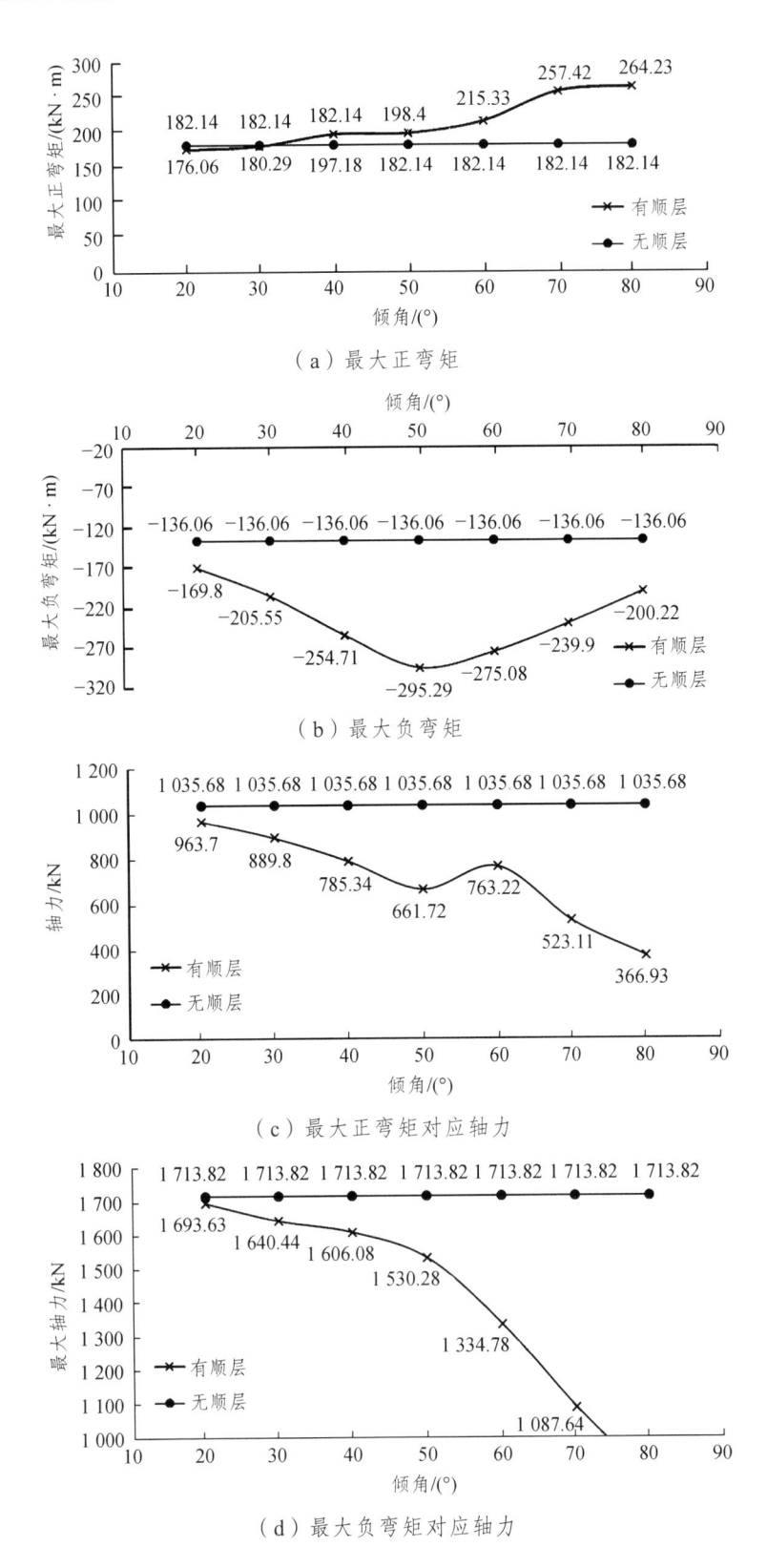

(b) 最大负弯矩

(c) 最大正弯矩对应轴力

(d) 最大负弯矩对应轴力

(e)最大轴力

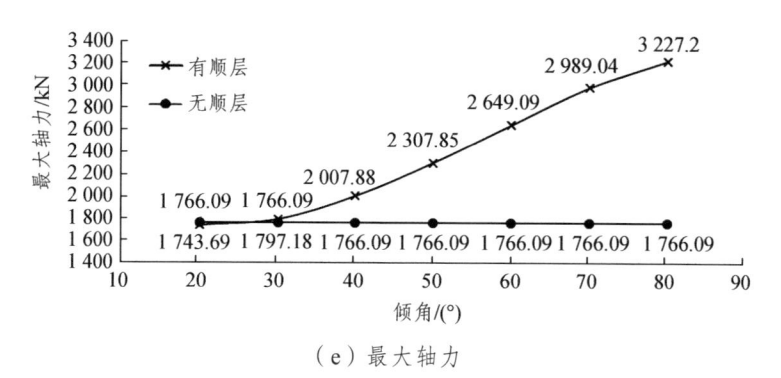

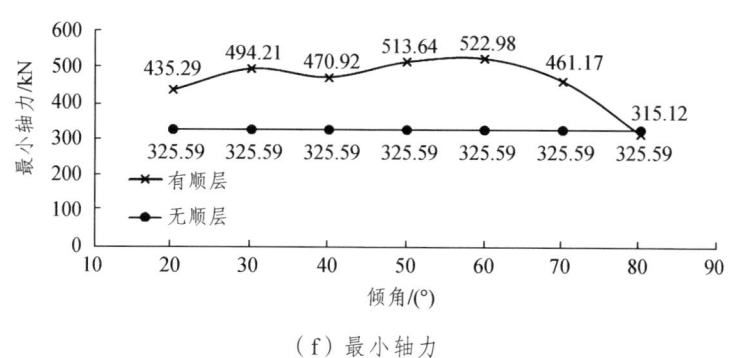

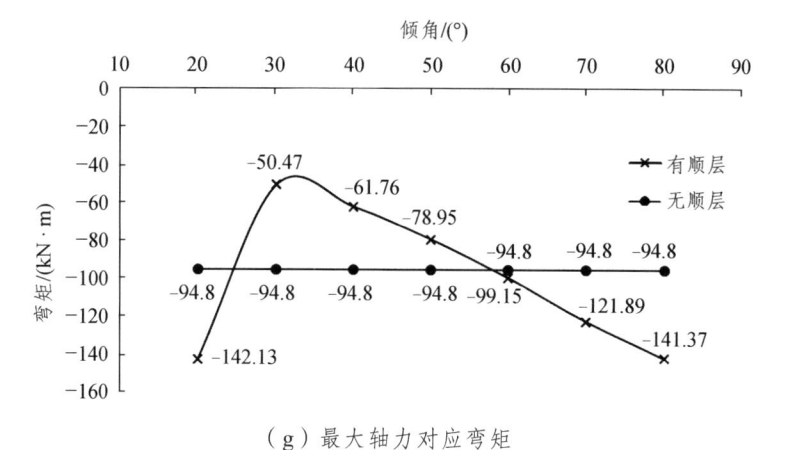

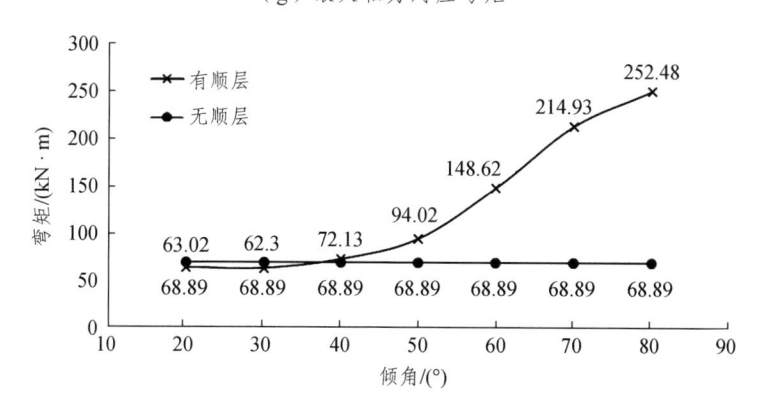

(f)最小轴力

(g)最大轴力对应弯矩

(h)最小轴力对应弯矩

(i) 最大拉应力

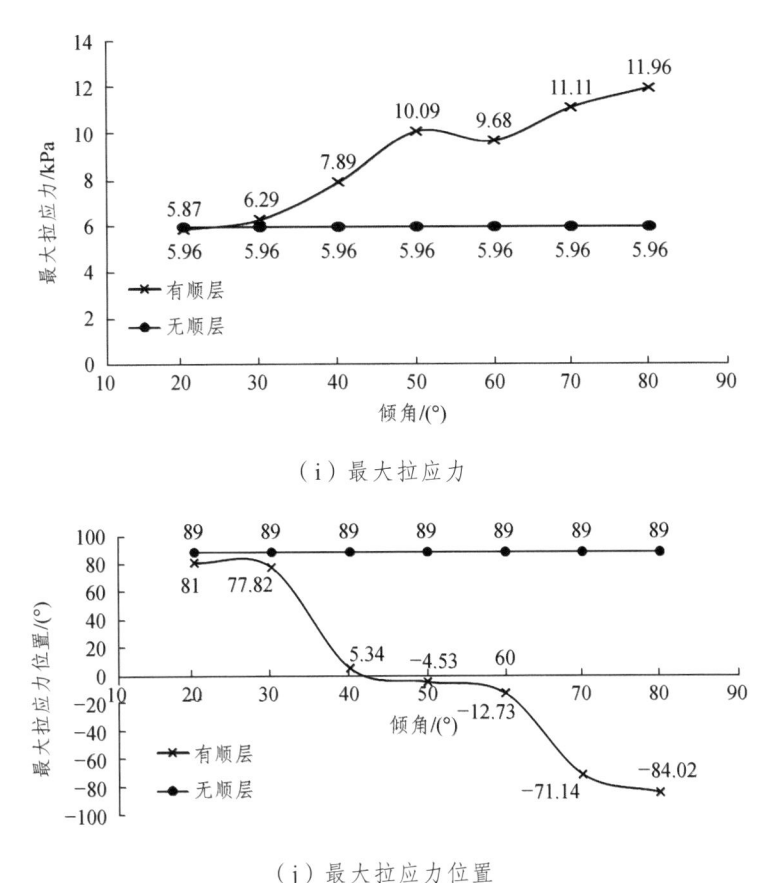

(j) 最大拉应力位置

图 2-64　不同倾角下的隧道结构内力趋势

注：图中最大拉应力值是按照材料力学的方法计算出来的截面最大拉应力。

由图 2-64 可以看出，衬砌结构的受力与岩层分层面的倾角有着直接关系。对于最大正弯矩而言，数值主要在 30°~70°附近与倾角呈正相关，且均超过了无顺层的情况。而在靠近 0°或者靠近 90°的位置，最大正弯矩的数值受倾角影响较小。对于最大负弯矩而言，随着倾角的增大，最大负弯矩先增大后减小，最大增至 295 kN·m（倾角为 50°的情况）。最大正弯矩与最大负弯矩位置对应的轴力都随着倾角的增大而降低，这意味着截面较无顺层状态更加危险。

对于最大轴力而言，当倾角小于 30°时，最大轴力受倾角的影响较小，当倾角大于 30°时，最大轴力与倾角呈正相关，随着倾角的增大而增大，当倾角接近 90°时，最大轴力超过了 3000 kN。对于最小轴力而言，出现分层面后，最小轴力均超过了无顺层的情况。当倾角在 30°~60°时，最小轴力基本维持在 500 kN；当倾角大于 60°时，最小轴力出现明显的减小趋势，最低降至 315 kN。结合图 2-80 可以看出，随着倾角的增大，左侧的轴压逐渐增大，即上部传来的竖向荷载逐步向左侧转移，导致左侧出现最大轴力且数值逐渐增大，右侧的轴力则逐渐减小。当倾角小于 30°时，最大轴力位置对应的弯矩逐渐减小，降至-50 kN·m；而倾角大于 30°后，该位置的弯矩随着倾角的增大而增大，最终略大于无顺层状态，为-141.37 kN·m。当倾角小于 40°时，最小轴力位置对应的弯矩基本没有变化，甚至小于无顺层状态下的弯矩；当倾角大于40°时，该位置的弯矩随着倾角的增大而增大，甚至达到了无顺层状态下弯矩的3倍。这意味着最小轴力截面较无顺层状态更加危险。

对于剪力而言，可以明显看出，衬砌结构的最大剪力主要出现在分层面穿过隧道的右下侧，同时右上部也会有一片较大的剪力分布。小于60°时，这些剪力的数值会随着倾角的增大而增大；在倾角为60°时最大，达555 kN；大于60°时，剪力数值会随着倾角的增大而减小，在倾角为80°时又降至381 kN。

从最大拉应力的角度来看，随着倾角的增大，衬砌结构上的拉应力逐渐增大，仅在倾角为60°时有小幅的降低。但最大拉应力出现的位置并不是不变的，无顺层的情况下，最大拉应力出现在顶部，而随着倾角的增大，最大拉应力的位置逐渐沿着顶部—右腰部—底部的路径转移。

2.4.5 分层面位置对衬砌受力影响分析

为探究不同分层面位置的影响，分析了第6～10个计算工况，分析结果如图2-65～图2-68所示。

分层面作用位置为 $0D$ 时，最大正弯矩出现顶部，约162 kN·m，最大负弯矩出现在右侧腰部，为-194 kN·m，弯矩分布显然不对称。最大轴力为2147 kN，出现在左侧腰部，最小轴力为506 kN，出现在底部偏右位置。剪力最大值出现在分层面穿过隧道的交界处，达到194 kN。

分层面作用位置为 $0.25D$ 时，最大正弯矩出现顶部，约197 kN·m，最大负弯矩出现在右侧腰部，为-254 kN·m，弯矩分布显然不对称。最大轴力为2007 kN，出现在左侧腰部，最小轴力为470 kN，出现在顶底偏右位置。剪力最大值出现在分层面穿过隧道的右下侧，达到388 kN。整体受力不再对称。

分层面作用位置为 $0.5D$ 时，最大正弯矩出现顶部，约233 kN·m，最大负弯矩出现在右侧腰部，为-290 kN·m，弯矩分布显然不对称。最大轴力为1807 kN，出现在左侧腰部，最小轴力为404 kN，出现在底部偏右位置。剪力最大值出现在分层面穿过隧道的右下侧，达到473 kN。整体受力不再对称。

分层面作用位置为 $0.75D$ 时，最大正弯矩出现顶部，约263 kN·m，最大负弯矩出现在右侧腰部，为-285 kN·m，弯矩分布显然不对称。最大轴力为1663 kN，出现在左侧腰部，最小轴力为265 kN，出现在顶底偏右位置。剪力最大值出现在分层面穿过隧道的左上侧，达到281 kN。整体受力不再对称。

分层面作用位置为 $1D$ 时，最大正弯矩出现顶部，约281 kN·m，最大负弯矩出现在右侧腰部与左侧肩部，为-288 kN·m，弯矩分布显然不对称。最大轴力为1563 kN，出现在左侧腰部，最小轴力为470 kN，出现在顶底偏右位置。剪力最大值出现在分层面穿过隧道的左上侧，达到340 kN。整体受力不再对称。

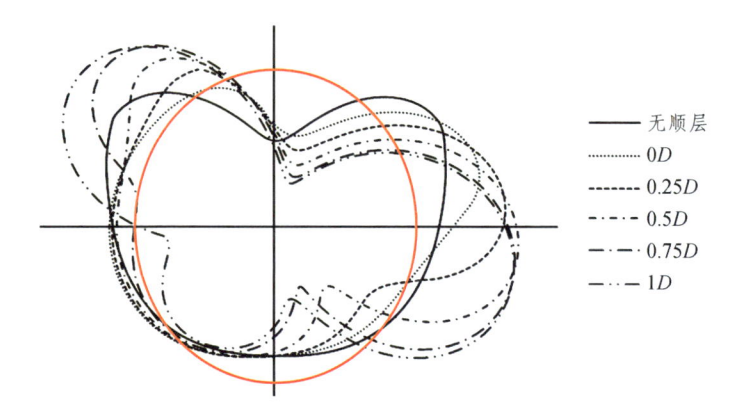

图 2-65　不同分层面作用位置下的弯矩分布

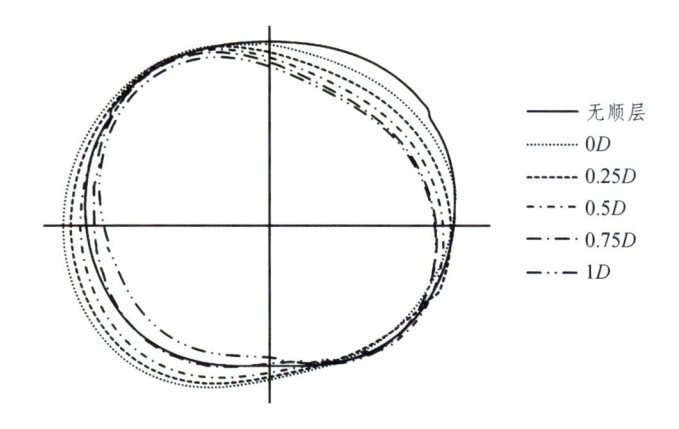

图 2-66　不同分层面作用位置下的轴力分布

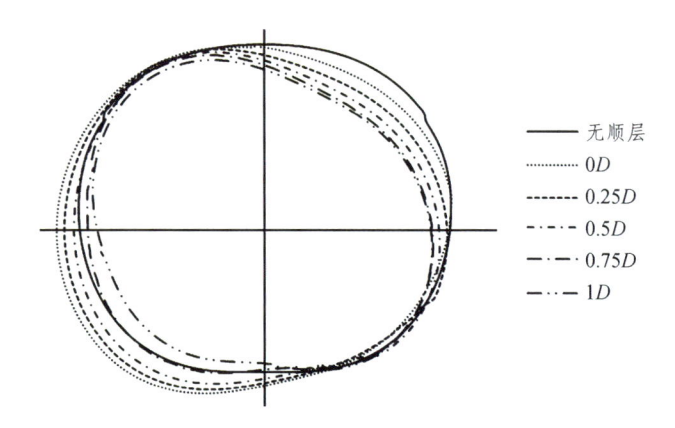

图 2-67　不同分层面作用位置下的剪力分布

（a）最大正弯矩

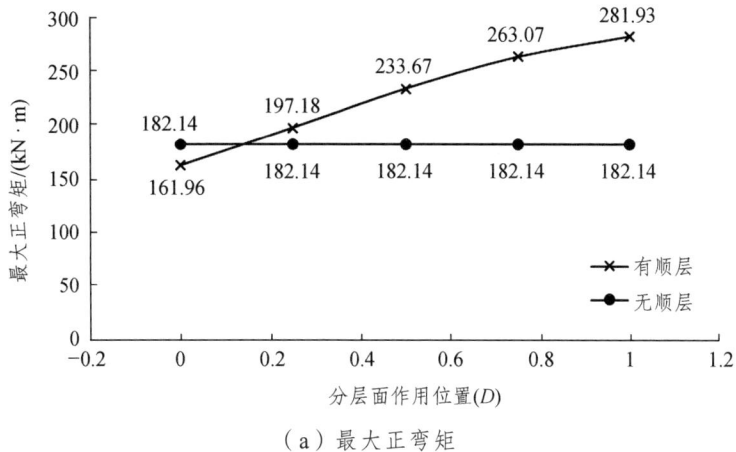

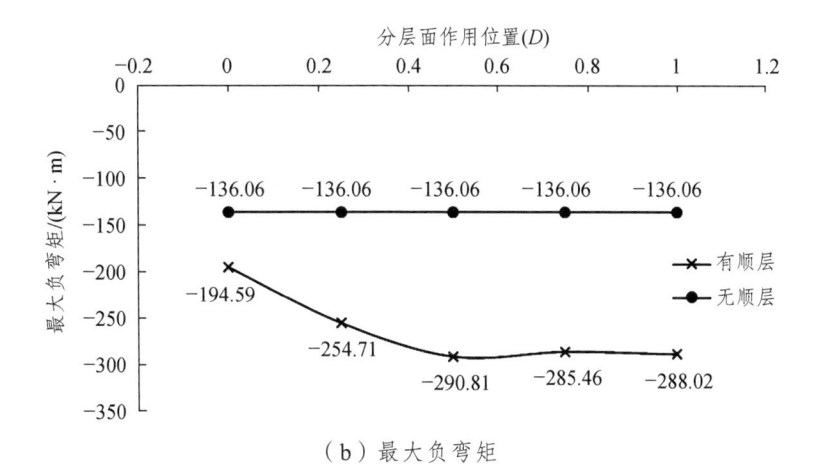

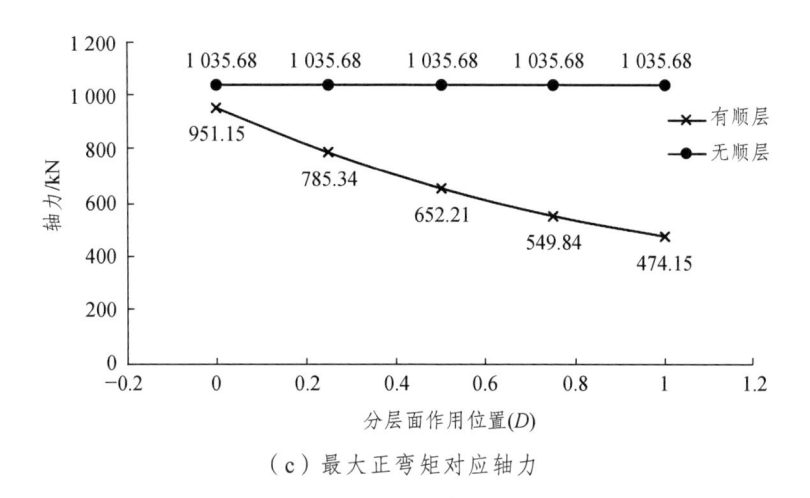

（b）最大负弯矩

（c）最大正弯矩对应轴力

(d)最大负弯矩对应轴力

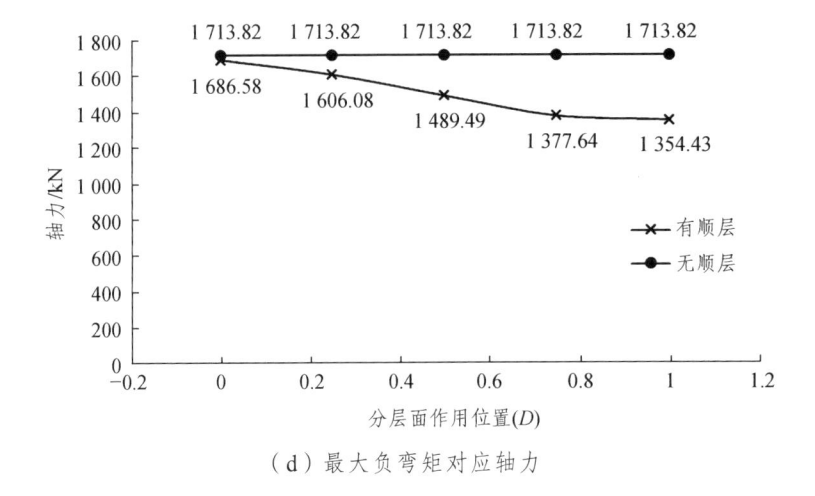

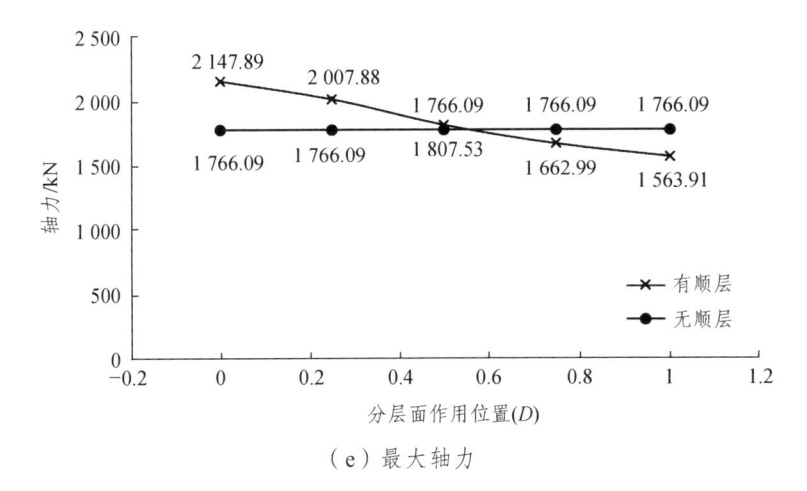

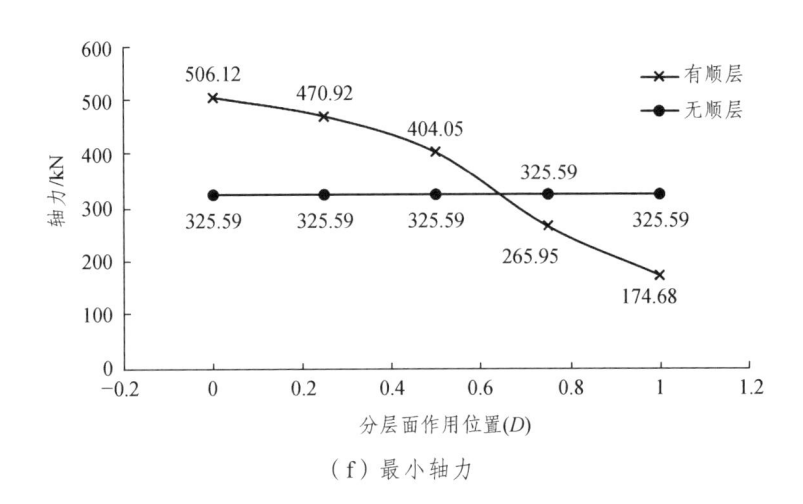

(e)最大轴力

(f)最小轴力

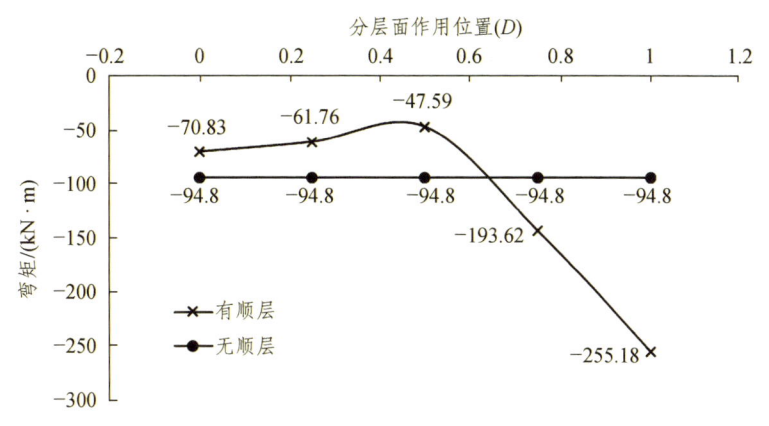

(g)最大轴力对应弯矩

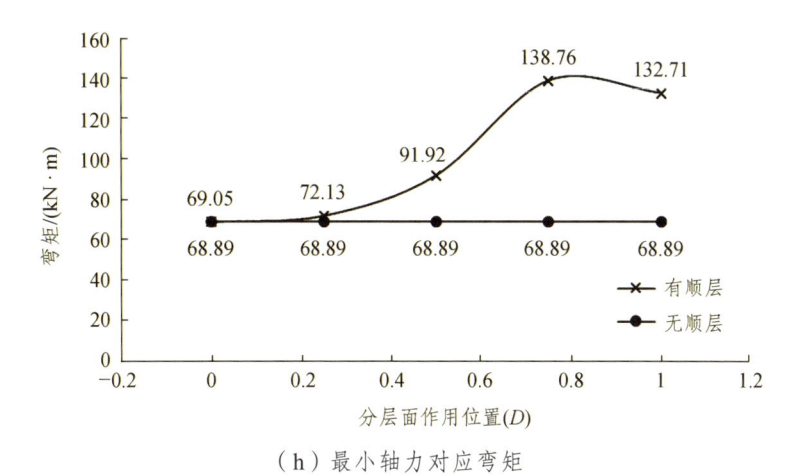

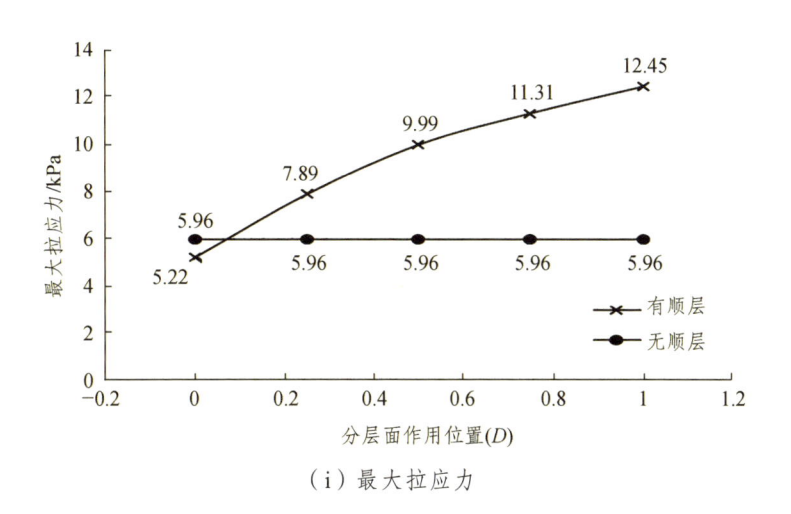

(h)最小轴力对应弯矩

(i)最大拉应力

(j) 最大拉应力位置

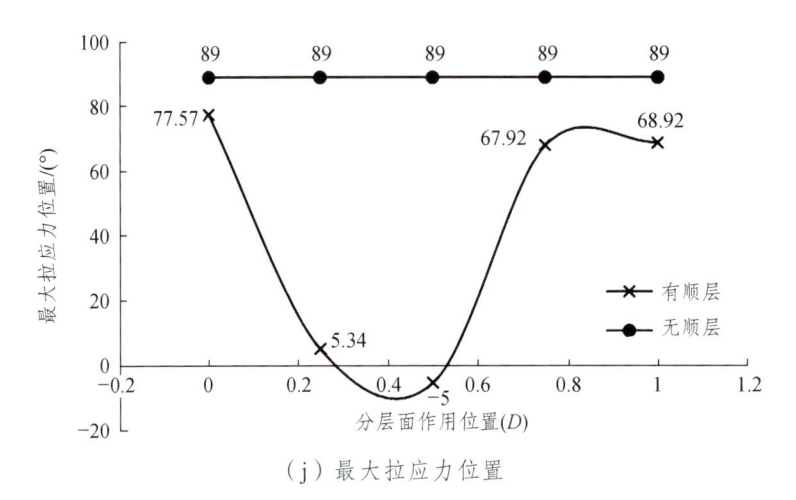

图 2-68　不同分层面作用位置下的隧道结构内力趋势

注：图中最大拉应力值是按照材料力学的方法计算出来的截面最大拉应力。

由图 2-65～图 2-68 可以看出，当倾角等于 40°时，岩层分层面的位置会明显影响衬砌结构的内力分布。

衬砌结构的最大正弯矩主要分布在衬砌环的顶部，并随着作用位置的下降而不断增加，最终能达到 281 kN·m。最大负弯矩的位置一般集中在右侧腰部，而当分层面的位置处于隧道底部时，左侧肩部也会有较大的负弯矩。随着作用位置的下降，隧道的最大负弯矩也在逐渐增加，当作用位置大于 0.5D 后，最大负弯矩基本不变化，维持在 280 kN·m 左右。随着作用位置的下降，最大正弯矩与最大负弯矩位置对应的轴力都在降低，这意味着截面较无顺层状态更加危险。

从轴力上来看，随着作用位置的下降，最大轴力和最小轴力的数值都在相应降低。当分层面作用位置小于 0.5D 时，最大轴力位置的弯矩较无顺层的小，并随着作用位置的下降而降低；当作用位置大于 0.5D 后，该位置的弯矩随着作用位置的下降而增大，甚至达到无顺层状态的 2.5 倍。当作用位置小于 0.25D 时，最小轴力位置的弯矩基本与无顺层情况相同；当作用位置大于 0.25D，该处弯矩会随着作用位置的下降而增大，达到了无顺层状态的 2 倍。这意味着当分层面的作用位置从衬砌顶部变换到衬砌底部的过程中，衬砌的受力越来越危险。

从最大拉应力的角度来看，当倾角等于 40°时，一旦分层面作用位置超过 0.25D 后，产生的最大拉应力会超过无顺层的管片，并随着作用位置的下降，最大拉应力的值也在不断增加。值得注意的是，当分层面作用位置贴近顶部与底部时，最大拉应力出现的位置主要在顶部靠右侧；当分层面作用位置在衬砌环中部时，最大拉应力的位置会转移到右侧腰部附近。

2.5　本章小结

本章采用数值模拟手段，分析溶洞分布对衬砌管片受力的影响，分析了溶洞不同方位、不同尺寸、与盾构隧道不同净距及在不同围岩等级中对隧道开挖洞室稳定性、隧道衬砌管片受力的影响规律，得出主要结论如下：

（1）由于溶洞的存在，开挖后洞室变形受围岩等级（变形模量）的影响较大。Ⅳ级围岩开挖后洞室收敛变形仅 3 mm 左右，计算中未发现洞室失稳问题，V级围岩中由于地层变形模量较小，开挖后洞室收敛值远超洞室稳定限值。

（2）溶洞的存在对衬砌结构内力影响如下：

① 溶洞在隧道上部时，隧道顶部弯矩减小，轴力增加，剪力在拱顶上下 10°附近出现明显变化。

② 溶洞在隧道侧部时，隧道腰部弯矩增加，轴力增加；从管片计算应力来看，溶洞的存在对结构受力而言可能造成不利。

③ 溶洞在隧道下部时，隧道底部弯矩减小，轴力增加，剪力在拱顶上下 10°附近出现明显变化，可能造成最大剪力增加。

④ 溶洞位于隧道侧部时，对于盾构管片内力影响最大，上部次之，下部最小。

（3）非均质岩层分层面对衬砌结构内力的影响如下：

① 当隧道穿越的岩层分层面上下岩层的变形模量相差较小时，该岩层分层面几乎不会对结构造成影响。而当上下岩层的变形模量有明显差别时，衬砌整体内力不再对称，轴力偏向于弹性模量更大的左下部，弯矩偏向于弹性模量更小的右上部，结构受力逐渐"倾斜"。该"倾斜"的趋势会随着分层面倾角的增大而更加明显。

② 分层面的出现会降低最大正弯矩和最大负弯矩两种截面对应的轴力，同时会增加最小轴力位置处对应的弯矩，导致相应截面的内力状态与无分层面的工况相比更加危险，并且该状态会随着倾角的增大而变得更加危险。

③ 随着分层面位置的下降，最大正弯矩不断增加，最终超过无分层面情况的 48%。同时，衬砌的最大负弯矩也在逐渐增加，位置超过 $0.5D$ 后，数值维持在无分层面情况的 2 倍左右。最大轴力和最小轴力的数值都在相应降低，最大轴力最多降低了 15%，而最小轴力则最多降低了 48%。

④ 从最大拉应力的角度来看，随着分层面倾角的增大，衬砌结构上的拉应力逐渐增大，达到无分层面情况的 2 倍，最大拉应力的位置也逐渐沿着顶部—右腰部—底部的路径转移；随着分层面位置的下降，最大拉应力也在不断增加，最多增至 2 倍，最大拉应力的位置沿着顶部偏右侧—右腰部—顶部偏右侧的路径转移。

3 列车振动对管片衬砌力学特性影响研究

建立地层-隧道-轨道的三维模型，研究列车振动荷载下隧道结构的动力响应特征，分析溶洞位置、溶洞与隧道间距、溶洞大小以及软硬不均地层对隧道动力响应的影响规律。

3.1 列车振动数值模型

建立三类典型的列车荷载振动模型，以研究局部岩溶空洞及软硬不均地层下列车荷载对隧道结构受力的影响规律。首先，建立中风化白云岩均质地层的盾构隧道三维精细化模型，研究列车振动荷载对隧道结构的影响；其次，建立考虑岩溶空洞的盾构隧道振动模型，通过对比的方式研究岩溶空洞对隧道结构的影响程度；最后，建立考虑软弱不均的盾构隧道振动模型，分析软弱不均地层对隧道受力的影响规律。

为研究列车振动荷载作用下隧道结构的典型振动特征，建立如图 3-1 所示的数值模型。列车荷载振动模型的长、宽、高分别为 50 m、60 m 和 60 m，分别对应隧道的纵向（X 向）、横向（Y 向）和高度（Z 向）。盾构隧道埋深 10 m，衬砌内径为 5.5 m，外径为 6.2 m，管片厚度 0.35 m，管片幅宽 1.5 m。在隧道的仰拱上铺设有轨道板，并在轨道板上建立了轨道模型。

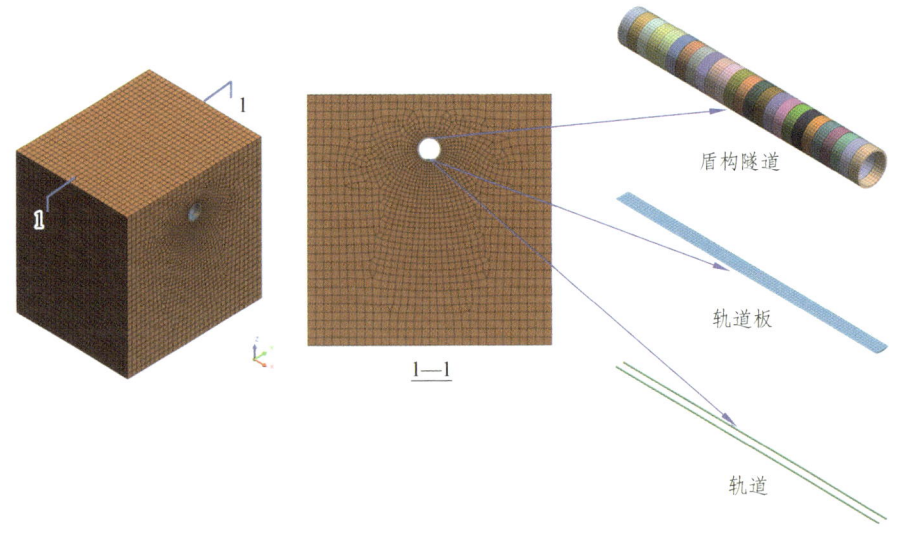

图 3-1 列车振动模型

列车荷载施加在轨道上，其中，列车考虑 6 节车厢，每节车厢的长度为 20 m，列车的运行速度取 40 km/h，则列车振动荷载如图 3-2 所示。

3 列车振动对管片衬砌力学特性影响研究

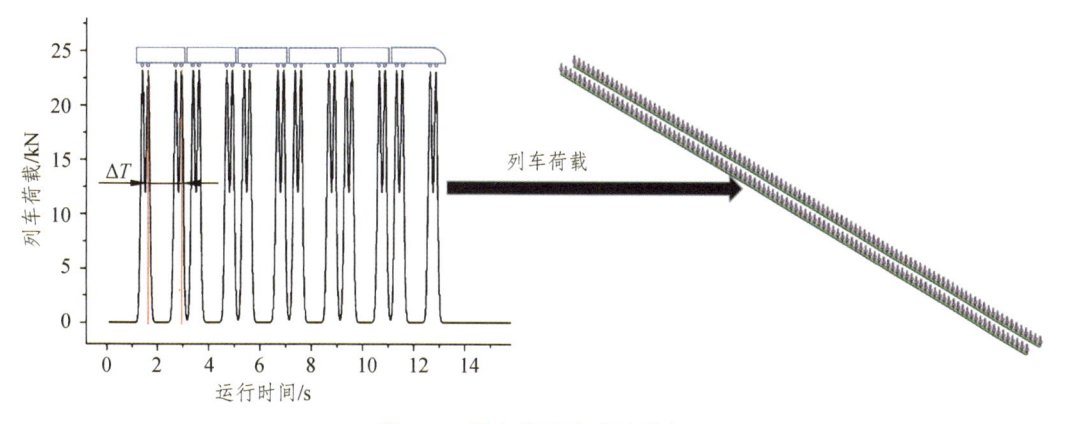

图 3-2　列车振动荷载的施加

模型中地层与结构的力学参数如表 3-1 所示。地层采用摩尔-库仑本构模型，隧道、轨道板以及轨道采用弹性本构模型。

表 3-1　模型材料物理力学参数

介质	容重/（kN/m³）	黏聚力/kPa	内摩擦角/(°)	弹性模量/GPa	泊松比
白云岩	27	200	25	34.683	0.255 5
轨道板	21	—	—	28	0.2
轨道	78	—	—	210	0.3
管片	25	—	—	34.5	0.2

为了减小边界对运算结果的影响，采用黏弹性边界对模型的四周进行约束，如图 3-3 所示。其中，模型边界在切向与法向的弹簧刚度和阻尼系数经计算分别取 1.44×10^6 kN·m、2.85×10^6 kN·m 和 3.64×10^5 m/s、7.78×10^5 m/s。

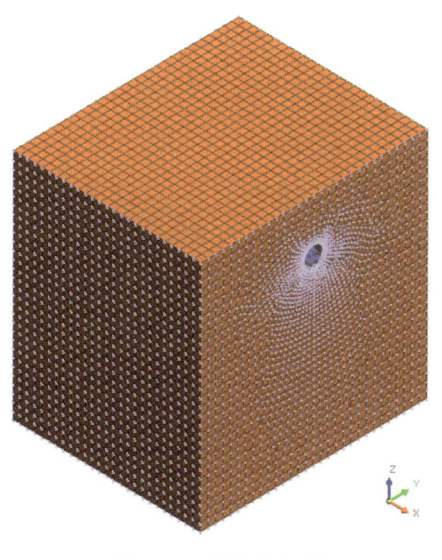

图 3-3　黏弹性边界

3.2 列车振动荷载作用下隧道结构的响应特征

为了便于描述隧道四周在列车振动荷载作用下的响应特征，规定隧道拱顶（即顶部）对应的角度为 0°，以顺时针为角度增大的方向，隧道右侧腰部和拱底（即底部）对应的圆心角分别为 90°和 180°，如图 3-4 所示。

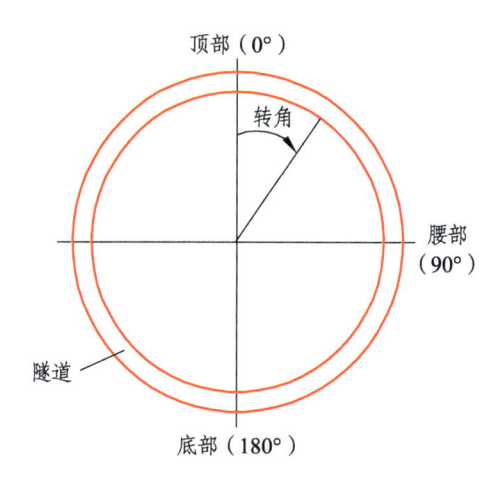

图 3-4 隧道位置规定

图 3-5 为隧道结构四周的加速度时程曲线。隧道的加速度在底部最大，腰部次之，顶部最小。这是由于列车振动荷载距离隧道底部最近，且振动荷载在结构传递过程中会不断衰减。

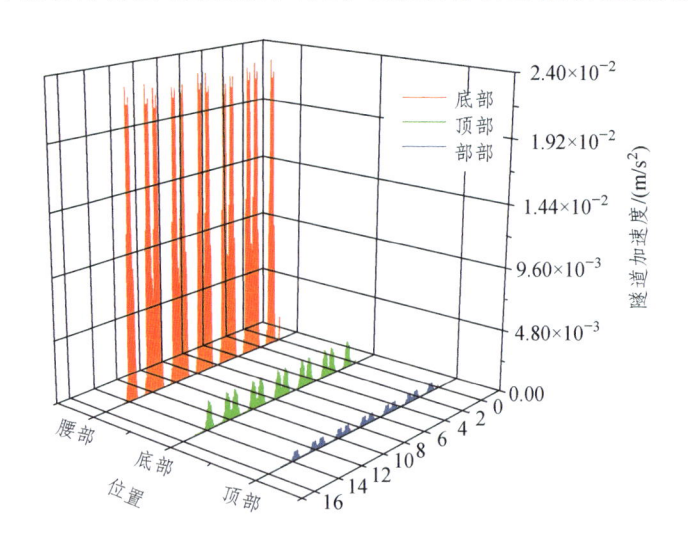

图 3-5 隧道结构四周的加速度时程曲线

图 3-6 为整个列车振动荷载作用过程中隧道四周的最大振动加速度分布曲线。与之前的分析一致，隧道的最大振动加速度出现在底部，距离顶部越近，隧道的加速度越小，在隧道顶部出现加速度的下限值。

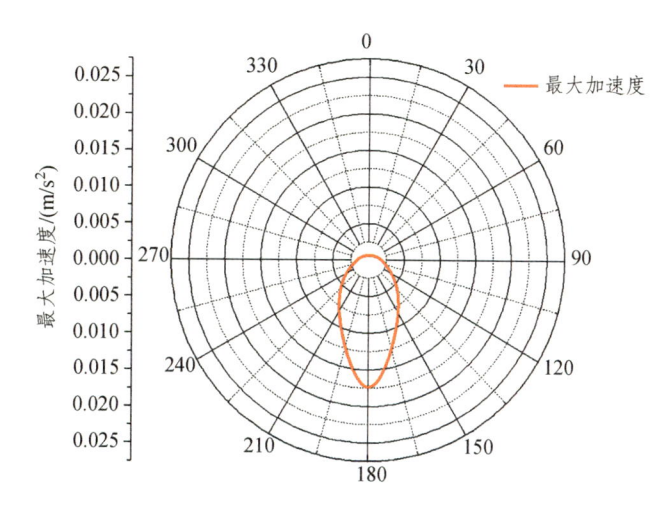

3 列车振动对管片衬砌力学特性影响研究

图 3-6　隧道结构四周的最大振动加速度分布曲线

图 3-7 为隧道结构四周在列车运行过程的振动速度时程曲线，与加速度的时程曲线相似，从隧道结构的底部到顶部，结构的振动速度不断减小，在整个列车运行过程中，隧道底部的最大振动速度为 6.6×10^{-5} m/s，是隧道腰部、顶部最大振动速度的 2.07 倍和 2.48 倍。

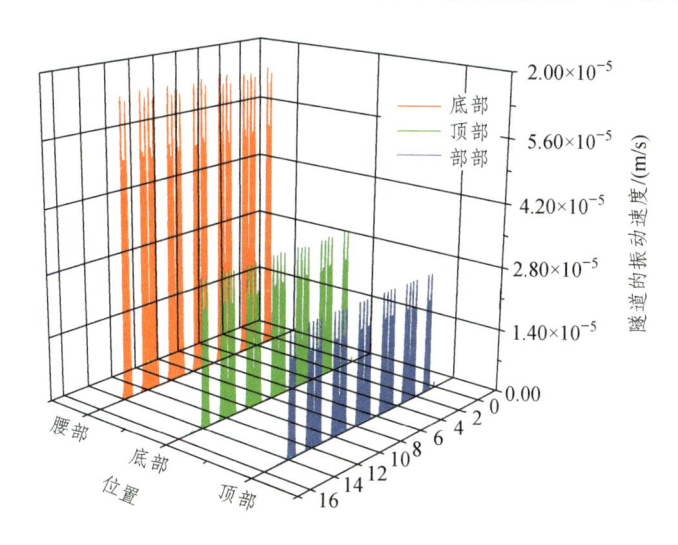

图 3-7　隧道结构四周振动速度时程曲线

图 3-8 为整个列车振动荷载作用过程中隧道四周的最大振动速度分布曲线。隧道四周的最大振动速度在底部最大，距离底部越远，振动速度越小，与加速度的响应规律相似，但隧道最大振动速度曲线的变化较为缓和。

图 3-9 为列车运行过程中隧道结构四周的位移时程曲线，从隧道结构的底部到顶部，结构的位移不断减小，在整个列车运行过程中，隧道底部的最大振动位移为 7.09×10^{-6} m，是隧道腰部、顶部最大振动位移的 2.04 倍和 2.38 倍。

图 3-10 为整个列车振动荷载作用过程中隧道四周最大振动位移的分布曲线。隧道的最大振动位移出现在拱底和左拱腰的中间（225°），且距离该位置越远，隧道的最大振动位移越小，这是与隧道振动加速度和振动速度不同的地方。

083

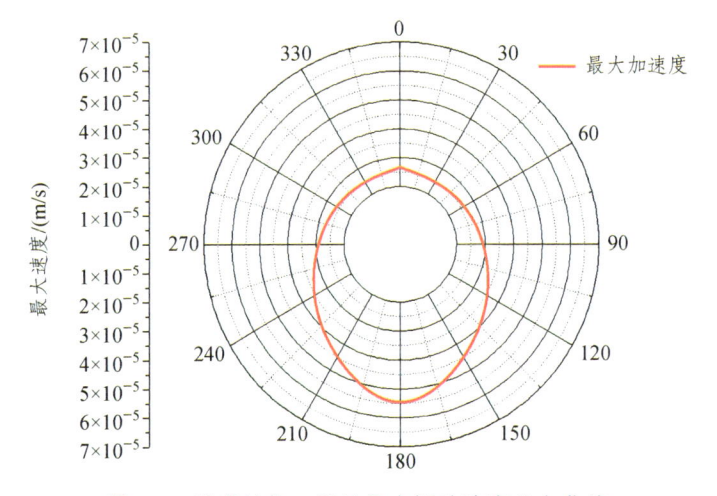

图 3-8 隧道结构四周的最大振动速度分布曲线

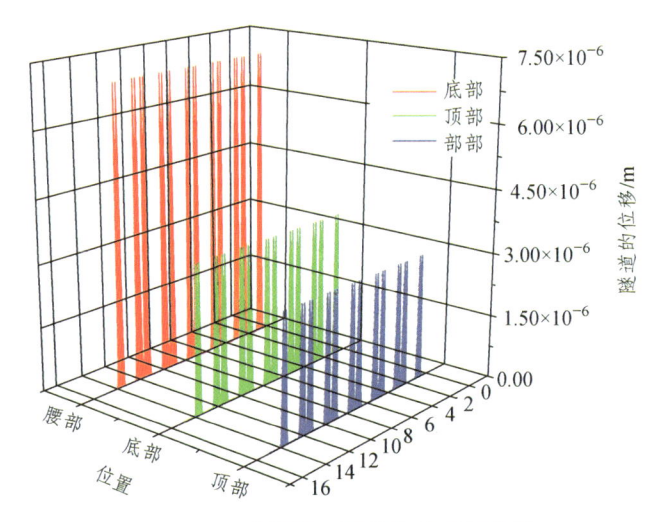

图 3-9 隧道结构四周的位移时程曲线

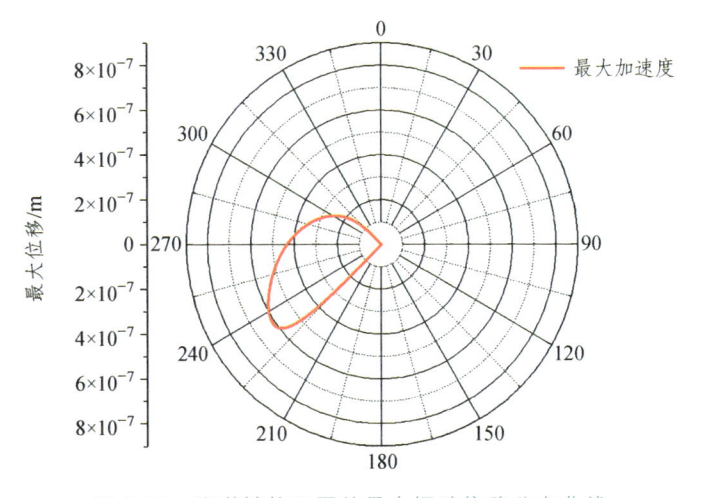

图 3-10 隧道结构四周的最大振动位移分布曲线

3 列车振动对管片衬砌力学特性影响研究

图 3-11 为列车振动荷载作用下隧道四周的应力时程曲线。隧道底部在振动荷载下的应力响应最大，腰部的响应次之，顶部的响应最小。在整个振动荷载作用过程中，隧道底部的最大振动应力为 40.2 kPa，是隧道腰部应力的 5.17 倍，并且是隧道顶部应力的 13 倍。

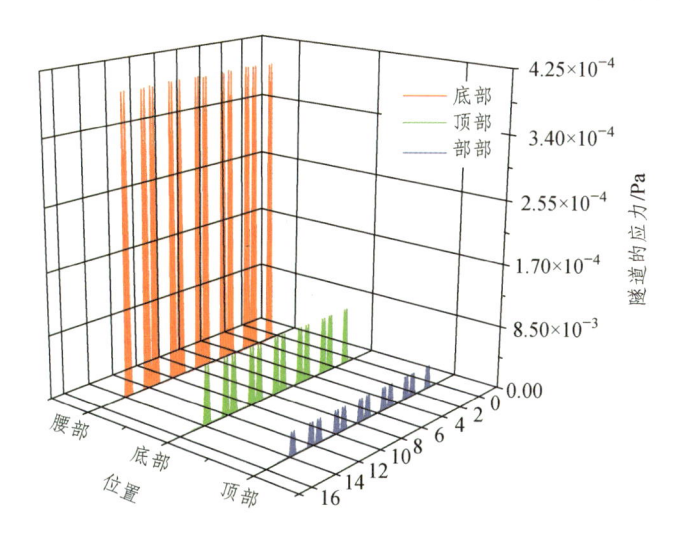

图 3-11　隧道结构四周的应力时程曲线

图 3-12 为整个列车振动荷载作用过程中隧道四周最大振动应力的分布曲线。由于隧道底部距离列车荷载最近，所以底部的应力最大。此外，距离隧道底部越远，衬砌结构的最大振动应力越小，与隧道加速度、速度的分布一致。

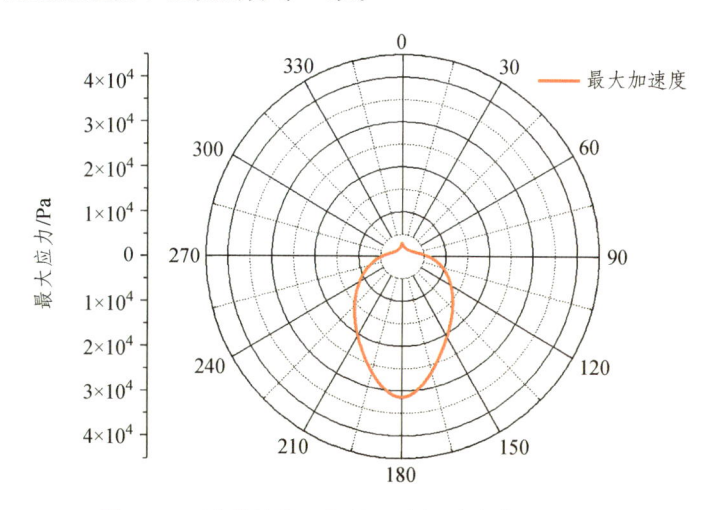

图 3-12　隧道结构四周的最大振动应力分布曲线

综上可知，在白云岩均质地层中，列车振动荷载作用下隧道结构将产生一定的动力响应。其中，由于隧道拱底距离列车荷载最近，所以拱底的动力响应最为明显。此外，振动荷载在隧道结构中传递时会不断衰减，导致距离隧道拱底越远，隧道的动力响应越小。在整个列车荷载作用过程中，隧道结构的最大振动加速度、最大振动速度、最大振动位移及最大振动应力分别为 0.023 2 m/s²、6.6×10^{-5} m/s、7.09×10^{-6} m、40.2 kPa。

3.3 溶洞位置对隧道力学性能的影响

为研究溶洞在隧道不同位置时对结构动力响应的影响，模型中分别将溶洞建立在隧道的下方、腰部和顶部，如图-13所示。同时，以无溶洞时隧道的振动响应为基础，通过对比的方式分析溶洞对隧道振动响应的影响规律。

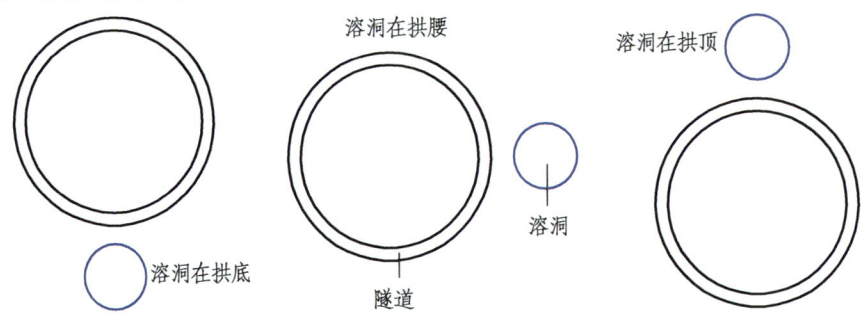

图 3-13　溶洞与隧道的位置关系

图 3-14 为溶洞在隧道底部的加速度时程曲线。当溶洞在拱底时，溶洞的出现将导致隧道底部的加速度显著增大；但当溶洞在隧道拱腰和拱顶时，隧道底部的加速度响应受溶洞的影响小。

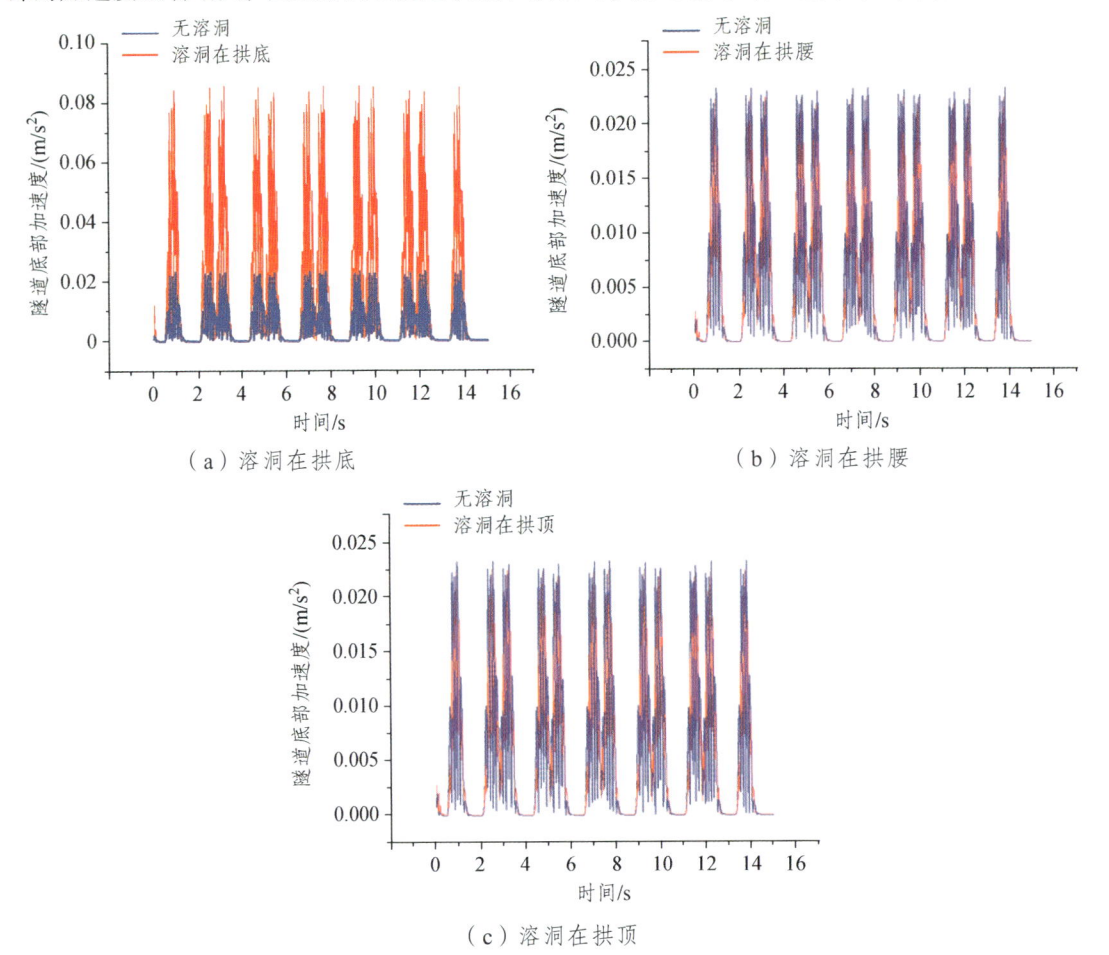

（a）溶洞在拱底

（b）溶洞在拱腰

（c）溶洞在拱顶

图 3-14　溶洞不同位置时隧道结构底部的加速度时程曲线

图 3-15 为溶洞在不同位置时隧道腰部的加速度时程曲线。当溶洞在拱底时，溶洞的出现将导致隧道腰部的振动加速度增大；然而，当溶洞在隧道拱腰和拱顶时，衬砌腰部的振动加速度反而减小，这可能是由于溶洞距离列车荷载较远，并出现在振动荷载传递的方向上，削弱了列车荷载的传递。

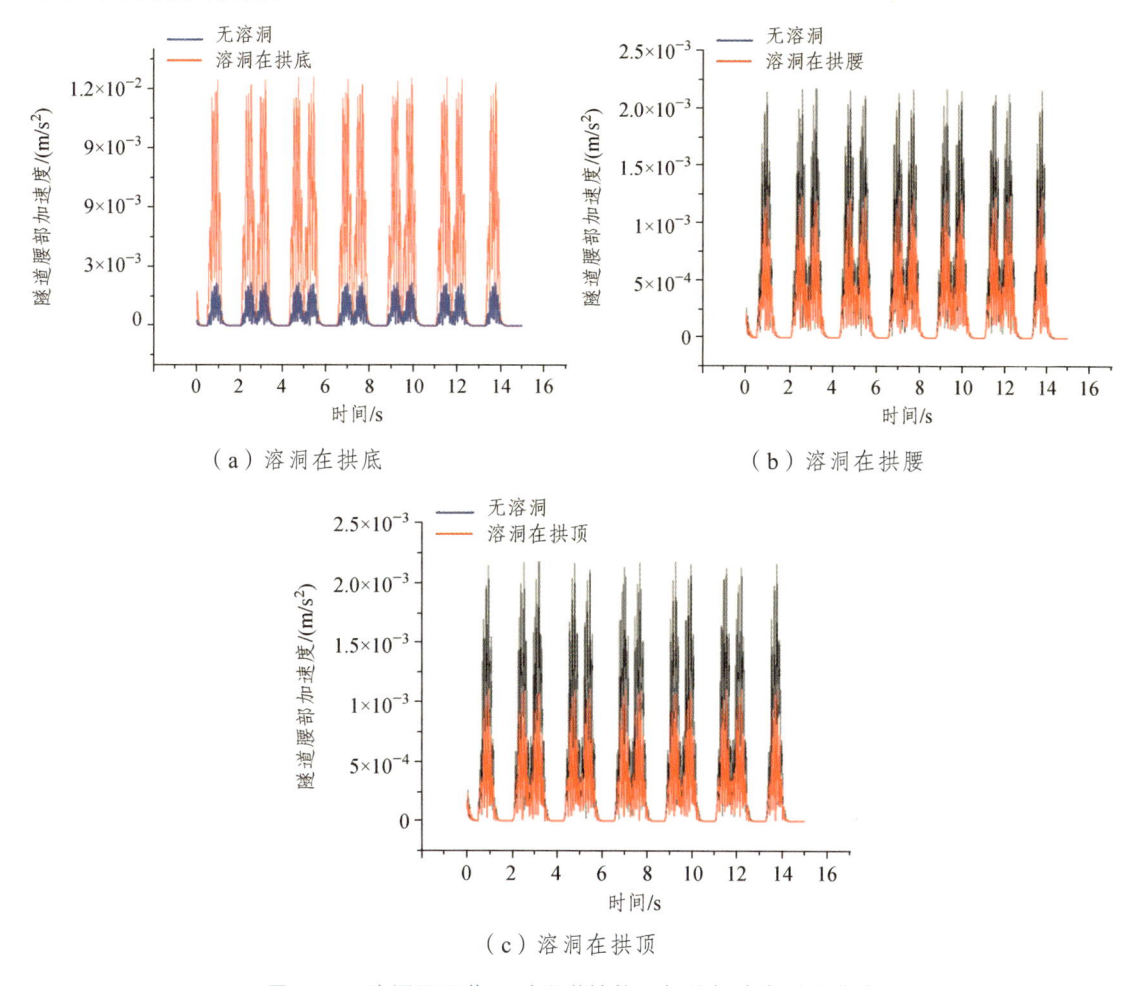

（a）溶洞在拱底

（b）溶洞在拱腰

（c）溶洞在拱顶

图 3-15　溶洞不同位置时隧道结构腰部的加速度时程曲线

图 3-16 为溶洞在不同位置时隧道顶部的加速度时程曲线。当溶洞在拱底时，溶洞的出现将导致隧道顶部的振动加速度显著增大。而溶洞在拱腰和拱顶时，隧道顶部的振动加速度受溶洞的影响较小。

为分析溶洞的增加对隧道动力响应的影响程度，定义动力影响系数为

$$K_f = \frac{f_i}{f_0} \tag{3-1}$$

式中：K_f 为溶洞影响系数；f_i 为有溶洞时隧道的动力响应，可以为加速度、速度、位移及应力；f_0 为无溶洞时隧道结构的动力响应，同样可以为加速度、速度、位移及应力。当 K_f 小于 1 时，表明溶洞的增加将减小隧道结构的动力响应，而当 K_f 大于 1 时，代表溶洞的出现将放大隧道的振动响应。

(a）溶洞在拱底

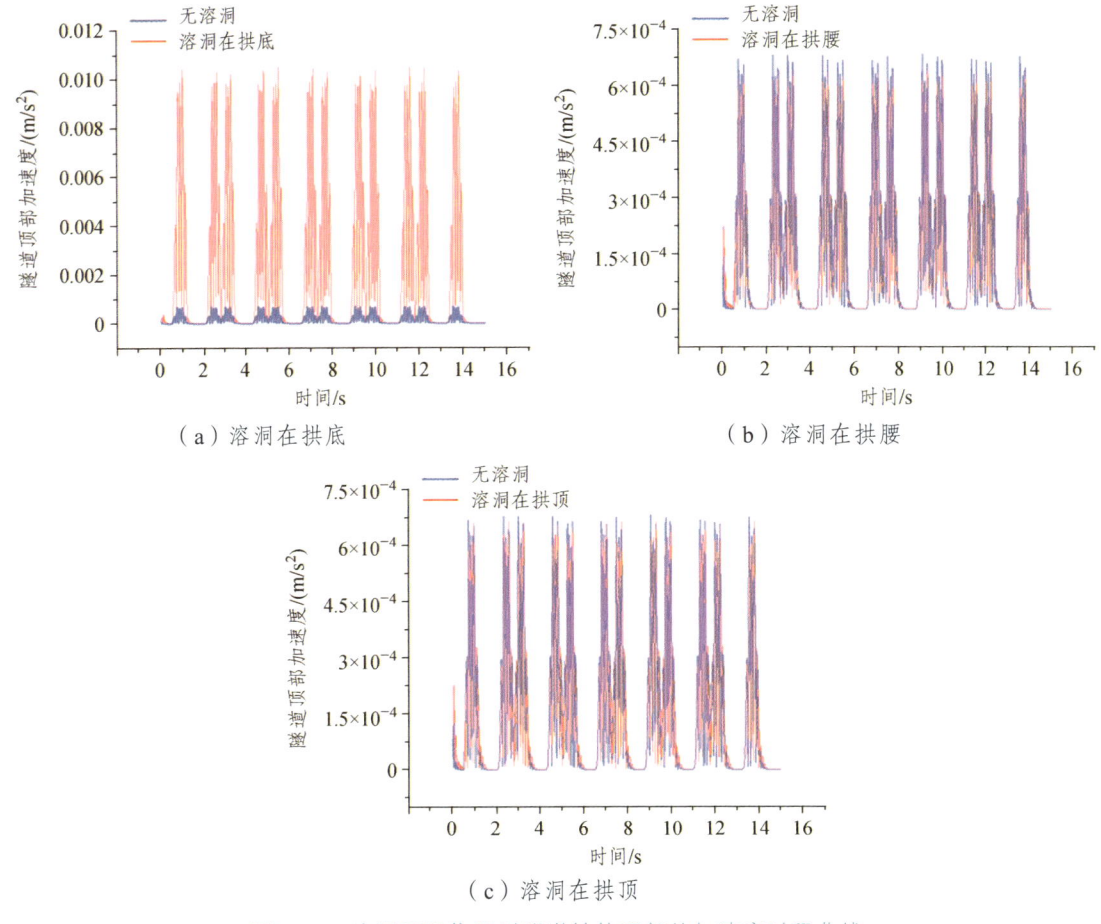

(b）溶洞在拱腰

(c）溶洞在拱顶

图 3-16　溶洞不同位置时隧道结构顶部的加速度时程曲线

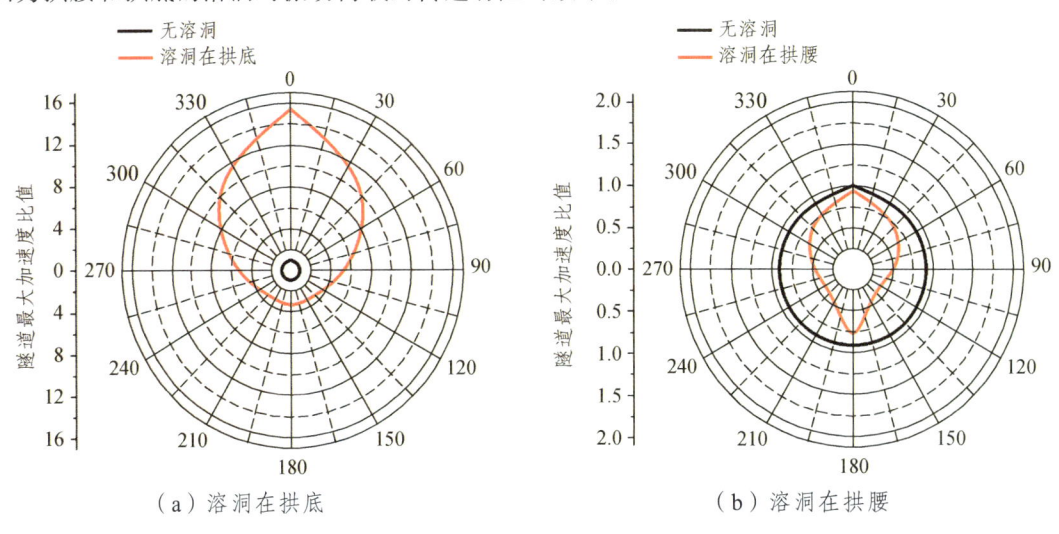

图 3-17 为溶洞出现在隧道不同位置时衬砌结构的最大振动加速度影响系数分布曲线。当溶洞位于隧道底部时，衬砌结构四周的振动加速度将显著增加，尤其是拱顶的加速度增加最为明显。然而，当溶洞位于隧道腰部和顶部时，衬砌四周的振动加速度反而减小，这可能是因为拱腰和拱底的溶洞对振动荷载的传递有阻碍效果。

(a）溶洞在拱底

(b）溶洞在拱腰

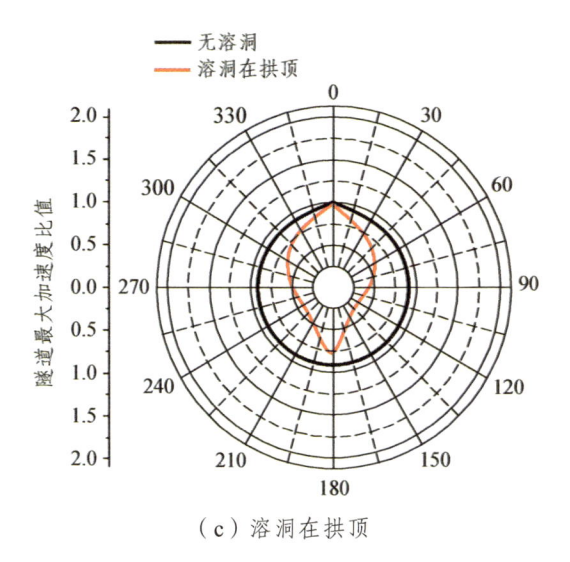

3 列车振动对管片衬砌力学特性影响研究

（c）溶洞在拱顶

图 3-17 溶洞不同位置时隧道结构四周的最大振动加速度影响系数分布曲线

图 3-18 为溶洞在不同位置时隧道底部的速度时程曲线。无论溶洞出现在何处，隧道底部的振动速度均有一定程度的增加，但溶洞在底部时，隧道的振动速度增加量最大。

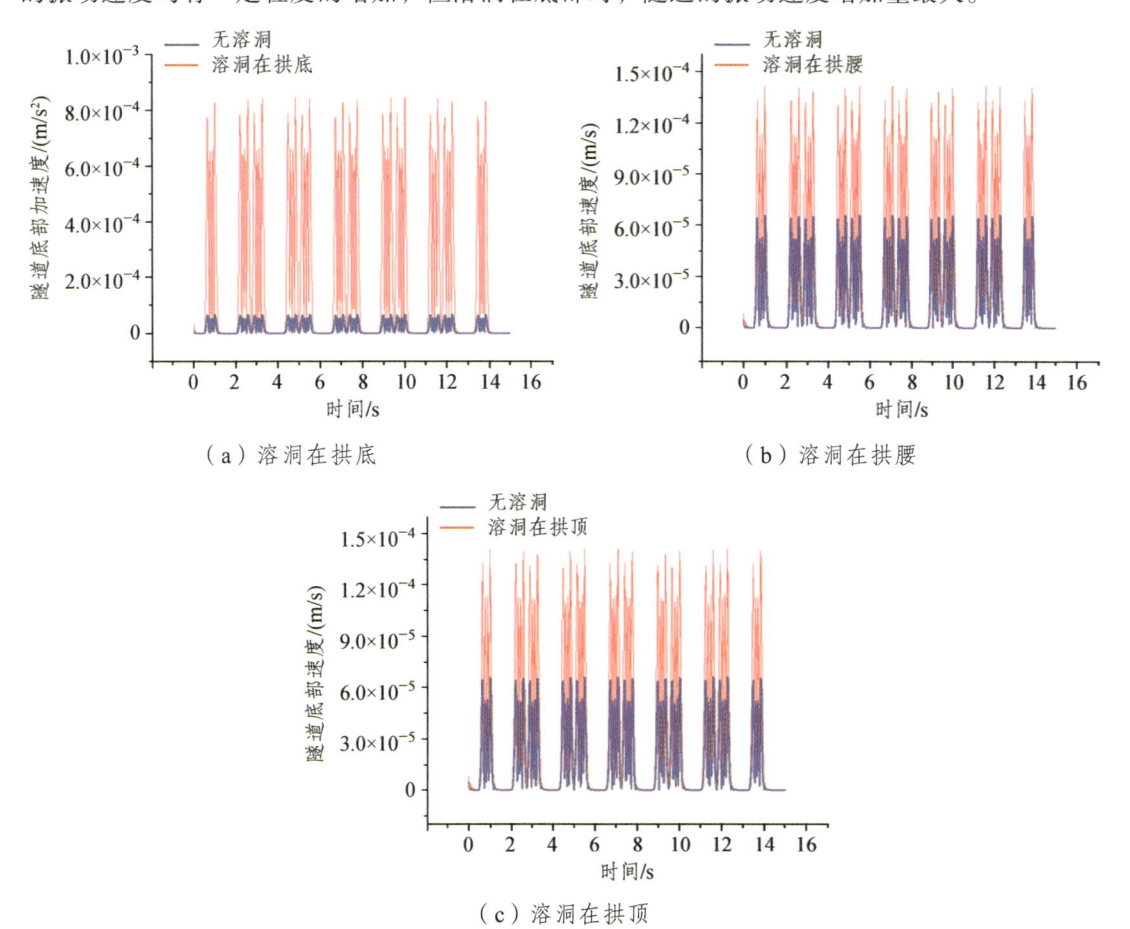

（a）溶洞在拱底

（b）溶洞在拱腰

（c）溶洞在拱顶

图 3-18 溶洞不同位置时隧道结构底部的速度时程曲线

图 3-19 为溶洞在不同位置时隧道腰部的速度时程曲线。溶洞在拱底将导致隧道腰部的振动速度增加，而溶洞在拱腰或者拱顶对隧道腰部的振动速度影响不大。

（a）溶洞在拱底

（b）溶洞在拱腰

（c）溶洞在拱顶

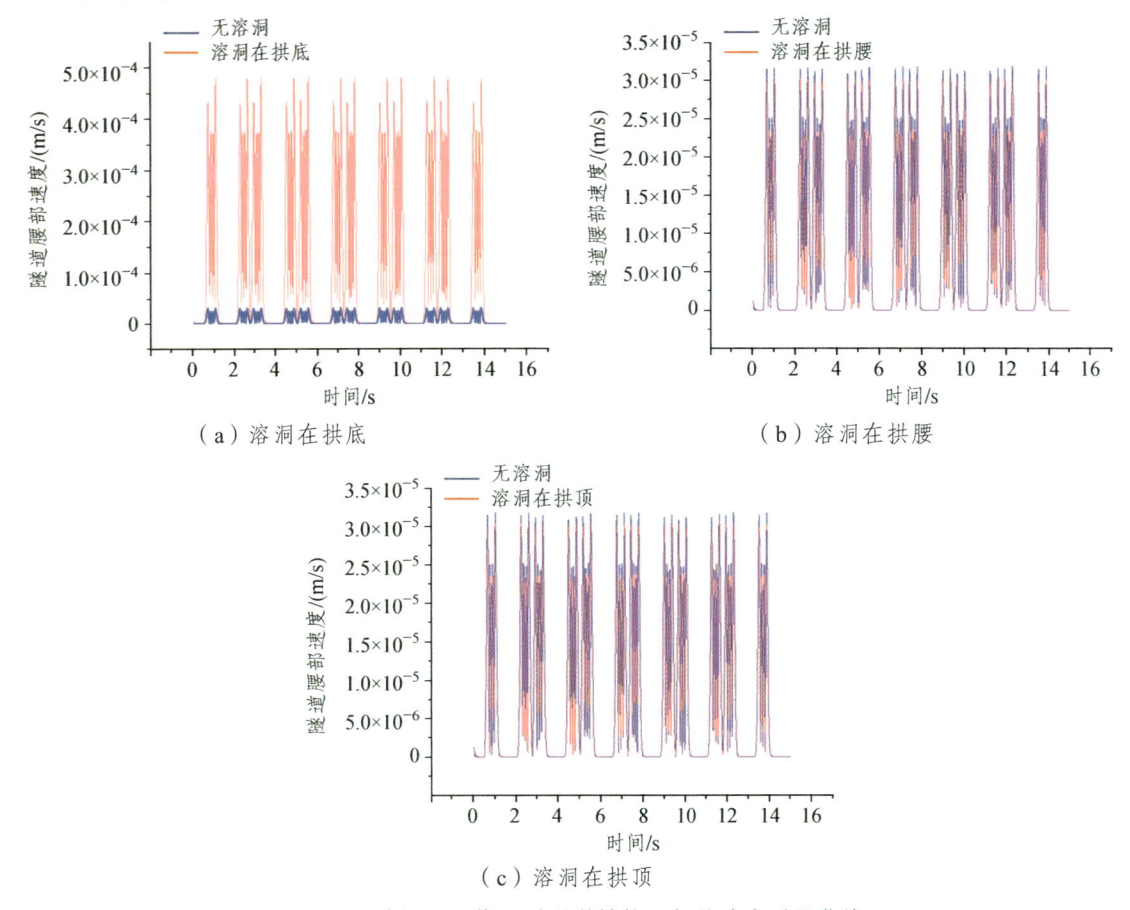

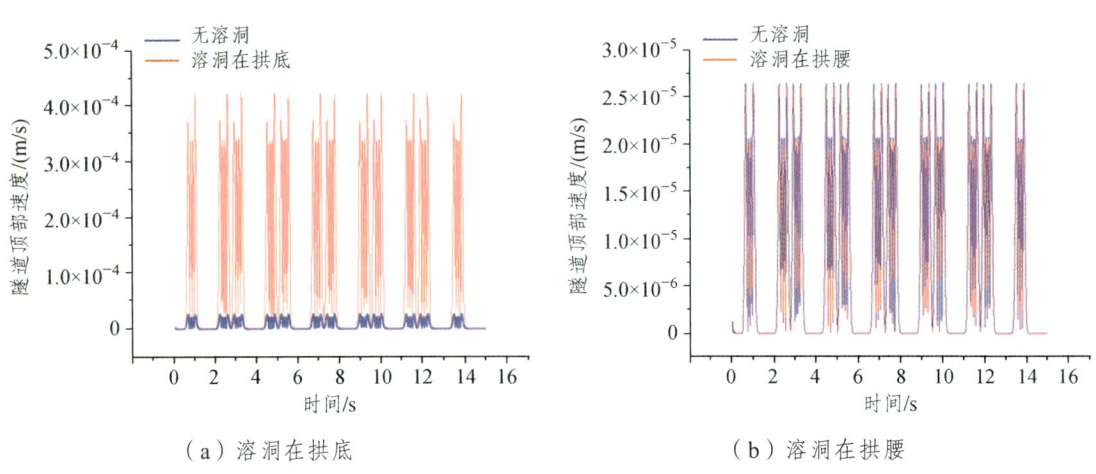

图 3-19　溶洞不同位置时隧道结构腰部的速度时程曲线

图 3-20 为溶洞在不同位置时隧道顶部的速度时程曲线。与隧道腰部的振动速度相似，溶洞在拱底时，隧道顶部的振动速度会增加，而溶洞出现在其他位置对隧道的振动速度影响不大。

（a）溶洞在拱底

（b）溶洞在拱腰

3 列车振动对管片衬砌力学特性影响研究

（c）溶洞在拱顶

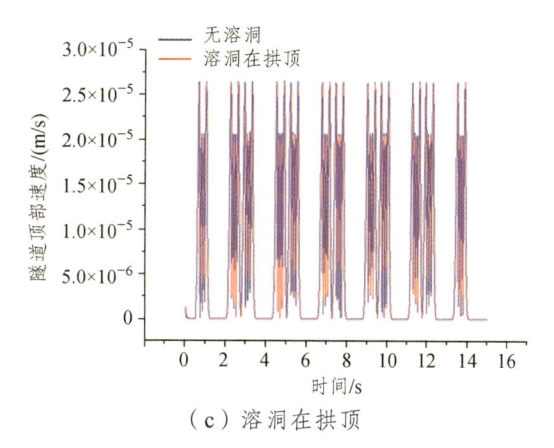

图 3-20 溶洞不同位置时隧道结构顶部的速度时程曲线

图 3-21 为溶洞出现在隧道不同位置时衬砌结构最大振动速度的影响系数。当溶洞出现在隧道拱底时，衬砌四周的振动速度均会增大，从数值上看，衬砌顶部的振动速度增加量最大，是无溶洞时的 16 倍，衬砌底部的振动速度增长最小，是无溶洞时的 12.4 倍。而当溶洞位于拱腰和拱顶时，仅在衬砌底部附近的振动速度有所增大，其数值是无溶洞时的 2.15 倍。

（a）溶洞在拱底

（b）溶洞在拱腰

（c）溶洞在拱顶

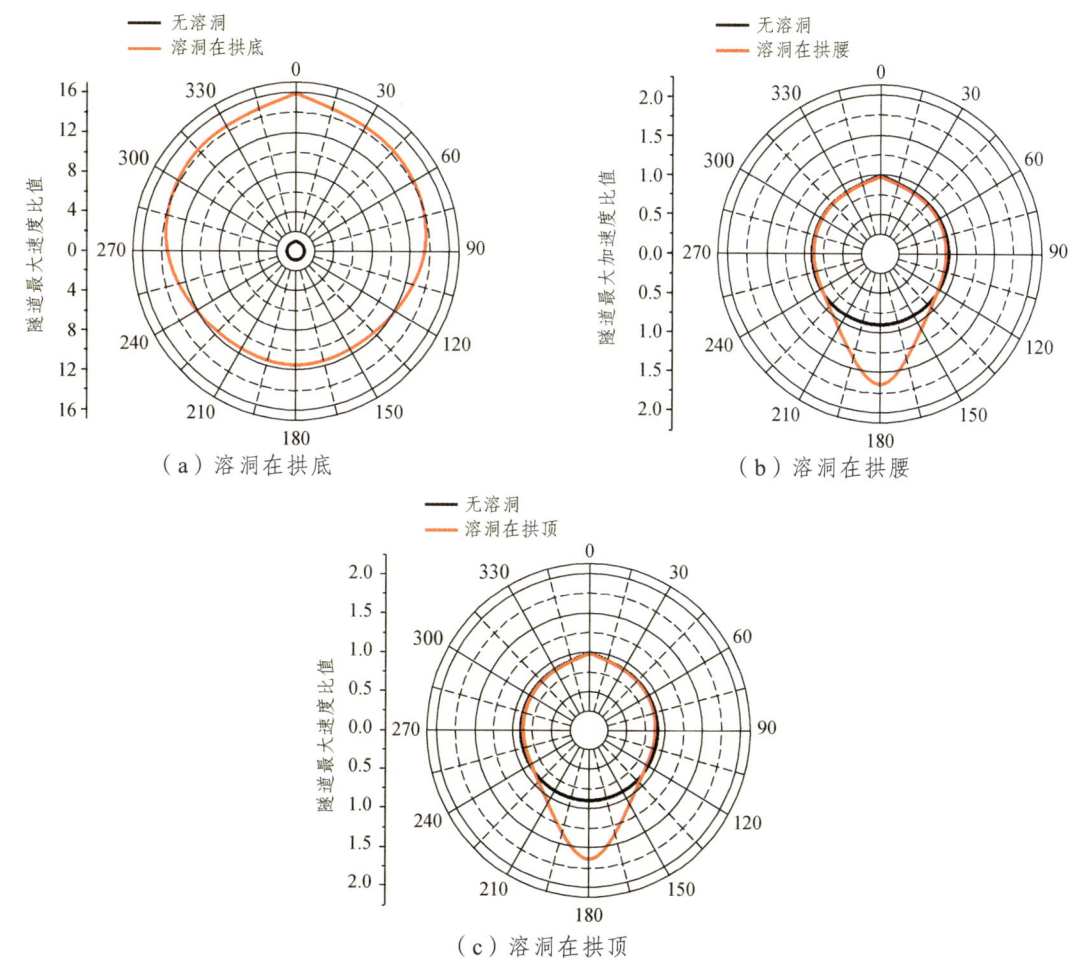

图 3-21 溶洞不同位置时隧道结构四周的最大振动速度影响系数分布曲线

图 3-22 为溶洞在不同位置时隧道底部振动位移的时程曲线。无论溶洞出现在何处，衬砌底部的振动位移均有一定程度的增加，但溶洞在拱底时，衬砌的振动位移增长最大。

（a）溶洞在拱底

（b）溶洞在拱腰

（c）溶洞在拱顶

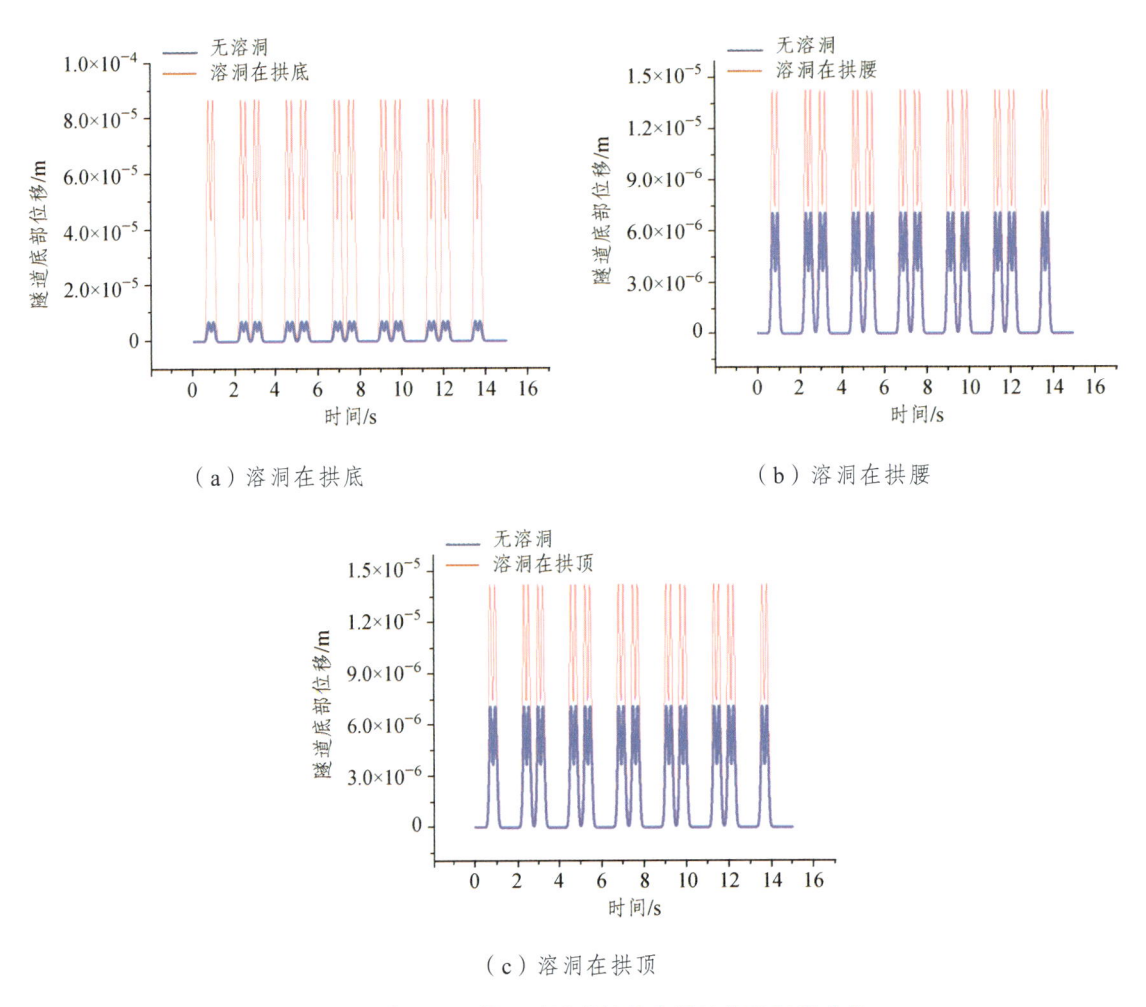

图 3-22　溶洞不同位置时隧道结构底部的位移时程曲线

图 3-23 为溶洞出现在隧道不同位置时衬砌结构最大振动位移的影响系数分布曲线。当溶洞位于隧道拱底时，衬砌振动位移在拱顶增加量最大，距离拱底越近，振动位移的增加越小。从比值方面看，溶洞位于拱底将导致衬砌的振动位移最少增加 1.24 倍，最大增加 5 990 倍，但从数值上看，衬砌结构的振动位移依然很小。当溶洞位于拱腰时，衬砌顶部的振动位移增加量最大，底部的位移次之，腰部的位移增加最小，从比值上看，溶洞位于腰部将导致衬砌的振动位移最大增加 68 倍，最小增加 1.09 倍。当溶洞位于拱顶时，衬砌顶部和底部的振动位移受到的影响较大，衬砌腰部受到的影响最小，拱顶的溶洞将导致衬砌的振动位移最大增加 21.4 倍。

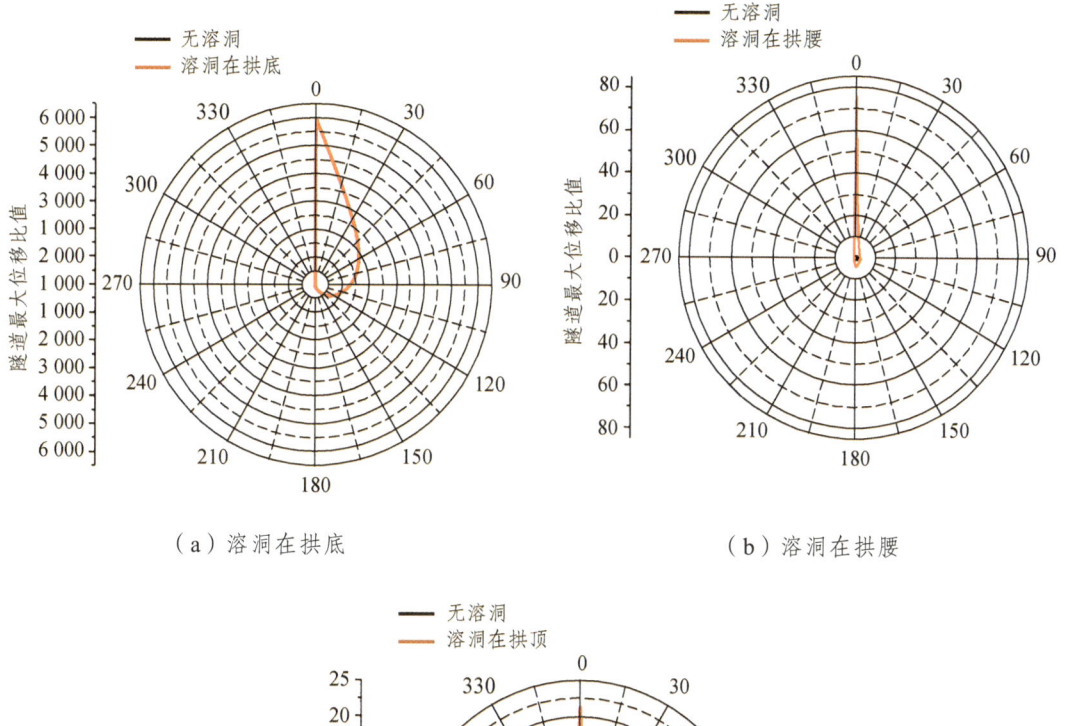

（a）溶洞在拱底　　　　　　　　（b）溶洞在拱腰

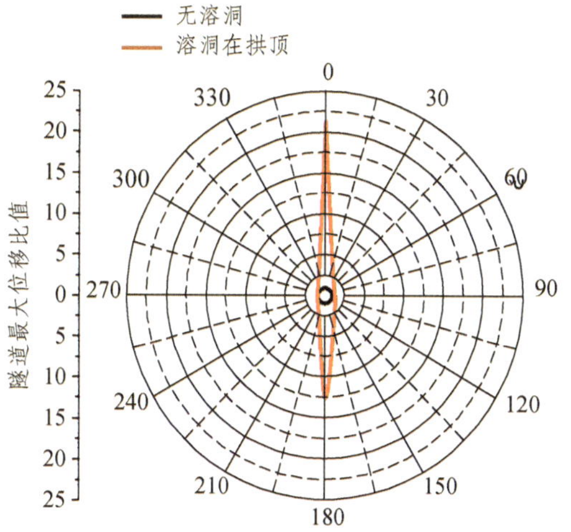

（c）溶洞在拱顶

图 3-23　溶洞不同位置时隧道结构四周的最大振动位移影响系数分布曲线

图 3-24 为溶洞在不同位置时衬砌腰部应力的时程曲线。当溶洞在拱底时，衬砌腰部的振动应力显著增加；而溶洞在拱腰或者拱顶时，衬砌腰部的振动应力也将有所增加，但增加的数值不大。

图 3-25 为溶洞出现在隧道不同位置时衬砌结构最大振动应力的影响系数分布曲线。当溶洞在拱底时，衬砌四周的应力均出现不同程度的增大，其中，衬砌底部应力增加的程度最小，达到 1.57 倍，腰部增加的程度次之，顶部增加的程度最大，达到 6.08 倍。当溶洞出现在拱腰和拱顶时，衬砌的动应力在底部增加量最大，距离底部越远衬砌的动应力增加越少。溶洞出现在拱腰和拱顶均将导致衬砌的最大振动应力影响系数增加 6.3 倍。

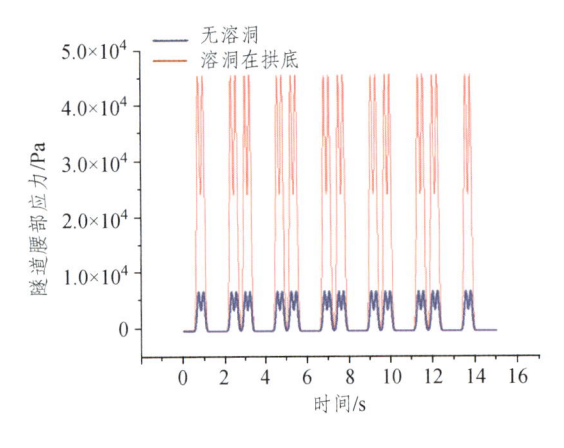

(a)溶洞在拱底

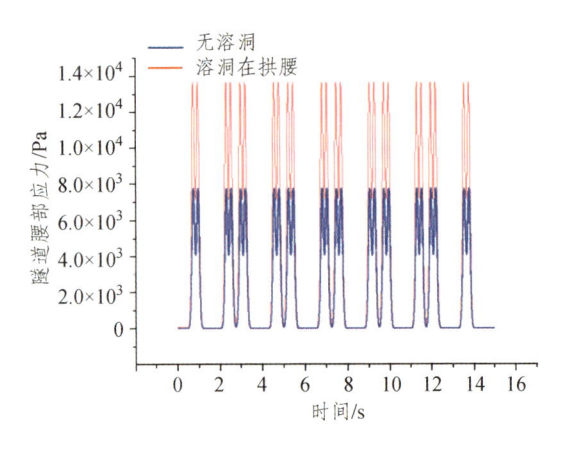

(b)溶洞在拱腰

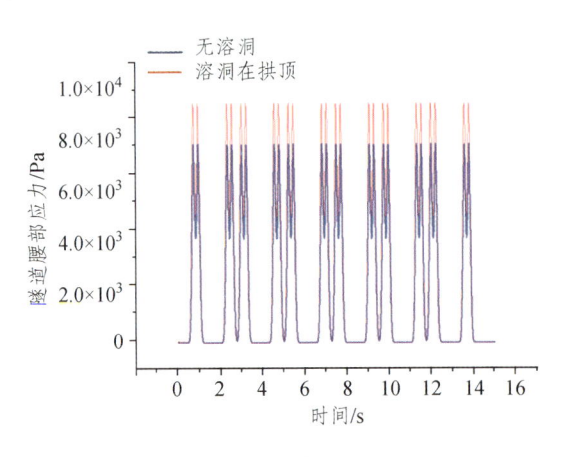

(c)溶洞在拱顶

图 3-24 溶洞不同位置时隧道结构腰部的应力时程曲线

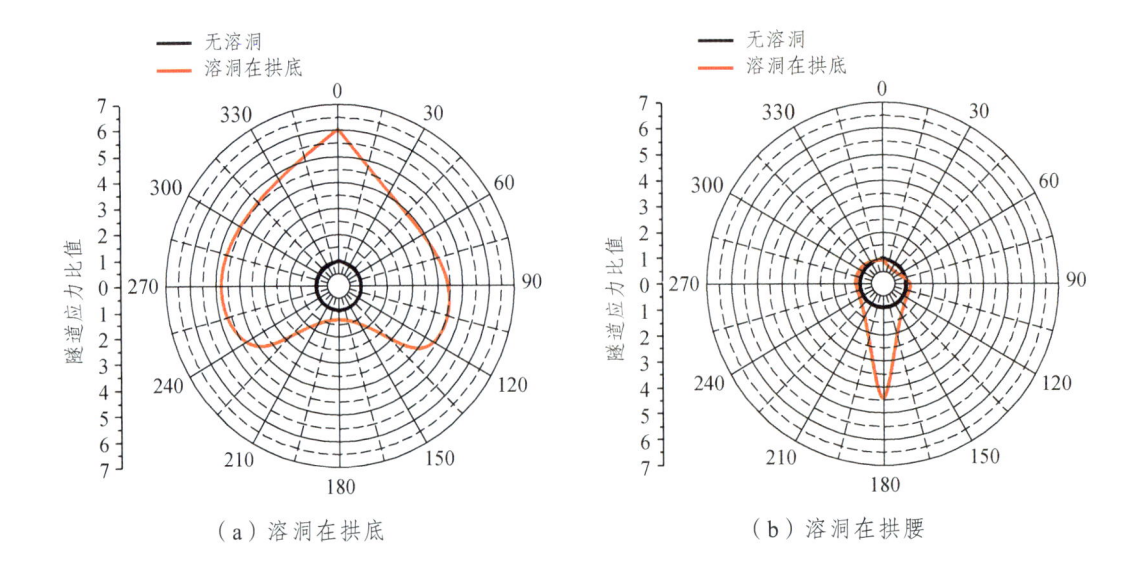

(a)溶洞在拱底

(b)溶洞在拱腰

3 列车振动对管片衬砌力学特性影响研究

(c) 溶洞在拱顶

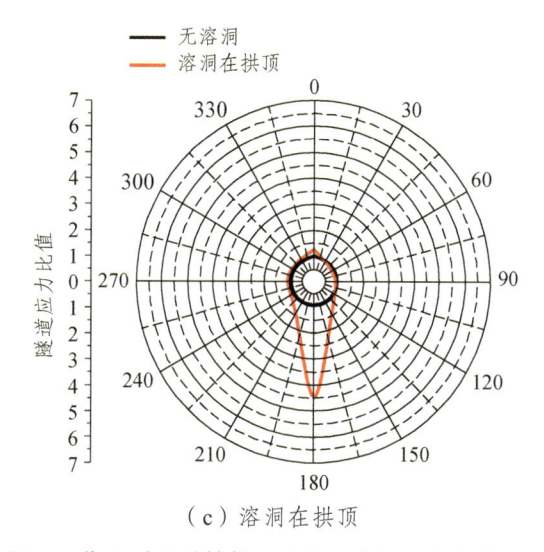

图 3-25 溶洞不同位置时隧道结构四周的最大振动应力影响系数分布曲线

综上可知，由于隧道底部的溶洞距离列车荷载最近，对衬砌结构的动力响应影响最大。当溶洞位于拱底时，衬砌结构底部的加速度、速度、位移及应力的最大值将比无溶洞时分别大 3.69 倍、1.28 倍、16.2 倍、4.81 倍。振动荷载在传递过程中将发生衰减，所以溶洞出现在拱腰和拱顶时衬砌结构的动力响应受到的影响相对较小。

3.4 溶洞间距对隧道受力的影响

由于列车荷载作用下隧道底部的动力响应最大，因此研究溶洞间距对隧道受力的影响时，将溶洞建立在隧道的拱底，如图 3-26 所示。共建立了 6 组列车振动模型，溶洞直径取 2 m，溶洞与隧道的间距 s 分别为 0.25 m、0.5 m、0.75 m、1.0 m、1.5 m、2 m。

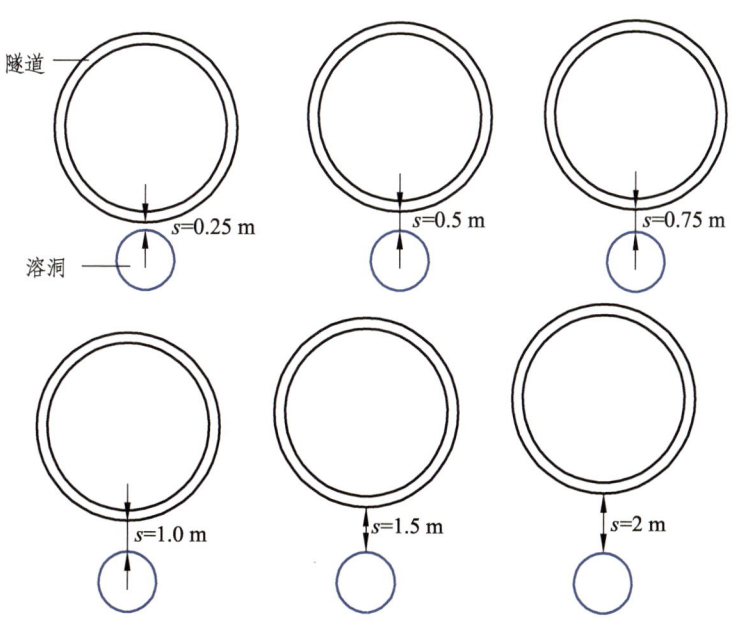

图 3-26 溶洞与隧道的间距示意

图 3-27 为溶洞不同间距时隧道底部的加速度时程曲线。溶洞间距为 0.25 m 时,隧道底部的加速度比没有溶洞时大,当溶洞间距从 0.25 m 增加到 0.75 m 的过程中,隧道的加速度响应逐渐减小。当溶洞间距处于 1.0~1.5 m 时,溶洞的存在将减小隧道底部的加速度响应。当隧道间距超过 2.0 m 以后,有、无溶洞时隧道底部的加速度响应差异不大。

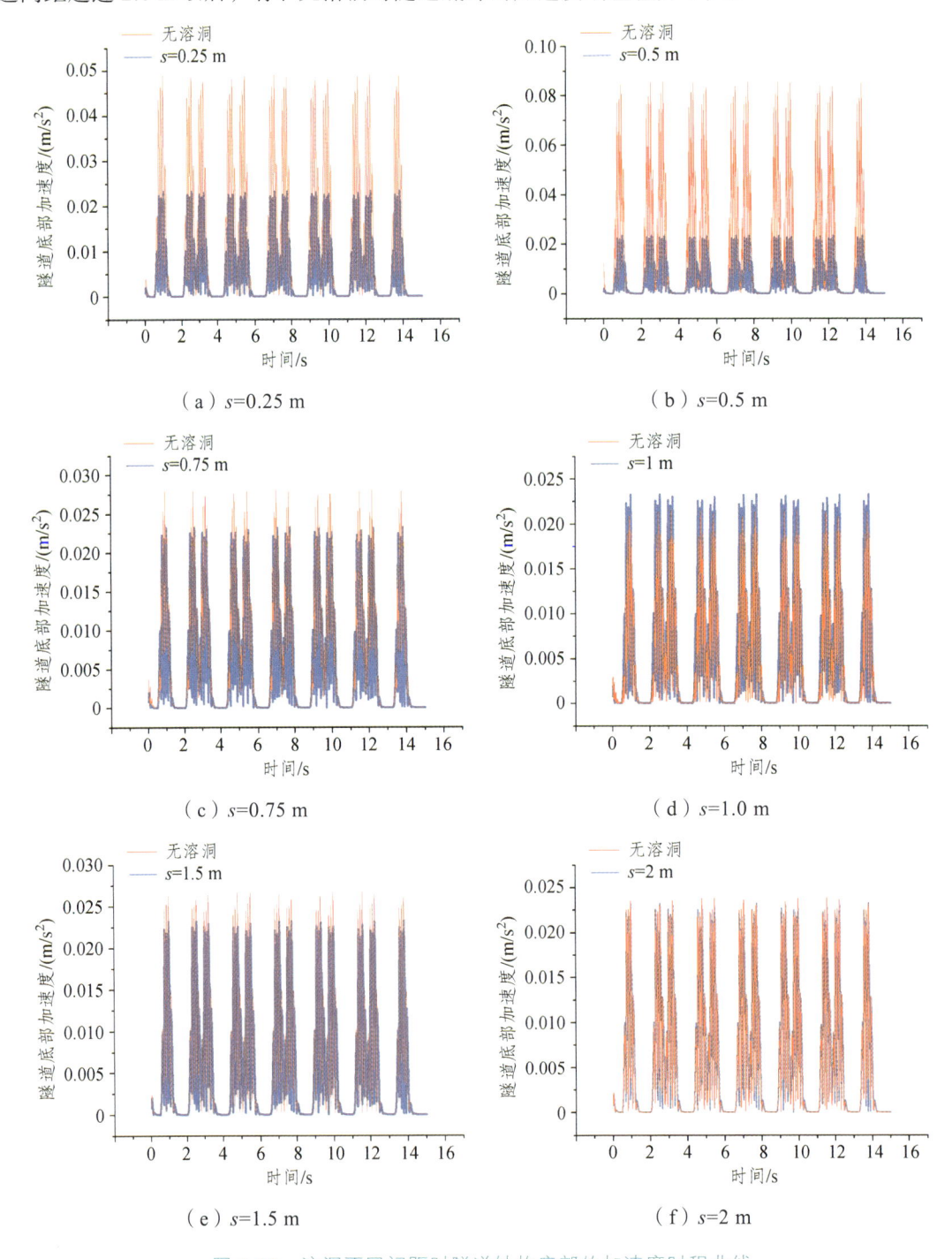

(a) s=0.25 m

(b) s=0.5 m

(c) s=0.75 m

(d) s=1.0 m

(e) s=1.5 m

(f) s=2 m

图 3-27 溶洞不同间距时隧道结构底部的加速度时程曲线

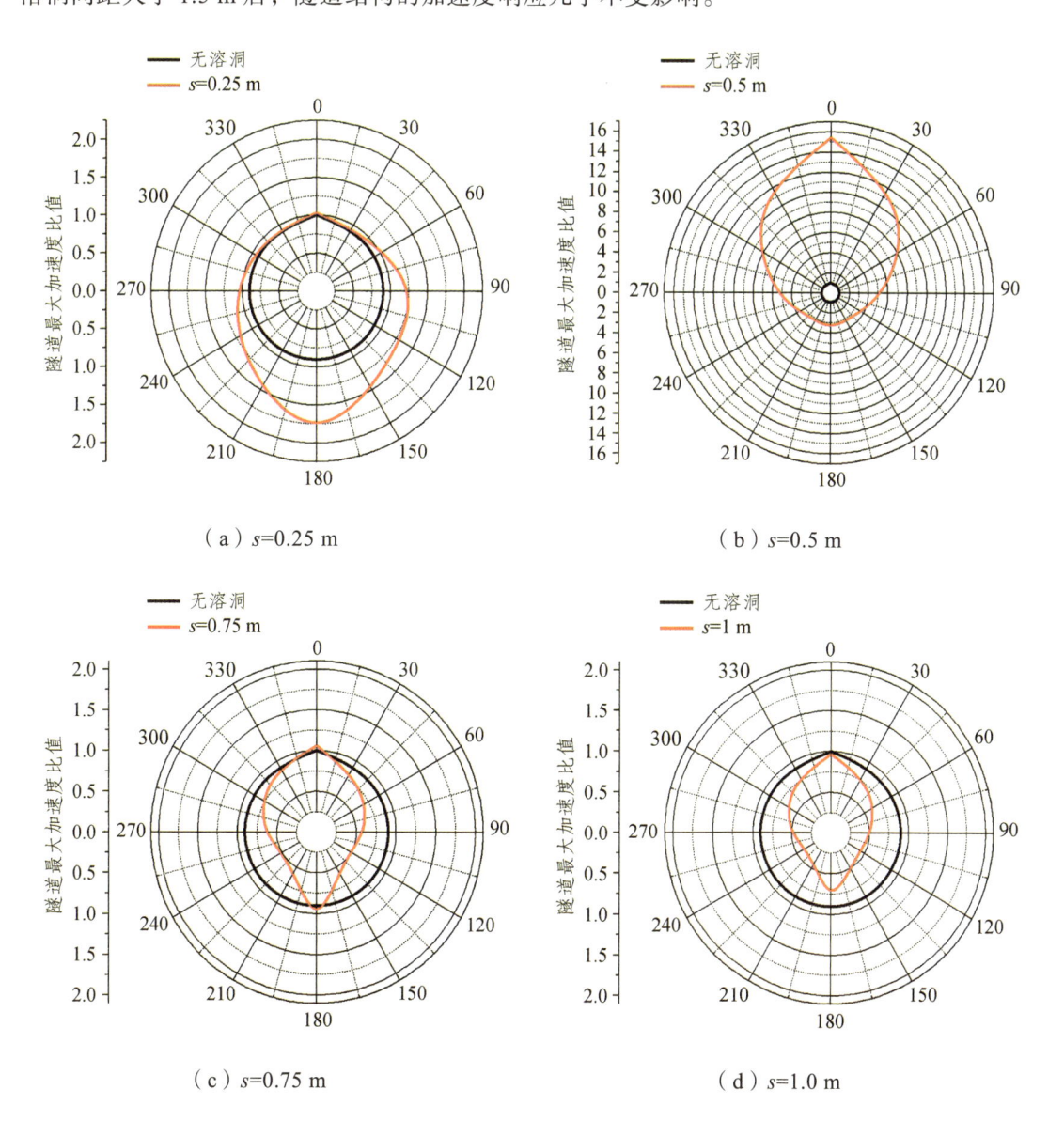

3 列车振动对管片衬砌力学特性影响研究

图 3-28 为溶洞不同间距时隧道四周最大振动加速度的影响系数分布曲线。由图 3-28 可知，溶洞与隧道的间距小于 0.5 m 时，衬砌结构四周的加速度响应受溶洞的影响大，尤其是溶洞间距为 0.5 m 时，衬砌结构四周的加速度响应显著增加，隧道底部的加速度响应是无溶洞时的 3.69 倍。然而，当溶洞与隧道的间距处于 0.75~1.0 m 时，衬砌结构四周的最大振动加速度比无溶洞时小；当溶洞与隧道的距离超过 1.5 m 以后，有、无溶洞时隧道四周的最大振动加速度响应差异不算大。表明溶洞与隧道的间距小于 0.5 m 时，溶洞衬砌结构的加速度响应产生显著影响；溶洞与隧道的间距处于 0.5~1.5 m 时，溶洞对衬砌结构的加速度响应产生较弱的影响；溶洞间距大于 1.5 m 后，隧道结构的加速度响应几乎不受影响。

（a）s=0.25 m

（b）s=0.5 m

（c）s=0.75 m

（d）s=1.0 m

(e) s=1.5 m

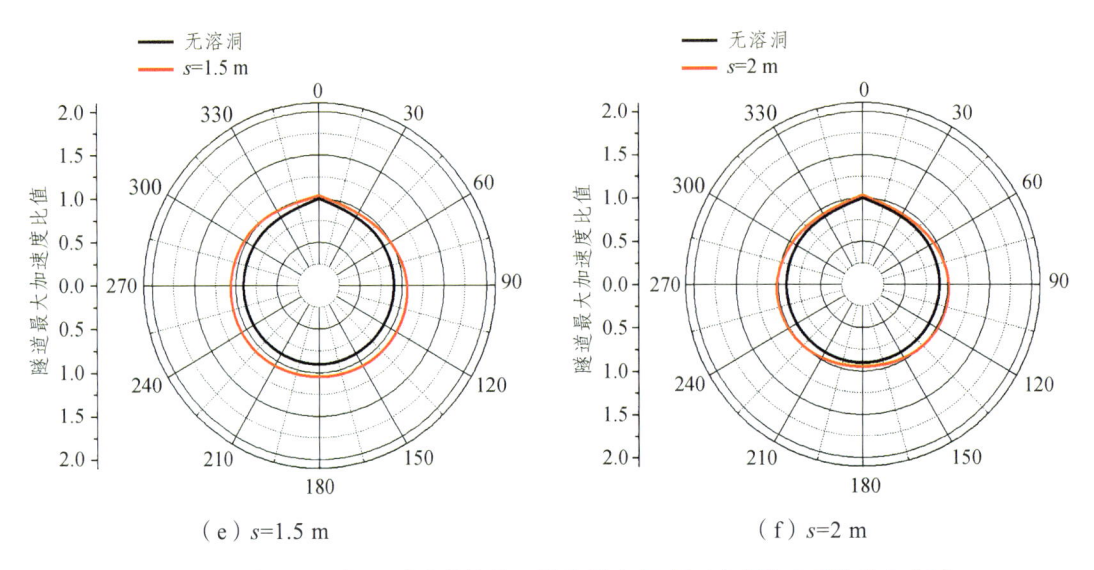

(f) s=2 m

图 3-28　溶洞不同间距时隧道结构四周的最大振动加速度影响系数分布曲线

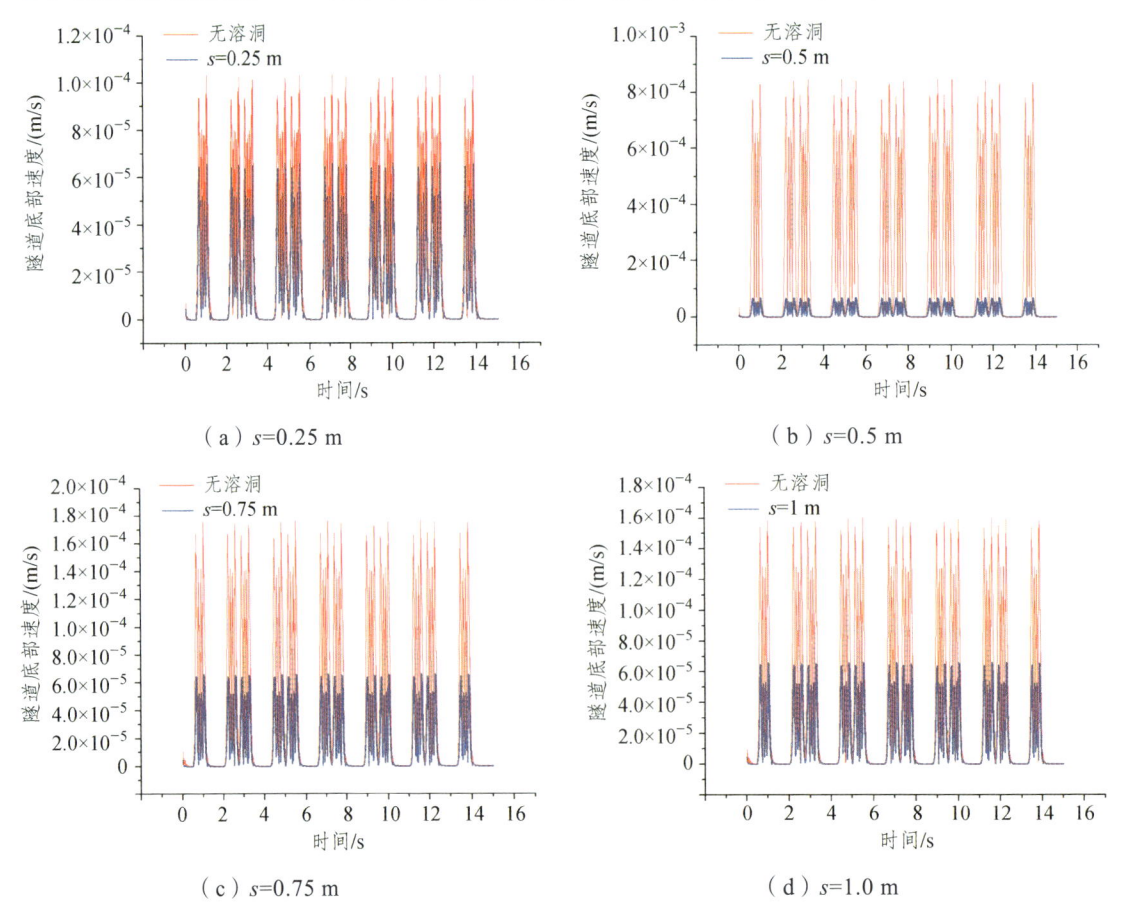

图 3-29 为溶洞不同间距时隧道底部的速度时程曲线。当溶洞间距小于 1.5 m 时，隧道底部的速度响应受溶洞的影响较大，且在溶洞间距为 0.5 m 时，隧道底部的振动速度增加最为显著。当溶洞间距超过 1.5 m 后，有、无溶洞时隧道底部的速度响应差异不大。

(a) s=0.25 m

(b) s=0.5 m

(c) s=0.75 m

(d) s=1.0 m

（e）s=1.5 m   （f）s=2 m

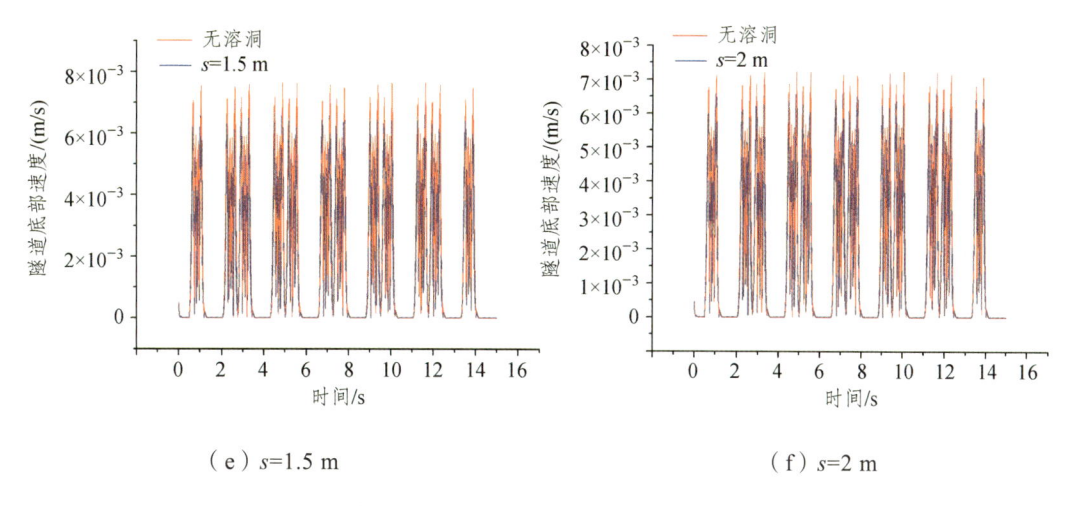

图 3-29　溶洞不同间距时隧道结构底部的速度时程曲线

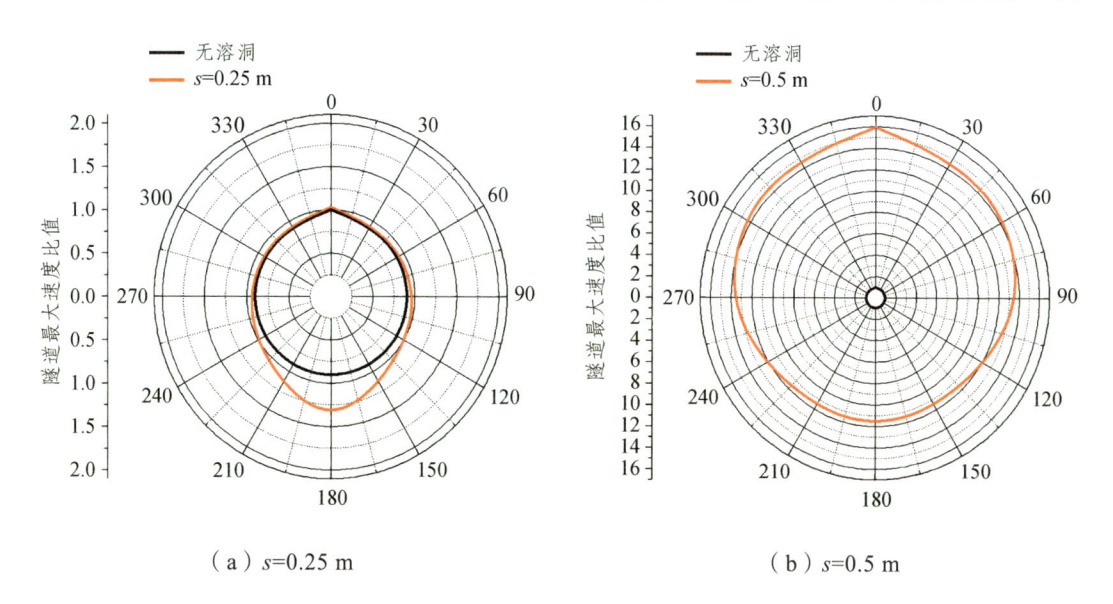

图 3-30 为溶洞不同间距时隧道四周最大振动速度的影响系数分布曲线。从图 3-30 中可以看出，当溶洞间距从 0.25 m 增加到 0.5 m 的过程中，隧道四周的速度影响系数不断增大，溶洞对隧道四周振动速度的影响愈加明显，在溶洞间距为 0.5 m 时最为显著。而当溶洞间距从 0.5 m 增加到 1.5 m 的过程中，隧道四周的速度影响系数逐渐减小，尤其在隧道顶部、腰部的范围内衰减最快，最终仅隧道的底部附近受溶洞的影响较大。当溶洞间距超过 1.5 m 以后，有、无溶洞时隧道四周的速度响应差异不大。综合表明，当溶洞与隧道的间距小于 1.5 m 时，溶洞对隧道的振动速度有较强的影响，尤其在溶洞间距为 0.5 m 时达到最大，隧道底部的速度响应是无溶洞时的 12.8 倍。当溶洞间距超过 1.5 m 以后，隧道的速度响应几乎不受溶洞的影响。

（a）s=0.25 m   （b）s=0.5 m

（c）$s=0.75$ m

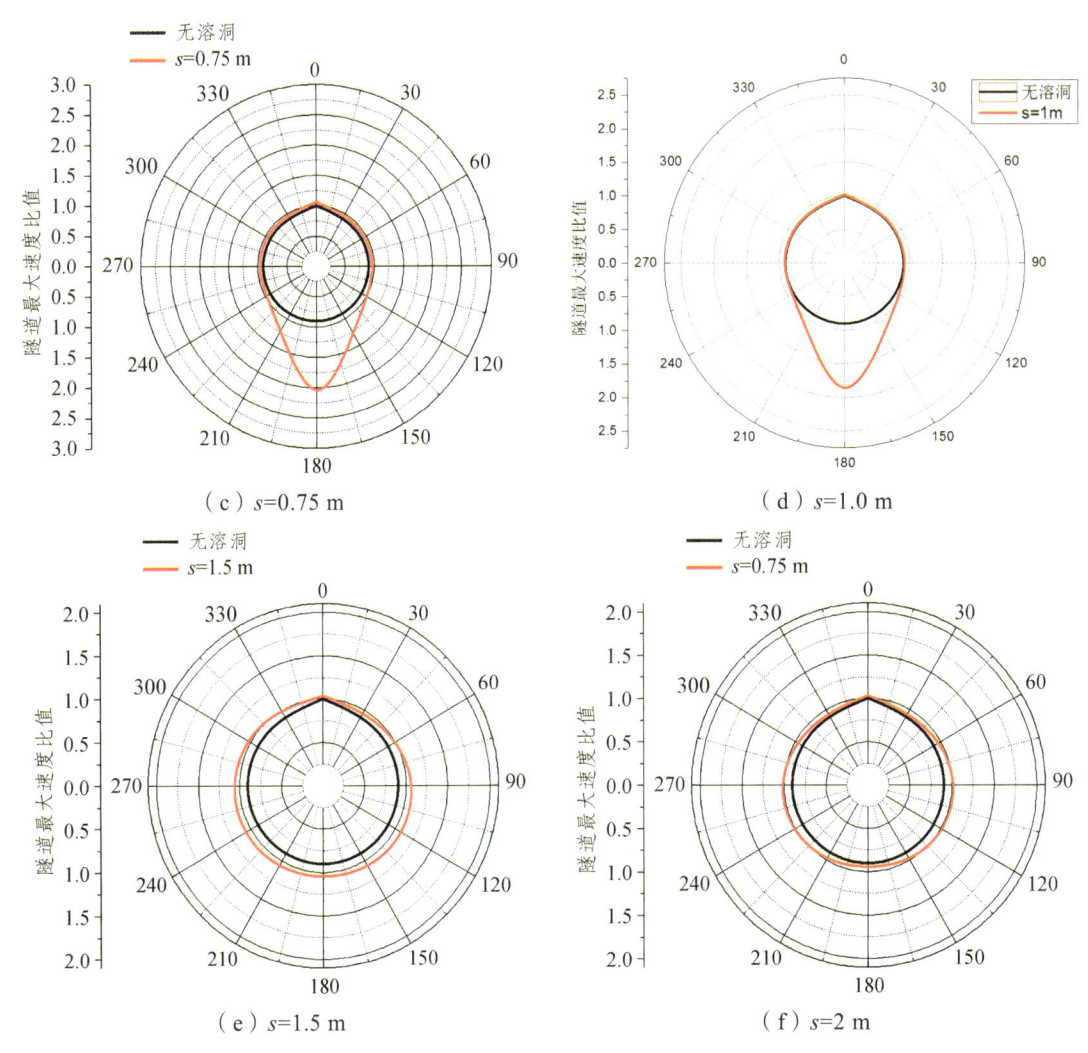

（d）$s=1.0$ m

（e）$s=1.5$ m

（f）$s=2$ m

图 3-30 溶洞不同间距时隧道结构四周的最大振动速度影响系数分布曲线

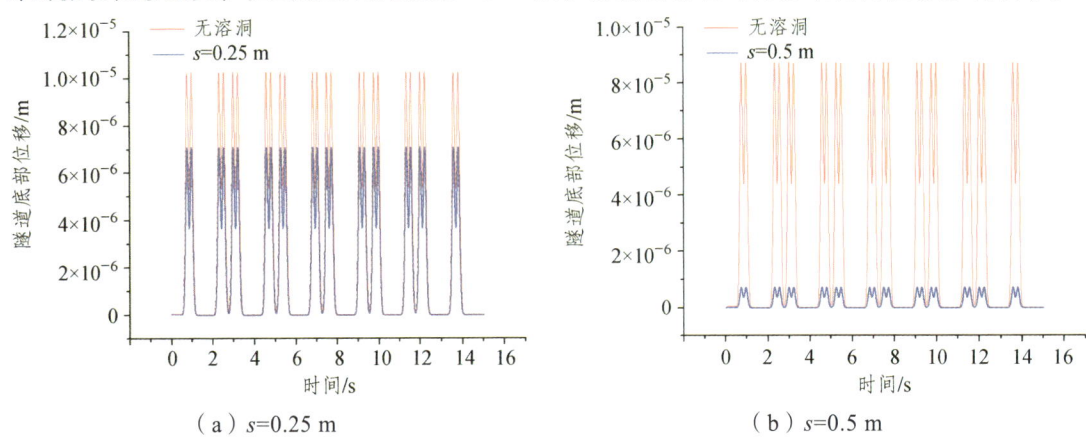

图 3-31 为溶洞不同间距时隧道底部的位移时程曲线。由图 3-31 可知，当隧道拱底存在溶洞时，衬砌结构底部的位移均有一定程度的增大。其中，当溶洞间距为 0.5 m 时，衬砌结构底部的振动位移最大；但当溶洞间距超过 1.5 m 后，溶洞的存在对衬砌结构的位移影响较小。

（a）$s=0.25$ m

（b）$s=0.5$ m

（c）s=0.75 m

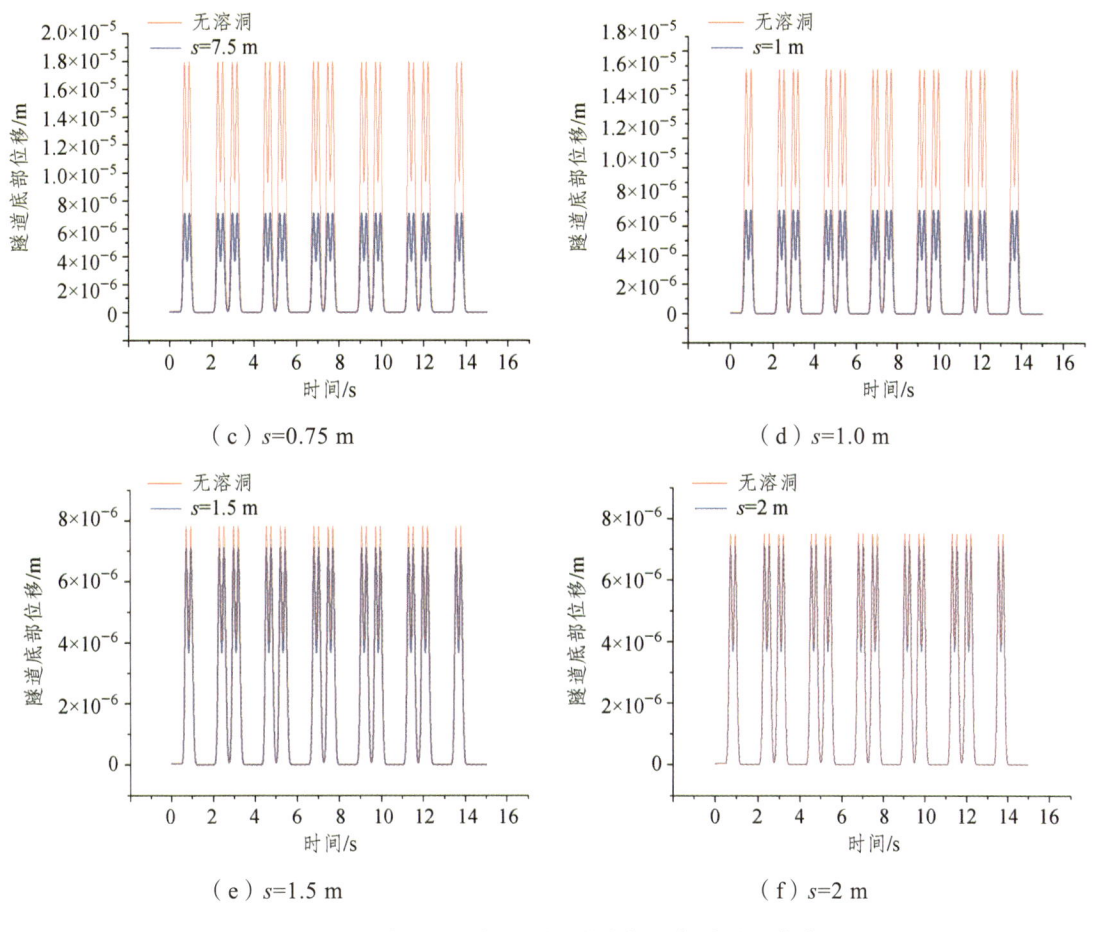

（d）s=1.0 m

（e）s=1.5 m

（f）s=2 m

图 3-31　溶洞不同间距时隧道底部的位移时程曲线

图 3-32 为溶洞不同间距时隧道四周最大振动位移的影响系数分布曲线。溶洞间距不同时，衬砌结构四周的最大振动位移的分布趋势均存在一定的差异。其中，溶洞间距为 0.25 m 时，衬砌底部的位移增加量最大，是无溶洞时的 20 倍；溶洞间距为 0.5 时，衬砌顶部的位移增加量最大，是无溶洞时的 5 990 倍，但由于衬砌顶部自身的位移最小，所以即使增加的倍数大，其最终的位移值也不大，但此时衬砌底部的最大振动位移也是无溶洞时的 145 倍。当溶洞间距为 0.75 m 时，衬砌在顶部和底部的位移均增加较大，分别是无溶洞时的 22.8 倍和 7.35 倍；当溶洞间距为 1.0 m 时，衬砌结构在右下角的位移增加量最大，在溶洞间距超过 1.5 m 后，即使有、无溶洞时衬砌的最大振动位移分布存在差异，但数值上差异不大。综上可知，隧道拱底的溶洞对衬砌结构的位移均会产生不同程度的影响，当溶洞间距为 0.25 m 时，衬砌结构底部的振动位移增加量最大，是无溶洞时的 145 倍；在溶洞间距超过 1.5 m 后，溶洞的存在对衬砌结构的位移响应影响不大。

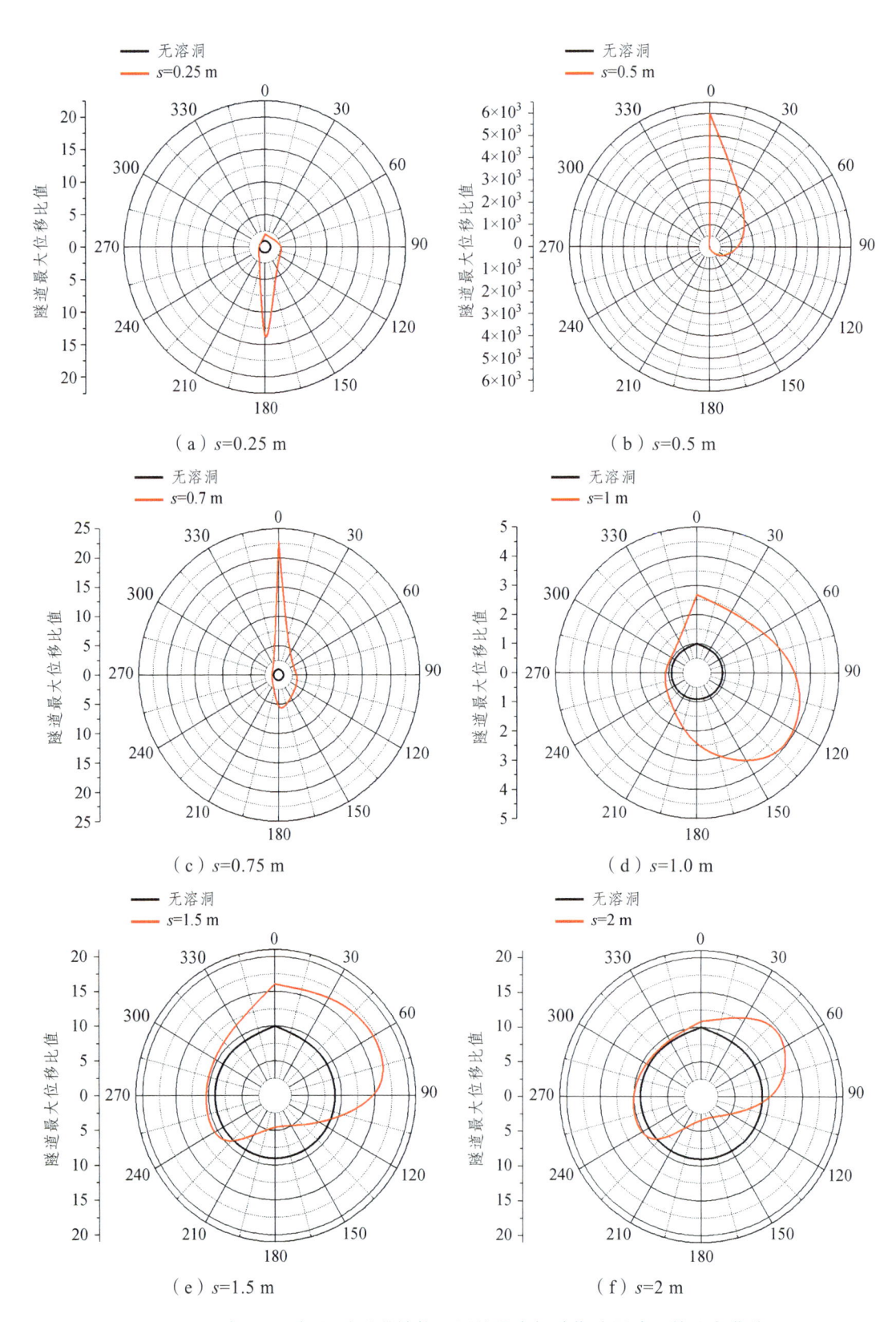

图 3-32　溶洞不同间距时隧道结构四周的最大振动位移影响系数分布曲线

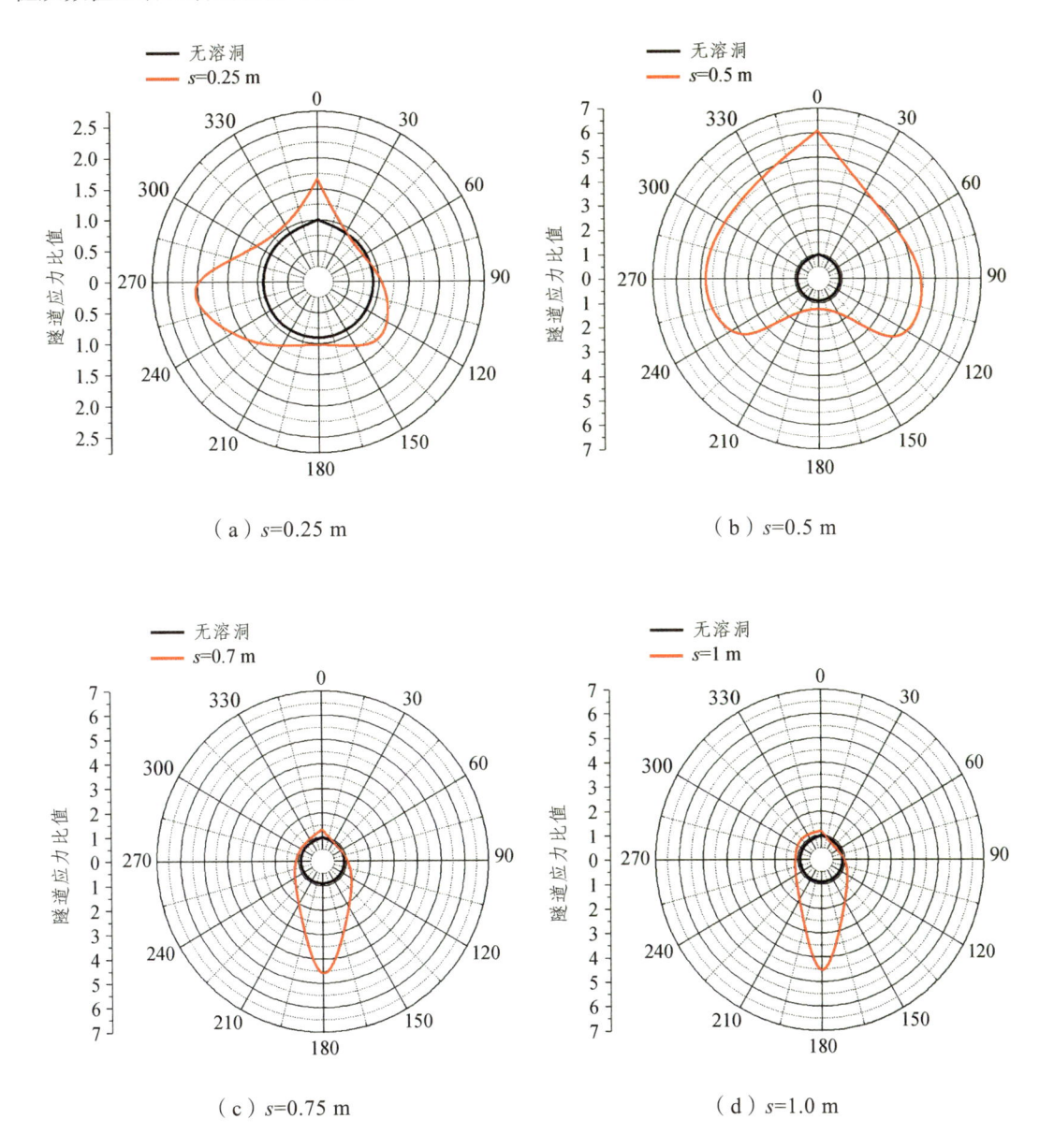

图 3-33 为溶洞不同间距时隧道四周最大振动应力的影响系数分布曲线。隧道底部的溶洞均会对衬砌结构的内力产生一定的影响，其中，溶洞间距为 0.5 m 时，衬砌四周的应力增加量最大，底部的应力增加较少；当溶洞间距在 0.75~1.0 m 时，衬砌底部的应力增加量最大，是无溶洞时的 6.2 倍左右；当溶洞间距超过 1.5 m 后，尽管溶洞的存在对衬砌结构的内力有影响，但从数值上看两者的差异不大。

（a）$s=0.25$ m

（b）$s=0.5$ m

（c）$s=0.75$ m

（d）$s=1.0$ m

（e）s=1.5 m　　　　　　　　　　（f）s=2 m

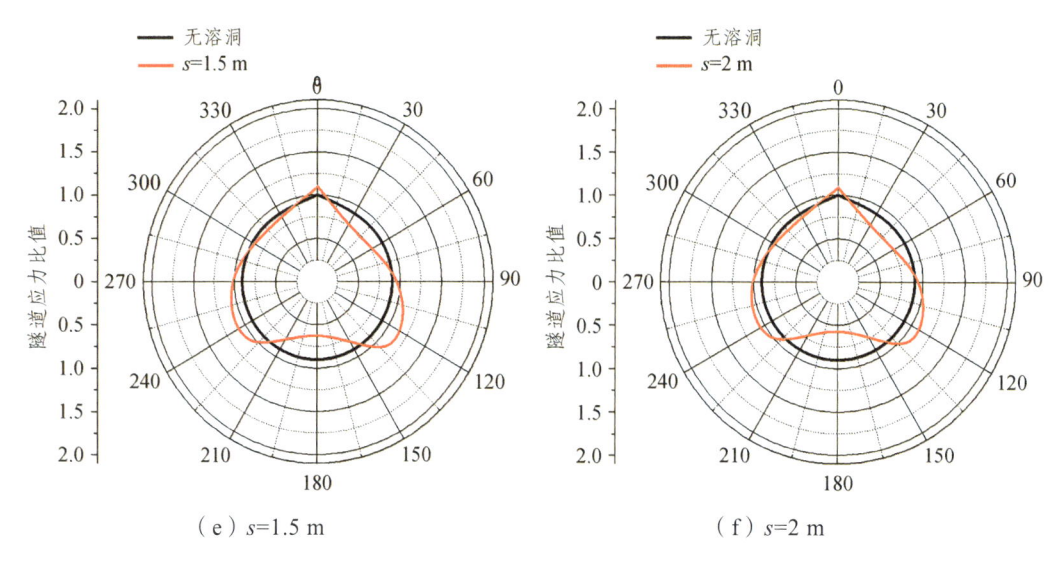

图 3-33　溶洞不同间距时隧道结构四周的最大振动应力影响系数分布曲线

综上可知，隧道下方的溶洞对衬砌结构的动力响应有影响，但溶洞间距不同，影响程度也不同。其中，溶洞与隧道的间距为 0.25 m 时，衬砌四周的加速度响应、速度响应、位移响应和应力响应均增加量最大，尤其是衬砌底部的最大振动加速度、最大振动速度和最大振动位移分别达到了无溶洞时的 3.69 倍、12.8 倍、145 倍。而当溶洞与隧道的间距处于 0.75~1.0 m 时，衬砌底部的应力增加量最大，达到了无溶洞时的 6.2 倍。当溶洞与隧道的间距超过 1.5 m 后，溶洞的存在对隧道的动力响应影响不大。

3.5　溶洞大小对隧道的影响特征分析

为研究溶洞大小对隧道结构动力响应的影响，在隧道下方建立了 4 种溶洞模型，如图 3-34 所示。其中，溶洞与隧道的间距为 1 m，4 个模型中溶洞的直径分别取 1 m、2 m、3 m、4 m。

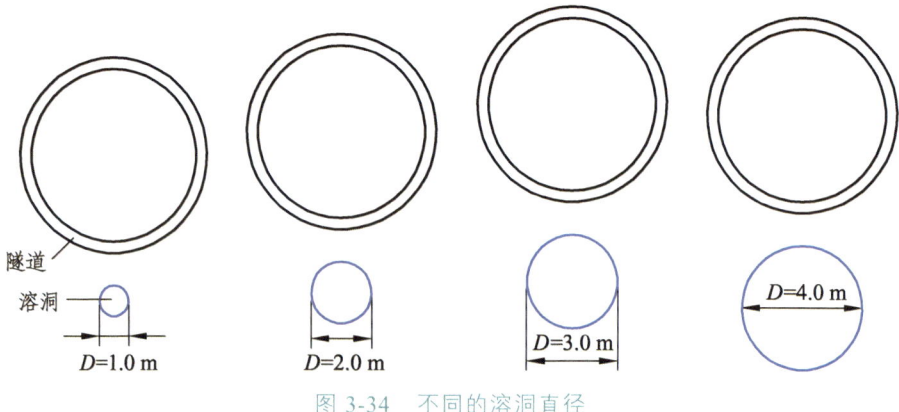

图 3-34　不同的溶洞直径

图 3-35 为不同溶洞直径下隧道结构底部的加速度时程曲线。由图 3-35 可知，溶洞的大小对衬砌结构底部的加速度影响不大。随着溶洞直径的增大，衬砌底部的加速度略微有所增大。

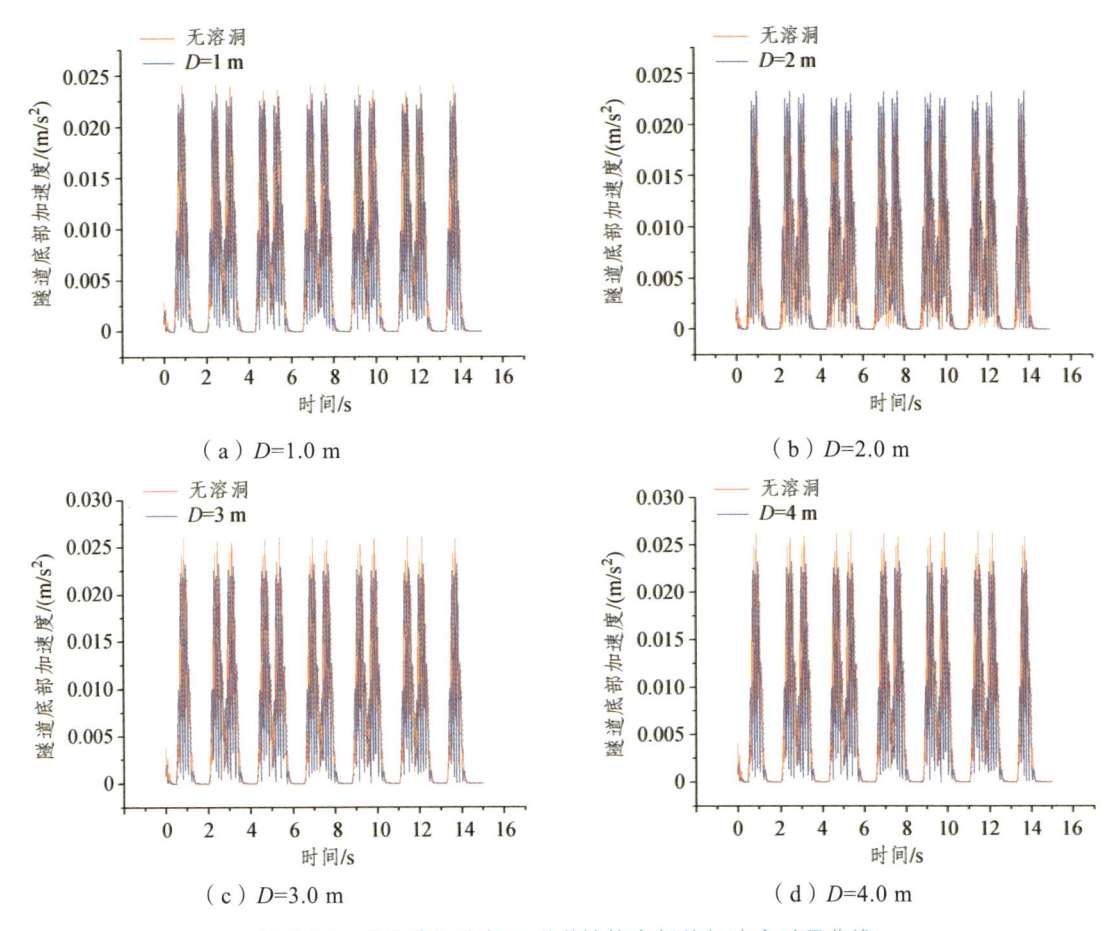

3　列车振动对管片衬砌力学特性影响研究

(a) D=1.0 m

(b) D=2.0 m

(c) D=3.0 m

(d) D=4.0 m

图 3-35　不同溶洞直径下隧道结构底部的加速度时程曲线

图 3-36 为不同溶洞直径下隧道结构四周最大振动加速度的影响系数分布曲线。由图 3-36 可知，随着溶洞直径的增加，隧道结构四周的加速度响应近似逐渐增大。但与无溶洞时相比，隧道结构的加速度在两腰部有较为明显的减小。当溶洞直径分别为 1 m、2 m、3 m、4 m，隧道底部的加速度分别为无溶洞时的 1.08 倍、0.92 倍、1.17 倍、1.18 倍。该结果表明溶洞直径对隧道衬砌底部的加速度响应影响不大。

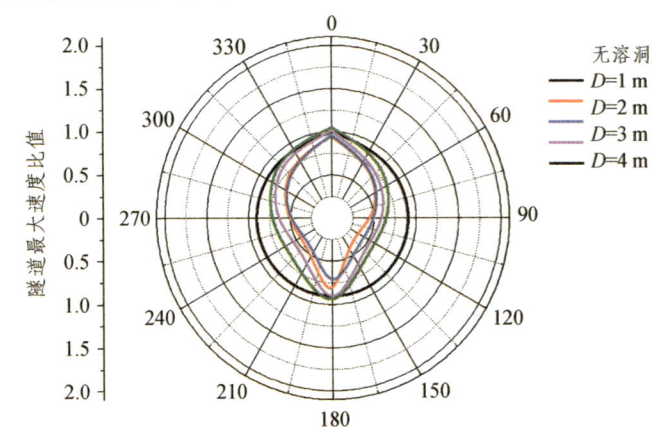

图 3-36　不同溶洞直径下隧道结构四周的最大振动加速度分布曲线

图 3-37 为不同溶洞直径下隧道结构底部的速度响应曲线。溶洞的存在对隧道结构底部的速度响应有明显的影响。随着溶洞直径的增加，隧道结构底部的速度响应不断增大。

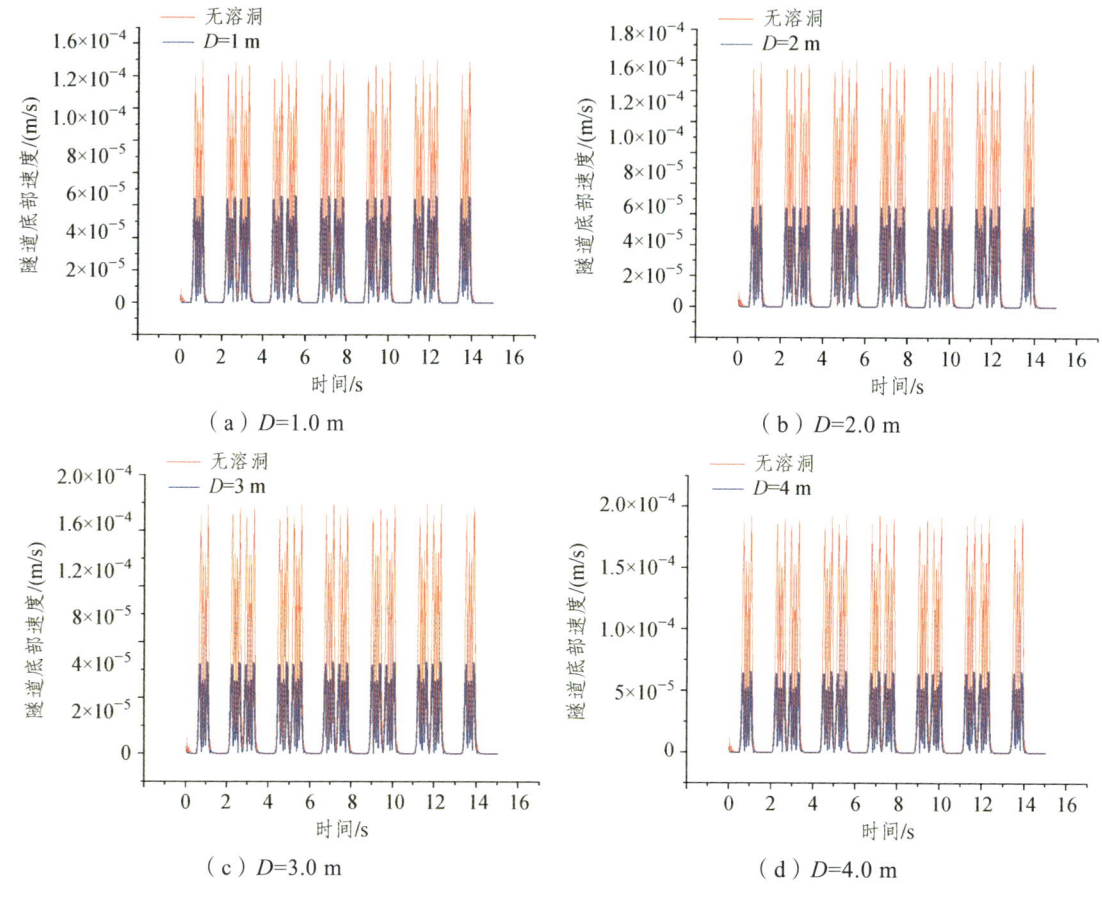

（a）$D=1.0$ m

（b）$D=2.0$ m

（c）$D=3.0$ m

（d）$D=4.0$ m

图 3-37　不同溶洞直径下隧道结构底部的速度时程曲线

图 3-38 为不同溶洞直径下隧道结构四周最大振动速度的影响系数分布曲线。从图 3-38 中可以看出，溶洞直径的增加将增大隧道的速度响应，尤其是越靠近隧道的底部，衬砌结构的最大振动速度增加越明显。当溶洞直径分别为 1 m、2 m、3 m、4 m，隧道底部的最大振动速度分别达到了无溶洞时的 2.27 倍、2.43 倍、2.72 倍、2.92 倍。

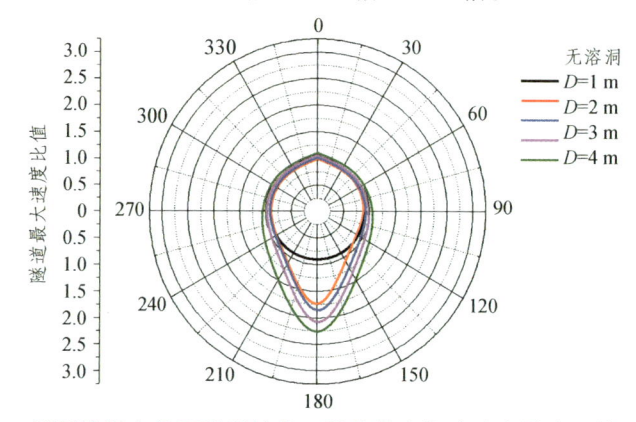

图 3-38　不同溶洞直径下隧道结构四周的最大振动速度影响系数分布曲线

图 3-39 为不同溶洞直径下隧道结构底部的位移响应曲线。溶洞的存在对隧道结构底部的位移响应有明显的影响。随着溶洞直径的增加，隧道结构底部的位移响应不断增大。

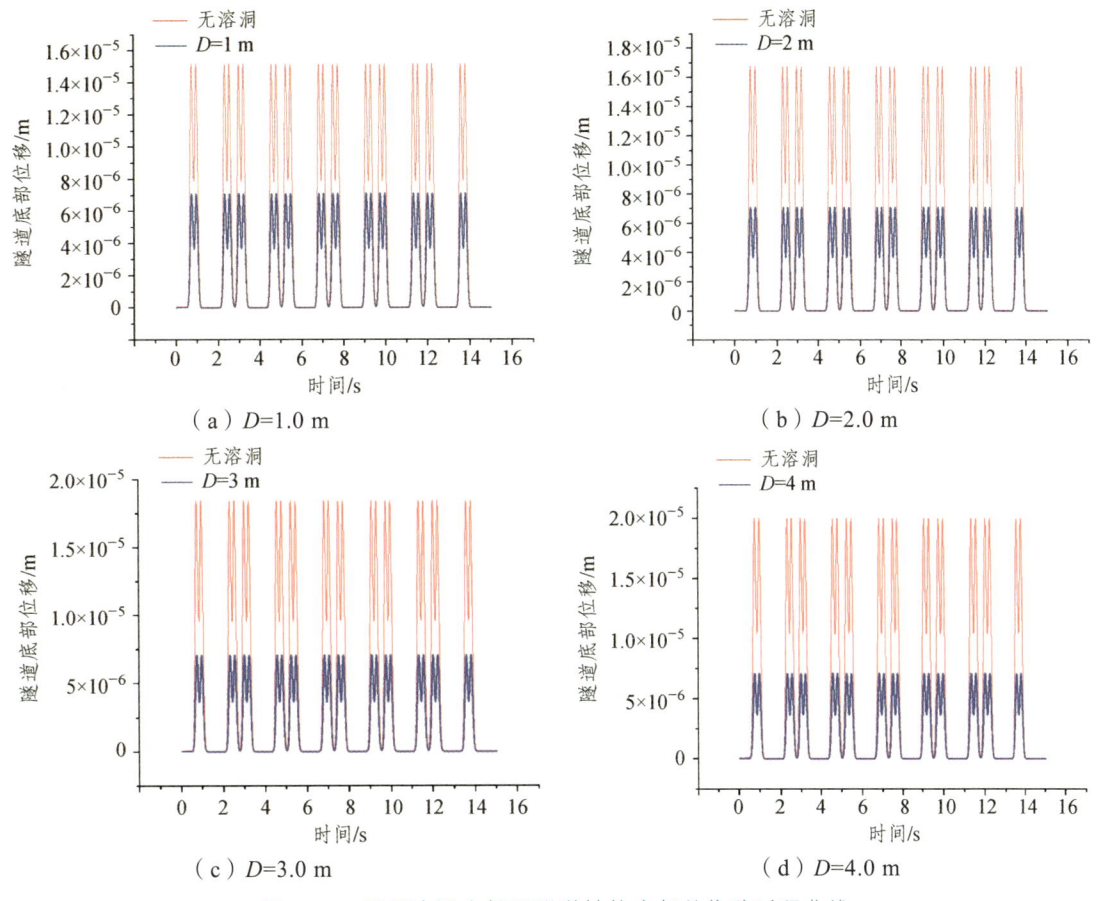

（a）D=1.0 m

（b）D=2.0 m

（c）D=3.0 m

（d）D=4.0 m

图 3-39 不同溶洞直径下隧道结构底部的位移时程曲线

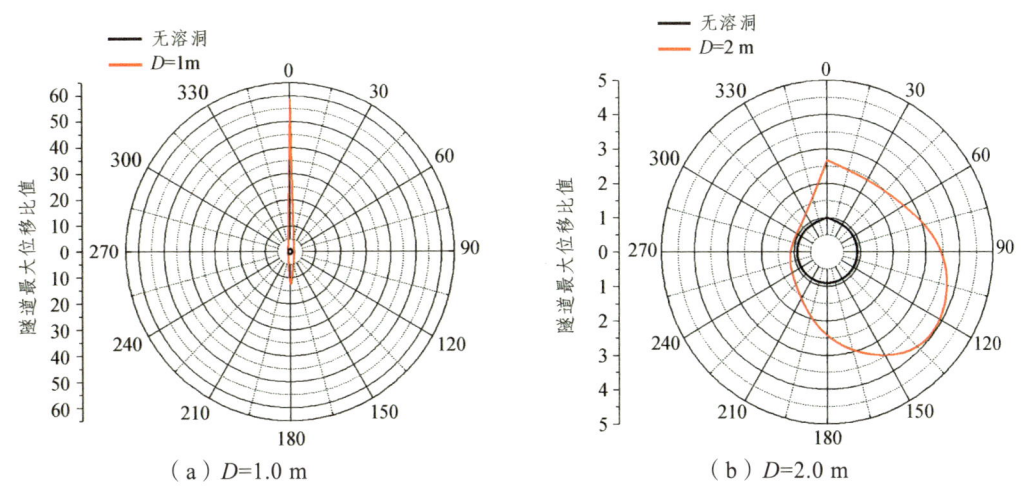

图 3-40 为不同溶洞直径下隧道结构四周最大振动位移的影响系数分布曲线。从图 3-40 中可以看出，隧道四周的最大振动位移对溶洞直径的变化敏感。其中，溶洞直径为 2 m 时，隧道的最大振动位移变化最小，而溶洞直径为 1 m 时，隧道四周的最大振动位移变化最大。

（a）D=1.0 m

（b）D=2.0 m

（c）$D=3.0$ m　　　　　　　　　　（d）$D=4.0$ m

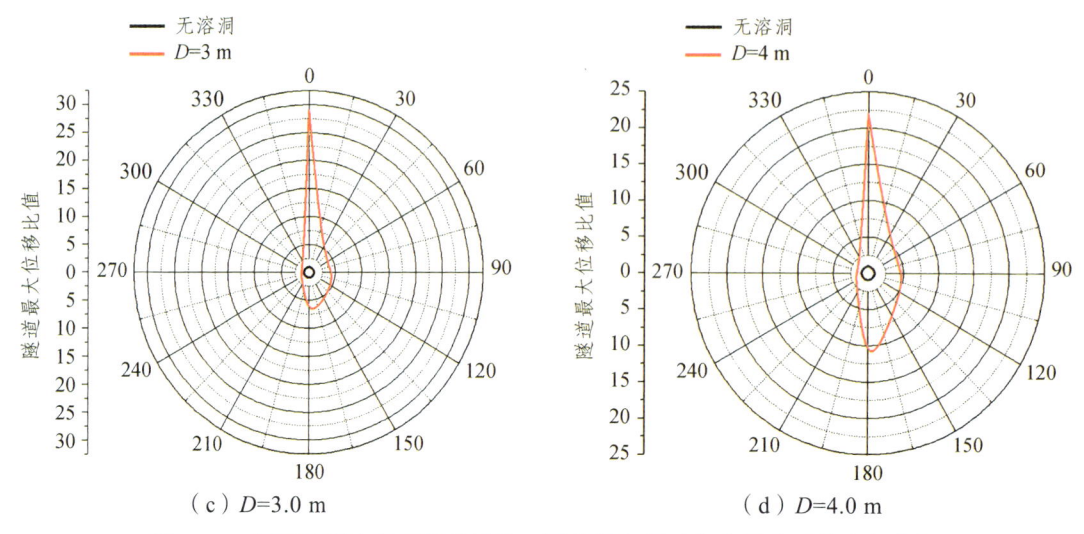

图 3-40　不同溶洞直径下隧道结构四周的最大振动位移影响系数分布曲线

图 3-41 为不同溶洞直径下隧道结构底部的应力响应曲线。溶洞的存在对隧道结构底部的应力响应有明显的影响，溶洞的增加将导致隧道底部的应力增大，但直观上看溶洞直径的变化对隧道底部的应力影响不大。

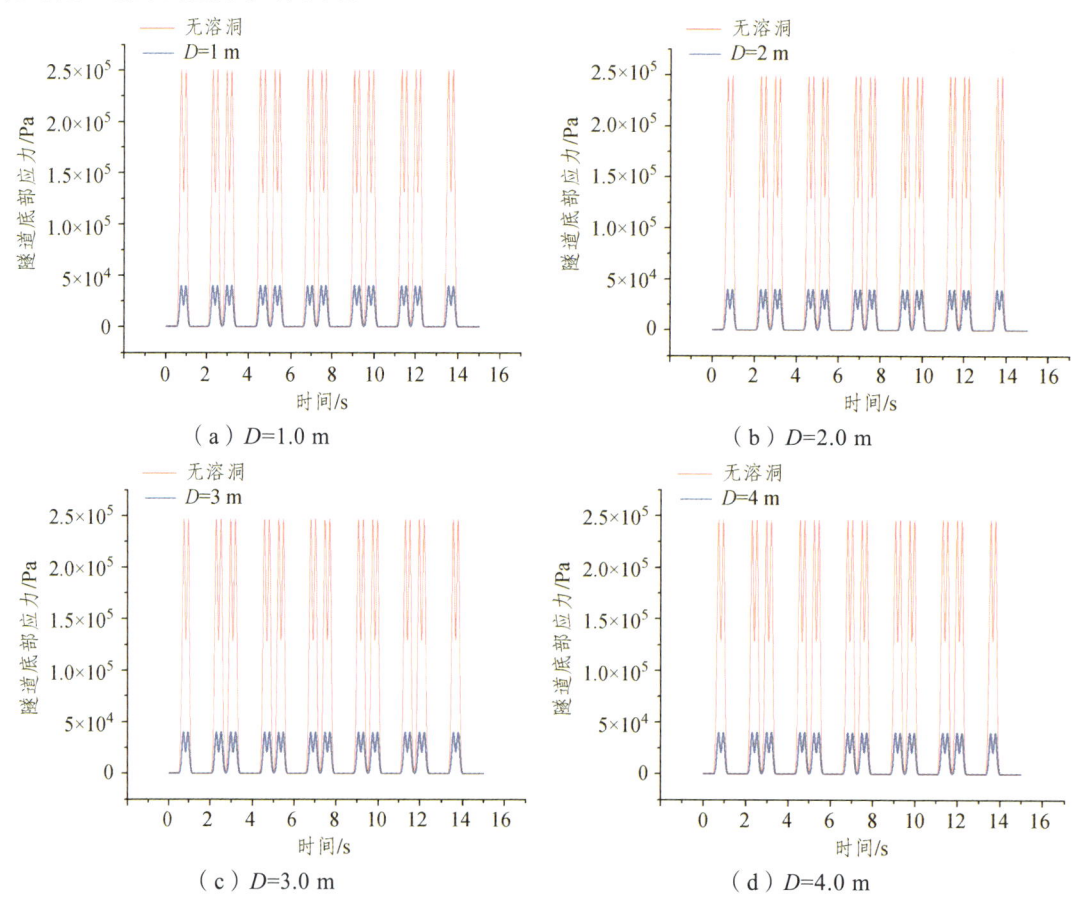

（a）$D=1.0$ m　　　　　　　　　　（b）$D=2.0$ m

（c）$D=3.0$ m　　　　　　　　　　（d）$D=4.0$ m

图 3-41　不同溶洞直径下隧道结构底部的应力时程曲线

图 3-42 为不同溶洞直径下隧道结构四周最大振动应力的影响系数分布曲线。从图 3-42 中可以看出，溶洞的存在将增大隧道四周的最大振动应力，且越靠近隧道底部，隧道的最大振动应力增加量越大。此外，当溶洞直径增大时，隧道底部和顶部的最大振动应力增加不明显，而两腰处的最大振动应力增加显著。当溶洞直径分别为 1 m、2 m、3 m、4 m，隧道底部的最大振动应力分别达到了无溶洞时的 6.26 倍、6.22 倍、6.17 倍、6.15 倍。

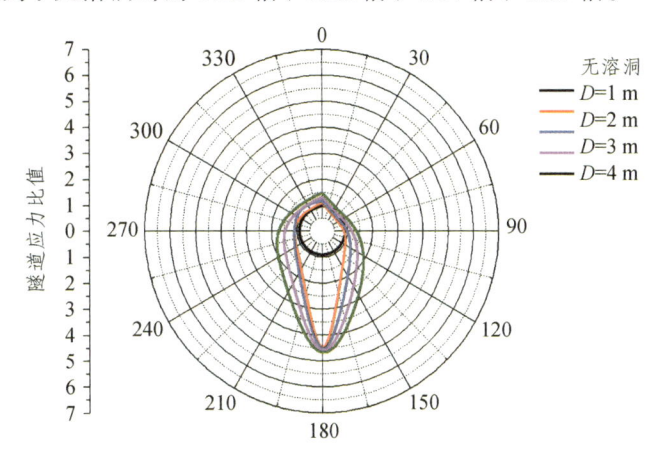

图 3-42 不同溶洞直径下隧道结构四周的最大振动应力影响系数分布曲线

综上可知，溶洞直径的大小对隧道结构的动力响应有一定影响。其中，随着溶洞直径的增加，隧道结构的最大振动加速度、最大振动应力响应在拱顶和拱底变化不大，而拱腰处增加明显；此外，溶洞直径的增加将导致隧道拱底附近的速度响应显著增大。对比不同溶洞直径，溶洞直径为 1 m 时，隧道底部的最大振动应力增加量最大，达到了无溶洞时的 6.26 倍；溶洞直径为 4 m 时，隧道底部的最大振动加速度、最大振动位移增加量最大，分别达到了无溶洞时的 1.18 倍和 2.92 倍。

3.6 软硬不均地层对隧道受力的影响

工程实践表明，岩溶地区盾构隧道主要位于硬岩地层，部分区段隧道穿越软硬不均地层，以白云岩地层为典型硬岩地层，以红黏土为典型软弱地层，建立了 4 种地层模型，即单一均质白云岩地层、红黏土-白云岩的上软下硬地层、白云岩-红黏土的上硬下软地层、单一均质的红黏土地层，如图所示。以此研究盾构穿越软硬不均地层时列车振动荷载作用下隧道衬砌的动力响应特征。

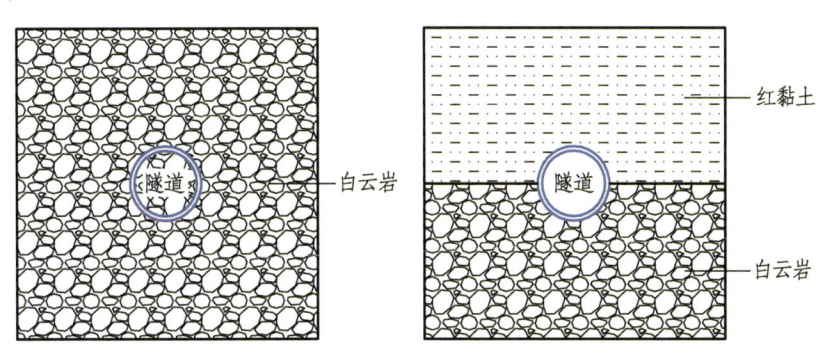

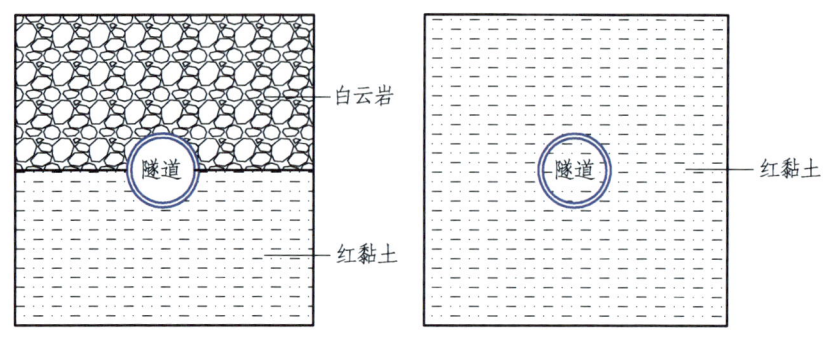

图 3-43　不同地层类型

白云岩与红黏土的物理力学参数如表 3-2 所示。

表 3-2　模型材料物力学参数

介质	容重/(kN/m³)	黏聚力/kPa	内摩擦角/(°)	弹性模量/GPa	泊松比
红黏土	17.1	40	10	0.90	0.30
白云岩	27	200	25	34.683	0.255 5

图 3-44 为盾构穿越不同地层时隧道结构底部的加速度时程曲线。从图 3-44 中可以看出，当盾构穿越上软下硬地层时，隧道底部的加速度大小与白云岩地层的结果相近。然而，当盾构穿越上硬下软地层或者红黏土地层时，隧道底部的加速度响应将比白云岩地层中的大。

（a）上软下硬地层

（b）上硬下软地层

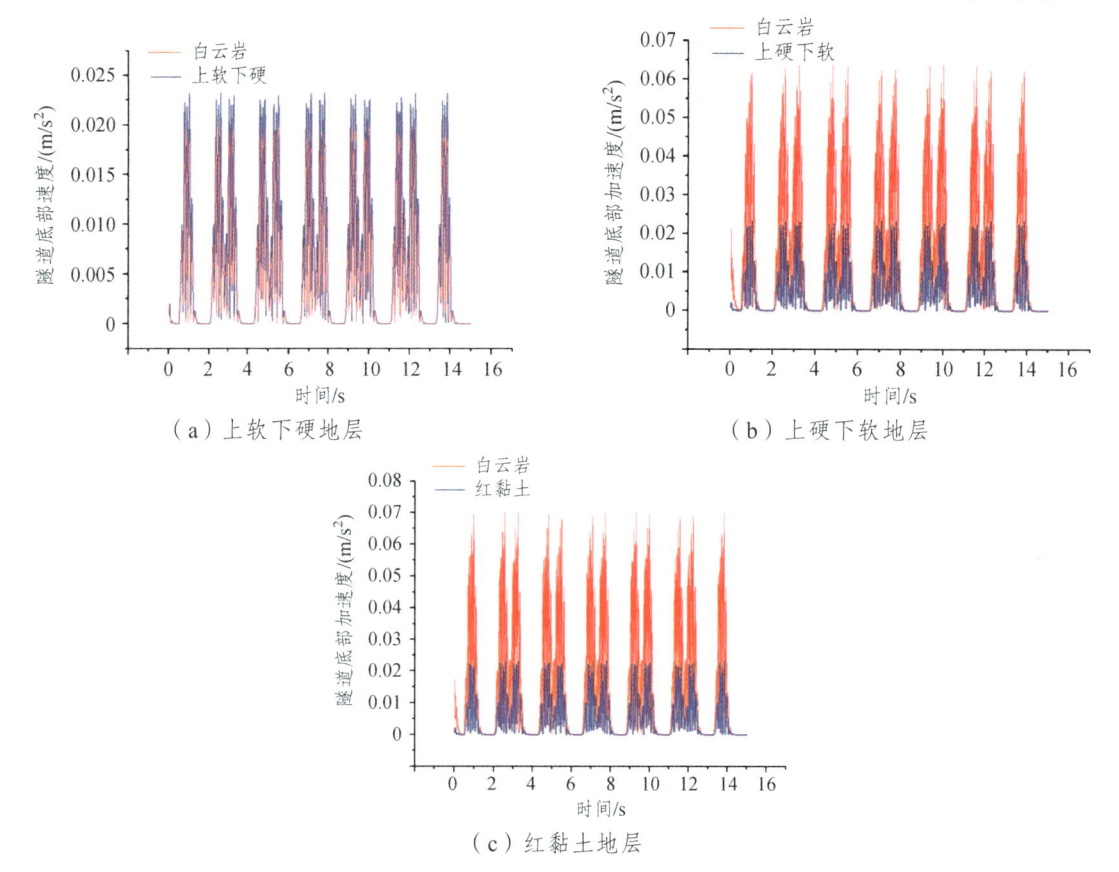

（c）红黏土地层

图 3-44　盾构穿越不同地层时隧道结构底部的加速度时程曲线

图 3-45 为不同地层中隧道结构四周最大振动加速度的影响系数分布曲线。白云岩地层中隧道结构的加速度响应最小,上软下硬地层中隧道结构的加速度有一定的增大,而上硬下软地层中隧道的加速度增大显著,但在红黏土地层中隧道结构的加速度响应最大。当隧道处于上软下硬地层、上硬下软地层和红黏土地层时,隧道底部的最大振动加速度分别是白云岩地层的 0.9 倍、2.75 倍和 3.03 倍。研究表明隧道穿越的地层越差,列车荷载对隧道加速度响应的影响越大,尤其是隧道拱底的地质劣化对衬砌加速度响应的影响最为明显。

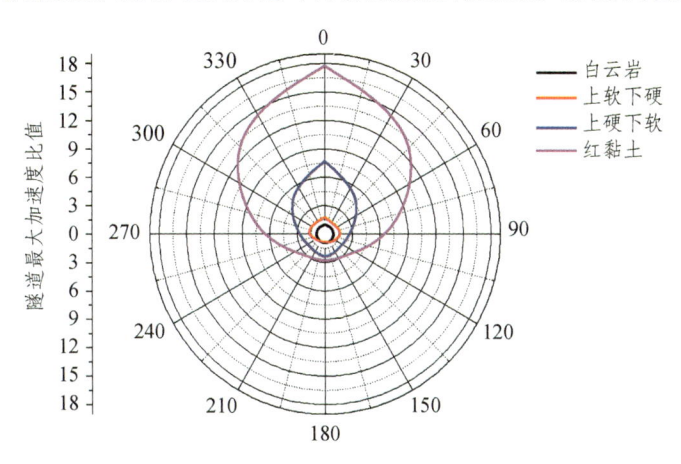

图 3-45　隧道结构四周的最大振动加速度影响系数分布曲线

图 3-46 为盾构穿越不同地层时隧道结构底部的振动速度时程曲线。与白云岩地层相比,软硬不均地层和软弱地层均会增大隧道底部的速度响应,且隧道拱底地层的力学性质对隧道的影响最大。

图 3-47 为不同地层中隧道结构四周最大振动速度的影响系数分布曲线。与加速度的影响系数分布特征相似,软弱不均地层将增大隧道四周的最大振动速度,且隧道拱底的地层对隧道的速度响应影响最大。当隧道处于上软下硬地层、上硬下软地层和红黏土地层时,隧道底部的最大振动速度分别是白云岩地层的 1.09 倍、18.7 倍和 25.8 倍。

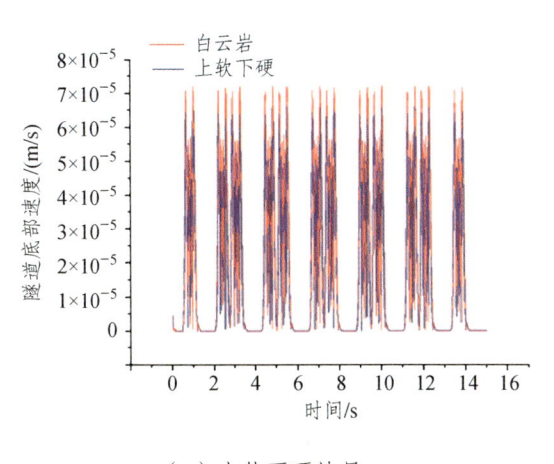

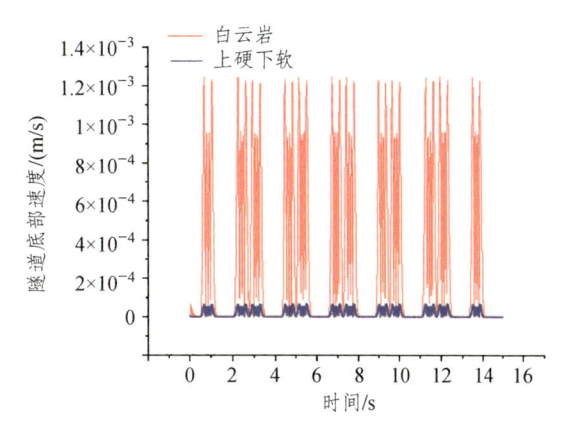

（a）上软下硬地层　　　　　　　　　　（b）上硬下软地层

（c）红黏土地层

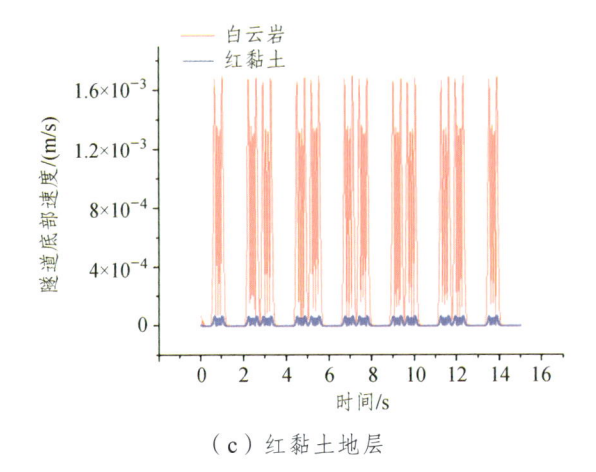

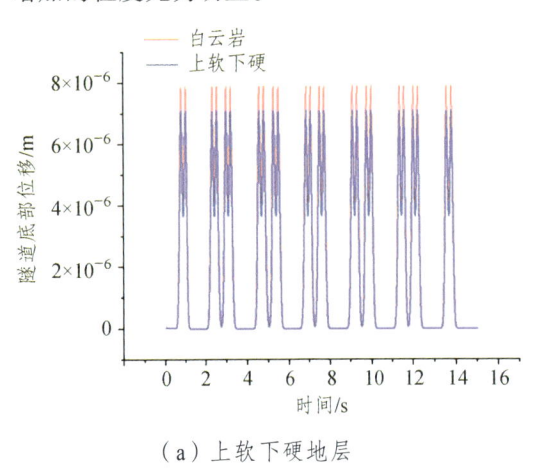

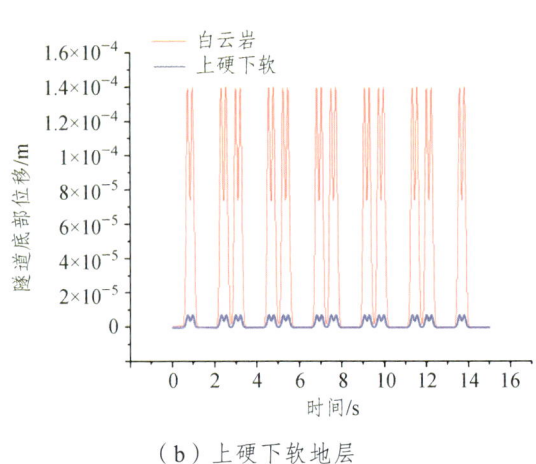

图 3-46　隧道结构底部的速度时程曲线

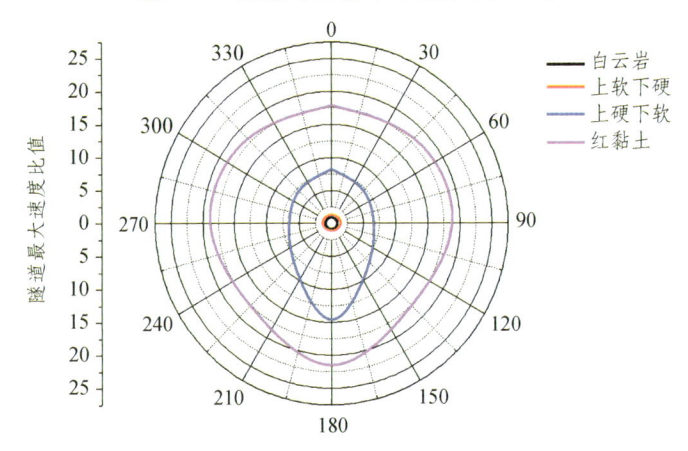

图 3-47　隧道结构四周的最大振动速度影响系数分布曲线

图 3-48 为盾构穿越不同地层时隧道结构底部振动位移的时程曲线。与白云岩地层相比，软弱地层以及软弱不均地层均会增大隧道底部的振动位移，尤其是软弱地层和上硬下软地层增加的程度尤为明显。

（a）上软下硬地层　　　　　　　　　　　　（b）上硬下软地层

（c）红黏土地层

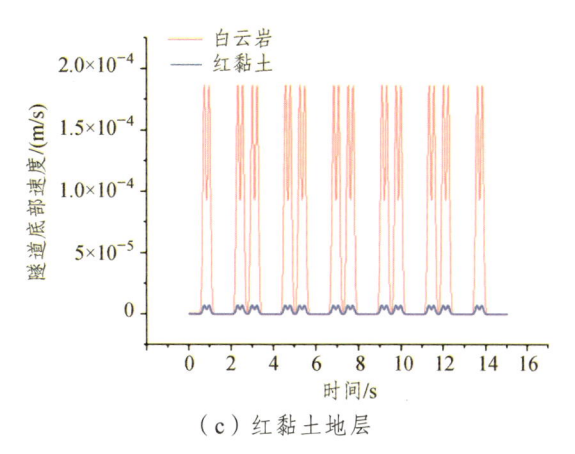

图 3-48　隧道结构底部的位移时程曲线

图 3-49 为不同地层中隧道结构四周最大振动位移的影响系数分布曲线。由图 3-49 可知，地层的变化对隧道四周的最大振动位移影响很大，且没有表现出明显的规律性。当隧道处于上软下硬地层、上硬下软地层和红黏土地层时，隧道底部的最大振动位移分别是白云岩地层的 0.79 倍、88.5 倍和 302 倍，但从具体的数值上看依旧很小。

（a）上软下硬地层

（b）上硬下软地层

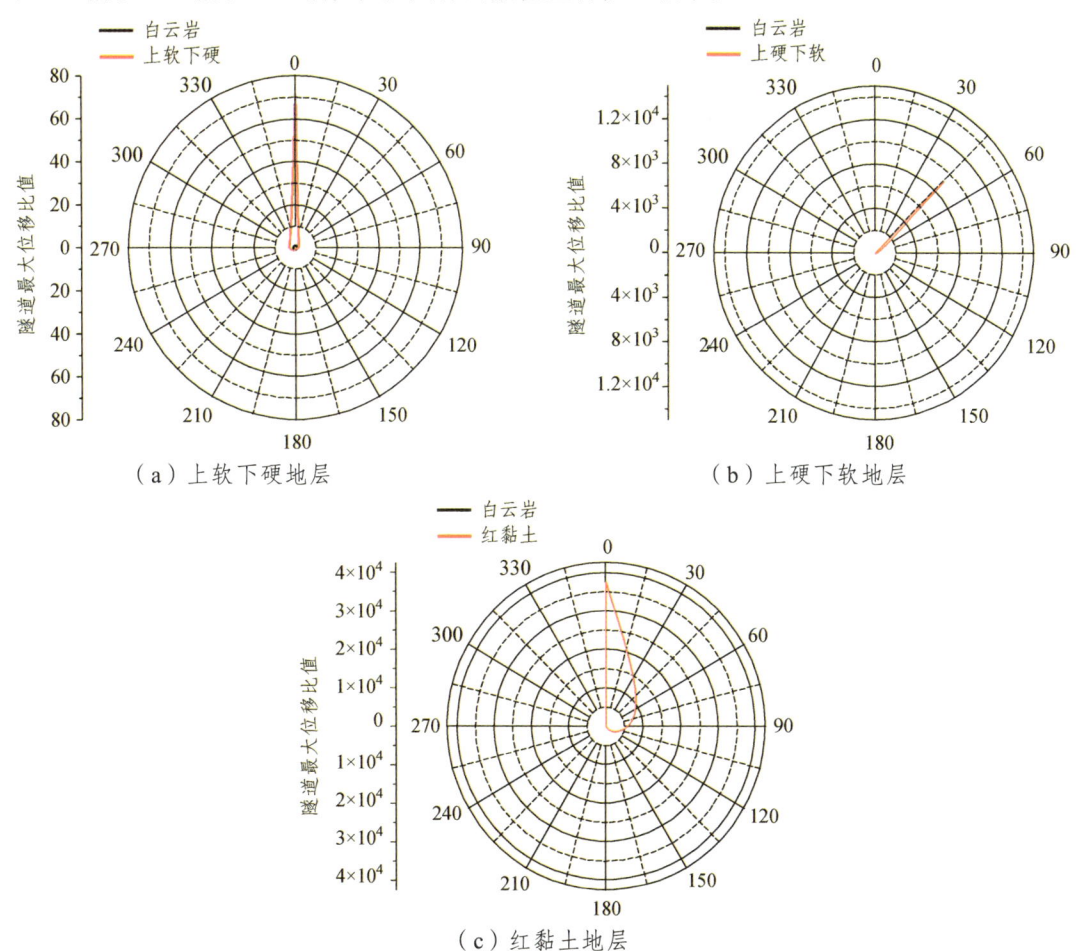

（c）红黏土地层

图 3-49　隧道结构四周的最大振动位移影响系数分布曲线

图 3-50 为盾构穿越不同地层时隧道结构底部的应力时程曲线。当隧道位于上软下硬地层中时，隧道底部的应力反而比在白云岩地层中的小，而当隧道位于上硬下软地层和软弱地层中时，隧道底部的应力有显著的增大。

（a）上软下硬地层

（b）上硬下软地层

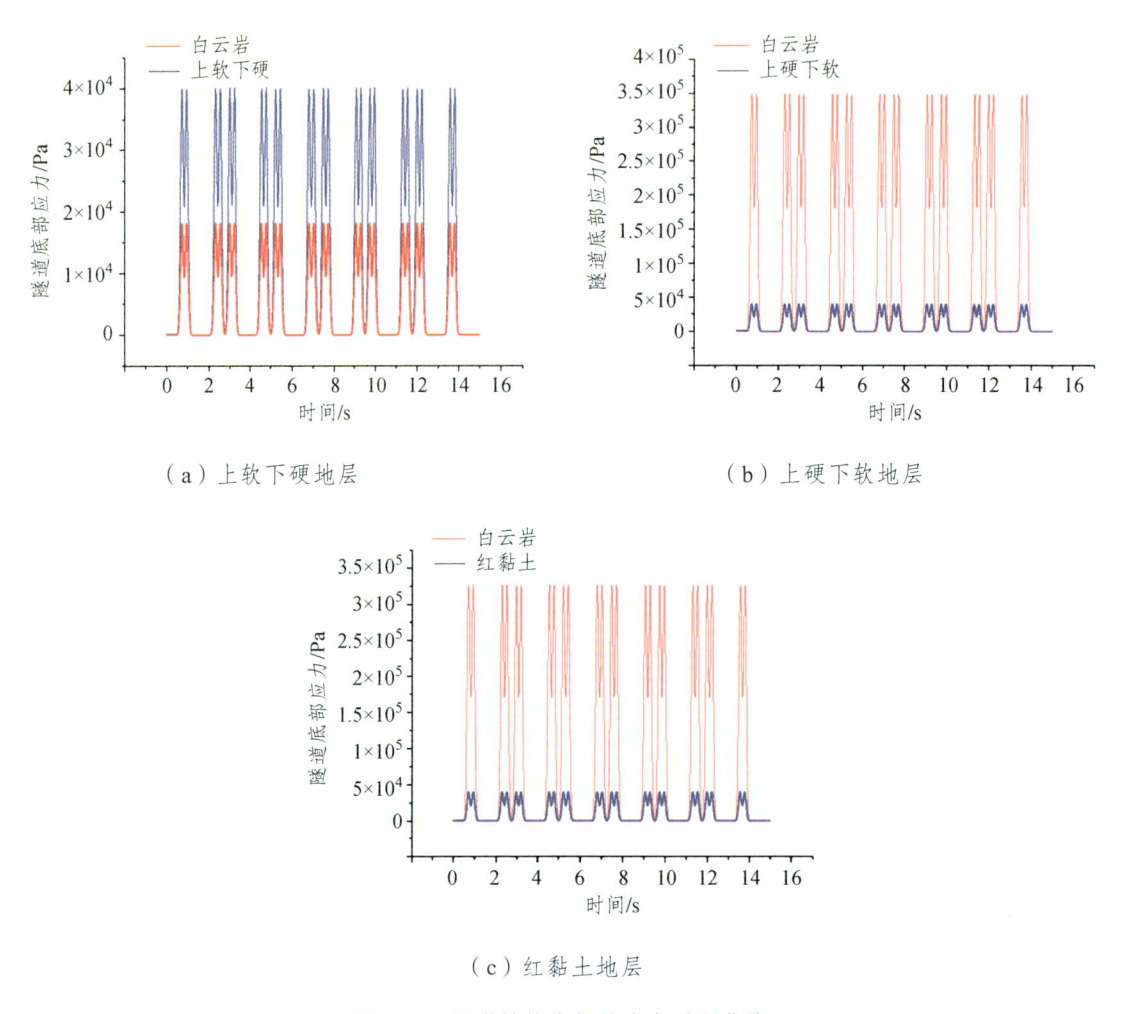

（c）红黏土地层

图 3-50　隧道结构底部的应力时程曲线

图 3-51 为不同地层中隧道结构四周最大振动应力的影响系数分布曲线。从图 3-51 中可以看出，隧道处于上软下硬地层时衬砌结构四周的应力最小，隧道位于红黏土地层中时，隧道四周的最大振动位移比在白云岩地层中大，表明隧道所处地层的弱化将增大衬砌结构的应力响应。然而，当隧道处于上硬下软地层中时，隧道底部和腰部的应力将达到最大，显然隧道处于上硬下软地层时对衬砌结构的应力响应最不利。当隧道处于上软下硬地层、上硬下软地层和红黏土地层时，隧道底部的最大振动应力分别是白云岩地层的 0.45 倍、8.72 倍和 8.16 倍。

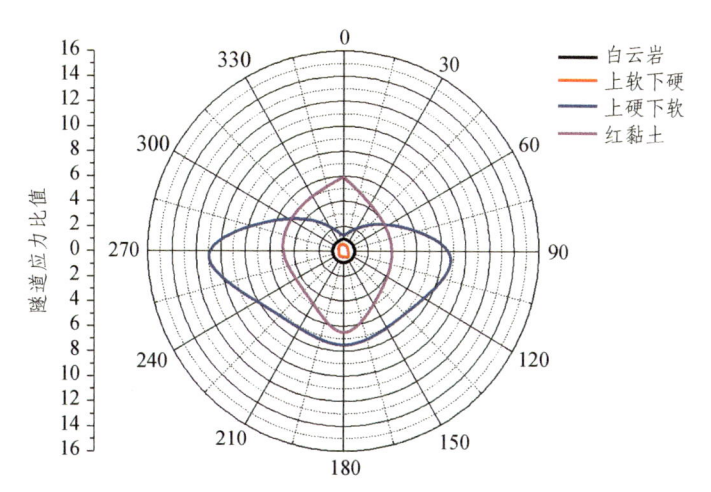

图 3-51　隧道结构四周的最大振动应力影响系数分布曲线

综上可知，所处地层不同，隧道的动力响应也不同。其中，地层的弱化将增大隧道结构的动力响应，尤其是隧道拱底的地层弱化对隧道的动力响应影响最为明显。软弱地层中隧道的动力响应强于硬质地层中的响应，上软下硬地层对隧道动力响应的影响程度小于上硬下软地层。隧道结构底部的最大振动加速度响应、最大振动速度响应及最大振动位移响应均在红黏土地层中最大，分别达到了白云岩地层中的 3.03 倍、25.8 倍、302 倍；隧道结构底部的应力响应在上硬下软地层中达到最大，达到了白云岩地层中的 8.72 倍。

3.7　本章小结

本章建立了考虑地层-隧道-轨道的三维模型，研究了列车振动荷载下隧道结构的动力响应特征，分析了溶洞位置、溶洞与隧道间距、溶洞大小及软弱地层对隧道动力响应的影响规律，得到了以下结论：

（1）在白云岩均质地层中，列车振动荷载作用下隧道结构将产生一定的动力响应，其中隧道拱底的动力响应最为明显。此外，振动荷载在隧道结构中传递时会不断衰减，导致距离隧道拱底越远，隧道的动力响应越小。在整个列车荷载作用过程中，隧道结构的最大振动加速度、最大振动速度、最大振动位移及最大振动应力分别为 0.023 2 m/s^2、6.6 × 10^{-5} m/s、7.09 × 10^{-6} m、40.2 kPa。

（2）隧道底部的溶洞对衬砌结构的动力响应影响最大，振动荷载在传递过程中将发生衰减，所以溶洞出现在拱腰和拱顶时，衬砌结构的动力响应受到的影响相对较小。当溶洞位于拱底时，衬砌结构底部的加速度、速度、位移及应力的最大值将比无溶洞时分别大 3.69 倍、1.28 倍、16.2 倍、4.81 倍。

（3）隧道底部不同间距的溶洞对隧道结构的动力响应有不同程度的影响。当溶洞与隧道的间距为 0.25 m 时，衬砌四周的加速度响应、速度响应、位移响应和应力响应均增加量最大，尤其是衬砌底部的最大振动加速度、最大振动速度和最大振动位移分别达到了无溶洞时的 3.69 倍、12.8 倍、145 倍。当溶洞与隧道的间距处于 0.75～1.0 m 时，衬砌底部的应力增加量最大，达到了无溶洞时的 6.2 倍。当溶洞与隧道的间距超过 1.5 m 后，溶洞的存在对隧道的动力响应影响不大。

（4）溶洞直径的大小对隧道结构的动力响应有不同程度的影响。随着溶洞直径的增加，隧道结构的最大振动加速度、最大振动应力响应在拱顶和拱底变化不大，而拱腰处增加明显；此外，溶洞直径的增加将导致隧道拱底附近的速度响应显著增大。对比不同溶洞直径，溶洞直径为 1 m 时，隧道底部的最大振动应力增加量最大，达到了无溶洞时的 6.26 倍；溶洞直径为 4 m 时，隧道底部的最大加速、最大振动位移增加量最大，分别达到了无溶洞时的 1.18 倍和 2.92 倍。

（5）不同地层的隧道结构动力响应也不同。地层的弱化将增大隧道结构的动力响应，尤其是隧道拱底的地层弱化对隧道的动力响应影响最为明显。软弱地层中隧道的动力响应强于硬质地层中的响应，上软下硬地层对隧道动力响应的影响程度小于上硬下软地层。隧道结构底部的最大振动加速度响应、最大振动速度响应及最大振动位移响应均在红黏土地层中最大，分别达到了白云岩地层中的 3.03 倍、25.8 倍、302 倍；隧道结构底部的应力响应在上硬下软地层中最大，达到了白云岩地层中的 8.72 倍。

4 岩溶地区复杂地层盾构合理掘进参数研究

本章利用支持向量机（SVM）、随机森林（RF）、决策树（DT）、BP 神经网络（BPNN）和卷积神经网络（CNN）等机器学习算法建立盾构掘进过程中的土舱压力预测模型。模型选取总推力、刀盘扭矩、刀盘转速和盾构推进速度等关键掘进参数作为输入变量，以土舱压力作为输出变量进行训练和测试，研究各算法在不同土舱压力区间的预测精度。此外，本章也将探讨不同模型在地表沉降预测中的应用。

4.1 国内外研究现状

自盾构法广泛应用于隧道建设以来，关于盾构掘进参数方面的研究便成为一个热点课题，国内外很多学者在这方面进行了尝试，并取得了一定的研究成果。目前关于盾构掘进参数的研究方法和手段主要有地层适应性研究、试验研究、计算机数值模拟研究、人工智能分析等。

4.1.1 盾构掘进参数的研究方法和手段

（1）地层适应性研究。

盾构法施工地层适应性研究主要集中在以下三个方面：① 如何选择与特定地层条件相适应的盾构类型；② 如何选择针对特定地层的合理掘削方式，最大限度提高施工效率；③ 如何选择与地层特性相适应的掘进参数，从而保持开挖面稳定和减小地层位移。现代化的盾构机械设备对地层条件具有很强的适应性，掘进参数控制、注浆工艺、管片选型等逐渐成为盾构施工控制的技术难点，其中以掘进参数控制与设定最为突出[1]。

关于地层与盾构类型、刀盘刀具适应性方面，不少学者开展了相关研究。尹吕超[2]总结了日本盾构法施工的新技术，给出了不同地层条件下适应的盾构机类型。张成[3]总结了广州、上海、深圳等地的地层特点及土压平衡盾构对各类地层的适应条件。白中仁[4]介绍了适应于广州地层特性的盾构选型技术及相应的刀盘、刀具配制方案。张凤翔等[5]总结了目前常用的盾构机类型及其适应的地层条件。何其平[6]研究了适应于南京地层条件的盾构类型及相应的盾构工作参数的选择。

关于地层、地质条件对盾构掘进性能影响方面，龚秋明做了较多的研究。龚秋明[7]分析了岩石隧道掘进机的破岩机理，认为岩体特性和掘进机性能是影响掘进速度和滚刀磨损的重要因素。Gong 等[8]认为岩体的可钻性指标与岩体特性、掘进机设计参数和掘进参数等密切相关，可用来描述掘进的难易程度，提出用掘进速率临界值时的岩体可钻性指标作为衡量岩体可钻性的标准。龚秋明等[9]提出开挖效果受节理间距影响较大，认为掘进速度主要受岩体层厚的影响。

盾构掘进的地层适应性研究总结了盾构类型、刀盘刀具配置及盾构掘进性能对地层的适应性，特别是从掘进机理、刀具破岩机理、岩体特性等方面总结了地层地质条件对盾构掘进性能的影响，是一种较为成熟的研究思路。但该研究手段一般未考虑到盾构推力、扭矩、土舱压力等掘进参数，对于研究多个掘进参数关系尚存在一定局限性。

（2）试验研究。

试验研究一般采用模型试验或现场试验手段。模型试验以相似理论为基础，具有规模小、花费少、周期短等优点，是隧道工程、岩土工程中常用的一种研究方法，与现场试验具有同等重要的作用。国内外已经进行了很多盾构掘进参数的模型试验研究。王洪新等[10]基于模型试验结果推导了土压平衡盾构施工总推力、土舱压力、螺旋机转速与掘进速度间的关系表达式。朱合华等[11]以上海地铁某软土地层区间隧道为参照原型，采用模型试验方法开展了不同埋深、不同刀盘开口率、不同推进速度和不同刀盘转速工况下土压平衡盾构掘进模型试验研究，得出了土舱压力与排土效率、单位时间排土量与推进速度、推力和扭矩之间的内在关系。

在盾构掘进现场试验方面，也取得了一定的研究成果。Saffet[12]通过收集美国纽约一硬岩隧道的岩体特性和实测掘进速率的数据建立了数据库，对岩体性质和现场实测数据进行统计分析，推导出了岩体节理性质、抗压强度、抗拉强度、试样最大受力值和相应位移值的比值与掘进速率间的经验公式。Hassanpour 等[13]以伊朗卡拉季输水隧道为例，分析了该隧道穿越火成岩的岩土地质工程信息和掘进参数，并与预测模型的掘进参数做了对比分析，讨论了掘进参数与岩体性质之间的关系，基于已采集到的数据建立了新的经验公式；其研究结果显示，在该地质条件下，对现有预测模型进行适当修正可获取更为准确的预测结果。张厚美等[14]依托广州地铁某区间土压平衡盾构隧道工程，在掘进试验段采用正交试验技术对主要掘进参数进行了现场试验研究。

张莹等[15]以天津地铁某标段隧道工程的地层条件为背景，基于施工现场盾构掘进参数采样数据，对盾构掘进参数和地质参数进行了关联分析，提出了基于掘进参数定性识别地质特征的方法。宋克志等[16]基于盾构现场掘进试验数据，研究了比推力、比扭矩的关系及其与围岩状况的关系，并建立了基于盾构掘进参数分析的隧道围岩模糊判别模型。

模型试验和现场试验为研究盾构掘进参数之间的关系及预测掘进参数提供了可靠的数据，是研究掘进参数变化规律和验证掘进参数预测模型准确与否的有效手段，但模型试验一般存在费用高、相似材料难以确定等问题，现场试验也容易受到现场施工条件的限制。

（3）数值模拟研究。

数值模拟方法可用于模拟地层地质条件、几何物理模型、土体本构关系及盾构掘进中的各种力学现象等，是研究盾构掘进参数及施工力学行为的常用手段。随着计算机技术的发展和岩土工程领域计算软件的开发，计算机数值模拟研究的应用越来越广泛，有限元法和有限差分法是常用的数值模拟方法。张恒等[17]采用有限差分数值模拟手段分析了深圳地铁 5 号线洪兴区间隧道下穿广深高速立交桥盾构掘进参数中的注浆压力和土舱压力对地表沉降的影响，认为地表沉降与注浆压力、土舱压力等掘进参数关系密切。Gong 等[18]采用 UDEC 建立了一系列模型来模拟岩体脆性对岩体裂解过程的影响，认为掘进速率随岩体脆性的增加而增加，这与数值模拟的结果是一致的。吕建中等[19]根据南京长江隧道盾构穿越不同土层的特点，采用理论公式、数值计算、参考类似工程参数设定等方法，研究了盾构掘进中的相关参数。孙玉永等[20]采用数值模拟方法分析不同埋深既有隧道下方土压力分布规律，将既有隧道对其下方土压力的影响沿横向分为 3 个区域，给出了各区域的长度和施工参数建议值的计算公式。

计算机数值模拟一般先于模型试验和现场掘进施工，可为试验方案设计与现场施工控制提供可靠的定量依据，也可为盾构掘进参数设定提供参考。

（4）人工智能分析。

人工智能分析是近些年逐渐兴起的一种研究手段。人工智能分析方法可以将多个工程实践中取得的宝贵经验、试验结果、实测数据、研究成果等信息整合起来，开发出诸如人工神经网络、专家系统、模糊控制系统等人工智能分析系统，用来解决当前工程中的实际问题。人工智能分析方法在盾构掘进领域的应用主要是对地表沉降和掘进参数进行预测，郭树棠[21]、张厚美[22]、杨全亮[23]、宋克志等[24]进行了有益的探索，在地表沉降和掘进参数预测方面取得了一定成果。

由于盾构施工环境的多变性和施工过程的复杂性，盾构掘进过程中的很多因素甚至可能是随机的、模糊的，盾构掘进参数之间的内在联系很难用确定的数学模型表示出来，采用人工智能分析方法来预测盾构掘进参数不失为一种行之有效的方法。

4.1.2 盾构掘进参数关系研究

由于盾构结构的复杂性、掘进条件的多变性和掘进参数间关系的模糊性，准确计算盾构掘进参数成为一大难题。盾构主要掘进参数中，总推力和刀盘转速是可以通过盾构操作系统直接控制的参数，刀盘扭矩是在刀盘推力施加之后产生的，土舱压力受总推力和掘进速度的影响，而掘进速度又受刀盘转速和贯入度的制约。准确计算盾构总推力和刀盘扭矩成为一个新的研究方向，国内不少学者从事了这方面的研究。吕强等[25]从刀盘切削土体机理上分析了刀盘扭矩的组成部分，将刀盘扭矩分为摩擦扭矩、切削扭矩和搅拌扭矩，并从理论上推导了刀盘扭矩的计算公式，对于刀盘扭矩计算研究具有一定的指导意义。管会生[26]对刀盘扭矩、盾构推力和土压力、水压力等进行了全面、系统的研究，综合考虑了各种因素，并利用力学、数学等方法建立了盾构推力、刀盘扭矩和水土压力的理论计算模型。邓立营等[27]分析了盾构机推力和刀盘驱动扭矩的构成，建立了土压平衡盾构推力和刀盘扭矩的计算模型，并通过工程实例验证了模型的可靠性。朱北斗等[28]讨论了盾构推力和刀盘扭矩的简化计算方法。

关于总推力与刀盘扭矩之间的关系，国内外已有不少学者从事了这方面的研究。宋克志[24]以重庆主城越江盾构隧道掘进施工为工程背景，基于盾构掘进试验数据，研究了泥岩和砂岩地层盾构机刀盘扭矩随推力的变化关系，认为推力和刀盘扭矩之间呈二次多项式函数关系。朱合华等[11]采用室内模型试验方法研究了推力与扭矩的变化规律，认为盾构掘进中推力和扭矩的变化规律基本一致，二者之间呈分段线性关系，变化规律类似于弹塑性材料的应力-应变曲线，盾构掘进过程中存在多级"扭矩限制"点，扭矩达到和超过该值后，推力和扭矩之间就会进入新的线性关系段。徐前卫[29]通过土压平衡盾构掘削模型试验，研究了不同埋深、刀盘开口率和土性时盾构总推力和刀盘切削扭矩的变化规律，认为刀盘扭矩随总推力的增加近似呈正关系增加，硬土地层中线性关系较为显著，软土地层中刀盘扭矩随总推力的增加速度不够明显。以上研究所采用的样本数据一般均较少，且采样条件较为理想，研究结论的适用范围较小。

4.1.3 土舱压力控制研究

目前，国内外关于土压平衡盾构土舱压力控制方面的研究多集中在控制地表沉降和保持开挖面稳定方面。Kim等[30]研究了盾构开挖过程中的力学行为，讨论了盾构开挖过程中的地表变形和控制问题。Chambon 等[31]研究了砂土地层浅覆隧道开挖面的稳定性问题，提出了用稳定系数来评判开挖面稳定性的方法。胡国良等[32]介绍了土压平衡盾构的工作原理，通过模拟试验发现控制螺旋输送机转速可以控制土舱压力。陈立生等[33]针对土舱压力控制标准不确定的情况，提出了在环境变化时分析土舱压力波动原因后再调整土舱压力作为补充的新思路，形成了采用土压平衡比控制盾构平衡状态的辅助方法。魏建华等[34]结合现场实测数据，研究了城市地铁隧道上土压平衡盾构机土舱压力的设定与控制方法，阐述了盾构开挖面的稳定机理。Vinai 等[35]实时观测了土压平衡盾构施工中土舱内压力的变化过程，研究了螺旋输送机转速对土舱压力的影响机理。黄正荣等[36]结合工程实际，讨论了盾构施工中开挖面土压力的确定原理，研究了开挖面稳定性与极限支护压力的确定问题，对盾构施工中合理设定开挖面土压力具有一定的指导意义。

一般认为，土舱压力与隧道埋深、地质条件、水位深度、刀盘开口率及盾构机推力等因素有关，土舱压力的设定应该考虑多方面的因素。胡新朋等[37]研究了地铁隧道土压平衡盾构的土舱压力在不同地层中设置的问题。施虎等[38]研究了基于弹性力学理论、土力学理论和迭加原理三种土压力计算方法，指出迭加原理适用于含水量和渗透系数均较大的地层。

国内外对于盾构土舱压力控制研究大多集中在水土压力计算方面，在刀盘开口率保持不变的情况下，开挖面水土压力是影响土舱压力设定值的重要因素，选择合适的水土压力计算方法是合理设定土舱压力值的关键。

4.1.4 地表沉降预测研究

盾构开挖过程中难免会对周围建筑物产生影响，为了把这种影响控制在安全范围内，常用地面沉降作为施工安全控制的指标。不同影响因素条件下地铁盾构对地面沉降的作用规律是地下工程领域的主要研究方向之一，系统理清盾构作用下地面沉降机制对工程建设具有重要的意义[39]。

周健等[40]通过地表沉降等控制因素反演地层损失率，根据经验理论和地层变形之间的关系，提出了一种盾构施工预测和动态控制的方法，使隧道盾构引起的形变符合控制条件。魏纲等[41]研究了双线水平平行盾构施工对地面沉降的影响，得到了多因素作用下双线盾构的地表沉降变化规律。陈春来等[42]利用 Peck 公式对盾构双线平行隧道的施工过程进行了研究，通过探讨左右隧道盾构施工过程中的相互影响得出了双线平行隧道盾构施工引起的地面沉降规律。许军[43]用概率积分法来预测隧道施工引起的地面沉降，然后将实测数据与预测数据进行比较，结果表明此方法能较准确预测地面沉降。白海卫等[44]基于弹性地基梁模型建立了隧道盾构施工引起的地面沉降计算公式，并用实测数据来验证，结果表明该公式能准确地计算出地面沉降。刘柳等[45]根据实测和调研的数据引入 NNBR 模型，提出了施工过程中地面沉降的计算方法，并验证了其正确性。辛韫潇[46]依托昆明地铁项目，基于 Peck 公式和数值计算研究了地铁盾构施工对周围建筑物的影响，得出了盾构施工所产生的沉降与隧道埋深和土层内摩擦角的关系。上述研究通过经验理论、数值模拟提出了多种预测和控制地面沉降的方法，探讨了盾构施工对周围建筑物和地面沉降的影响。这为引入先进的分析工具（如机器学习算法），在地下工程中预测与控制地面沉降方面的应用提供了基础。接下来，笔者将重点探讨机器学习算法在预测和控制盾构施工中地面沉降方面的潜在作用和优势。通过结合传统工程方法和现代算法，可以实现更准确、更高效的地面沉降管理，从而提高工程安全性和施工效率。

4.2 机器学习算法简介

机器学习（Machine Learning，ML）是在不直接针对问题进行编程的情况下，赋予计算机学习能力的一个研究领域。由于机器学习算法能考虑多因素之间的相互耦合作用，理解参数之间复杂的非线性关系，逐渐被应用于岩土工程领域，主要涉及人工神经网络（ANN），支持向量机（SVM）和随机森林算法（RF）等。

人工神经网络和支持向量机是现阶段被广泛应用于预测盾构掘进引起的地表沉降的两种机器学习算法。同时，为了提高人工神经网络预测模型的精度，大量的研究将各种优化算法如遗传算法、粒子群算法等和人工神经网络算法相结合。支持向量机方法可以基于较少的数据做出准确的预测。随机森林算法（RF）是一种集成的机器学习算法，最终的预测结果是内嵌的多个计算结果的集成，准确较高，该方法是用于预测盾构掘进引起沉降的一种新方法。虽然针对盾构掘进沉降预测已有一些工作，但现阶段新的机器学习算法的种类较多，不同算法的预测性能有所差异，目前尚缺乏关于不同机器学习算法在预测盾构掘进引起的地表沉降这一问题上的性能差异的研究。此外，输入参数选取的方法较为简单，部分参数的物理意义尚不明确。

本节将对 5 种机器学习算法：支持向量机（SVM）、随机森林（RF）、决策树（DT）、BP 神经网络（BPNN）和卷积神经网络（CNN）进行简要的介绍。

4.2.1 支持向量机（SVM）

Cortes 等于 1995 年提出支持向量机（Support Vector Machine，SVM）算法，该算法可用于处理模式分类和非线性回归问题。支持向量机是基于统计学的原理发展的，通过建立一个分类超平面，使得离超平面最近的正例和反例到超平面的距离被最大化，所以支持向量机是结构风险最小化的近似实现。支持向量机算法利用核函数将不可分的样本映射到高维空间，寻找超平面。样本集 $(x_m, y_m) \in R^d \times R$，$m = 1, 2, \cdots, N$，其中，$N$ 表示样本中点的个数，d 表示维度数。经过非线性映射 $\varphi(x_m)$ 将样本数据集从低维（d 维）平面映射到高维平面（D 维）（$D \gg d$）。在 D 维空间中，构造线性函数 $f(x) = \omega^T \cdot (x) + b$ 对数据集进行拟合。之后采用最小二乘思想解决以下规划问题：

$$\begin{cases} \min \dfrac{1}{2}\omega^T\omega + \dfrac{1}{2}c\sum_{m=1}^{N}e_m^2 \\ s.t. y_i = \omega^T\omega(x_m) + b + e_m \end{cases} \quad (4\text{-}1)$$

式中：c 为惩罚系数；e_m 为误差变量；ω 为映射到的特征空间的权重向量；$\varphi(x_m)$ 为非线性映射函数；b 为阈值。

引入拉格朗日乘子 α_m，得到方程：

$$L(\omega, b, \epsilon\alpha) = \frac{1}{2}d\omega + \frac{1}{2}c\sum_{m=1}^{N}e_m^2 - \sum_{m=1}^{N}\alpha_m[\omega - \varphi(x) + b + e_m - y_m] \quad (4\text{-}2)$$

根据 kkT 条件（karush-kuhn-Tucker conditions，解决最优化问题的一种方法，用于求某函数在指定定义域上的全局最小值）求解约束优化问题可以得到方程：

$$\frac{\partial L}{\partial \omega}, \frac{\partial L}{\partial b}, \frac{\partial L}{\partial e_m}, \frac{\partial L}{\partial \alpha} = 0 \rightarrow \begin{cases} \omega = \sum_{m=1}^{N} \alpha_m \varphi(x_m) \\ \sum_{m=1}^{N} \alpha_m = 0 \\ \alpha_m = Ce_m \\ \omega \cdot \varphi(x_m) + b + e_m - y_m \end{cases} \quad (4-3)$$

进一步地，消去 ω 及 e_m 得：

$$\begin{bmatrix} 0 & Q^T \\ Q & PP^T + c^{-1}Q \end{bmatrix} \begin{bmatrix} b \\ A \end{bmatrix} = \begin{bmatrix} 0 \\ Y \end{bmatrix} \quad (4-4)$$

式中：$Q = [1,1,\cdots,1]^T$，$P = [\varphi(x_1)^T, \varphi(x_2)^T, \cdots, \varphi(x_m)^T]^T$，$A = [\alpha_1, \alpha_2, \cdots, \alpha_N]^T$，$Y = [y_1, y_2, \cdots, y_N]^T$。

最后得到回归函数：

$$f(x) = \sum_{m=1}^{N} \alpha_i K(x, x_m) + b \quad (4-5)$$

式中：$K(x, x_m)$ 为核函数。

最小二乘支持向量机（Least Square Support Vector Machine，LS-SVM）区别于传统 SVM 的特点在于：（1）调整约束条件，将不等式约束更改为等式约束，从而将问题转化为线性方程组的求解；（2）标准的支持向量机中 Lagrange 乘子为非零数值，而最小二乘支持向量机中，乘子序列 α_m 与误差序列 e_m 呈正比，将乘子序列 α_m 称为支持数值谱。

在利用支持向量机反演的过程中，核函数的选择是至关重要的。核函数的应用能够在不明确扩展空间的前提下，保证数据的原始性，隐蔽地处理特征扩张，即在不改变原始数据的条件下将其从低维空间变换至高维空间以实现线性可分。一定程度上，核函数的使用可以将数据从低维空间转化至无限空间（图 4-1），同时又保证了在低维空间计算高维点积。选择适应相关问题的核函数有利于优化反演过程，提高反演精度，加快反演速度。

常用的核函数有以下四种：线性核函数（Linear kernel）、多项式核函数（Polynomial kernel）、Sigmoid 核函数（Sigmoid kernel）以及高斯径向基核函数（Radial Basis Function，RBF）。与多项式核函数相比，高斯径向基核函数所需要确定的参数数量少，从而在一定程度上降低了函数的复杂程度；另外，当多项式阶数较高时，核矩阵的元素值将会趋近于无穷，高斯径向基核函数会降低计算的困难程度。对于来自神经网络的 Sigmoid 核函数，只有参数满足特定的条件时，Sigmoid 的核才是半正定的。高斯径向基核函数表达公式为

$$K(x_i, x_j) = \exp\left(-\frac{\|x_i - x_j\|^2}{2\sigma^2}\right) \quad (4-6)$$

式中：σ 为高斯核带宽。

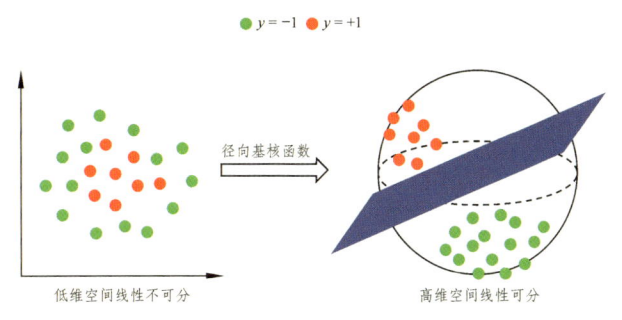

图 4-1　径向基函数将数据集映射至高维空间

4.2.2　随机森林（RF）

随机森林（Random Forest，RF）是由多棵决策树组成的一种集成算法，该算法结合了决策树和 bagging 算法的优点。不同的决策树可以由不同主机并行训练生成，效率很高，并且将所有的决策树通过 bagging 的形式结合起来，避免了单个决策树造成的过拟合问题。

随机森林的生成过程如图 4-2 所示，具体的计算过程如下：

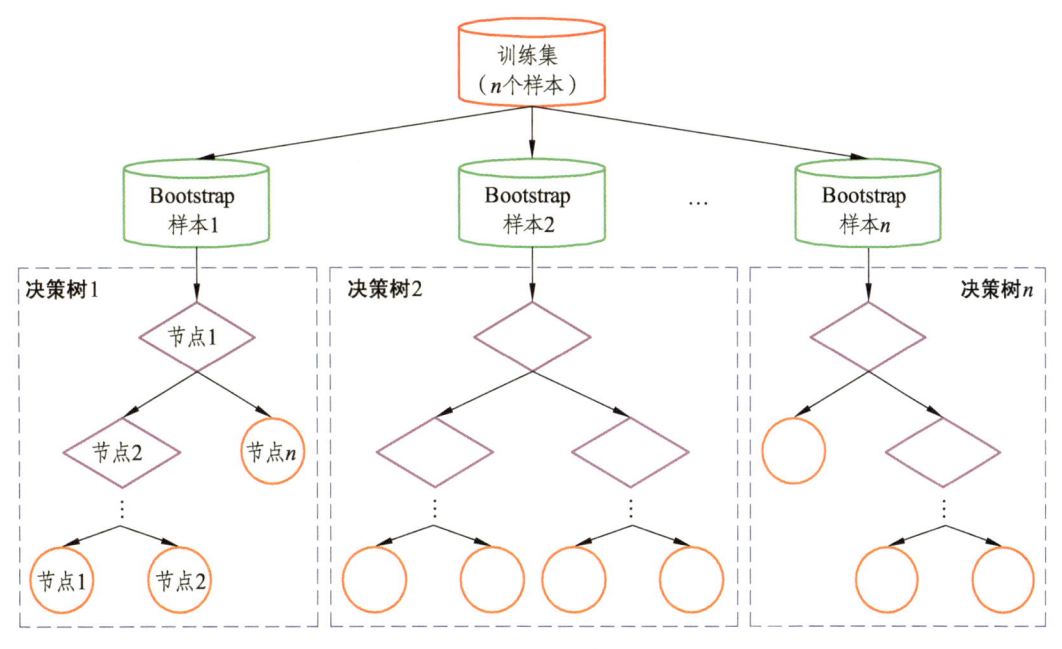

图 4-2　随机森林算法框架

（1）从原始数据集中使用 Bootstraping 方法随机有放回地采样选出 n 个样本，生成 n 个训练集；

（2）针对 n 个训练集，每次从中选取 m 个特征（随机子空间，m 一般小于总的特征数）构建 n 个决策模型；

（3）最终的预测结果取多棵树预测值的均值。

在 Bootstraping 取样的过程中，将没有取到的样本（out-of-bag，OOB）作为验证集。随机森林算法的这种计算模式有利于防止模型的过耦合。

4.2.3 决策树（DT）

决策树（Decision Tree，DT）及其变种是另一类将输入空间分成不同的区域，每个区域有独立参数的算法。决策树分类算法是一种基于实例的归纳学习方法，它能从给定的无序的训练样本中，提炼出树型的分类模型。树中的每个非叶子节点记录了使用哪个特征来进行类别的判断，每个叶子节点则代表了最后判断的类别。根节点到每个叶子节点均形成一条分类的路径规则。而对新的样本进行测试时，只需要从根节点开始，在每个分支节点进行测试，沿着相应的分支递归地进入子树再测试，一直到达叶子节点，该叶子节点所代表的类别即是当前测试样本的预测类别，如图4-3所示。常见决策树分类算法包括以下几类：

（1）CLS算法。该方法是最原始的决策树分类算法，基本流程是从一棵空数出发，不断的从决策表选取属性加入树的生长过程中，直到决策树可以满足分类要求为止。CLS算法存在的主要问题是在新增属性选取时有很大的随机性。

（2）ID3算法。该算法相对CLS算法的最大改进是摒弃了属性选择的随机性，利用信息熵的下降速度作为属性选择的度量。ID3是一种基于信息熵的决策树分类学习算法，以信息增益和信息熵作为对象分类的衡量标准。ID3算法结构简单、学习能力强、分类速度快，适合大规模数据分类。但由于信息增益的不稳定性，容易倾向于众数属性，导致过度拟合，算法抗干扰能力差。ID3算法的核心思想：根据样本子集属性取值的信息增益值的大小来选择决策属性（即决策树的非叶子结点），并根据该属性的不同取值生成决策树的分支，再对子集进行递归，调用该方法，当所有子集的数据都只包含于同一个类别时结束。最后，根据生成的决策树模型，对新的、未知类别的数据对象进行分类。

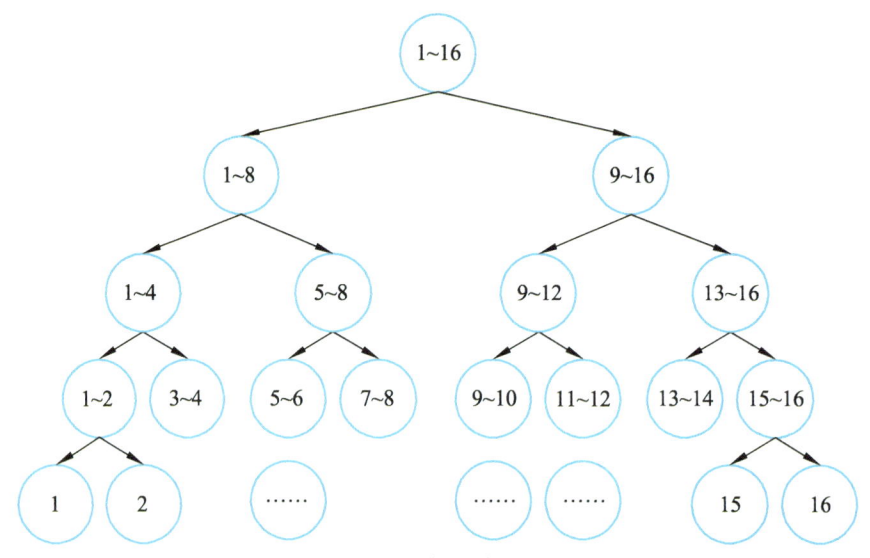

图 4-3 决策树示意

（3）C4.5算法。该算法是ID3算法的改进，主要包括：使用信息增益率替换了信息增益下降度作为属性选择的标准；在决策树构造的同时进行剪枝操作；避免了树的过度拟合情况；可以对不完整属性和连续型数据进行处理；使用k交叉验证降低了计算复杂度；针对数据构成形式，提升了算法的普适性。

（4）分类回归树（Classification and RegressionTrees，CART）算法。该算法是一种二分递

归分割技术，把当前样本划分为两个子样本，使得生成的每个非叶子节点都有两个分支，因此，CART 算法生成的决策树是结构简洁的二叉树。该算法是将当前的样本集，分为两个样本子集，使得每一个非叶子节点最多只有两个分支。因此，使用 CART 算法所建立的决策树是一棵二叉树，树的结构简单，与其他决策树算法相比，由该算法生成的决策树模型分类规则较少。

CART 分类算法和 C4.5 算法一样既可以处理离散型数据，也可以处理连续型数据。CART 分类算法是根据基尼（gini）系数来选择测试属性，gini 系数的值越小，划分效果越好。设样本集合为 T，则 T 的 gini 系数值如下：

$$gini(T) = 1 - \sum p_j^2 \tag{4-7}$$

式中：p_j 是指类别 j 在样本集 T 中出现的概率。

若将 T 划分为 T_1、T_2 两个子集，则此次划分的 gini 系数的值为

$$gini_{\text{split}}(T) = \frac{s_1}{s} gini_{\text{split}}(T_1) + \frac{s_2}{s} gini_{\text{split}}(T_2) \tag{4-8}$$

式中：s 为样本集 T 中总样本的个数；s_1 为属于子集 T_1 的样本个数，s_2 为属于子集 T_2 的样本个数。

4.2.4　Back-proPagation 神经网络（BPNN）

人工神经网络通过模拟动物神经网络行为特征，进行分布式并行信息处理，能够很好地解决非线性问题。按照神经网络的拓扑结构和神经元连接方式的不同，神经网络可分为前向神经网络、相互连接型神经网络以及自组织神经网络。前向神经网络即前馈神经网络，其含义是指在神经网络中，信息处理的方向是从输入层再到输出层，信息是逐层进行传递，前一层的输出就是下一层的输入，如图 4-4 所示。Rumelhart 和 Mc Celland 于 1986 年提出 BP 神经网络（Back Propagation Neural Network，BPNN），其主要特点是利用预测值和实测值之间误差的反向传播修正权值和阈值，直到预测值和实测值之间的误差小于预先给定的标准。

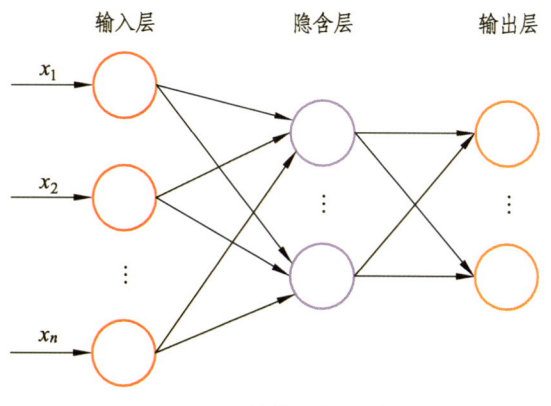

图 4-4　前馈神经网络

BP 神经网络算法中的基本处理单元为人工神经元，如图 4-5 所示，是一种多输入、单输出的非线性处理元件，其输入和输出之间的数学关系见式（4-9）和式（4-10）。

$$I = \sum_{j=1}^{n} \omega_j x_j - \theta \qquad (4-9)$$

$$y = f(I) \qquad (4-10)$$

式中：ω_j 为权值；θ 为阈值；x_j 为输入变量；n 为输入变量个数。

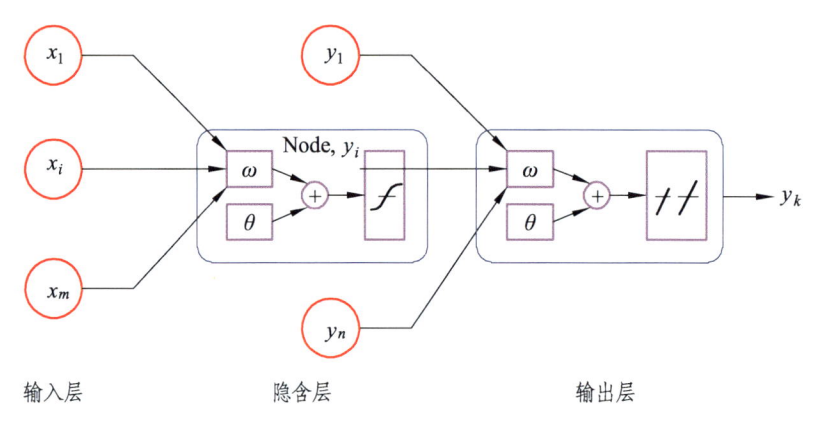

图 4-5　BP 神经网络示意

图 4-6 为从输出层中一个节点的输出值到隐含层的误差反向传递示意图，y_i 为输出层第 i 个神经元的输出值，d_i 为目标值，e_i 则为误差，通过误差的反向传播修正隐含层的权值。采用同样的方法可以修正输入层到隐含层的权值。

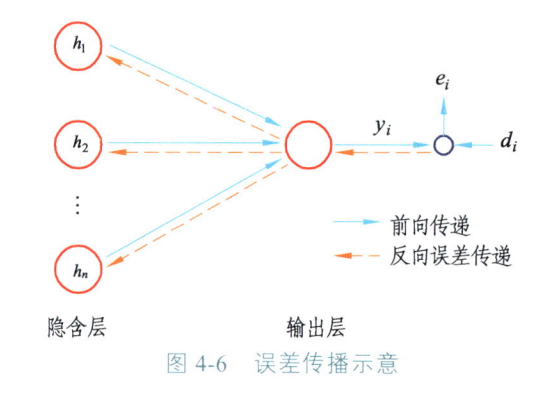

4.2.5　卷积神经网络（CNN）

卷积神经网络（Convolutional Neural Network，CNN）的结构示意图如图 4-7 所示，输入层、输出层、卷积层、池化层和全连接层共同构成了卷积神经网络的基本结构。卷积层和池化层一般重复设置两次，以提取特征和进行降维处理，再经过全连接层进行特征的整合，传递给输出层。

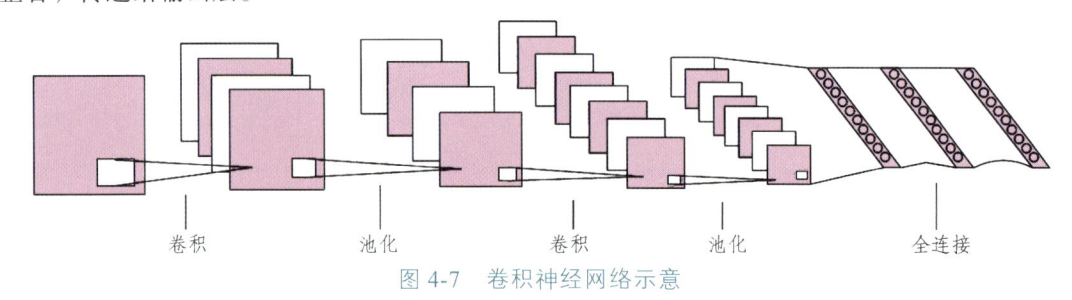

图 4-6　误差传播示意

图 4-7　卷积神经网络示意

卷积层由包含诸多神经元的特征面（Feature Map）构成，这些特征面中的神经元将通过卷积核与上一层特征面的局部相连。通过卷积操作，卷积层可提取输入层的不同特征，输入信息的低级特征将被浅的卷积层提取，如角落、线条、边缘等信息；输入信息更高级的特征将被更深的卷积层提取。输入信息将与一个卷积核（实际是一个权值矩阵）进行卷积运算，得到输出特征映射。通过不同的卷积核可以提取出不同的特征，随着卷积窗口的滑动，以完成整个特征面的特征提取。

卷积的计算公式如下：

$$x_j^l = f(u_j^l) \quad (4\text{-}11)$$

$$u_j^l = \sum_{i \in M_j} x_i^{l-1} * k_{ij}^l + b_j^l \quad (4\text{-}12)$$

式中：u_j^l 为卷积层 l 中的第 j 个通道的激活，通过对前一层输出 x_i^{l-1} 进行卷积求和、偏置后得到；x_j^l 为卷积层 l 的第 j 个通道的输出；$f(\cdot)$ 为激活函数；M_j 为特征图子集；k_{ij}^l 为卷积核；b_j^l 为卷积层的偏置；"*" 为卷积符号。

经过卷积之后的数据信息往往维度过高，占用计算机过多内存，因此添加了池化层。池化层会对来自卷积层的特征映射进行处理，它的个数与特征面的个数相对应，且与之局部相连。池化层可以对卷积后的数据进行降维处理，通过降低特征面的分辨率来获得空间的不变性特征，同时具有二次特征提取的作用。平均池化（Mean-pooling）、最大池化（Max-pooling）等是常用的池化方法，池化公式如下：

$$x_j^l = f(u_j^l) \quad (4\text{-}13)$$

$$u_j^l = \beta_j^l pool(x_j^{l-1}) + b_j^l \quad (4\text{-}14)$$

式中：u_j^l 为池化层 l 中第 j 个通道的激活，它通过前一层的特征图 x_j^{l-1} 池化加权、偏置后得到；β 为池化权重系数；b_j^l 为池化层的偏置；$pool(\cdot)$ 为池化函数。

全连接层在卷积层与池化层之后，它的每一个神经元与前一层神经元完全连接，可以整合卷积层或池化层中具有类别区分的局部信息，再将此信息传递给输出，全连接层的计算过程如下：

$$x^l = f(u^l) \quad (4\text{-}15)$$

$$u^l = \omega^l x^{l-1} + b^l \quad (4\text{-}16)$$

式中：u^l 为全连接层 l 的激活，由前一层的输出加权求和、偏置后得到；ω^l 为全连接网络权值系数；b^l 为全连接层的偏置项。

4.3 盾构掘进参数统计分析

土压平衡盾构的掘进参数多达数十个，不同参数之间存在一定的相关性，由于受地质条件离散性、数据采集设备误差、施工质量等因素的影响，工程中掘进参数采集时数据出现一系列离散的点，本节通过数理统计手段研究各掘进参数的内在规律和掘进参数对地层的适应性。选取皂角井站—太慈桥站区间盾构掘进数据进行统计分析。

4.3.1 关键掘进参数选取及其统计指标

本工点区间隧道均在中风化白云岩、中风化石灰岩中穿越，岩层软硬程度不一，岩石最小单轴抗压强度为 36.80 MPa,最大为 63.86 MPa。隧道在施工时容易遭遇岩土软硬不均问题,易给盾构掘进造成困难。本节主要选取盾构总推力、刀盘扭矩、土舱压力、刀盘转速、盾构推进速度 5 个参数进行数理统计分析。

在进行数理统计时,通过分布直方图、偏度、峰度、平均数、最大值、最小值、标准差等指标分析不同地层中掘进参数的分布特点。标准差是体现数据集离散程度的一种指标,标准差越大,数据集离散程度越高。峰度(bk)是数据集分布集中程度的一种量化指标,峰度大于 0($bk>0$)时说明数据集的集中程度大于正态分布(尖顶峰),峰度小于 0($bk<0$)时说明数据集的集中程度小于正态分布(平顶峰)。偏度(bs)是数据集分布对称性的一种量化指标,当偏度等于 0($bs=0$)时表明数据集对称分布,当偏度大于 0($bs>0$)时表明数据集正偏差较大(正偏),当偏度小于 0($bs<0$)时表明数据集负偏差较大(负偏)。偏度越大,数据集的分布形态偏移程度越大,偏度在数据集的分布直方图上有直观体现。

皂角井站—太慈桥站盾构区间共掘进 924 环,根据施工现场记录数据,对现场实际掘进盾构数据进行统计,得出了总推力、刀盘扭矩、刀盘转速、盾构推进速度、土舱压力随着盾构机推进的变化曲线,如图 4-8~图 4-12 所示。

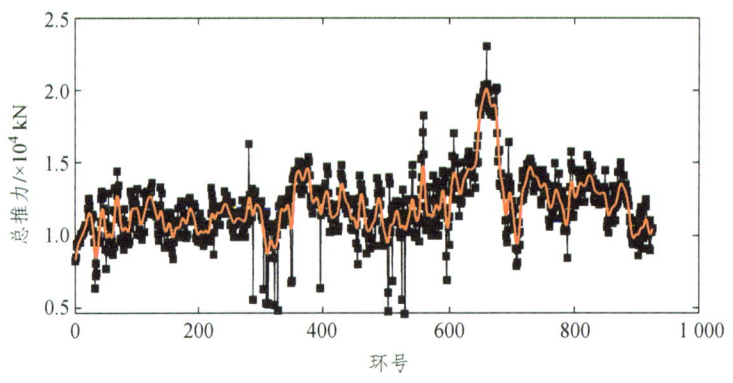

图 4-8 总推力变化曲线

(1)根据盾构总推力的变化曲线可以看出:在第 0~第 300 环,总推力值变化平缓,基本稳定在 8 000~14 000 kN;盾构机掘进至第 300 环时,总推力值急剧下降至 5 000 kN,随后迅速上升至 15 000 kN;在第 350~第 600 环,总推力值趋于稳定,主要分布在 10 000~15 000 kN;盾构机掘进至第 600~第 700 环,总推力值急速增长,超过 20 000 kN,随后下降到 9 000 kN,并在第 700~第 924 环保持稳定。

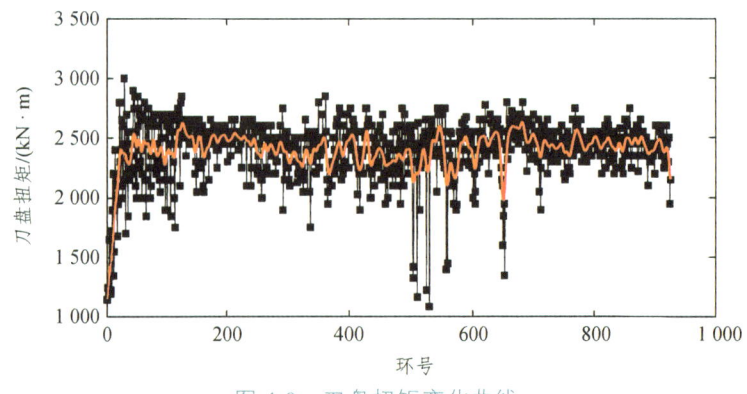

图 4-9 刀盘扭矩变化曲线

（2）根据盾构刀盘扭矩的变化曲线可以看出：在第 0~第 50 环，盾构机处于始发阶段，刀盘扭矩值由 1 100 kN·m 逐渐增加至 2 400 kN·m 左右；盾构机进入正常掘进阶段后，刀盘扭矩值基本趋于稳定，分布在 2 000~2 700 kN·m；值得注意的是，在第 500~第 600 环之间出现了几组异常值，其值分布在 1 000~1 500 kN·m，原因需要结合其他盾构机参数及地勘资料进行进一步分析。

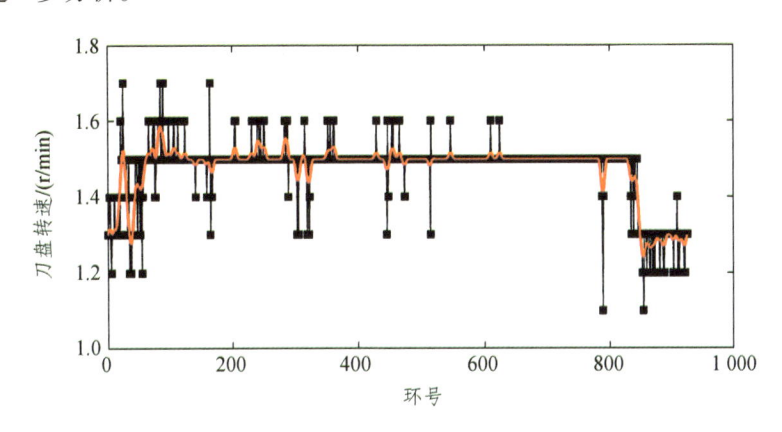

图 4-10　刀盘转速变化曲线

（3）根据盾构机刀盘转速的变化曲线可以看出：在盾构机始发阶段，刀盘转速主要分布在 1.2~1.4 r/min；盾构机进入正常掘进阶段后（第 150~第 850 环），刀盘转速基本趋于稳定，主要分布在 1.5 r/min 左右；当盾构机掘进至 850 环以后，刀盘转速开始下降，其值分布在 1.2~1.4 r/min。

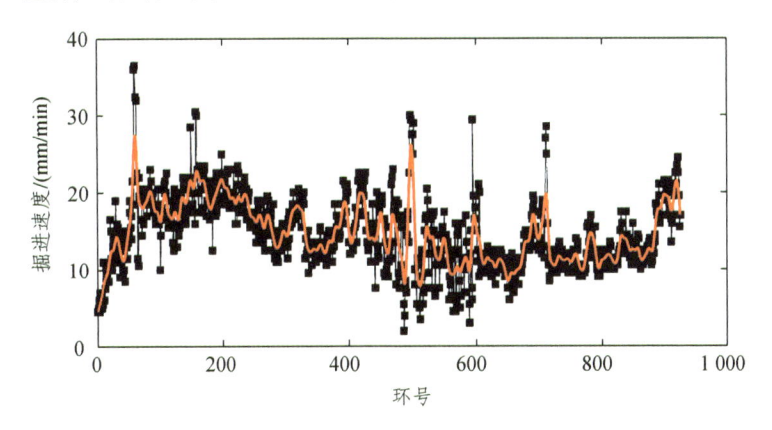

图 4-11　掘进速度变化曲线

（4）根据盾构机掘进速度的变化曲线可以看出：在盾构机始发阶段，掘进速度由 5 mm/min 逐渐增加至 20~30 mm/min；随后，在第 100~第 400 环，盾构机掘进速度较为稳定，主要分布在 10~20 mm/min 左右；当盾构机掘进至第 500 环左右时，掘进速度急剧上升至 30 mm/min，随后下降；在掘进至第 500 环以后，盾构机掘进速度基本稳定，主要分布在 10~15 mm/min。

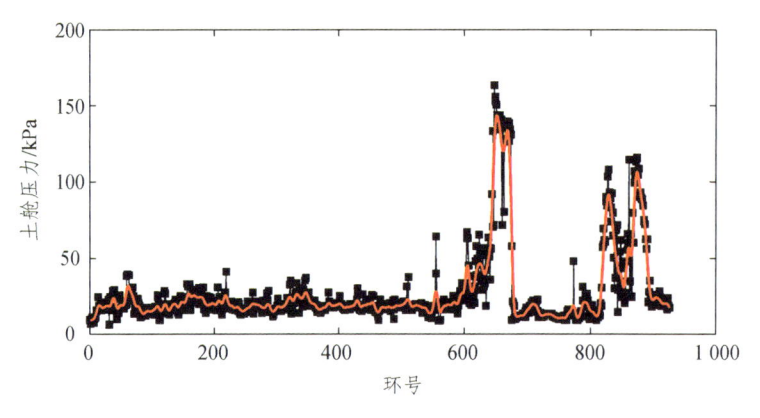

图 4-12 土舱压力变化曲线

（5）根据盾构土舱压力的变化曲线可以看出：在第 0～第 600 环，盾构机土舱压力值变化平缓，基本稳定在 10～40 kPa；盾构机掘进至第 600～第 700 环时，土舱压力值急剧上升至 150 kPa，随后迅速下降至 10～40 kPa；在掘进的第 700～第 800 环，土舱压力值趋于稳定，主要分布在 10～40 kPa；盾构机掘进至第 800 环以后，土舱压力值经历了两次波动，随后下降至正常水平。

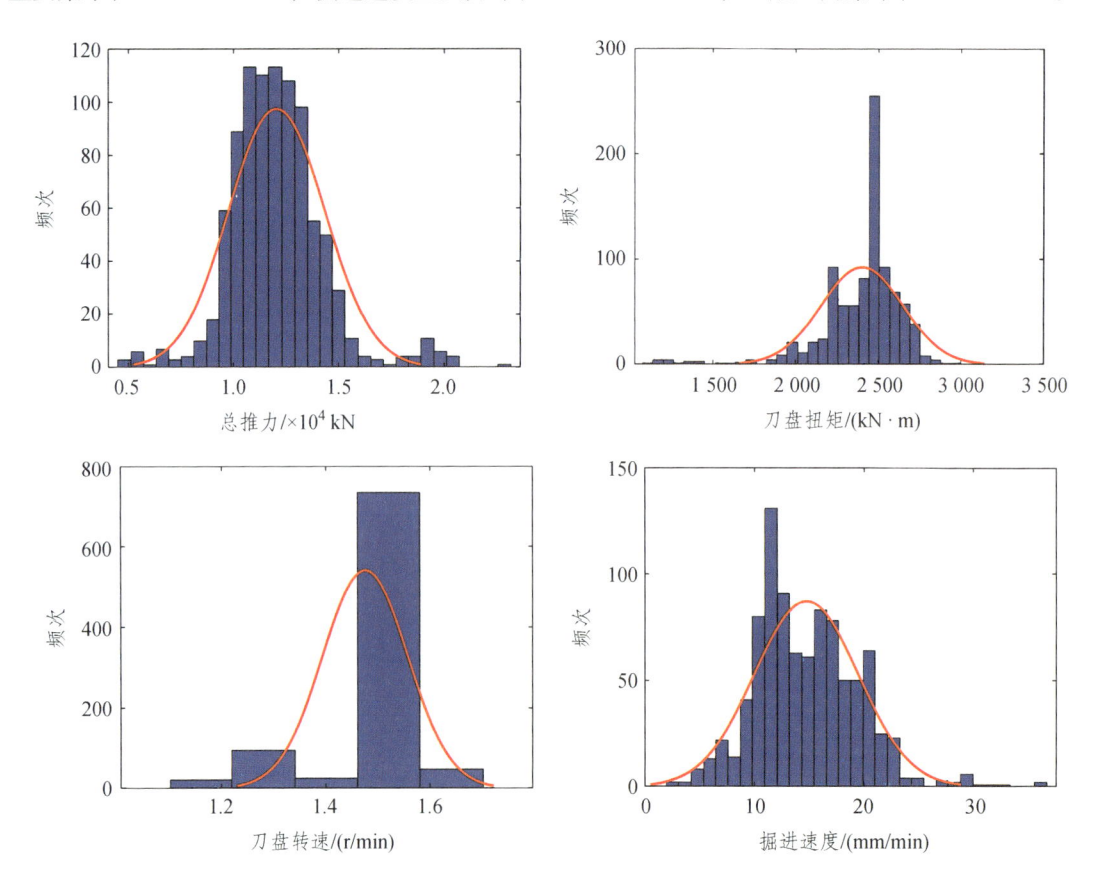

图 4-13 展示了各关键掘进参数分布直方图。由图 4-13 可知，皂角井站—太慈桥站盾构区间总推力主要分布在 9 000～14 000 kN，刀盘扭矩主要分布在 2 300～2 700 kN·m，刀盘转速主要集中在 1.4～1.6 r/min，掘进速度主要分布在 10～20 mm/min，土舱压力集中在 15～30 kPa。

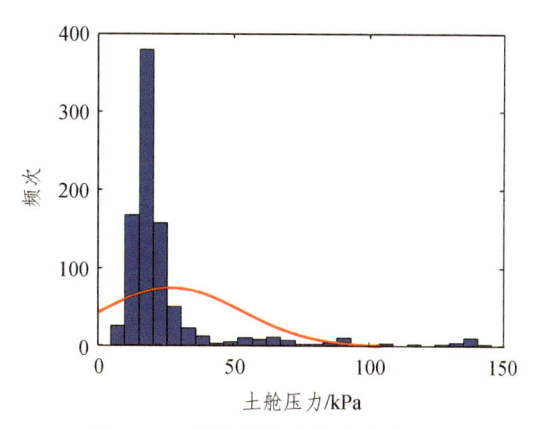

图 4-13 关键掘进参数分布直方图

由表 4-1 可知，总推力平均值为 12 043 kN，标准差为 2 274 kN，数据离散程度较大，其中偏度和峰度均大于 0，说明数据的正偏差较大且集中程度大于正态分布；刀盘扭矩的平均值为 2 399.50 kN·m，标准差为 247.65 kN·m，其中偏度小于 0，峰度大于 0，说明数据的负偏差较大且集中程度大于正态分布；刀盘转速的平均值为 1.41 r/min，标准差为 0.08 r/min，数据离散程度较低，其中偏度小于 0，峰度大于 0，说明数据的负偏差较大且集中程度大于正态分布；推进速度的平均值为 14.73 mm/min，标准差为 4.73 mm/min，数据离散程度较低，其中偏度和峰度大于 0，说明数据的正偏差较大且集中程度大于正态分布；土舱压力的平均值为 27 kPa，标准差为 25 kPa，数据离散程度较低，其中偏度和峰度均大于 0，说明数据的正偏差较大且集中程度大于正态分布。

表 4-1 各掘进参数统计分析情况

掘进参数	统计指标					
	最大值	最小值	平均值	标准差	偏度	峰度
总推力/kN	23 000.00	4 634.00	12 043.00	2 274.80	0.71	5.76
刀盘扭矩/(kN·m)	3 000.00	1 087.50	2 399.50	247.65	-1.94	9.39
刀盘转速/(r/min)	1.70	1.10	1.41	0.08	-1.77	6.39
推进速度/(mm/min)	36.50	2.00	14.73	4.73	0.57	4.04
土舱压力/kPa	163.00	6.00	27.00	25.00	308.00	125.40

4.3.2 盾构关键掘进参数的相关性分析

选取土压平衡盾构主要的 5 个关键掘进参数，即总推力、刀盘扭矩、土舱压力、刀盘转速、盾构推进速度，分析掘进参数间的相关性。选取皂角井站—太慈桥站盾构区间共 924 环掘进参数作为分析对象，该区间段盾构全部位于中风化白云岩、中风化石灰岩中，埋深、地层环境等外部变量影响较小。

由于 5 个掘进参数的量纲不同，量级差异较大，为研究参数之间的相关性，将其进行归一化处理，即将数据等比例映射到[0, 1]区间，具体处理如下：

$$x^* = \frac{x}{x_{\max}} \tag{4-17}$$

式中：x^* 为数据归一化后的值；x 为数据实测值；$x_{\max}$ 为数据组中的最大值。

运用 MATLAB 软件对掘进参数进行 Pearson 相关性系数计算，Pearson 相关性主要体现的是两组数据间的线性相关程度，相关系数取值为[-1, 1]，越接近 1 表明两组数据正相关程度越高，越接近-1 则表示负相关程度越高，而相关系数接近 0 表示相关性较低；Pearson 相关显著性水平体现的是两组数据线性相关的可信程度，显著性水平越接近 0，表明线性相关的显著性越高。不同掘进参数之间的 Pearson 相关系数和显著性水平如表 4-2 所示。

表 4-2 不同掘进参数间 Pearson 相关系数与显著性水平

数据组	相关性	总推力	刀盘扭矩	刀盘转速	推进速度	土舱压力
总推力	Pearson	1.000	0.191	0.175	-0.412	0.537
	显著性	—	0.000	0.000	0.000	0.000
刀盘扭矩	Pearson	0.191	1.000	0.122	0.231	0.060
	显著性	0.000	—	0.002	0.000	0.065
刀盘转速	Pearson	0.175	0.122	1.000	0.069	-0.171
	显著性	0.000	0.002	—	0.033	0.000
推进速度	Pearson	-0.412	0.231	0.069	1.000	-0.195
	显著性	0.000	0.000	0.033	—	0.000
土舱压力	Pearson	0.537	0.060	-0.171	-0.195	1.000
	显著性	0.000	0.065	0.000	0.000	—

通过观察原数据和现场调查，盾构机的刀盘转速基本保持在 1.4~1.6 r/min，浮动范围约为 15%，在施工过程中刀盘转速受人为调控，变化幅度较小，而贯入度是通过推进速度与刀盘转速计算得到的，在刀盘转速变化幅度较小的情况下贯入度与推进速度的相关程度极高。通过表 4-2 可以发现：总推力与刀盘扭矩、刀盘转速和土舱压力呈正相关，且与土舱压力正相关性较强，与刀盘扭矩和刀盘转速正相关性较弱，与推进速度有着较强的负相关性；推进速度主要与刀盘扭矩呈正相关，与土舱压力呈负相关，与刀盘转速没有显示出较强的相关性；刀盘扭矩主要与总推力、刀盘转速、推进速度有关，与土舱压力的相关性不明显。

Pearson 相关性检验仅考虑了线性相关性，而掘进参数之间有可能存在非线性关系，因此需结合相关文献对掘进参数之间的关系做进一步研究。

4.4 基于机器学习的土舱压力预测模型

土舱压力与盾构参数之间的映射关系是非线性的，且不同盾构掘进参数之间存在耦合作用，导致难以通过传统的多项式拟合方法得到土舱压力与掘进参数之间的函数表达式。本节将利用支持向量机、随机森林、决策树、BP 神经网络和卷积神经网络等机器学习算法，建立基于盾构掘进参数的土舱压力预测模型。

应用机器学习算法建立土舱压力预测模型首先要确定输入变量,选取合适的盾构掘进参数作为输入变量,对土舱压力预测模型的准确性至关重要。在盾构推进过程中,往往认为盾构土舱压力主要取决于盾构机推进速度、外加剂的注入速度、螺旋输送机出土速度等因素。已有研究表明,盾构机总推进力也对土舱压力有显著的影响。此外刀盘扭矩与土舱压力的关系也时常被忽略,因为刀盘扭矩和刀盘转速存在较强的相关性,刀盘扭矩和刀盘转速对预测土舱压力同样有重要影响。因此,本节选择总推力、刀盘扭矩、刀盘转速和盾构推进速度作为输入变量,土舱压力作为输出变量。

将皂角井站—太慈桥站盾构区间共 924 环掘进参数作为分析对象,该区间段盾构全部位于中风化白云岩、中风化石灰岩中,埋深、地层环境等外部变量影响较小。基于机器学习的方法需要划分合适的训练集和测试集才能获得好的预测结果,将皂太区间盾构数据随机打乱,并选择其中 9/10 的数据(831 组)作为训练集,1/10 的数据(93 组)作为测试集。由于 5 个掘进参数的量纲不同,量级差异较大,将其进行归一化处理,即将数据等比例映射到[0,1]区间,具体处理见式(4-17)。

采用均方根误差($RMSE$)、平均绝对误差(MAE)和决定系数(R^2)作为模型的评价指标。其中,$RMSE$ 和 MAE 值越小,表明数据预测精度越高;R^2 取值为 0~1,越接近 1,证明数据拟合程度越好。

4.4.1 基于 SVM 的土舱压力预测

SVM 参数设置如下:惩罚因子 C 设置为 5.5,核宽度 d 设置为 0.006,分别选择线性核函数(linear)、多项式核函数(poly)以及径向基函数(rbf)作为核函数。

图 4-14 展示了基于 SVM-linear 模型的土舱压力预测结果。整体上看,土舱压力值位于 0~50 kPa 区间时,基于 SVM-linear 模型的预测结果与实际值吻合度较高;当实际土压力值大于 50 kPa 时(如图中第 3、17、35、60 号测试样本),基于 SVM-linear 模型的预测结果与实际值严重偏离。其原因在于 linear 核函数非线性拟合能力有限,后文将采用不同核函数进行处理。

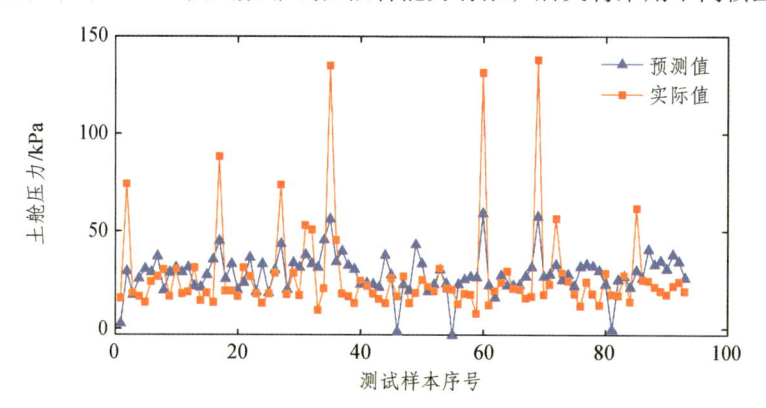

图 4-14 基于 SVM-linear 模型的土舱压力预测

表 4-3 展示了基于 SVM-linear 模型的土舱压力预测的统计指标。由表 4-3 可知,训练集的 $RMSE$ 为 0.080,MAE 为 0.120,R^2 为 0.78,表明 SVM-linear 模型训练有效。测试集样本均未参与过训练,因此可用于评价模型,在本案例中测试集的 $RMSE$ 为 0.090,MAE 为 0.131,

R^2 为 0.71，其中 $RMSE$ 与 MAE 均高于训练集，R^2 低于训练集，模型预测精度较差。

表 4-3 基于 SVM-linear 模型的土舱压力预测统计指标

指标	训练集	测试集
$RMSE$	0.080	0.090
MAE	0.120	0.131
R^2	0.780	0.710

图 4-15 展示了基于 SVM-poly 模型的土舱压力预测结果。由图 4-15 可知，基于 SVM-poly 模型的预测结果与实际值整体吻合度较好，即使土舱压力值大于 100 kPa 时（如图中第 35、60、68 号测试样本），SVM-poly 模型的也能准确预测。但是，当实际土压力值在 50～100 kPa 时（如图中第 3、17、27 号测试样本），基于 SVM-poly 模型的土舱压力预测结果与实际值有一定差异。

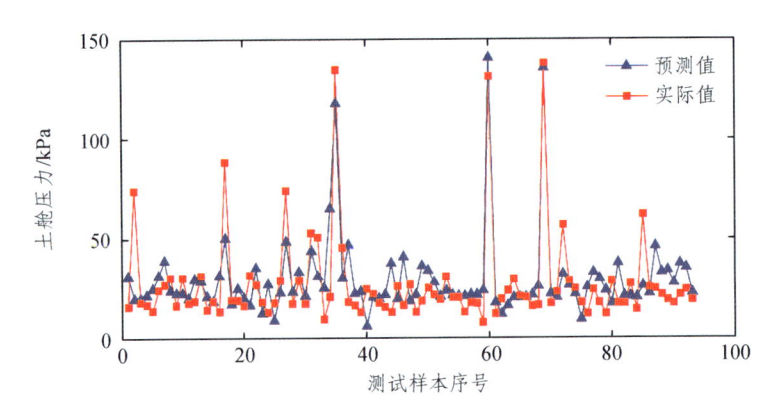

图 4-15 基于 SVM-poly 模型的土舱压力预测

表 4-4 展示了基于 SVM-poly 模型的土舱压力预测的统计指标。由表 4-4 可知，训练集的 $RMSE$ 为 0.086，MAE 为 0.063，R^2 为 0.83，相较于 SVM-linear 模型训练精度更高，表明 SVM-poly 模型训练有效。测试集样本的 $RMSE$ 为 0.103，MAE 为 0.065，R^2 为 0.76，其中 $RMSE$ 与 MAE 均高于训练集，R^2 低于训练集，相较于 SVM-linear 模型测试精度更高。

表 4-4 基于 SVM-poly 模型的土舱压力预测统计指标

指标	训练集	测试集
$RMSE$	0.086	0.103
MAE	0.063	0.065
R^2	0.830	0.760

图 4-16 展示了基于 SVM-rbf 模型的土舱压力预测结果。整体上看，基于 SVM-rbf 模型的预测结果优于 SVM-linear 模型和 SVM-poly 模型；基于 SVM-rbf 模型能够较为准确的预测土舱压力值大于 100 kPa 的样本；当实际土压力值在 50～100 kPa 时（如图中第 3、17、27 号测试样本），预测结果优于 SVM-linear 模型和 SVM-poly 模型。

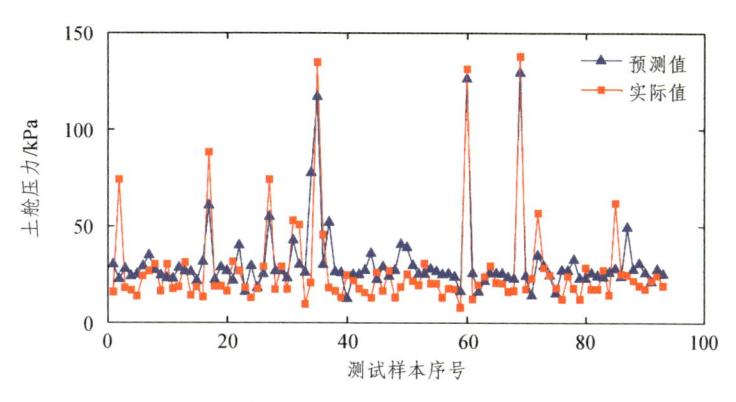

图 4-16 基于 SVM-rbf 模型的土舱压力预测

表 4-5 展示了基于 SVM-rbf 模型的土舱压力预测的统计指标。由表 4-5 可知，训练集的 *RMSE* 为 0.070，*MAE* 为 0.061，R^2 为 0.89，训练精度优于 SVM-linear 模型和 SVM-poly 模型，表明 SVM-rbf 模型训练有效。测试集样本的 *RMSE* 为 0.098，*MAE* 为 0.075，R^2 为 0.85，测试精度优于 SVM-linear 模型和 SVM-poly 模型。

表 4-5 基于 SVM-rbf 模型的土舱压力预测统计指标

指标	训练集	测试集
RMSE	0.070	0.098
MAE	0.061	0.075
R^2	0.890	0.850

4.4.2 基于 RF 的土舱压力预测

RF 参数设置如下：分类器的个数 n_estimators 为 10，最大特征数目 max_features 为 50，最大深度 max_depth 为 25，子树划分条件 min_samples_split 为 2，叶子节点的最小样本数目 min_samples_leaf 为 1。

图 4-17 展示了基于 RF 模型的土舱压力预测结果。从测试结果中可以看出，RF 模型对土舱压力的预测有着较高的精度，整体上预测值与实际值差异较小；个别样本预测结果与实际值差距较大（如图中第 1、25、39、91 号样本），使用 RF 模型进行预测的效果欠佳。

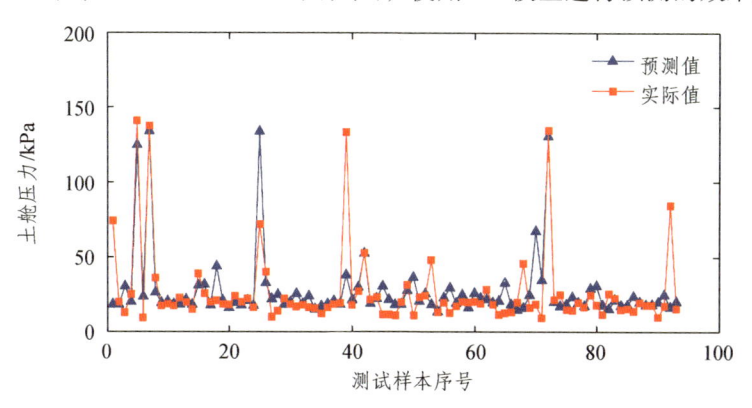

图 4-17 基于 RF 模型的土舱压力预测

表 4-6 展示了基于 RF 模型的土舱压力预测的统计指标。由表 4-6 可知，训练集的 $RMSE$ 为 0.037，MAE 为 0.021，R^2 为 0.91，$RMSE$ 和 MAE 值均处于较低水平，R^2 处于较高水平，表明 RF 模型训练效果较好。测试集样本的 $RMSE$ 为 0.110，MAE 为 0.057，R^2 为 0.82，测试集精度与训练集精度差异较大，表明模型可能存在过拟合。

表 4-6　基于 RF 模型的土舱压力预测统计指标

指标	训练集	测试集
$RMSE$	0.037	0.110
MAE	0.021	0.057
R^2	0.910	0.820

4.4.3　基于 DT 的土舱压力预测

DT 参数设置如下：基尼指数 criterion 设置为"gini"，拆分策略 splitter 设置为"best"，最大深度 max_depth 为 50，最大特征数目 max_features 为 25，子树划分条件 min_samples_split 为 2，叶子节点的最小样本数目 min_samples_leaf 为 1。

图 4-18 展示了基于 DT 模型的土舱压力预测结果。整体上看，当实际土舱压力值处于 0~50 kPa 时，基于 DT 模型的预测结果与实际值差异较小；当实际土舱压力值大于 50 kPa，个别样本预测结果与实际值差距较大（如图中第 17、31、69、81 号样本），使用 DT 模型进行预测的效果欠佳。

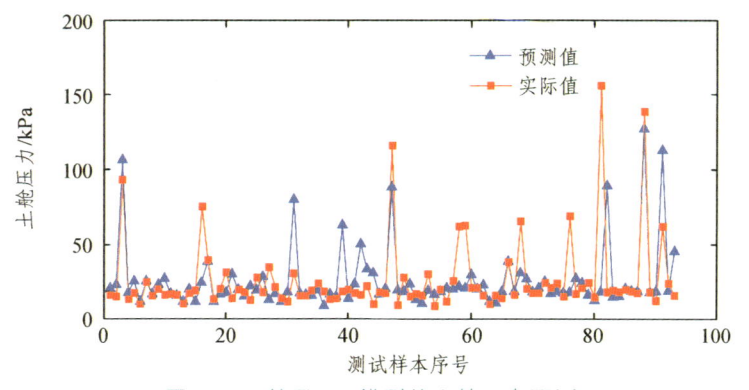

图 4-18　基于 DT 模型的土舱压力预测

表 4-7 展示了基于 DT 模型的土舱压力预测的统计指标。由表 4-7 可知，训练集的 $RMSE$ 为 0.002，MAE 为 0.000 2，R^2 为 1.00，$RMSE$ 和 MAE 值均处于极低水平，R^2 处于极高水平，表明 RF 模型训练效果极好。测试集样本的 $RMSE$ 为 0.137，MAE 为 0.071，R^2 为 0.81，测试集精度与训练集精度差异极大，表明模型过拟合严重，其预测结果可信度较差。

表 4-7　基于 DT 模型的土舱压力预测统计指标

指标	训练集	测试集
$RMSE$	0.002	0.137
MAE	0.000 2	0.071
R^2	1.000	0.810

4.4.4 基于 BPNN 的土舱压力预测

BPNN 参数设置：网络共设置 4 层，输入层神经元节点数为 4，第一隐含层神经元节点数为 25，第二隐含层神经元节点数为 50，输出层节点数为 1；激活函数为 sogmoid 函数，训练次数为 100 轮，训练批量为 16，训练过程中使用 adam 算法进行优化。

图 4-19 展示了基于 BPNN 模型的土舱压力预测结果。从图 4-19 中可以看出，当实际土舱压力值处于 0~500 kPa 时，基于 BPNN 模型的预测结果与实际值差异很小；当实际土舱压力值大于 500 kPa，个别样本预测结果与实际值差距较大（如图中第 12、48、50、62 号样本）。

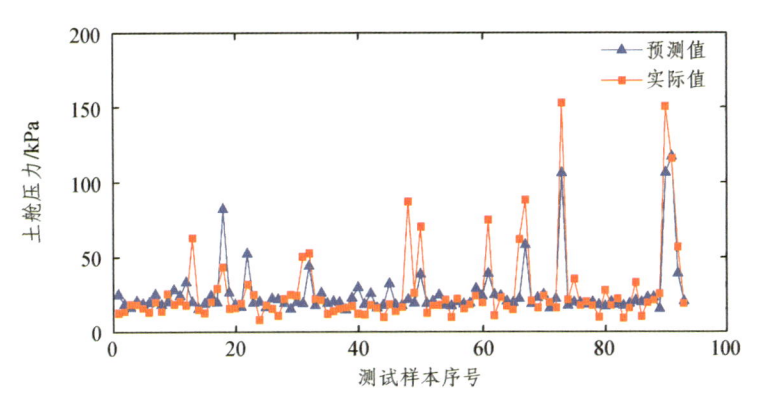

图 4-19 基于 BPNN 模型的土舱压力预测

表 4-8 展示了基于 BPNN 模型的土舱压力预测的统计指标。由表 4-8 可知，训练集的 *RMSE* 为 0.093，*MAE* 为 0.058，R^2 为 0.90，*RMSE* 和 *MAE* 值均处于较低水平，R^2 处于较高水平，表明 BPNN 模型训练效果良好。测试集样本的 *RMSE* 为 0.051，*MAE* 为 0.090，R^2 为 0.87，测试集精度与训练集精度差异较小，表明模型未出现过拟合，其预测结果可信度较高。

表 4-8 基于 BPNN 模型的土舱压力预测统计指标

指标	训练集	测试集
RMSE	0.093	0.051
MAE	0.058	0.090
R^2	0.900	0.870

4.4.5 基于 CNN 的土舱压力预测

CNN 模型参数设置：输入层神经元节点数为 4，第一卷积层卷积核个数为 32，卷积核尺寸为 3×1，第二卷积层卷积核个数为 64，卷积核尺寸为 3×1，全连接层神经元个数为 100，输出层神经元节点数为 1。

图 4-20 展示了基于 CNN 模型的土舱压力预测结果。从图 4-20 中可以看出，与前文所使用的机器学习算法相比，CNN 模型对实际土舱压力值大于 50 kPa 的样本的预测效果更好；但是当实际土舱压力值处于 0~50 kPa 时，个别样本预测结果与实际值有一定差异（如图中第 34、36、42、48 号样本）。

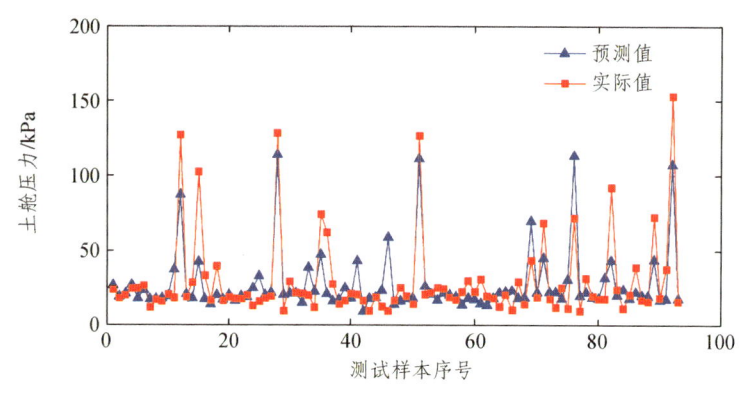

图 4-20　基于 CNN 模型的土舱压力预测

表 4-9 展示了基于 CNN 模型的土舱压力预测的统计指标。由表 4-9 可知，训练集的 $RMSE$ 为 0.095，MAE 为 0.056，R^2 为 0.92，$RMSE$ 和 MAE 值均处于较低水平，R^2 处于较高水平，表明 CNN 模型训练效果良好。测试集样本的 $RMSE$ 为 0.100，MAE 为 0.065，R^2 为 0.89，测试集精度与训练集精度差异较小，表明模型未出现过拟合，其预测结果可信度较高。

表 4-9　基于 CNN 模型的土舱压力预测统计指标

指标	训练集	测试集
$RMSE$	0.095	0.100
MAE	0.056	0.065
R^2	0.920	0.890

4.5　基于机器学习的地表沉降预测模型

由于盾构隧道施工引起地层变形响应具有多因素与非线性的特点，传统的理论与模型难以反映这一复杂的关系，利用机器学习模型实现地层沉降的智能预测已成为重要的研究方向，但已有的方法沉降预测模型存在着泛化能力差、可解释性不强的问题。本节以皂角井站—太慈桥站盾构区间工程为背景，引入了支持向量机、随机森林、决策树、BP 神经网络和卷积神经网络等机器学习算法对盾构隧道施工引起的地表沉降问题进行预测。

将皂角井站—太慈桥站盾构区间不同区段共 97 组地表沉降监测数据与相应的掘进参数作为分析对象，该区间段盾构全部位于中风化白云岩、中风化石灰岩中，埋深、地层环境等外部变量影响较小。因此，可近似认为地质条件和埋深条件对地表沉降无影响，仅掘进参数会对地表沉降产生影响。取最后一次地表监测值作为最终的沉降值并作为输出变量，取位于监测点位正下方时的掘进数据作为输入变量。随机选择其中 77 组数据作为训练集，20 组数据作为测试集。由于 5 个掘进参数和地表沉降值的量纲不同，量级差异较大，将其进行归一化处理，即将数据等比例映射到[0，1]区间，具体处理见式（4-17）。

采用均方根误差（$RMSE$）、平均绝对误差（MAE）和决定系数（R^2）作为模型的评价指标。其中，$RMSE$ 和 MAE 值越小，表明数据预测精度越高；R^2 取值为 0～1，越接近 1，证明数据拟合程度越好。

4.5.1 基于 SVM 的地表沉降预测

SVM 参数设置：惩罚因子 C 设置为 5.0，核宽度 d 设置为 0.004，分别选择线性核函数（linear）、多项式核函数（poly）以及径向基函数（rbf）作为核函数。

图 4-21 展示了基于 SVM-linear 模型的地表沉降预测结果。由图 4-21 可知，在训练集中，基于 SVM-linear 模型的预测结果和实际沉降值拟合程度不高，表明模型训练效果不佳；在测试集中，预测结果大部分集中在-2~0 mm，虽然与实际的地表沉降值有一致的趋势，但精度较差，仅个别样本预测较为准确（如测试集中第 6、8、9、10 号样本）。linear 核非线性拟合能力有限，后文将采用不同核函数进行处理。

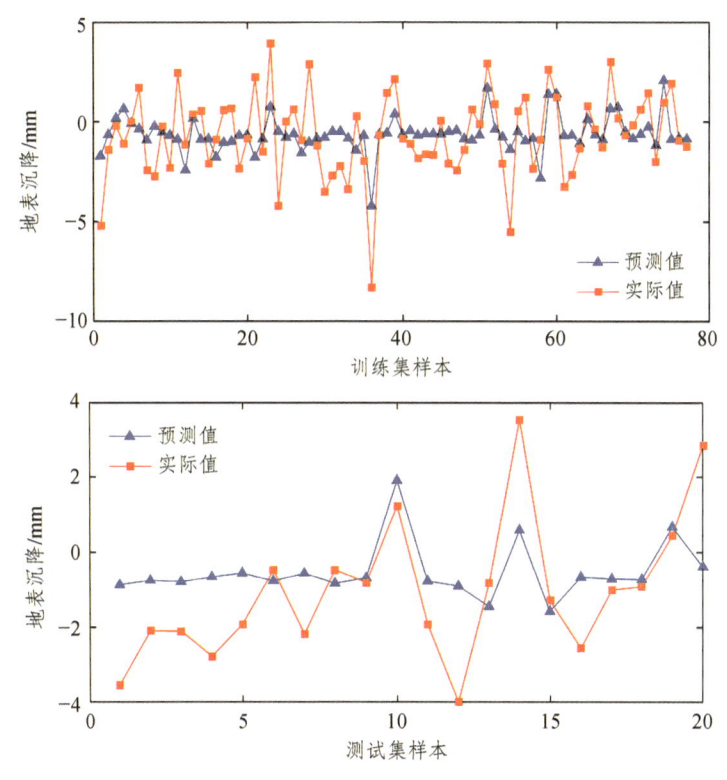

图 4-21　基于 SVM-linear 模型的地表沉降预测

表 4-10 展示了基于 SVM-linear 模型的地表沉降预测的统计指标。由表 4-10 可知，训练集的 $RMSE$ 为 0.135，MAE 为 0.105，R^2 为 0.75，$RMSE$ 和 MAE 值均处于较低水平，R^2 处于较高水平，SVM-linear 模型训练效果一般。测试集样本的 $RMSE$ 为 0.146，MAE 为 0.118，R^2 为 0.62，虽然测试集精度与训练集精度差异较小，但精度不高。

表 4-10　基于 SVM-linear 模型的地表沉降预测统计指标

指标	训练集	测试集
$RMSE$	0.135	0.146
MAE	0.105	0.118
R^2	0.750	0.620

图 4-22 展示了基于 SVM-poly 模型的地表沉降预测结果。由图 4-22 可知，在训练集中，基于 SVM-poly 模型的预测结果和实际沉降值拟合程度较高，表明模型训练效果良好；在测试集中，预测结果实际的地表沉降值趋势一致，且精度较高，仅个别样本预测偏差较大（如测试集中第 12、20 号样本）。

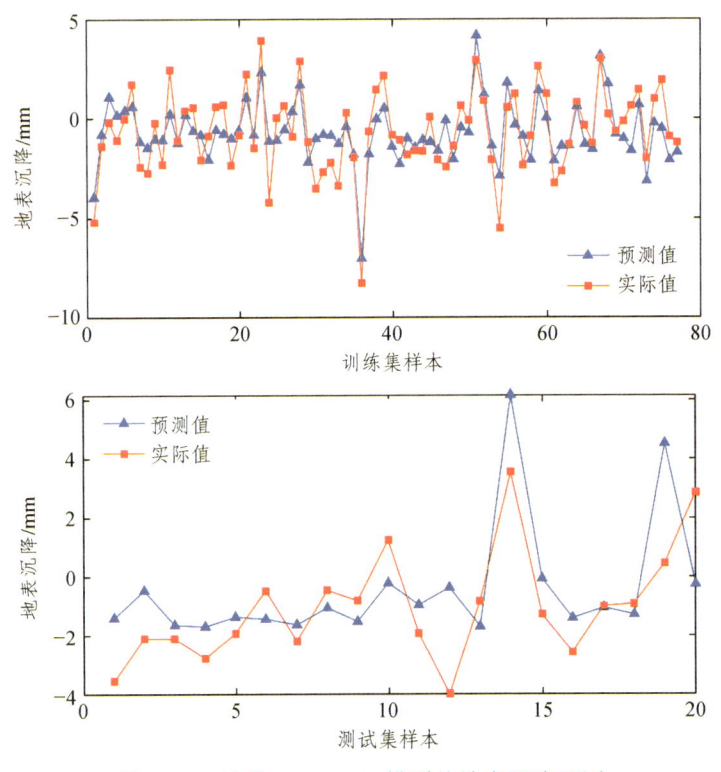

图 4-22 基于 SVM-poly 模型的地表沉降预测

表 4-11 展示了基于 SVM-poly 模型的地表沉降预测的统计指标。由表 4-11 可知，训练集的 RMSE 为 0.104，MAE 为 0.091，R^2 为 0.85，RMSE 和 MAE 值均处于较低水平，R^2 处于较高水平，表明 SVM-poly 模型训练效果较好。测试集样本的 RMSE 为 0.142，MAE 为 0.115，R^2 为 0.82，测试集精度与训练集精度差异较小，预测结果可信度高。

表 4-11 基于 SVM-poly 模型的地表沉降预测统计指标

指标	训练集	测试集
RMSE	0.104	0.142
MAE	0.091	0.115
R^2	0.850	0.820

图 4-23 展示了基于 SVM-rbf 模型的地表沉降预测结果。由图 4-23 可知，在训练集中，基于 SVM-rbf 模型的预测结果和实际沉降值拟合程度较高，表明模型训练效果良好；在测试集中，其预测结果与 SVM-poly 模型较为相近，预测结果与实际的地表沉降值趋势一致，预测精度较高，仅个别样本预测偏差较大（如测试集中第 12、20 号样本）。

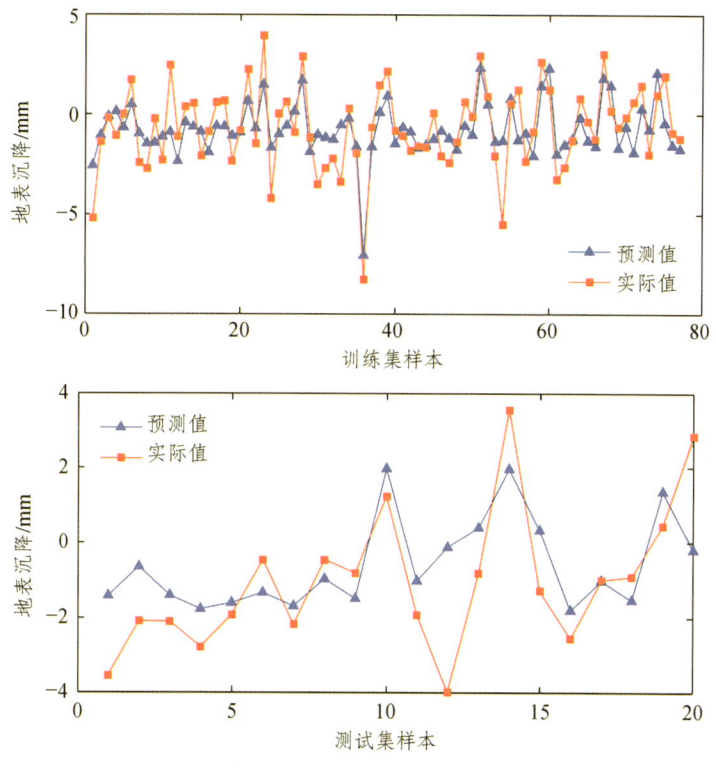

图 4-23　基于 SVM-rbf 模型的地表沉降预测

表 4-12 展示了基于 SVM-rbf 模型的地表沉降预测的统计指标。由表 4-12 可知，训练集的 *RMSE* 为 0.114，*MAE* 为 0.095，R^2 为 0.84，*RMSE* 和 *MAE* 值均处于较低水平，R^2 处于较高水平，表明 SVM-rbf 模型训练效果较好。测试集样本的 *RMSE* 为 0.121，*MAE* 为 0.096，R^2 为 0.82，测试集精度与训练集精度差异较小，预测结果可信度较高。

表 4-12　基于 SVM-rbf 模型的地表沉降预测统计指标

指标	训练集	测试集
RMSE	0.114	0.121
MAE	0.095	0.096
R^2	0.840	0.820

4.5.2　基于 RF 的地表沉降预测

RF 参数设置：分类器的个数 n_estimators 为 10，最大特征数目 max_features 为 50，最大深度 max_depth 为 25，子树划分条件 min_samples_split 为 2，叶子节点的最小样本数目 min_samples_leaf 为 1。

图 4-24 展示了基于 RF 模型的地表沉降预测结果。由图 4-24 可知，在训练集中，基于 RF 模型的预测结果和实际沉降值拟合程度极高，表明模型训练效果极好，模型训练可能存在过拟合；在测试集中，其预测结果与实际的地表沉降值趋势一致，预测精度较高，个别样本预测偏差较大（如测试集中第 1、4、12、20 号样本）。

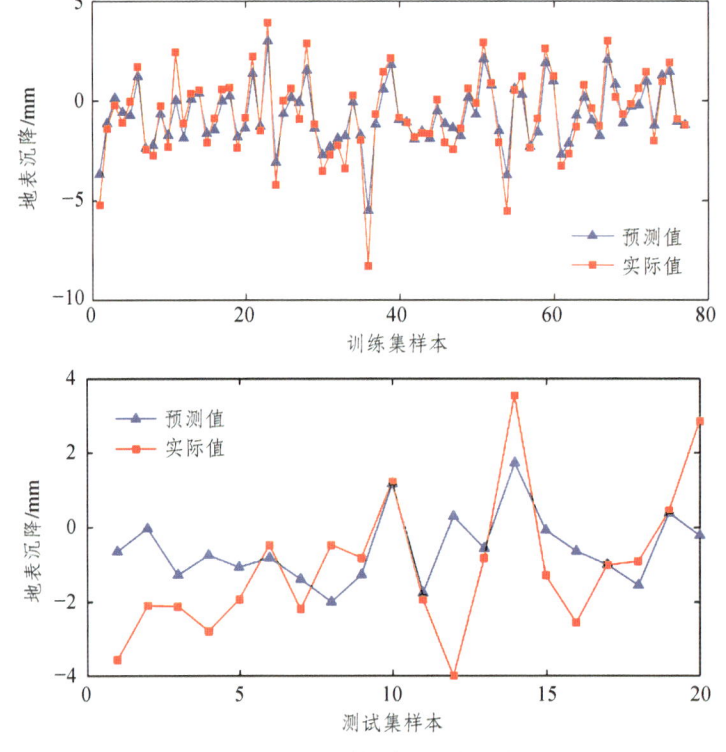

图 4-24　基于 RF 模型的地表沉降预测

表 4-13 展示了基于 RF 模型的地表沉降预测的统计指标。由表 4-13 可知，训练集的 $RMSE$ 为 0.063，MAE 为 0.048，R^2 为 0.80，$RMSE$ 和 MAE 值均处于极低水平，R^2 处于极高水平，表明 RF 模型训练效果较好。测试集样本的 $RMSE$ 为 0.139，MAE 为 0.103，R^2 为 0.75，测试集精度与训练集精度差异极大，说明模型存在过拟合，预测结果可信度较低。

表 4-13　基于 RF 模型的地表沉降预测统计指标

指标	训练集	测试集
$RMSE$	0.063	0.139
MAE	0.048	0.103
R^2	0.960	0.750

4.5.3　基于 DT 的地表沉降预测

DT 参数设置：基尼指数 criterion 设置为"gini"，拆分策略 splitter 设置为"best"，最大深度 max_depth 为 50，最大特征数目 max_features 为 25，子树划分条件 min_samples_split 为 2，叶子节点的最小样本数目 min_samples_leaf 为 1。

图 4-25 展示了基于 DT 模型的地表沉降预测结果。由图 4-25 可知，在训练集中，基于 DT 模型的预测结果和实际沉降值拟合程度极高（几乎完全一致），表明模型训练效果极好，模型训练可能存在过拟合；在测试集中，其预测结果与实际的地表沉降值差异较大，预测精度较差，仅个别样本预测较为准确，表明基于 DT 的模型已经过拟合，结果可信度差。

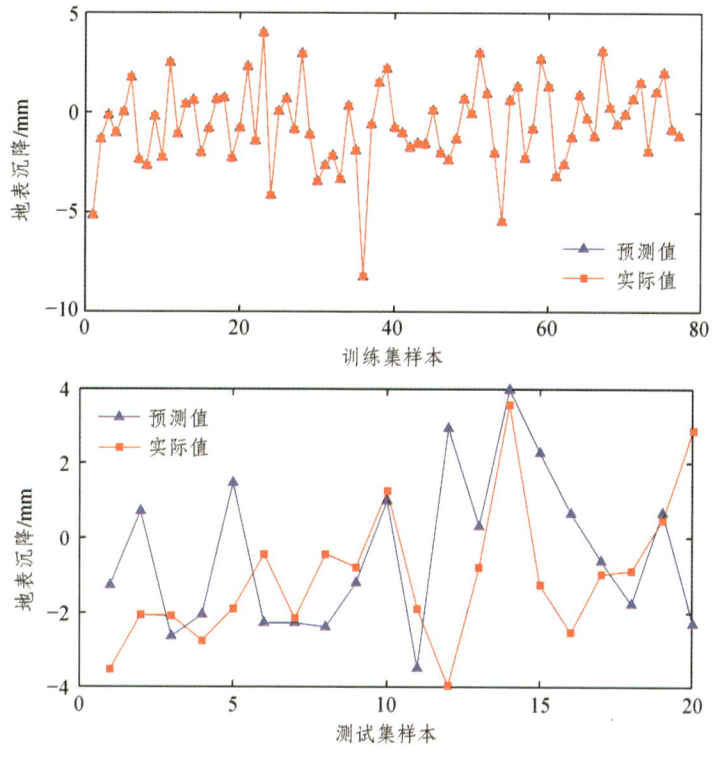

图 4-25　基于 DT 模型的地表沉降预测

表 4-14 展示了基于 DT 模型的地表沉降预测的统计指标。由表 4-14 可知，训练集的 $RMSE$ 为 0.011，MAE 为 0.008，R^2 为 0.99，$RMSE$ 和 MAE 值均处于极低水平，R^2 处于极高水平，表明 RF 模型训练效果极好。测试集样本的 $RMSE$ 为 0.211，MAE 为 0.153，R^2 为 0.51，测试集精度与训练集精度差异极大，说明模型存在过拟合验证，预测结果可信度差。

表 4-14　基于 DT 模型的地表沉降预测统计指标

指标	训练集	测试集
$RMSE$	0.011	0.211
MAE	0.008	0.153
R^2	0.990	0.510

4.5.4　基于 BPNN 的地表沉降预测

BPNN 参数设置：网络共设置 4 层，输入层神经元节点数为 4，第一隐含层神经元节点数为 25，第二隐含层神经元节点数为 50，输出层节点数为 1；激活函数为 sogmoid 函数，训练次数为 100 轮，训练批量为 16，训练过程中使用 adam 算法进行优化。

图 4-26 展示了基于 BPNN 模型的地表沉降预测结果。由图 4-26 可知，在训练集中，基于 BPNN 模型的预测结果和实际沉降值拟合程度较好，表明模型训练效果较好；在测试集中，预测结果实际的地表沉降值趋势基本一致，且精度较高，仅个别样本预测偏差较大（如测试集中第 1、12、20 号样本）。

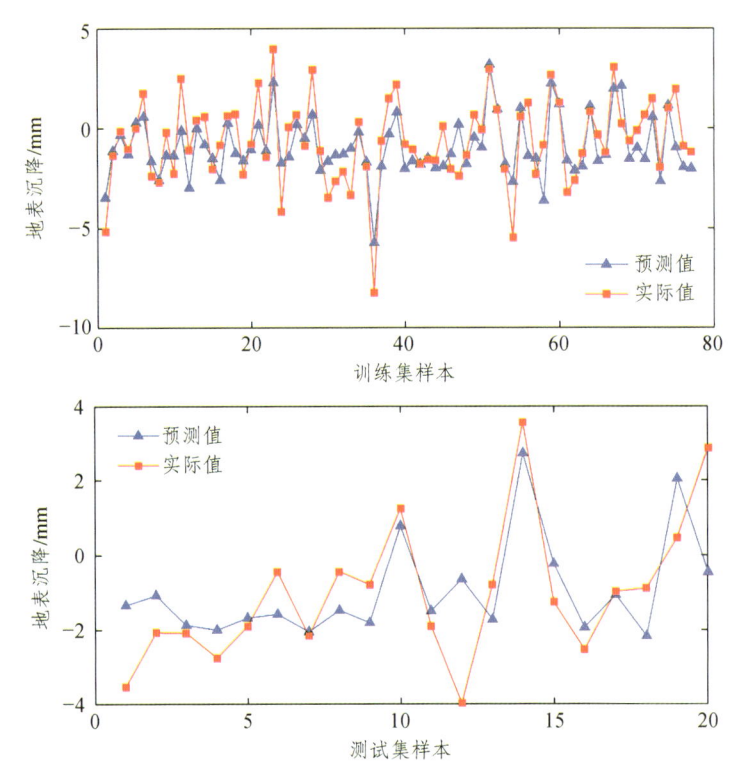

图 4-26 基于 BPNN 模型的地表沉降预测

表 4-15 展示了基于 BPNN 模型的地表沉降预测的统计指标。由表 4-15 可知，训练集的 *RMSE* 为 0.110，*MAE* 为 0.088，R^2 为 0.89，*RMSE* 和 *MAE* 值均处于较低水平，R^2 处于较高水平，表明 BPNN 模型训练效果较好。测试集样本的 *RMSE* 为 0.114，*MAE* 为 0.087，R^2 为 0.86，测试集精度与训练集精度差异较小，预测结果可信度高。

表 4-15 基于 BPNN 模型的地表沉降预测统计指标

指标	训练集	测试集
RMSE	0.110	0.114
MAE	0.088	0.087
R^2	0.890	0.860

4.5.5 基于 CNN 的地表沉降预测

CNN 模型参数设置：输入层神经元节点数为 4，第一卷积层卷积核个数为 32，卷积核尺寸为 3×1，第二卷积层卷积核个数为 64，卷积核尺寸为 3×1，全连接层神经元个数为 100，输出层神经元节点数为 1。

图 4-27 展示了基于 CNN 模型的地表沉降预测结果。由图 4-27 可知，在训练集中，基于 CNN 模型的预测结果和实际沉降值拟合程度较好，表明模型训练效果较好；在测试集中，预测结果实际的地表沉降值趋势基本一致，且精度较高，仅个别样本预测偏差较大（如测试集中第 1、12 号样本）。

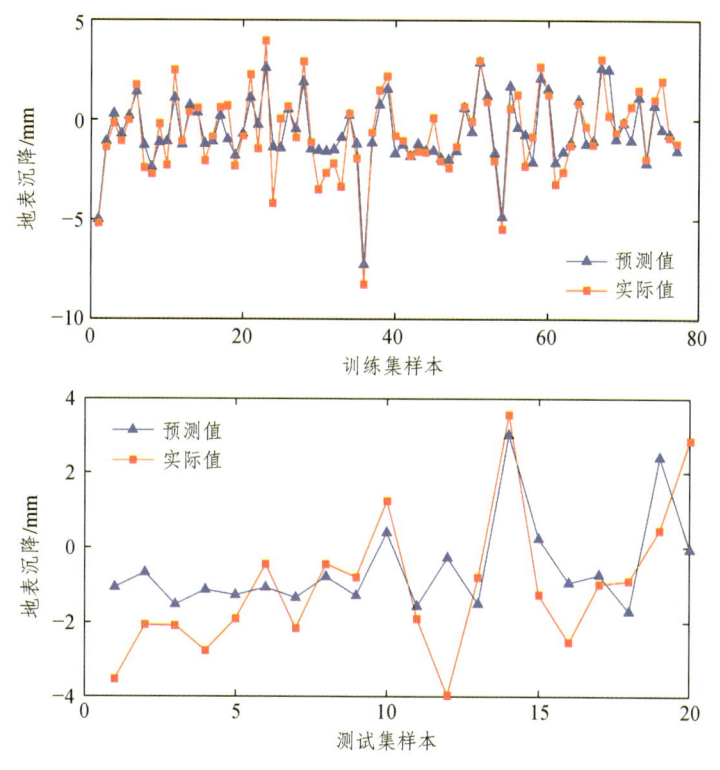

4 岩溶地区复杂地层盾构合理掘进参数研究

图 4-27 基于 CNN 模型的地表沉降预测

表 4-16 展示了基于 CNN 模型的地表沉降预测的统计指标。由表 4-16 可知，训练集的 $RMSE$ 为 0.079，MAE 为 0.058，R^2 为 0.92，$RMSE$ 和 MAE 值均处于较低水平，R^2 处于较高水平，表明 CNN 模型训练效果较好。测试集样本的 $RMSE$ 为 0.123，MAE 为 0.098，R^2 为 0.89，测试集精度与训练集精度差异较小，预测结果较为准确，可信度高。

表 4-16 基于 CNN 模型的地表沉降预测统计指标

指标	训练集	测试集
$RMSE$	0.079	0.123
MAE	0.058	0.098
R^2	0.920	0.890

4.6 本章小结

本章介绍了国内外对盾构掘进参数的研究方法和研究手段，对支持向量机（SVM）、随机森林（RF）、决策树（DT）、BP 神经网络（BPNN）和卷积神经网络（CNN）共 5 种机器学习算法进行了介绍，并结合皂角井站—太慈桥站盾构区间施工数据，对现场实际掘进盾构数据进行统计，得出了总推力、刀盘扭矩、刀盘转速、盾构推进速度、土舱压力随着盾构机推进的变化曲线，并分析了 5 个参数的相关性，利用支持向量机、随机森林、决策树、BP 神经网络和卷积神经网络等机器学习算法，建立了基于盾构掘进参数的土舱压力和地表沉降预测模型。主要结论如下：

（1）盾构机的总推力和总扭矩的变化较为一致，在第 0~第 300 环，总推力值变化平缓，基本稳定在 8 000~14 000 kN；盾构机掘进至第 300 环时，总推力值急剧下降至 5 000 kN，随后迅速上升至 15 000 kN；在第 350~第 600 环，总推力值趋于稳定，主要分布在 10 000~15 000 kN；盾构机掘进至第 600~第 700 环，总推力值急速增长超过 20 000 kN，随后下降到 9 000 kN，并在第 700~第 924 环基本稳定。

（2）盾构机的刀盘转速基本保持在 1.4~1.6 r/min，浮动范围约为 15%，在施工过程中刀盘转速受人为调控，变化幅度较小，而贯入度是通过推进速度与刀盘转速计算得到的，在刀盘转速变化幅度较小的情况下贯入度与推进速度的相关程度极高。总推力与刀盘扭矩、刀盘转速和土舱压力呈正相关，与土舱压力正相关性较强，与刀盘扭矩和刀盘转速正相关性较弱，但与推进速度有着较强的负相关性；推进速度主要与刀盘扭矩呈正相关、与土舱压力呈负相关，与刀盘转速没有显示出较强的相关性；刀盘扭矩主要与总推力、刀盘转速、推进速度有关，与土舱压力的相关性不明显。

（3）在基于机器学习的预测土舱压力的 5 种模型中，CNN 模型与其他模型相比，训练集的 $RMSE$ 为 0.095，MAE 为 0.056，R^2 为 0.92，$RMSE$ 和 MAE 值均处于较低水平，R^2 处于较高水平，表明 CNN 模型训练效果良好。测试集样本的 $RMSE$ 为 0.100，MAE 为 0.065，R^2 为 0.89，测试集精度与训练集精度差异较小，表明模型未出现过拟合，其预测结果可信度较高。即，CNN 对实际土舱压力值大于 500 kPa 的样本的预测效果更好；但是当实际土舱压力值处于 0~50 kPa 时，个别样本预测结果与实际值有一定差异。

（4）在基于机器学习的预测地表沉降的 5 种模型中，BPNN 和 CNN 的预测结果与实际沉降值拟合程度较好，表明模型训练效果较好；在测试集中，预测结果实际的地表沉降值趋势基本一致，且精度较高，仅个别样本预测偏差较大。

5 岩溶地区复杂地层变形与控制技术研究

本章主要研究岩溶地区复合多变地层中盾构掘进的三维空间地层变形特性、变形形态及地表沉降规律。通过分析不同工况下的地层响应，提出合理的土舱压力保持范围，以确保施工稳定性。此外，本章还探讨土压平衡盾构施工过程中土舱渣土的改良方法，研究不同材料参数对改良效果的影响，并对防止喷涌现象的措施进行评估。

5.1 盾构隧道施工过程的有限元模拟方法

5.1.1 盾构隧道的施工过程

盾构推进引起的围岩稳定性有明显的三维特性，与盾构自身的特征属性（刚度、自重、推力等）、施工进程以及具体操作密切相关。盾构掘进引起的围岩压力变化情况如图 5-1 所示。

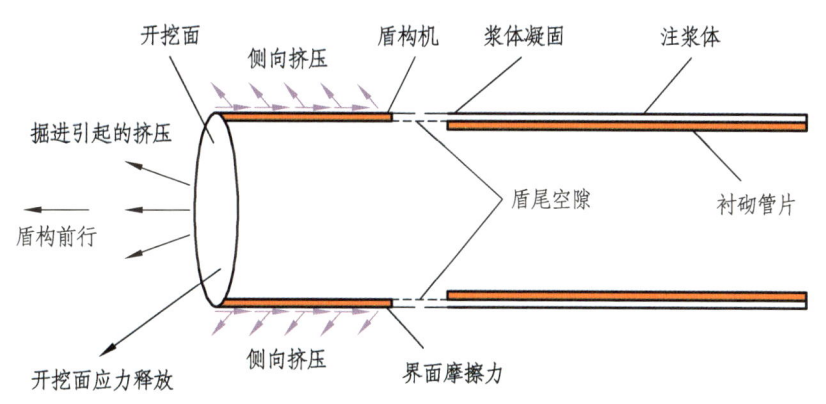

图 5-1 盾构掘进引起的围岩压力变化情况

盾构施工引起的围岩性质变化主要分为以下四个阶段：

（1）盾构开挖阶段。施加推进载荷后，刀盘切割土体，应力释放，盾构开挖面的土压力与后方的支护压力、盾构机和土层之间的摩擦力保持平衡，沿盾构机长度，周围土体的地应力因盾构机的刚性支护不会释放。盾构向前推进时盾构机与周围土体之间发生错动，周围土体对盾构产生摩擦力，周围土体受到盾构机的剪切和挤压作用。为了减小盾构机的摩阻力以使盾构机能够顺利前行，通常盾构的刀盘外径大于盾构机的外径，从而在盾构机外围产生一定厚度的间隙。

（2）盾尾注浆阶段。为减少因空隙引起的围岩变形，在盾尾脱离前，盾构推进的同时向盾尾空隙压注混凝土浆体。注浆压力与土体性质、隧道埋深、盾构机型、管片性质以及浆液材料等有关。

（3）盾尾脱开阶段。因盾尾脱开，衬砌与土层间的空隙将闭合，土体向盾构空隙位移量的大小与土体的性质、浆体力学性质、土体受扰动程度及浆体充填程度等有关。

（4）土体固结沉降阶段。注浆体随时间的凝固和土体的固结将引起管片与地层相互作用。随着浆体的凝固，地层的变形渐渐受到约束而将载荷传递给衬砌，另外围岩的变形因土体的固结而增大。

5.1.2 盾构隧道的施工过程的模拟方法

盾构前行实际上是盾构刚度和荷载的迁移，在盾首和盾尾预设单元，采用单元激活与杀死的方法处理单元刚度的变化，开挖面推进时，盾首逐渐深入，盾尾逐渐脱出。盾构前行的同时，盾构附属的其他结构包括荷载也必须前行。将盾构推进作为一个非连续的过程来研究，每次向前推进的长度为一个管片单元的宽度，同时变换单元材料。每顶进一环，盾首前方的开挖面土体单元和预设单元变为盾构单元和超开挖间隙单元，盾构壳尾部单元变化为盾尾空隙单元，而盾尾的空隙单元变为浆体单元，同时沿开挖方向激活一环管片单元，如图5-2所示。

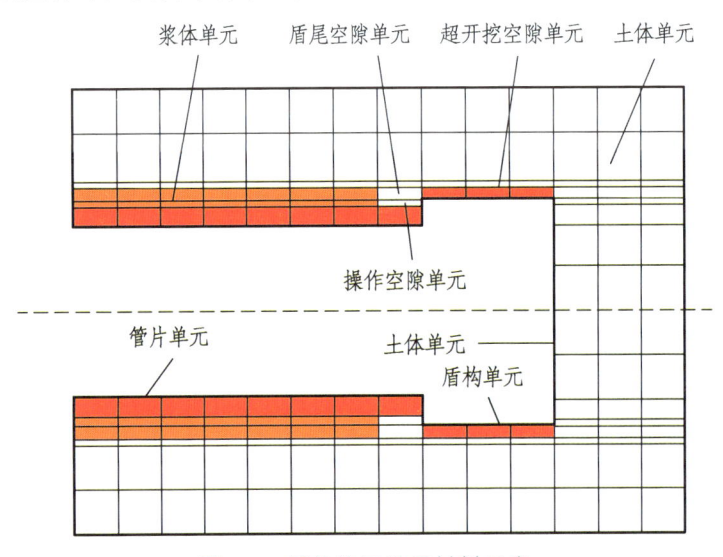

图5-2 盾构施工单元材料示意

5.1.3 反映施工质量的等代层模型

盾尾空隙主要由三部分组成：盾壳厚所占的体积；为了方便衬砌组装而预留的操作间隙；刀盘超开挖间隙。在盾构隧道的有限元分析中，衬砌管片与围岩之间的注浆体的处理是问题的关键，也是问题的难点。目前常用的处理方法主要有四种：

（1）认为注浆体完全充填于盾尾空隙，围岩没有向盾尾空隙收缩。

（2）不考虑注浆作用，认为围岩直接与衬砌相互作用。

（3）不考虑注浆作用，认为围岩的收缩量等于盾尾空隙。

（4）将实际的注浆层厚度看成盾尾空隙的折减，认为注浆层的厚度小于盾尾空隙。

在影响围岩稳定性的各因素中，土体及衬砌材料的力学性质可通过试验测定，难以确定的是盾尾空隙、土体向盾尾空隙的自然充填及注浆后浆体的分布情况、隧道壁面受扰动的程度和范围。在实际施工中,要分别进行量化是难以达到的,为此将它们概化为一均质、等厚、弹性的等代层,如图 5-3 所示。等代层的厚度可取为

$$\Delta = \eta \cdot \Delta \tag{5-1}$$

式中,Δ 为盾尾空隙的理论值,包括超开挖间隙、盾构壳厚度对应间隙以及操作间隙;η 为折减系数,取值范围为 0.7～2.0,对于硬土层,取下限,对极软土层取上限。

（a）盾尾空隙结构示意　　　　（b）等代层模型

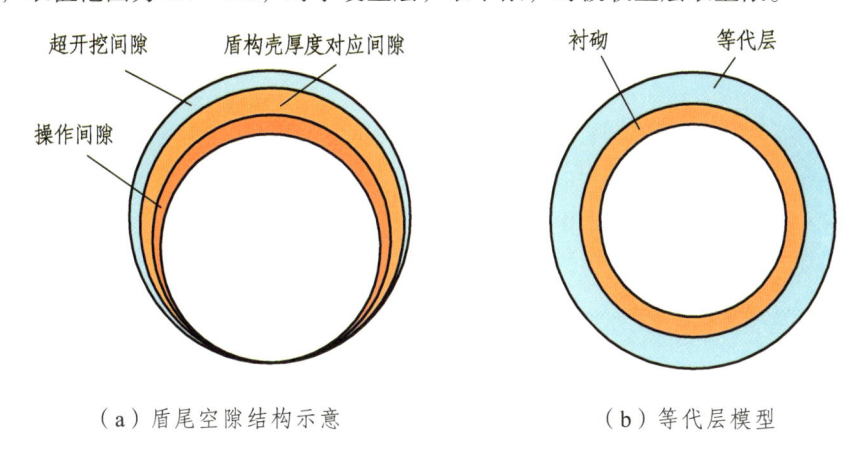

图 5-3　盾构施工等代层模型

在盾构隧道的有限元分析中,正确选定等代层参数非常重要,目前对等代层参数的取值还是经验的、近似的,在有实测位移资料时,可利用实测位移对等代层参数作反分析,以取得较为符合实际的计算参数。

5.2 盾构穿越复杂地层三维变形特性

贵阳市轨道交通 3 号线一期工程线路全长约 43 km,线路沿线地面高程普遍为 1 074～1 124 m,地势为两端高中间低,相对高差约 50 m。区间隧道主要穿越白云岩、灰岩等地层,局部区段存在上软下硬的现象,同时存在溶洞。

隧道衬砌为预制的钢筋混凝土管片,采用 1+2+3 分块。管片内径为 5 500 mm,外径 6 200 mm,厚 350 mm,宽 1 500 mm。衬砌采用 C50 混凝土。此外,盾构机刀盘采用复合式（辐条+面板）刀盘,盾构开挖直径为 6 490 mm,刀盘配置有 24 把滚刀,12 把边刮刀和 43 把刮刀。滚刀安装高度为 165 mm,边刮刀和刮刀的安装高度均为 115 mm。

5.2.1　计算模型

在本次计算中,做了如下假定:（1）岩土层为弹塑性材料,采用 Mohr-Coulomb 屈服准则;（2）盾构管片为弹性材料;（3）岩土层和盾构管片是均质各向同性材料。盾构内径为 5.5 m,外径为 6.2 m,由于板单元没有厚度,取内径和外径的平均值 5.85 m 作为数值模拟隧道截面的直径。隧道埋深为 22 m,模型宽度取 50 m,模型纵向长度取 45 m。采用位移边界条件,模型上表面为自由边界,约束模型底面各节点三个方向的平动自由度,约束模型侧面各节点的水

平向位移自由度。取平行隧道横断面水平向为 x 轴，竖向为 z 轴，沿隧道轴线推进方向为 y 轴，建立三维坐标系。

由于盾构外径较管片外径大，在管片与地层之间将形成一环形空隙，使得隧道周围土体暂时处于脱空状态，即为盾尾间隙。盾尾间隙通过壁后注浆进行填充，以防止围岩松弛和下沉。一般将盾尾间隙及其沿隧道径向向外延伸一定范围内的土体考虑为一个闭合圈层，即为等代层，在本次计算中，土体采用实体单元模拟，盾构管片采用板单元模拟，使用改变单元属性的方法模拟等代层。

5.2.2 岩土层材料参数

根据勘探结果，确定各地层与衬砌管片的物理力学参数，如表 5-1 所示。其中，泥质白云岩弹性模量要远小于白云岩的弹性模量，属于较软岩，则白云岩属于较硬岩，地层分层情况及模型如图 5-4 所示。土体采用实体单元模拟，材料强度准则符合 Mohr-Coulomb 弹塑性屈服准则。Mohr-Coulomb 屈服准则为

$$f' = \sigma_1 - \sigma_3 N_\varphi + 2c\sqrt{N_\varphi} = 0 \tag{5-2}$$

式中：$N_\varphi = \dfrac{1+\sin\varphi}{1-\sin\varphi}$，$\varphi$ 为摩擦角；c 为黏聚力；σ_1、σ_3 分别为第一、第三主应力。

表 5-1　有限元部分模型宏观物理力学参数

介质	容重/(kN/m³)	黏聚力 c/MPa	内摩擦角 φ/(°)	弹性模量 E/GPa	泊松比 μ
红黏土	17.1	40	10	0.90	0.30
泥质白云岩	26.5	210	42	12.40	0.29
白云岩	27.5	450	45	37.18	0.27
管片	25	—	—	34.50	0.20

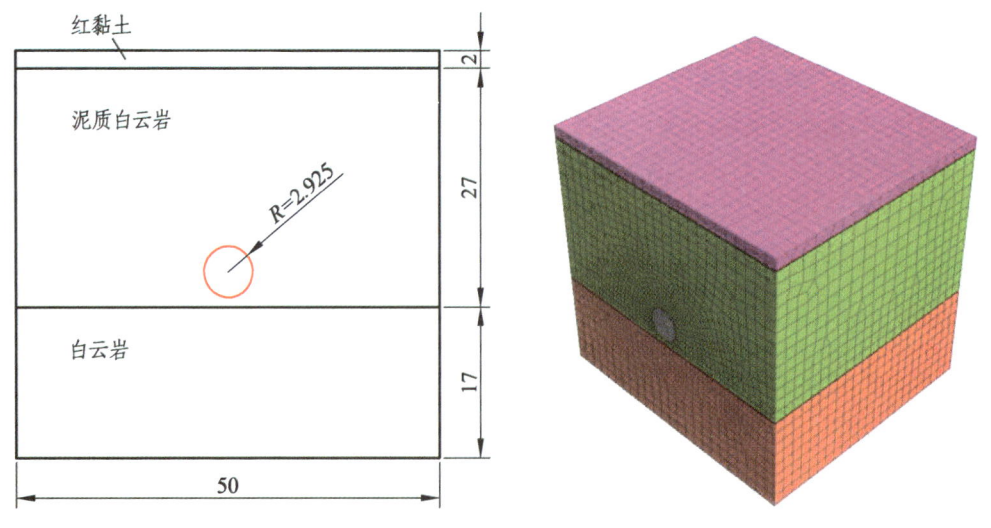

图 5-4　数值计算模型（单位：m）

5.2.3 盾构施工过程模拟

盾构隧道施工过程如图 5-5 所示。隧道总长为 45 m，盾构机从 $y=0$ m 处推进至 $y=45$ m，每次开挖 1 环，即为 1 m，分 45 步完成开挖。通过 Midas GTS 实现对土体开挖的模拟，在隧道开挖面施加面力以模拟开挖面支护力，开挖后释放隧洞边界地层应力 25%，然后进行第一次开挖计算；进行管片拼装和壁后注浆，壁后注浆采用等代层来模拟，通过改变等代层厚度及参数可模拟壁后注浆状态和效果，释放隧洞边界全部地层应力并进行计算；依次进行下一步开挖计算，直至隧道全部开挖完成。

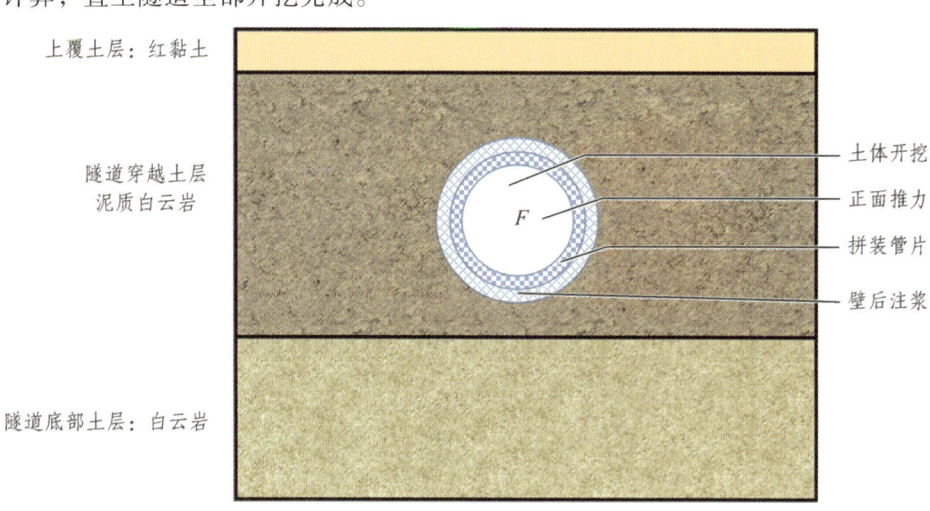

图 5-5 盾构隧道施工示意

5.2.4 地层位移分析

在该种复杂地层条件下，隧道开挖过程地层变形云图如图 5-6 所示，从该云图可以看出：

（1）在隧道掘进从初始位置推进至 5 m 的过程中，地层受到开挖扰动影响较大，此时地层的位移从开挖面逐渐向地表及隧道轴线方向发展，此时地表沉降值约为 1.14 mm。与此同时，横向地层也有明显的沉降变化，且较纵向沉降更为显著，沉降值约为 1.8 mm。

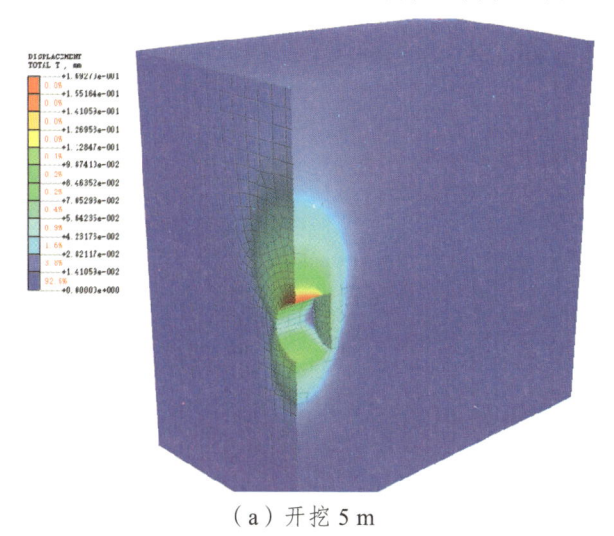

（a）开挖 5 m

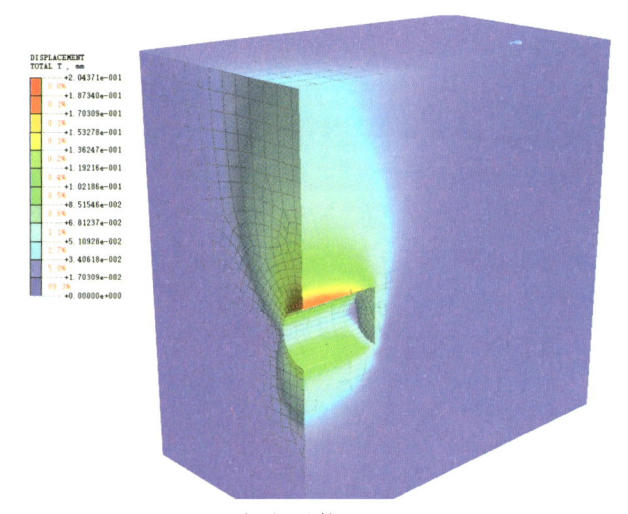

(b)开挖 10 m

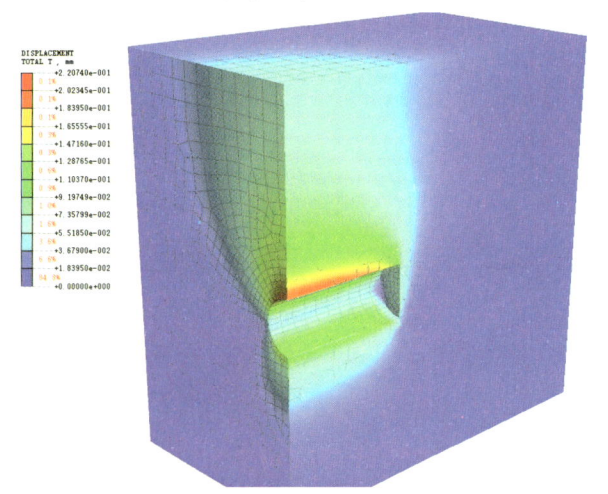

(c)开挖 15 m

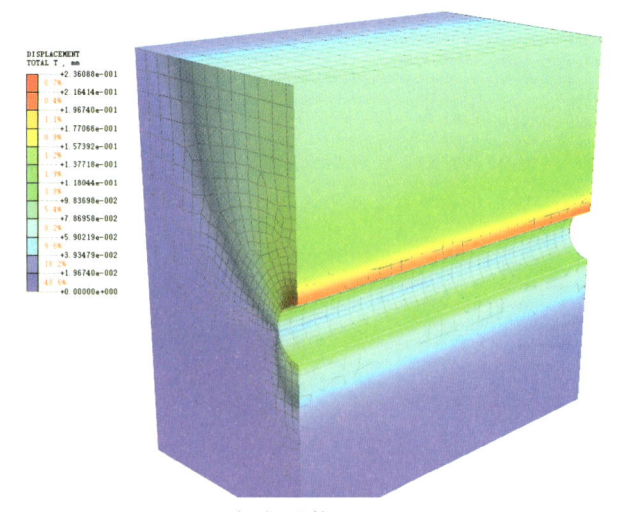

(d)开挖 45 m

图 5-6　开挖过程地层变形云图

（2）在 10~45 m 的盾构隧道掘进过程中，随着推进的进行，地层的位移变化主要集中隧道掘进的轴线方向，并向掘进方向发展延伸，横向地层的位移随着掘进的深入逐渐增加，但总体变形趋势较为一致。从这里可以看出，盾构隧道施工对地层扰动的变形影响与掘进时间有着较强联系，有着随时间发展而改变的规律，所以在盾构施工过程中，加强隧道测量与监测是极有必要的。

（3）盾构开挖过程中，在工作面施加支撑力后，开挖前方的土体位移明显减少，隧道周围的地层扰动面积也明显减少。由此可见，合理设置工作面的支护力，对稳定工作面的土体，减少土体扰动程度有积极意义，在实际施工中应予以考虑。

（4）在盾构机进入洞口以及完成掘进后出洞的过程中，地层的位移量以及扰动范围均要明显大于隧道掘进中段。因此盾构进出洞口均存在一定风险，在具体施工过程中也应当采取相应的保障措施以保证盾构施工安全顺利进行。

5.2.5 横向地表沉降分布规律

当盾构推进至 45 m 处时，盾构开挖面前 5 m 及开挖面后 5 m、10 m、45 m 处的横向地表沉降曲线如图 5-7 所示。由图可得，盾构施工引起的横向地表沉降呈"V"形，隧道中心正上方地表沉降最大；随着开挖的不断进行，地表沉降量及沉降范围逐渐增大，而后趋于稳定，最终形成的沉降槽宽度约为 6D，此沉降槽宽度略大于一般地层，主要原因是富水砂层中盾构施工对周围地层的扰动影响程度较大。

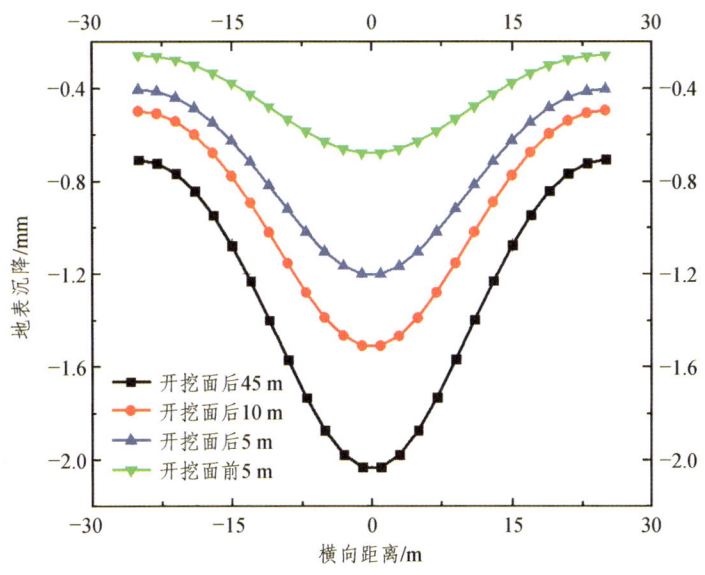

图 5-7 不同断面横向地表沉降曲线

隧道开挖完成后（即开挖面后 45 m 处）横断面地表沉降曲线与现场实测值以及经验公式计算结果的对比如图 5-8 所示。从图中可以看出，数值模拟计算结果与现场实测值基本吻合，同时与各经验公式在趋势上具有较好的一致性。由 Peck 公式、Sagaseta 公式、数值模拟和现场实测所得到的该位置横向地表最大沉降值分别为 1.31 mm、0.64 mm、2.03 mm、1.97 mm。以现场实测数据作为参考基准，即为 100%，各方法所得沉降最大值与实测值比较结果如表 5-2 所示。由表 5-2 可以看出，数值模拟结果与现场实测值基本保持一致，说明模拟结果具有可信性，Peck 公式计算所得结果与实测结果相比具有较为一致的趋势，而采用 Sagaseta 公式计算得出的地表沉降值与实测值相比偏小。

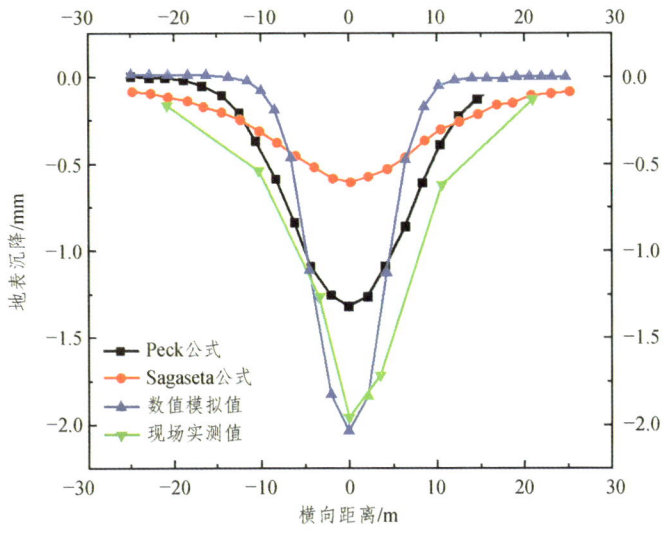

图 5-8 横向地表沉降曲线对比

表 5-2 地表沉降最大值比较

名称	Peck 公式法	Sagaseta 公式法	数值模拟结果	现场实测值
地表沉降最大值/mm	1.31	0.64	2.03	1.97
比例/%	66.5	32.5	103	100

5.2.6 纵向地表沉降分布规律

当盾构机由开挖面推进至 45 m 的过程中，隧道中心线正上方地表纵向沉降曲线如图 5-9 所示。从该图可以看出，由盾构施工所造成的地表纵向沉降曲线总体呈现出倒"S"形，开挖沉降随着盾构推进逐渐增大，在推进至一定位置后，地表纵向沉降趋于稳定，在盾构机进洞

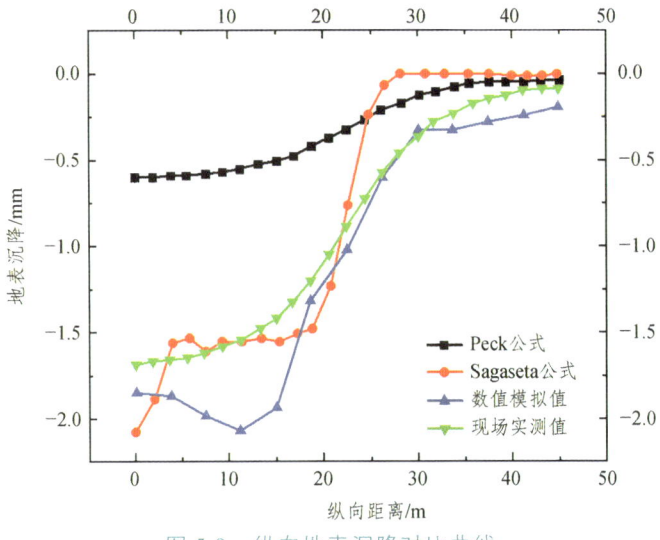

图 5-9 纵向地表沉降对比曲线

一定深度内地表沉降较大，这是由于盾构初始进洞段对地层扰动较大引起的，之后逐渐减小而趋于稳定。同时，数值模拟计算的纵向地表沉降历时曲线与采用 Sagaseta 公式、修正 Sagaseta 公式计算及现场实测所得的变形趋势基本一致。由此说明，数值模拟能较好地模拟盾构施工引起的地层位移，变形计算结果可供实际工程施工变形预测参考。

5.3 地表沉降预测公式

5.3.1 Peck 公式

Peck 公式认为，在不排水的状态下，隧道施工引起的地表变形在横断面上呈近似正态分布，如图 5-10 所示，公式为

$$S(x) = S_{\max} \exp\left(-\frac{x^2}{2i^2}\right) \tag{5-3}$$

$$S_{\max} = \left(\frac{V_i}{i\sqrt{2\pi}}\right)_{\max} \tag{5-4}$$

$$i = \frac{Z}{\sqrt{2\pi}\tan\left(45° - \frac{\varphi}{2}\right)} \tag{5-5}$$

式中：$S(x)$ 为距隧道中线 x 处的地面沉降量；$S_{\max}$ 为隧道中线处的地面沉降量；x 为距隧道中线的距离；i 为沉降槽宽度系数，即沉降曲线反弯点的横坐标；V_i 为盾构施工引起的隧道单位长度损失体积；φ 为隧道周围地层内摩擦角；Z 为地表至隧道中心深度。

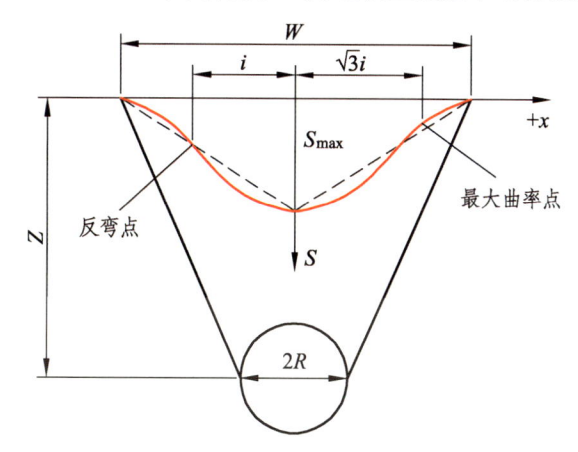

图 5-10 地表沉降横向分布曲线

5.3.2 基于 Peck 公式的回归与分析方法

对 Peck 公式进行线性回归分析可得：

$$\ln S(x) = \ln S_{\max} \frac{1}{i^2}\left(-\frac{x^2}{2}\right) \tag{5-6}$$

以 $\ln S(x)$ 和 $-\dfrac{x^2}{2}$ 为回归变量进行求解，令 $\ln S(x)$ 为回归后的常数项，$-\dfrac{x^2}{2}$ 为回归后的线性系数，回归过程如下：

$$\begin{cases} S_{xx} = \sum \left(\dfrac{x_i^2}{2}\right)^2 - \dfrac{1}{n}\left(\sum \dfrac{x_i^2}{2}\right)^2 \\ S_{xy} = \sum \left[\left(\dfrac{x_i^2}{2}\right)^2 \ln S(x_i)\right] - \dfrac{1}{n}\sum \left(\dfrac{x_i^2}{2}\right)\sum \ln S(x_i) \\ S_{yy} = \sum \ln^2 S(x_i) - \dfrac{1}{n}\left[\sum \ln S(x_i)\right]^2 \\ \hat{b} = \dfrac{S_{xy}}{S_{xx}} \\ \hat{a} = \overline{\ln S(x_i)} - \hat{b} \times \overline{\dfrac{(-x^2)}{2}} \end{cases} \quad (5\text{-}7)$$

线性回归方程变为

$$\ln S(x) = \hat{a} + \hat{b}\left(-\dfrac{x^2}{2}\right) \quad (5\text{-}8)$$

式中：$\hat{a}$ 为回归方程的常数项；$\hat{b}$ 回归方程的线性系数；x_i 为第 i 个沉降监测点到隧道中心线的距离。

上述方程回归后可得：

$$S = \exp(\hat{a}) \quad (5\text{-}9)$$

$$i = \dfrac{1}{\sqrt{\hat{b}}} \quad (5\text{-}10)$$

回归曲线为

$$S = \exp(\hat{a})\exp\left(-\dfrac{\hat{b}x^2}{2}\right) \quad (5\text{-}11)$$

线性相关关系采用 r 检验：

$$r = \dfrac{S_{xy}}{\sqrt{S_{xx}}\sqrt{S_{yy}}} \quad (5\text{-}12)$$

当满足 $r_{0.01}(n-2) > r > r_{0.05}(n-2)$ 的条件时，回归函数的线性关系显著。

5.4 土压平衡盾构渣土改良方法

土压平衡盾构在千斤顶的推力作用下向前掘进时，刀盘在扭矩作用下切削的土体充满土压力舱，经过搅拌后使得土压力舱中的渣土具有良好的流塑性，便通过控制螺旋输送机的转速和千斤顶的推进速度，维持开挖土量与排土量的平衡，确保土压力舱内的土压力能动态平衡掌子面的水土压力，从而实现掌子面的稳定，以防止地表沉降过大。也就是说，为了保证土压力舱内形成持续稳定的土压力的基本条件是切削下来的土体具有良好的流塑状态。

但是，由于我国国土辽阔，地质条件复杂多变且地铁建设城市分布广泛，城市施工条件差别较大，北有以北京为代表的砂卵石地层，南有以广州为代表的复合地层，西有以成都为代表的砂卵石、泥岩地层，东有以上海为代表的软黏土地层。故土压平衡盾构机开挖切削的土体经过直接搅拌后一般不具有良好的流塑状态，在掘进过程中不可避免地会出现盾构姿态控制困难、刀具磨损严重、刀盘扭矩过大、刀盘结泥饼、螺旋输送机喷涌、地表沉降过大、管片破损和错台、螺旋输送机出渣困难等复杂问题，渣土改良技术是保证盾构机高效率掘进的关键。

贵阳市轨道交通 3 号线一期工程盾构区间工程建设过程中存在诸多技术难题。其中，现场使用的土压平衡盾构在穿越白云岩、灰岩等地层时，刀盘切削下来的渣土不具备良好的流塑状态，导致出现盾构掘进速度变慢、刀盘磨损严重、刀盘扭矩过大、刀盘结泥饼等影响掘进效率的现象。

因此，针对贵阳白云岩、灰岩等地层开展渣土改良技术研究，是保证土压平衡盾构经济、安全和环保施工的前提和基础，对加快城市地铁施工速度、提高盾构掘进效率具有重要意义。

5.4.1 常见渣土改良难题

我国国土辽阔，地质条件复杂多变，例如天然状态下的淤泥质黏土地层和粉质黏土地层等，经盾构开挖直接搅拌后便具有良好的流塑状态，土压平衡盾构适合在这类地质条件下的地层中施工。又例如天然状态下的砂性地层、花岗岩地层、泥岩地层、复合地层和卵石地层等，经盾构开挖直接搅拌后不具有良好的流塑状态，从而给盾构施工带来难题。土压平衡盾构施工的常见难题有以下几种：

（1）刀盘结泥饼。

刀盘结泥饼指土压平衡盾构在内摩擦角较小、黏聚力较大的泥岩、砂岩、粉土等黏性地层中施工时，刀盘切削下来的细小岩土颗粒、碎屑黏附在刀盘上，在千斤顶推力的作用下易发生压密和固结排水，最终在刀盘上形成半固结或固结状的块状体。刀盘结泥饼后，若不及时处理，则泥饼将不断堆积和扩大，使得刀具的贯入度降低，影响盾构机的开挖效率。当泥饼完全覆盖刀盘后，若盾构机继续推进，刀盘高速旋转后与周围土体介质摩擦生热，对泥饼有"烧结促成"的作用，最终固结成岩，使盾构机彻底失去开挖能力。刀盘泥饼的存在常常导致盾构机出现掘进参数突变、渣温过高、施工效率大大降低等情况，增加了掘进风险；同时加重了盾构机刀盘和刀具的负荷，导致主轴承温度过高，加速了盾构机的损坏。

（2）土压力舱闭塞。

土压力舱闭塞是指刀盘切削下来的渣土在土压力舱内受力成拱，盾构机不能通过螺旋输送机顺利排出渣土，若此时盾构机继续推进，将导致渣土在土压力舱内堆积并压实最终充满土压力舱。压实的渣土又将增加搅拌翼板的阻力，造成刀盘扭矩和千斤顶推力的增大，最终导致盾构机无法继续施工，严重影响施工进度。这种难题主要是由于进入土压力舱内的渣土不具备良好的"塑性流动状态"，渣土的内摩擦角较大，盾构机土压力舱与渣土的摩擦系数较大，当渣土受到较大的掌子面压力和千斤顶推力时，渣土便容易黏附在压力舱的侧壁上，随着黏附的渣土逐渐增多，渣土在土压力舱成拱，导致土压力舱闭塞，如图 5-11 所示。

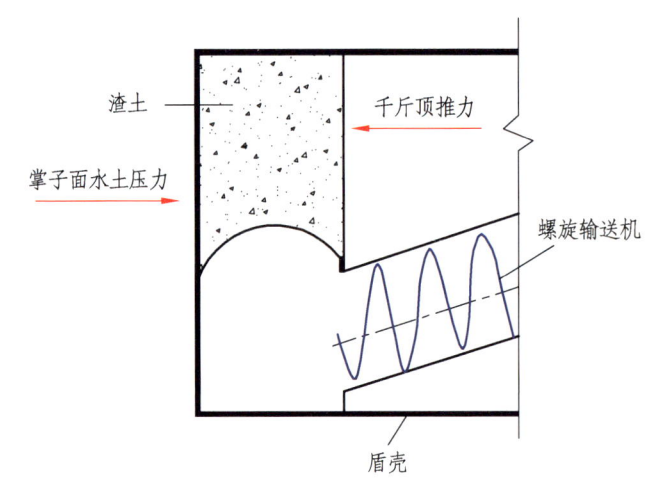

图 5-11　土压力舱内渣土受力成拱

（3）螺旋输送机喷涌。

螺旋输送机喷涌指土压平衡盾构施工时土压力舱和螺旋输送机内的渣土不能完全有效平衡掌子面的水压力，渣土在螺旋输送机排出口时，渣土内的水具有一定的水压力，导致在排出口出现喷水、喷泥、喷砂的现象。正常工作状态下，渣土在螺旋输送机排出口时，渣土内水压力接近 0，螺旋输送机是流塑或软塑固体渣土的输送通道。但在喷涌时，它转变成具有一定压力的液体管道，大量的高压泥浆从螺旋机出口喷射而出，严重地污染盾体及隧道内的施工环境，以至于不得不停机处理，延误工期。螺旋输送机喷涌严重时，大量的喷涌会造成密封土舱突然卸压从而导致掌子面失稳，引起地表严重沉降。

（4）掌子面失稳。

掌子面失稳是指土压平衡盾构施工时密封土压力舱内的土压力不能平衡掌子面释放的水土压力，引发掌子面坍塌或涌水，导致掌子面失稳。为了保证掌子面的稳定，必须采用渣土改良技术，使切削下来的土体经搅拌后具有良好的流塑状态，常见的办法是使用合理的改良剂来改良渣土的状态，确保土压力舱内的土压力能动态平衡不同地质条件下掌子面的水土压力，使改良后的渣土能够满足土压平衡盾构的施工要求。

5.4.2　改良渣土的塑性流动状态

从土力学角度分析改良渣土的"塑性流动状态"，主要包括以下几个方面：

（1）渣土处于固结排水较难的状态。若土压力舱内的渣土在千斤顶推力的作用下快速排水固结，渣土中的自由水与渣土分离后，渣土易形成半固结或固结状的块状体，最终导致盾构机出现"结泥饼"现象，并且严重影响土压力舱内的渣土循环和排出。

（2）渣土处于含水率较高而抗剪强度较低的状态。该状态下的渣土利于土压力舱内翼板的搅拌和螺旋输送机的旋转，并且渣土在挤压作用下更易发生"挤牙膏"效应，保证螺旋输送机顺利排土；

（3）渣土处于渗透性差的状态。当土压力舱内的渣土具有一定的不透水性时，掌子面处存在的水压力才能被有效平衡，同时也能避免螺旋输送机排出口处出现"喷涌"现象；

（4）渣土处于内摩擦角较低的状态。该状态下的渣土利于减轻盾构机刀盘和刀具的负荷，降低了刀盘的扭矩，减小了刀具的磨损。

改良渣土的塑性流动状态应通过坍落度、内摩擦角、渗透系数和压缩系数等基本物理力学指标进行衡量，具体如下：

（1）坍落度。土压力舱内渣土的和易性直接决定了螺旋输送机能否顺利排土。若渣土的和易性满足要求，螺旋输送机的排土量便可以得到有效控制，从而维持排土量与开挖土量的平衡，确保掌子面的稳定。实验室一般通过测量改良渣土的坍落度来评价渣土的和易性，对于不同地质条件，渣土的坍落度分布在 80～250 mm。

（2）内摩擦角。内摩擦角作为土的抗剪强度参数，对刀盘的扭矩、刀具的磨损和土压力舱的闭塞有着重要的影响。一般来说，渣土的不排水抗剪强度小于 25 kPa 时，渣土的强度性质才能满足"塑性流动状态"的要求。

（3）渗透系数。渣土抗渗性的提高可避免螺旋输送机排出口处出现"喷涌"现象，大大降低掌子面失稳引起地表严重沉降的可能性。一般认为渣土的渗透系数小于 1×10^{-5} m/s 时，便可避免螺旋输送机发生"喷涌"。

（4）压缩系数。土压力舱内的土压力在盾构掘进过程中会发生上下波动，当渣土压缩系数越大时，渣土的灵敏度降低，盾构机对波动的土压力反应不敏感，可压缩性渣土发挥缓冲作用，利于土压力舱内形成动态变化的土压力。

5.4.3　泡沫改良渣土的微观机理

泡沫是泡沫剂与水首先在泡沫发生装置里面按照一定的比例混合形成发泡剂溶液，然后发泡剂溶液再与压缩空气混合，经发泡作用形成气泡。泡沫剂主要由表面活性剂、稳泡剂和增黏剂按一定比例混合形成，其中表面活性剂含量占 60%～85%，为泡沫剂的主要成分。泡沫剂中大量存在的表面活性剂具有发泡、润湿、增容、乳化和分散的作用。所以表面活性剂是泡沫剂具有发泡能力的主要原因，其作用机理为表面活性剂加入水溶液后使得气液界面表面张力显著降低，从而产生大量的稳定气泡。

当泡沫与渣土充分混合后，渣土从固-液二相体变成固-液-气三相体，渣土中的孔隙将由无数的气泡充满，渣土的压缩性得到显著提高，并且气泡的存在切断了孔隙水的渗流路径，从根本上提高了渣土的抗渗性。由于泡沫剂中的表面活性剂具有润滑作用，所以孔隙中的气泡能有效地润滑渣土颗粒，使渣土颗粒之间的摩擦系数减小。另外，渣土微片层的叠聚体在液膜中表面活性剂分子和离子的作用下更加紧密，导致水分子难以通过渣土微片层，也提高了渣土的抗渗性。渣土颗粒之间的摩擦系数在液膜中表面活性剂分子和离子的影响下减小，从而进一步改善渣土的和易性。图 5-12 为泡沫改良渣土的微观机理示意图。

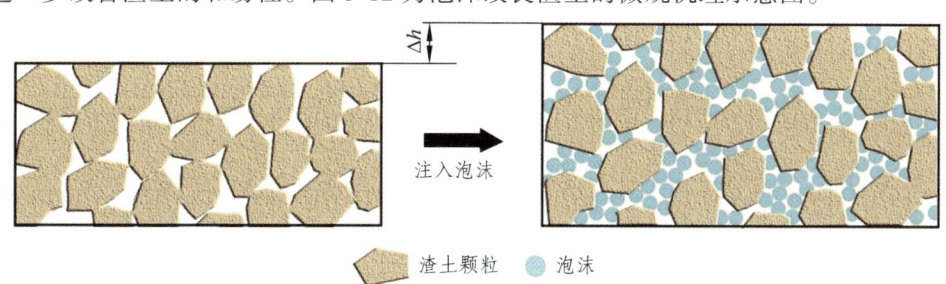

图 5-12　泡沫改良渣土的微观机理示意

泡沫改良渣土后，渣土具有良好的流塑性、内摩擦角较小、渗透性差、良好的黏-软稠度和一定的压缩性，此时掌子面前方的渣土形成刚度减弱的塑性区，而土压力舱内的渣土形成一块具有压缩性且不透水的缓冲垫层，当掌子面的水土压力突然变化时，改良后的渣土起到缓冲作用，利于掌子面的稳定。总的来说，泡沫改良渣土的微观机理有以下几点：

（1）吸附作用。

泡沫剂中的表面活性剂分子及离子定向排列在气-液界面和液-固界面上，这种定向排列能形成一层稳定且定向的吸附薄膜，该吸附薄膜可显著降低气-液界面和液-固界面的表面张力，并使界面膜的机械强度得到增加，因此渣土中的泡沫可以充分发挥改良作用并稳定地存在于渣土颗粒之间。在压力作用下气泡的扩散变快，同时表面活性剂分子及离子的吸附作用也会增强。

（2）润滑作用。

泡沫与渣土混合后，孔隙中的气泡包裹在渣土颗粒周围，泡沫发挥润滑作用。另外，表面活性剂分子及离子排列形成的吸附薄膜也具有润滑作用，减小渣土颗粒之间的摩擦系数。

（3）置换作用。

泡沫与渣土混合后，渣土中的一些微小颗粒被泡沫置换，泡沫将填充满渣土的孔隙，渣土的体积增大、压缩性提高、密度降低。同时渣土颗粒之间的接触得到控制，内摩擦角降低。另外，泡沫也能置换渣土颗粒之间的自由水，使改良后的渣土成为止水介质，提高渣土的抗渗性。

（4）填充作用。

泡沫填充满渣土的孔隙后，包裹在渣土颗粒周围，土压力舱内形成动态变化的土压力。在土压平衡盾构掘进时，土压力舱内的土压力受各种因素的影响发生上下波动。渣土中的泡沫在土压力舱内土压力减小时发生膨胀，导致土压力舱内的渣土体积增大，使得土压力舱内的土压力增大，利于掌子面的稳定。渣土中的泡沫在土压力舱内的土压力增大时发生破裂，渣土的孔隙变小，使得土压力舱内的土压力减小，避免了刀盘扭矩快速上升，利于掌子面的稳定。

5.4.4 发泡剂性能优化试验研究

本试验首先在带有刻度的烧杯中将发泡剂和水按比例混合形成发泡剂溶液，再使用搅拌器对发泡剂溶液进行高速搅拌以达到发泡的目的。在搅拌过程中记录发泡剂的起泡速度，在搅拌结束后记录发泡体积和泡沫半衰期，用发泡速度和发泡体积评价发泡剂的起泡性，用半衰期评价泡沫的稳定性。主要的试验仪器有：JJ-1B 恒速电动搅拌器、1 000 mL 烧杯、10 mL 量筒、秒表计时器、滴管。

试验步骤为：

（1）在烧杯中配置 200 mL 浓度为 3%的发泡剂溶液，使用搅拌器分别在 500 r/min、1 000 r/min、1 500 r/min、2 000 r/min、2 500 r/min 的转速下搅拌 1 min、2 min、3 min、4 min、5 min。

（2）记录发泡剂溶液在不同转速下和不同搅拌时间下的起泡速度、发泡体积和半衰期，得出搅拌转速和搅拌时间对发泡剂性能的影响，确定最优的搅拌转速和搅拌时间。

（3）在烧杯中分别配置 200 mL 浓度为 1%、2%、3%、4%、5%的发泡剂溶液，使用搅拌器在最优的搅拌转速下搅拌最优的时间。

（4）记录发泡剂溶液在不同浓度下的起泡速度、发泡体积和半衰期，取三组平行试验的均值，得出发泡剂浓度对发泡剂性能的影响，确定最优的发泡剂浓度。

本试验的评价指标主要有以下3个：

（1）发泡剂起泡速度。

在搅拌器搅拌过程中，记录烧杯中的泡沫体积随搅拌时间的变化，以评价发泡剂的起泡性。

（2）发泡体积（V_{max}）。

搅拌器停止搅拌后，记录此时泡沫的体积，即发泡剂的最大发泡体积，用于评价发泡剂的起泡性。

（3）泡沫半衰期（$T_{1/2}$）。

利用析液半衰期反映泡沫的半衰期，即搅拌结束后泡沫在烧杯中析出 100 mL 发泡剂溶液所需要的时间来评价泡沫的稳定性。

为了得出搅拌转速和搅拌时间对发泡剂性能的影响，确定最优的搅拌转速和搅拌时间。所以在烧杯中配置 200 mL 浓度为 3% 的发泡剂溶液，使用搅拌器分别在 500 r/min、1 000 r/min、1 500 r/min、2 000 r/min、2 500 r/min 的转速下搅拌 1 min、2 min、3 min、4 min、5 min。图 5-13 为不同转速下的泡沫搅拌试验。

（a）转速 500 r/min

（b）转速 1 500 r/min

（c）转速 2 000 r/min

（d）搅拌法形成的泡沫

图 5-13　不同转速下的泡沫搅拌试验

图 5-14 为不同转速下发泡体积与搅拌时间的关系曲线。由图 5-14 可知，在相同的搅拌时间下，当搅拌转速低于 2 000 r/min 时，发泡体积随着搅拌转速的增加而增加，但是搅拌转速

从 2 000 r/min 增加至 2 500 r/min 后，发泡体积增幅很小，且在搅拌至 4 min 后发泡体积均为 980 mL。同时，在相同的转速下发泡体积在搅拌 1 min 后基本保持持平，说明该发泡剂在 1 min 前已经充分发泡。

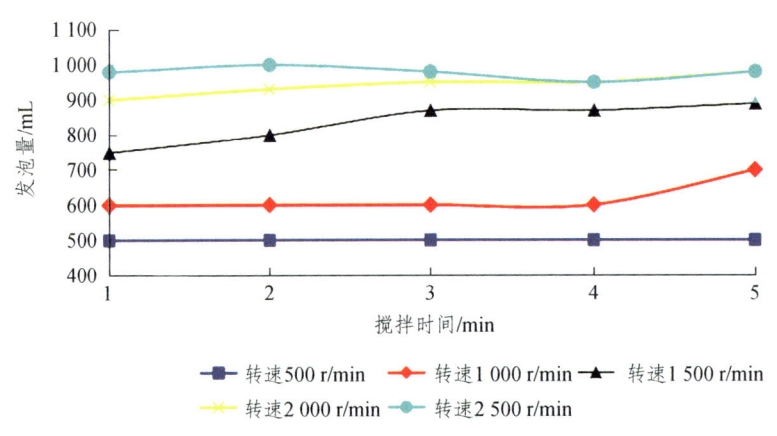

图 5-14 不同转速下发泡体积与搅拌时间的关系曲线

图 5-15 为不同转速下泡沫半衰期与搅拌时间的关系曲线。由图 5-15 可知，在相同的搅拌时间下，泡沫半衰期随着搅拌转速的增加而增加。当搅拌转速为 500 r/min 时，搅拌器停止搅拌后大部分泡沫立即破灭，泡沫半衰期在不同的搅拌时间下均为 0，此时泡沫的稳定性特别差。当搅拌转速超过 2 000 r/min 后，泡沫半衰期增幅逐渐减缓，此时已经满足盾构施工时对于泡沫半衰期大于 5 min 的要求。同时，在相同的搅拌转速下，泡沫半衰期随着搅拌时间的增加而增加，但是在搅拌 3 min 后半衰期增幅减缓。

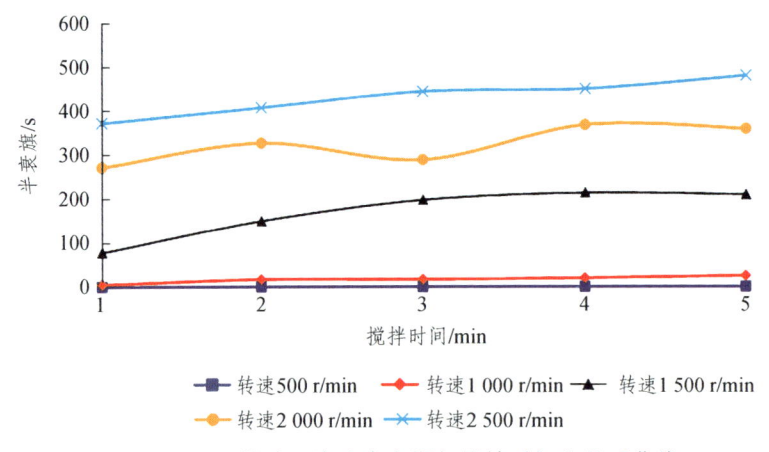

图 5-15 不同转速下泡沫半衰期与搅拌时间的关系曲线

5.4.5 发泡剂浓度对改良渣土和易性的影响

本试验在试验渣土的含水率为 5%、渣土注水率为 30%、泡沫注入率为 40%、压缩气体的流速为 3 L/min、发泡剂溶液的流速为 300 mL/min 的条件下进行，采用泡沫发生装置进行发泡，使用手持搅拌机充分混合泡沫和渣土，研究不同的发泡剂浓度对泡沫改良渣土的物理力学性能的影响。试验过程中记录不同发泡剂浓度下改良渣土的坍落度值，经整理后得到发泡剂浓度与坍落度的关系曲线，如图 5-16 所示。

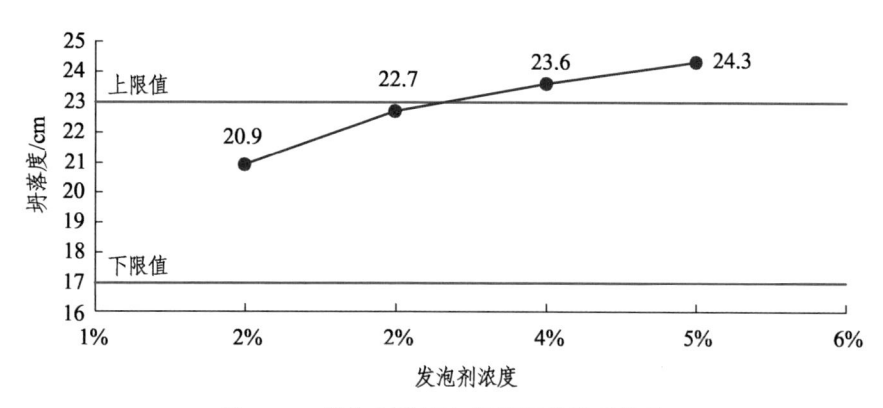

图 5-16　发泡剂浓度与坍落度的关系曲线

由图 5-16 可知，改良渣土的坍落度随着发泡剂浓度的增加而增加，较好地改善了渣土的和易性，其原因在于发泡剂浓度的增加直接影响了发泡剂性能，使得发泡剂的起泡性和泡沫的稳定性都有显著的提升，从而确保了更多的泡沫能在渣土中能够发挥改良作用。发泡剂浓度从 2%、3%、4%增加至 5%时，改良渣土的坍落度分别为 20.9 cm、22.7 cm、23.6 cm、24.3 cm，其对应的坍落度增长率逐渐减小，分别为 8.6%、4%和 3%。显然，当发泡剂浓度从 2%增加至 3%时，坍落度的增长速度最快，发泡剂浓度变化对渣土和易性的影响最大。但是，当发泡剂浓度超过 3%后，坍落度的增长率突然减小，发泡剂浓度继续增加对渣土和易性的影响逐渐减弱。另外，当发泡剂浓度为 4%、5%时，其对应的坍落度值已经超过了最佳坍落度的上限值，此时改良渣土的和易性过好。

5.5　本章小结

本章通过研究岩溶地区复合多变地层盾构隧道掘进时地层变形三维空间特性、变形形态，阐述了横、纵向地表沉降的分布规律。并进一步地分析了复杂岩溶地层开挖后的地表沉降规律，研究了土压平衡盾构施工时的土舱渣土改良方法、材料参数、防喷涌效果，主要结论如下：

（1）在隧道掘进从初始位置推进时，地层受到开挖扰动影响较大，此时地层的位移从开挖面逐渐向地表及隧道轴线方向发展。随着推进的进行，地层的位移变化主要集中隧道掘进的轴线方向，并向掘进方向发展延伸，横向地层的位移随着掘进的深入逐渐增加，但总体变形趋势较为一致。可看出，盾构隧道施工对地层扰动的变形影响与掘进时间有着较强联系，有着随时间发展而改变的规律，所以在盾构施工过程中，加强隧道测量与监测是极有必要的。

（2）盾构开挖过程中，在工作面施加支撑力后，开挖面前方的土体位移明显减少，隧道周围的地层扰动面积也明显减少。因此合理设置工作面的支护力，对稳定工作面的土体，减少土体扰动程度有积极意义，在实际施工中应予以考虑。

（3）改良渣土的坍落度随着发泡剂浓度的增加而增加，较好地改善了渣土的和易性。当发泡剂浓度从 2%增加至 3%时，坍落度的增长速度最快，发泡剂浓度变化对渣土和易性的影响最大。但是，当发泡剂浓度超过 3%后，坍落度的增长率突然减小，发泡剂浓度的继续增加对渣土和易性的影响逐渐减弱。

6 盾构刀具受力机理及磨耗预测优化研究

本章主要研究刀具螺旋线和同心圆布置形式在白云岩地层中的适应性；探讨滚刀和切刀的破岩效果及其受力特性，并分析不同贯入度条件下滚刀的破岩性能；研究白云岩地层中刀盘切削载荷随时间的变化规律，进一步分析刀盘推力、转速、贯入度等因素对滚刀磨损的影响；最后，预测并优化刀具的合理使用寿命，为提高白云岩地层中的掘进效率提供参考依据。

6.1 盘形滚刀破岩机理

6.1.1 压头作用下岩石的应力分布

滚刀与岩石相接触时，可以将滚刀看作压头，等效为法向集中力作用于半无限大空间体，利用弹性力学理论，计算空间体在法向集中力作用下的应力分布规律。如图 6-1 所示，以法向集中力作用点为坐标原点，建立笛卡儿空间坐标系，由此可求得力作用下的空间体内各应力分量。

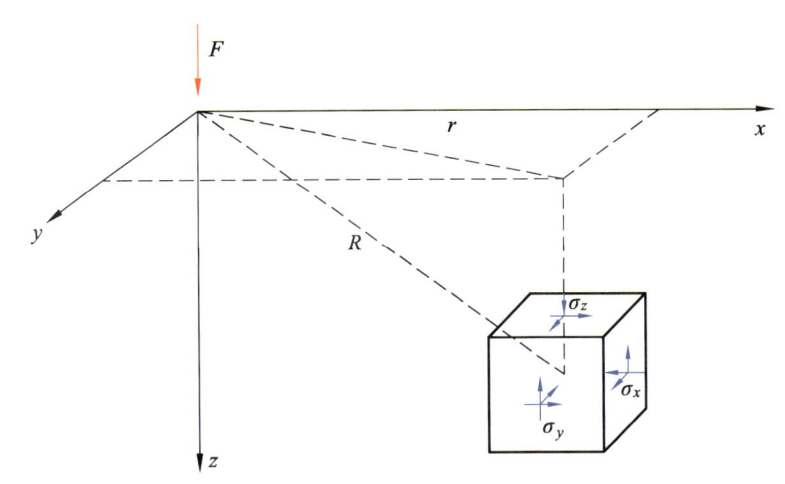

图 6-1 集中力作用下应力分布

$$\sigma_x = \frac{F}{2\pi}\left\{\frac{3x^2z}{R^5}-(1-2v)\left[\frac{x^2-y^2}{Rr^2(R+z)}+\frac{y^2z}{R^3r^2}\right]\right\} \quad (6-1)$$

$$\sigma_y = \frac{F}{2\pi}\left\{\frac{3y^2z}{R^5}-(1-2v)\left[\frac{y^2-x^2}{Rr^2(R+z)}+\frac{x^2z}{R^3r^2}\right]\right\} \quad (6-2)$$

$$\sigma_z = \frac{3F}{2\pi}\frac{z^3}{R^5} \tag{6-3}$$

式中：σ_x、σ_y、σ_z 为 x、y、z 方向上的应力，以拉为正；v 为泊松比；$R = \sqrt{x^2 + y^2 + z^2}$，$r = \sqrt{x^2 + y^2}$。

当平面上作用力为无限长的线载时，可能的岩石内部的应力分量为

$$\sigma_x = \frac{2q}{\pi}\frac{x^2 z}{R^4} \tag{6-4}$$

$$\sigma_z = \frac{2q}{\pi}\frac{z^3}{R^4} \tag{6-5}$$

$$\sigma_R = \frac{2q}{\pi}\frac{z}{R^2} \tag{6-6}$$

式中：q 为单位长度上的均布荷载。

岩体中垂向应力分布以应力泡形式向下、向四周无限扩散，应力分布基本对称，在作用区附近，应力值极大，此时岩石基本发生破碎；离作用力越远，应力衰减越快，如图 6-2 所示。

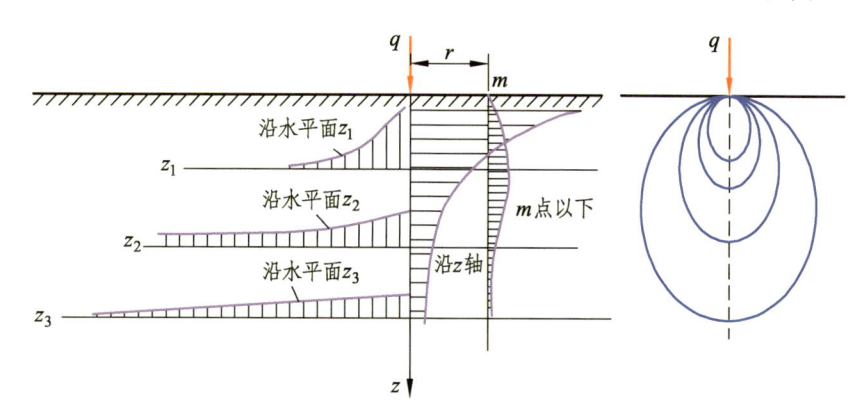

图 6-2　线均布载荷作用下应力分布

6.1.2　滚刀破岩机理分析

盘形滚刀与岩石相互作用时，首先，在刀盘推力作用下刀刃压入岩石，在刀刃正下方形成扇形高应力压碎区和放射状裂纹，如图 6-3 所示。然后，当刀盘推力和扭矩同时作用时，滚刀连续碾压掌子面，刀刃的压碎区进一步扩大，并使裂纹延伸扩展，当径向裂纹或侧向裂纹扩展到自由面或与相邻滚刀的裂纹交汇时，形成岩石碎片，如图 6-4 所示。前一阶段近似单滚刀的侵入过程，后一阶段为相邻滚刀协同破岩的结果。

盘形滚刀破岩失效机理直接影响滚刀受力分析，常见的失效形式有挤压破坏、张拉破坏和剪切破坏，以及几种机理共同作用的形式。目前，主要形成了两种代表性的盘形滚刀破岩机理：剪切破岩机理和张拉破岩机理。

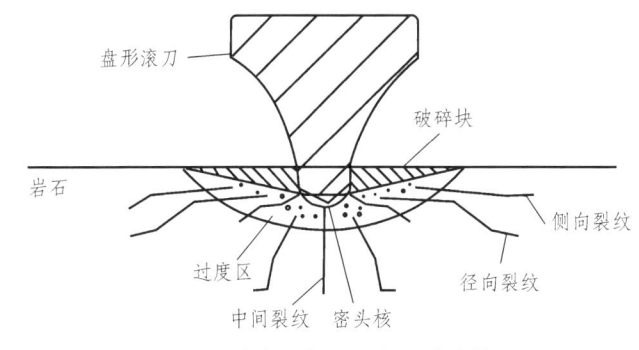

图 6-3 单滚刀作用下岩石破碎体系

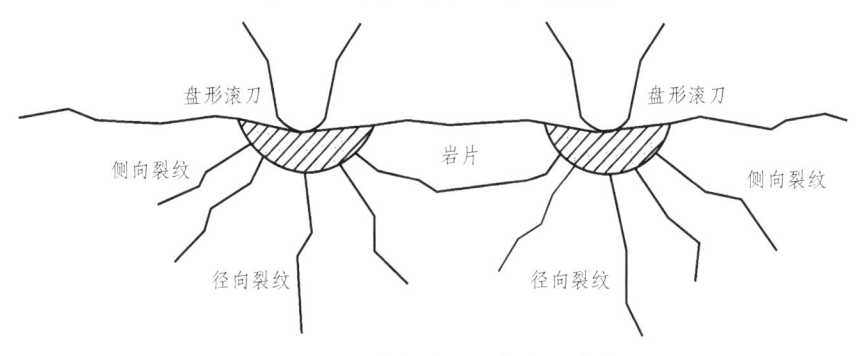

图 6-4 相邻滚刀之间岩石碎片

（1）剪切破岩机理。

以 Paul 和 Sikassakie 为代表的学者认为岩石在楔形刀具作用下主要发生了剪切作用引起的破碎形式，如图 6-5 中的阴影区域，在断裂面上各点均满足 Mohr-Coulomb 准则。而刀刃正下方区域由于挤压破碎形成压碎区，如图 6-5 中 1 区。

（2）张拉破岩机理。

以 Reichnuth 和 Bieniawski 为代表的专家学者，基于 Griffith 断裂强度准则建立了张拉破岩机理，认为岩石在刀具的作用下主要经历了裂纹闭合、线弹性变形、张拉裂纹开始扩展、临界能量释放、岩石强度失效及断裂体形成等过程，产生了拉应力引起的破碎形式，张拉破碎发生在岩石的侧面区域，裂纹呈辐射状扩展，如图 6-6 所示。

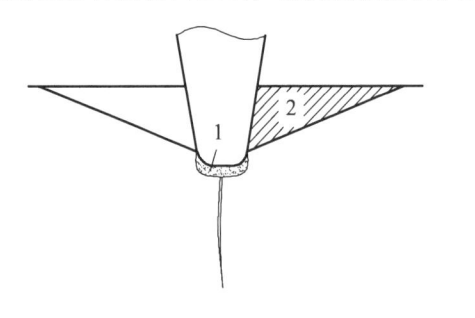

图 6-5 剪切破碎示意

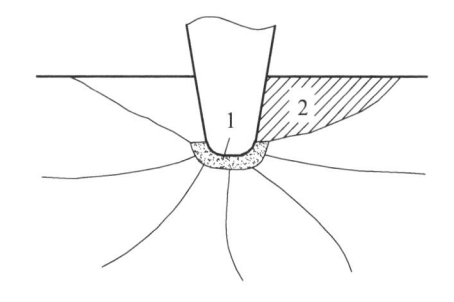

图 6-6 张拉破碎示意

6.1.3 滚刀破岩受力分析

盘形滚刀与岩石相互作用时受到垂直力 F_N、滚动力 F_R 和侧向力 F_S 三个相互正交的切削力，如图 6-7 所示。垂直力由刀盘的推力提供，滚动力由刀盘扭矩提供，侧向力由滚刀对岩石的挤压力和滚刀公转的离心力产生。

盘形刀盘与岩石的压力分布如图 6-8 所示。根据滚刀与岩石的接触压力分布，可以将两者作用区域分为前无荷载区、真实荷载区和后无荷载区，真实荷载作用区小于接触区，压力近似呈正态分布，因此最大压力大于理论接触压力。

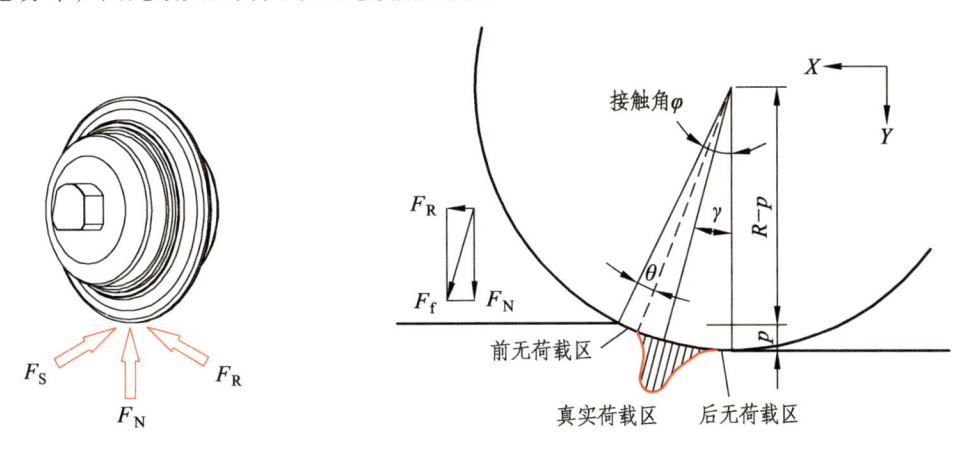

图 6-7　盘形滚刀受力示意

图 6-8　盘形刀盘与岩石的压力分布

为了更好地预测工程中广泛使用的常截面盘形滚刀（CCS）在破岩过程中的受力情况，Rostami 提出了一种被研究人员广泛接受的 CSM 预测模型，如图 6-9 所示。这种模型综合考虑了岩石材料的单轴抗压强度和抗拉强度以及滚刀的结构参数，所以预测结果与实际施工数据比较接近。CSM 预测公式首先由贯入度、岩石的力学特性和滚刀的结构参数等确定滚刀所受的合力，然后将合力进行分解分别得到垂直力和滚动力。

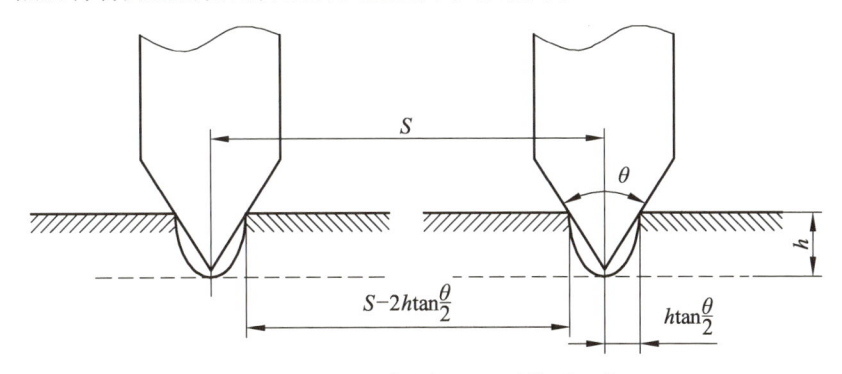

图 6-9　CSM 破岩机理预测模型示意

Rostami 预测公式用于计算滚刀破岩过程中垂直力和滚动力的合力，即

$$F_\mathrm{t} = \int_0^\phi TRP\mathrm{d}\theta = \int_0^\phi TRP^0\left(\frac{\theta}{\phi}\right)^\psi = \frac{TRP^0\phi}{1+\psi} \quad (6\text{-}7)$$

$$P^\mathrm{t} = p^0\left(\frac{\theta}{\phi}\right)^\psi \quad (6\text{-}8)$$

$$\phi = \cos^{-1}\left(\frac{R-P}{R}\right) \tag{6-9}$$

式中：R 为滚刀半径；T 为刀刃宽度；ψ 为刀刃压力分布系数 $\psi = -0.2 \sim 0.2$；ϕ 为滚刀与岩石接触角；P^t 为压碎区压力；p^0 为压碎区基本压力。

通过大量试验数据进行对数回归分析以及量纲分析法，计算得到压碎区基本压力为

$$P^0 = C\sqrt[3]{\frac{s}{\phi\sqrt{RT}}\sigma_c^2\sigma_t} \tag{6-10}$$

式中：σ_c 为岩石抗压强度；σ_t 为岩石抗拉强度；s 为相邻滚刀的刀间距；C 为无量纲系数，$C \approx 2.12$。

由此获得滚刀所受垂直力和滚动力：

$$\begin{cases} F_N = F_t \cos\beta = C\dfrac{TR\phi}{1+\psi}\sqrt[3]{\dfrac{s\sigma_c^2\sigma_t}{\phi\sqrt{RT}}}\cos\gamma \\ F_R = F_t \sin\beta = C\dfrac{TR\phi}{1+\psi}\sqrt[3]{\dfrac{s\sigma_c^2\sigma_t}{\phi\sqrt{RT}}}\sin\gamma \end{cases} \tag{6-11}$$

式中：γ 为垂直力和滚动力的合力与滚动垂直中心线的夹角。

切削系数为

$$CC = \frac{F_R}{F_N} = \tan\gamma \tag{6-12}$$

对于常截面盘型滚刀，可认为载荷近似呈线性分布，取 $\psi = 0$，则

$$CC = \frac{F_R}{F_N} = \frac{1-\cos\phi}{\sin\phi} = \tan\frac{\phi}{2} \tag{6-13}$$

最终获得常截面盘形滚刀所受垂直力 F_N 和滚动力 F_R：

$$\begin{cases} F_N = F_t \cos\dfrac{\phi}{2} = \dfrac{TR\phi P^0}{1+\psi}\cos\dfrac{\phi}{2} \\ F_R = F_t \sin\dfrac{\phi}{2} = \dfrac{TR\phi P^0}{1+\psi}\sin\dfrac{\phi}{2} \end{cases} \tag{6-14}$$

6.1.4 滚刀组合参数分析

依据刀盘布置及功能，可将滚刀分为中心滚刀、正面滚刀和边缘滚刀三种类型，如图 6-10 所示。中心滚刀由两个或多个刀刃并列装在刀轴上，负责开挖刀盘中心区域岩石；正面滚刀负责掌子面的开挖，刀刃较薄，按照螺旋线或同心圆规律配置在刀盘面上；边缘滚刀依据不同的安装角度配置在刀盘边缘，负责轮廓成形的开挖，刀圈磨损量较严重，因而刀刃较厚。在多种滚刀组合切削中，刀间距、安装半径和相位差是影响其破碎特性的主要因素。

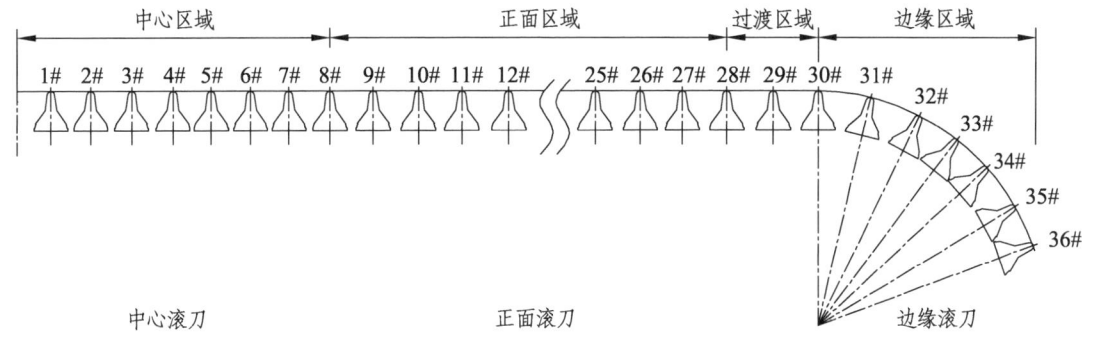

6 盾构刀具受力机理及磨耗预测优化研究

图 6-10 盾构刀盘滚刀布置

（1）刀间距。

相邻滚刀的刀间距是影响滚刀破岩能力的关键因素，滚刀顺次切削时，会出现较多的放射状裂纹，根据刀间距的不同，可将切削方式分为协同切削模式和非协同切削模式，两者裂纹扩展方向和最后形成的岩块都是不同的。当刀间距较小时，裂纹能相互贯通，并向岩石内部扩展，造成过度破碎，岩块较小，如图 6-11（a）所示。当刀间距靠近最优刀间距时，裂纹将基本沿直线扩展并与相邻裂纹交汇，形成较为完整的薄碎片，滚刀处于协同切削模式，如图 6-11（b）所示。当到刀间距较大时，裂纹只能向自由面扩展，形成较小的三角形岩块，在开挖面形成突起的岩脊，此时，滚刀处于非协同切削模式，如图 6-11（c）所示。

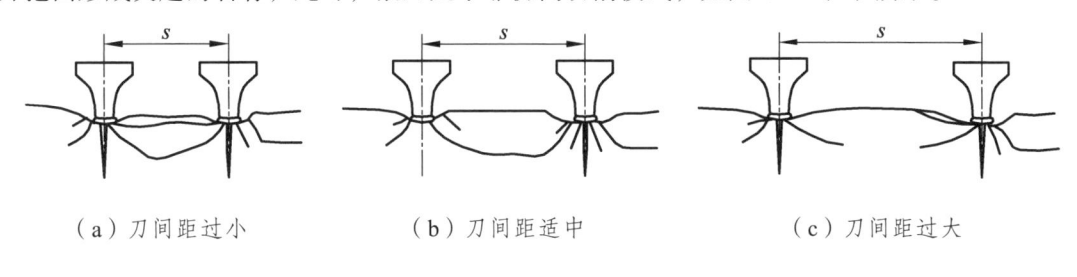

（a）刀间距过小　　（b）刀间距适中　　（c）刀间距过大

图 6-11 刀间距对破岩的影响

（2）安装半径。

滚刀安装半径对滚刀磨损和侧向力影响较大，安装半径越大，滚刀线速度越大，破碎区域面积也越大，因而会加速滚刀磨损。从等磨损设计原则出发，随着滚刀安装半径的增大，相邻滚刀的刀间距应逐渐减小。同时，安装半径较小的滚刀所受到的侧向力反而越大，从而会导致整个刀盘所受的倾覆力矩增大，一般采用刀具对称布置法来消除这种弊端。

（3）相位角。

盾构现场掘进时，滚刀切削破碎岩石的过程并不是同时进行的，而是有一个先后顺序。以刀盘上相邻三把滚刀为例，如图 6-12 所示，发现各滚刀在沿掌子面的某一径向方向的切削状况是不相同的。

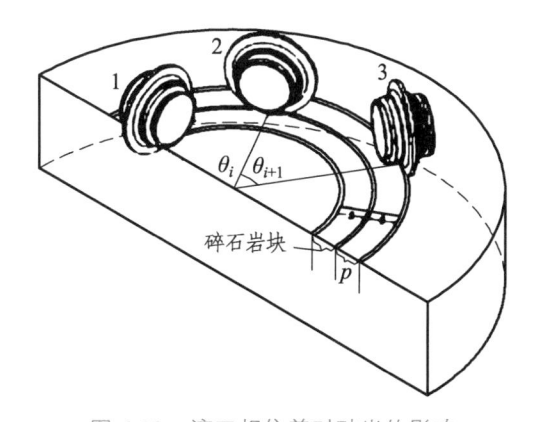

图 6-12 滚刀相位差对破岩的影响

设任意第 i 把刀与起始刀间相位角为 θ_i，每相邻两刀间的相位角差为 $\Delta\theta_{i,i+1}$，任意一把刀具单圈贯入度为 p，可得第 i 把刀切削岩面的高度差为

$$p_i = \frac{\theta_i}{2\pi} p \tag{6-15}$$

则相邻两刀岩面高度差：

$$\Delta p_{i,i+1} = \frac{\theta_{i+1}}{2\pi} p - \frac{\theta_i}{2\pi} p = \frac{\Delta\theta_{i,i+1}}{2\pi} p \tag{6-16}$$

由此看出，在滚刀的螺旋渐进破碎中，相邻滚刀在掘进掌子面某一径向方向上的岩面存在高度差，高度差与相邻滚刀间相位差和贯入度有关，相邻滚刀间相位差越大，存在的高度差也越大，岩面也越不平整。

6.1.5 盘形滚刀破岩效率分析

（1）破岩比能耗的概念。

盘形滚刀的破岩比能耗是表征破岩效率的重要参数，定义为刀具切削单位体积岩石所需消耗的能量，可表示为

$$SE = \frac{W}{V} = \frac{W_N + W_R}{V} = \frac{F_N \times p + F_R \times l}{V} \tag{6-17}$$

式中：SE 为破岩比能耗；F_N 为垂直力；F_R 为滚动力；p 为贯入度；l 为滚刀的切削行程；V 为岩石破碎的体积。

岩石破碎体积的计算是求解比能耗的关键，需要考虑破碎过程中侧向裂纹发育的情况，根据岩石破碎的侧向裂纹发展程度，将岩石破碎划分为两种情况，即协同模式和非协同模式。

（2）非协同切削模式岩体破碎体积的计算。

滚刀处于非协同切削模式时，岩石破碎以剪切破碎为主，进而基于剪切破碎理论来计算滚刀切削破碎岩体体积。

假设刀盘上所有正面滚刀都按等间距布置，则有 $s_i = s_{i+1} = s$。

图 6-13 为相邻两把滚刀的破岩区域没有相交，在这种状况下滚刀运动 l 长距离时，其切削下来的岩石体积始终为

$$V = Tpl + p^2 l\tan\beta \tag{6-18}$$

式中：T 是滚刀刀刃的宽度；p 为贯入度；l 为滚刀的切削行程；V 为岩屑的体积；β 为岩石的自然破碎角。

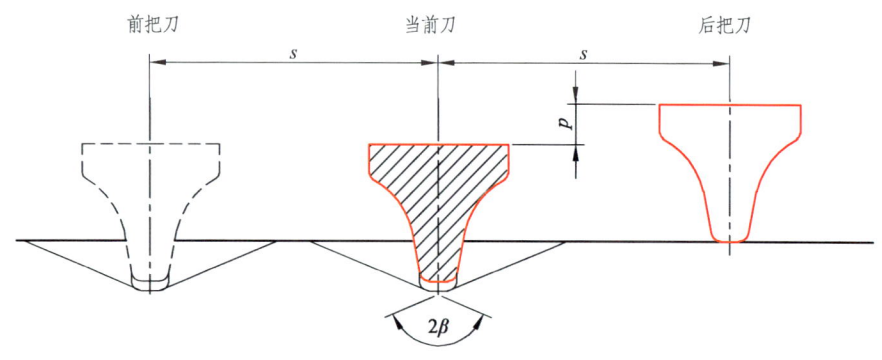

图 6-13 破岩区域不相交

图 6-14 为相邻滚刀的破岩区域相交，在这种状态下滚刀运动 l 长距离时，破碎的岩体体积计算过程如下：

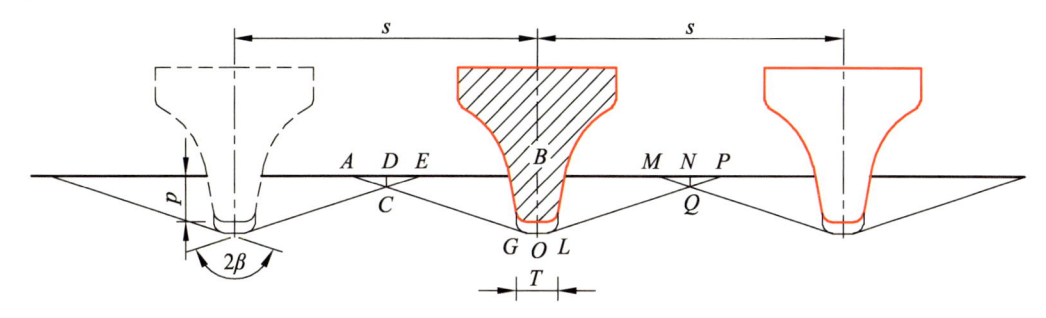

图 6-14 破岩区域相交

由图 6-14 可计算得到各线段长度为

$$AB = p\tan\beta + \frac{T}{2} \tag{6-19}$$

$$DB = \frac{s}{2} \tag{6-20}$$

$$AD = AB - DB = p\tan\beta + \frac{T}{2} - \frac{s}{2} \tag{6-21}$$

$$DC = \frac{AD}{\tan\beta} = \frac{p\tan\beta + \frac{T}{2} - \frac{s}{2}}{\tan\beta} \tag{6-22}$$

所以各部分面积为

$$S_{ADC} = \frac{1}{2}AD \cdot DC = \frac{(p\tan\beta + T/2 - s/2)^2}{2\tan\beta} \tag{6-23}$$

$$S_{DBOCC} = S_{ABOG} - S_{\Delta XC} = \frac{1}{2}p(T + p\tan\beta)\tan\beta - \frac{\left(p\tan\beta + \frac{T}{2} - \frac{s}{2}\right)^2}{(2\tan\beta)(2-24)} \tag{6-24}$$

同理得到

$$S_{BNQLO} = S_{BPLO} - S_{\Delta NPQ} = S_{DEOGC} \tag{6-25}$$

所以岩石破碎面积为

$$S = S_{DBOCC} + S_{BNQLO} = sp - \frac{(s-T)^2}{4\tan\beta} \tag{6-26}$$

当切削行程为 l 时，其破岩量为

$$V = l \cdot \left[sp - \frac{(s-T)^2}{4\tan\beta} \right] \tag{6-27}$$

由此可得到非协同切削模式下岩石的破碎体积为

$$V = \begin{cases} l \cdot \left[sp - \dfrac{(s-T)^2}{4\tan\beta} \right], & 0 < s \leqslant 2p\tan\beta + T \\ Tpl + p^2 l\tan\beta, & s > 2p\tan\beta + T \end{cases} \quad (6\text{-}28)$$

（3）协同切削模式岩体破碎体积的计算。

当滚刀处于协同切削模式下，侧向裂纹发生交汇，岩石破碎体积瞬间增大，此时岩石破碎主要由剪切破坏和张拉破坏引起。可根据刀间距的大小分为破岩区域不相交、相交两种情况来计算岩石破碎体积。

当破岩区域不相交时，此时只有剪切破碎区域形成的细小碎片，而岩石内部的张拉裂纹由于无法贯通而形成岩脊。依据非协同切削模式下岩石破碎体积的计算方法，得到滚刀切削行程为 l 时的岩石破碎体积：

$$V = Tpl + p^2 l\tan\beta \quad (6\text{-}29)$$

破岩区域相交切削状态如图 6-15 所示。岩石的破碎由剪切破坏和张拉破坏共同引起，两者具有一定重合。此时岩石破碎体积主要与侧向裂纹扩展的长度 L 有关，L 是关于岩石物理力学参数和滚刀法向推力的函数，当滚刀以一定推力作用于某种岩石时，侧向裂纹长度是确定的，从而判断出裂纹能否产生交汇。

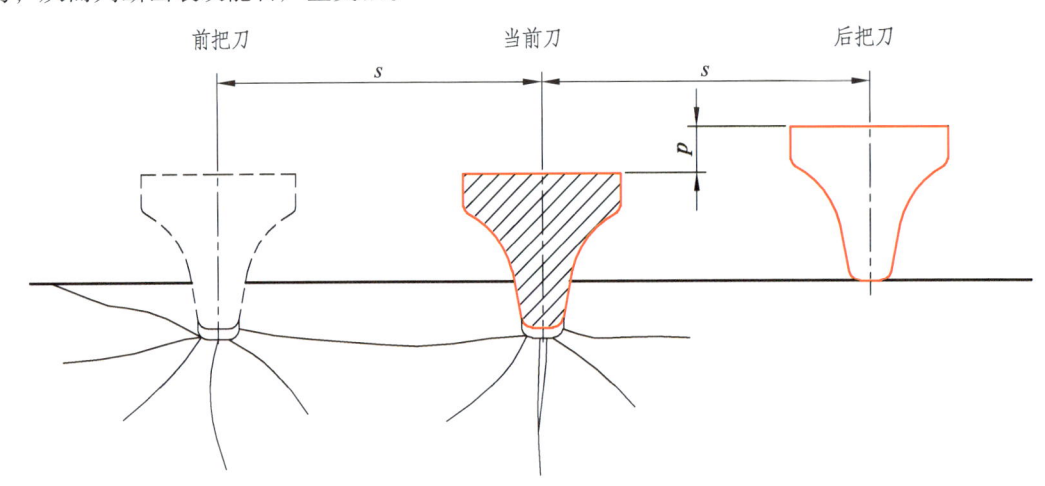

图 6-15 协同切削模式下破岩区域相交

在相同贯入度下，滚刀破碎的岩渣尺寸差异很大。引起这种差异的原因主要有两点：① 滚刀破碎岩石时产生的裂纹呈辐射状扩展的，裂纹可能呈锯齿形状扩展，引起岩渣厚度的差异；② 由于节理裂隙的存在，导致岩体破碎模式不同，进而引起破碎体积的变化。

为了更加准确地计算协同切削模式下岩石的破碎体积，考虑引入一个无量纲系数，定义岩渣的厚度比为 λ，λ 的取值主要跟滚刀贯入度、岩体节理裂隙以及裂隙扩展的方向有关，当裂纹向岩石深部扩展交汇形成岩石碎块时，取 $\lambda > 1$；裂纹平行于自由面扩展并交汇形成岩石碎块时，取 $\lambda = 1$；当裂纹向自由面扩展交汇形成岩石碎片时，取 $\lambda < 1$。

综上，当切削行程为 l，且存在协同切削效应时，由滚刀破碎形成的岩体体积可以表示为

$$V = \lambda lps \quad (6\text{-}30)$$

根据侧向裂纹的扩展长度 L，可以分为两种情况来讨论岩石的破碎体积：

① 当 $L < p\tan\beta$ 时，即侧向裂纹长度小于岩石剪切破碎区域，岩石的破碎体积可以表示成分段函数的形式：

$$V = \begin{cases} \lambda lps, & 0 < s \leqslant 2L+T \\ l\cdot\left[sp - \dfrac{(s-T)^2}{4\tan\beta}\right], & 2L+T < s \leqslant 2p\tan\beta+T \\ l\cdot(Tp + p^2\tan\beta), & s > 2p\tan\beta+T \end{cases} \tag{6-31}$$

② 当 $L \geqslant p\tan\beta$ 时，即侧向裂纹长度大于岩石剪切破碎区域，岩石的破碎体积同样可以表示成分段函数的形式：

$$V = \begin{cases} \lambda lps, & 0 < s \leqslant 2L+T \\ l\cdot(Tp + p^2\tan\beta), & s > 2L+T \end{cases} \tag{6-32}$$

$$SE = \frac{F_N\cdot p + F_R\cdot l}{V} = \frac{TR\phi P^0}{V}\left(\cos\frac{\phi}{2}\rho + \sin\frac{\phi}{2}l\right) \tag{6-33}$$

（4）滚刀破岩比能耗的确定。

由式（5-17）可得到滚刀破岩比能耗为

$$SE = \frac{F_N\times p + F_R\times l}{V} = \frac{TR\phi P^0}{V}\left(\cos\frac{\phi}{2}\rho + \sin\frac{\phi}{2}l\right) \tag{6-34}$$

当 $L < p\tan\beta$ 时，则有

$$SE = \begin{cases} \dfrac{\dfrac{TR\phi P^0}{V}\left(\cos\dfrac{\phi}{2}\rho + \sin\dfrac{\phi}{2}l\right)}{\lambda lps}, & 0 < s \leqslant 2L+T \\[2ex] \dfrac{\dfrac{TR\phi P^0}{V}\left(\cos\dfrac{\phi}{2}\rho + \sin\dfrac{\phi}{2}l\right)}{l\cdot\left[sp - \dfrac{(s-T)^2}{4\tan\beta}\right]}, & 2L+T < s \leqslant 2p\tan\beta+T \\[2ex] \dfrac{\dfrac{TR\phi P^0}{V}\left(\cos\dfrac{\phi}{2}\rho + \sin\dfrac{\phi}{2}l\right)}{Tpl + p^2 l\tan\beta}, & s > 2p\tan\beta+T \end{cases} \tag{6-35}$$

由式（6-35）可得到滚刀破岩比能耗与间距的关系，如图 6-16 所示，随着刀间距的增大，滚刀的破岩比能耗呈线性减小，此时岩石的侧向裂纹扩展能力大于剪切破坏区域；当刀间距大于侧向裂纹扩展长度时，拉剪综合破碎变为纯剪切破碎，此时滚刀处于非协同切削模式；而后随着刀间距继续增大，切削力相应增大，破岩比能耗亦增大。

由此可以得到破岩比能耗随刀间距变化的一般性规律：当刀间距足够大时，岩石以剪切破碎为主，产生少量岩片，相邻滚刀不存在相互作用力，在此区间滚刀处于非协同切削模式，破岩比能耗保持在较高的范围内；当刀间距逐渐减小滚刀之间存在协同效应，且侧向裂纹没有交汇时，岩石破碎的体积和滚刀的切削力均相应减小，但切削力的降幅比岩石破碎的体积更大，此时滚刀的比能耗呈现缓慢减小的趋势；直到刀间距减小到某个值时，相邻滚刀之间

产生最佳破岩效果，侧向裂纹相交汇，岩石恰好能全部破碎，而滚刀切削力未发生很大改变，即处于该刀间距时，可获得比能耗最小值；当刀间距继续减小时，破碎的岩石体积降幅比切削力大，此时滚刀的比能耗开始增大；当刀间距为零时，两把滚刀重合，相当于单滚刀切削效果。因此在滚刀组合切削中，存在一个刀间距的最优值使得滚刀破岩比能耗最小。

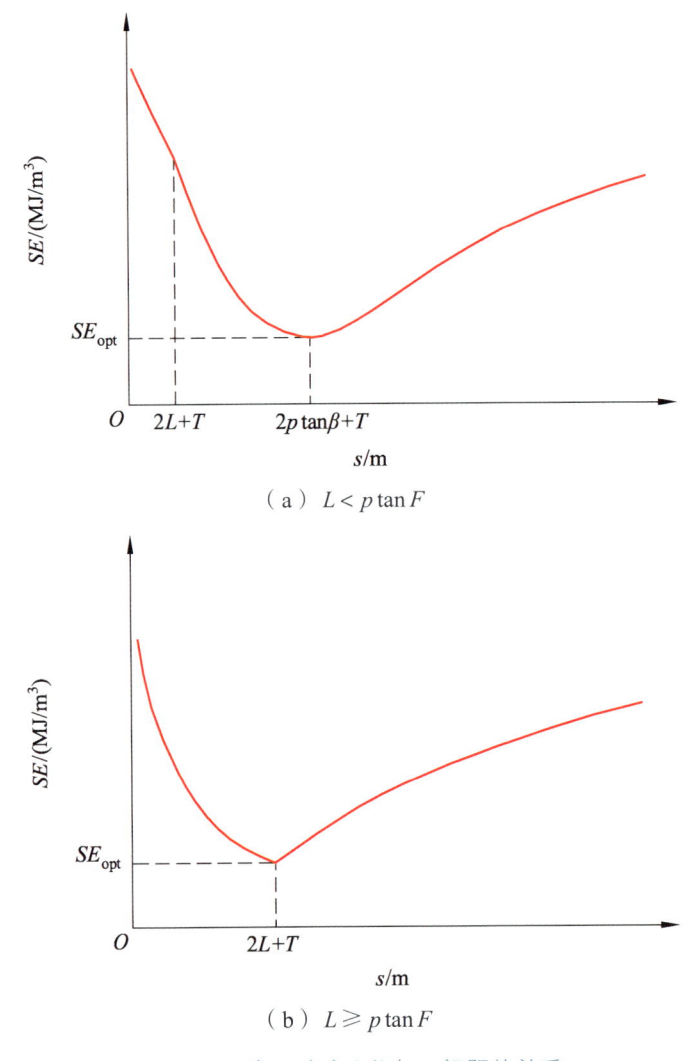

(a) $L < p \tan F$

(b) $L \geqslant p \tan F$

图 6-16 滚刀破碎比能与刀间距的关系

6.2 切刀破岩机理

6.2.1 切刀工作机理

切刀是盾构机刀盘上通过切削完成岩土开挖的刀具，主要适用于软性岩土或卵石地层的开挖。在盾构机掘进过程中，切刀在盾构机刀盘推动和旋转的作用下沿切线方向逐渐切入开挖面岩土。岩土在切刀的切削作用下产生应力变形，当达到自身强度极限时，岩土脱离开挖面形成土渣。切刀的切削过程可分解为两个运动过程：一个是沿掘进方向的运动，该运动下刀具对开挖表面产生进给力，决定了切削深度；另一个是沿刀盘旋转切线方向的运动，该运动下刀具对岩土产生切削力，使岩土剥离开挖面形成土渣，如图 6-17 所示。

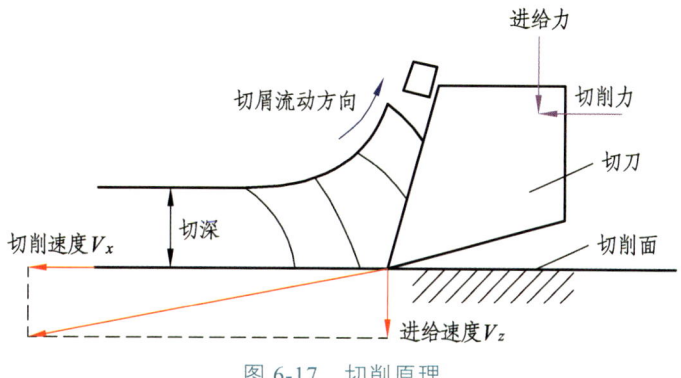

图 6-17 切削原理

盾构机在隧道开挖过程中往往会面对复杂多变的地质环境，甚至有时为多种地质混合的复合地层。地层岩土的物理力学性能、刀具的结构和工作参数都会对切刀的切削状态造成影响。根据岩土切屑分离破坏状态的不同，切屑流动形态可以总结为四种类型：流动型、剪切型、断裂型、剥离型，如表 6-1 所示。软土或软岩地质条件中，切削流动形态常表现为流动型。而对于硬度和脆性相对较大的软岩地质，切削流动形态常表现为断裂型。

表 6-1 切屑状态分类表

类型	地层环境	示意图
流动型	常出现于质地较软的地层环境中，如黏土	
剪切型	常出现于砂土等地层环境中	
断裂型	常出现于质地较硬的岩石环境中，如软岩、卵石层等	
剥离型	常出现于包含有砂石或砾石的地层环境中	

6.2.2 切刀切削受力模型

由于不同地质条件下岩土的物理力学性能不同，切刀在对岩土进行切削过程中表现出不同的受力状态。本节将主要介绍不同切削条件下岩土切削的受力预测模型。

（1）伊万斯（I.Evans）模型。

20世纪50年代，伊万斯在对刨刀刨削煤岩过程研究中，利用最大张应力计算方法推导出了刨削力的计算方法。伊万斯模型认为楔形刨刀作用于岩石产生圆弧形破碎线，根据楔面劈力与破裂线上总拉应力平衡可求得刨刀刨削力 F_p 为

$$F_p = \frac{2\sigma_p h \sin(\theta' + \varphi)}{1 - \sin(\theta' + \varphi)} \tag{6-36}$$

式中：σ_p 为岩石抗张强度；h 为刨削深度；θ' 为楔尖角半角；φ 为刀具摩擦角。

（2）西松裕一（Nishimatsu）模型。

西松裕一根据 Mohr-Coulomb 理论提出了计算切削力的方法，该模型中切刀所受合力为

$$F = \frac{2bh\tau}{n+1} \cdot \frac{\cos\varphi_\tau}{1 - \sin(\varphi_T + \varphi - \gamma)} \tag{6-37}$$

则沿着切削面的切削力和垂直于切削面的垂直力分别为

$$\begin{cases} F_H = \dfrac{2bh\tau}{n+1} \cdot \dfrac{\cos\varphi_\tau}{1 - \sin(\varphi_T + \varphi - \gamma)} \cdot \cos(\varphi - \gamma) \\ F_r = \dfrac{2bh\tau}{n+1} \cdot \dfrac{\cos\varphi_\tau}{1 - \sin(\varphi_T + \varphi - \gamma)} \cdot \sin(\varphi - \gamma) \end{cases} \tag{6-38}$$

式中：b 为切刀宽度；h 为切削深度；τ 为岩石抗剪强度；φ_T 为岩石内摩擦角；n 为数值系数，与刀具类型和切削条件有关；γ 为切削角；φ 为刀具摩擦角。

（3）国内预测模型。

文献[53]通过对盾构切刀切削过程进行分析，在伊万斯切削受力模型基础上，考虑切刀在切削过程中所受摩擦力及垂直推进力，提出了盾构机切刀切削受力预测模型：

$$F = bh\sigma_e \frac{\sqrt{\dfrac{\sigma_c \cos^2\left(\dfrac{\pi}{4}+\psi\right)+\sigma_t}{\sigma_c}} - \cos\left(\dfrac{\pi}{4}+\psi\right)}{\sin\psi} \tag{6-39}$$

式中：σ_c 为岩石抗压强度；σ_t 为岩石抗拉强度；ψ 为破碎角。

$$\psi = \frac{1}{2}\arccos\left[\frac{\sqrt{2(\sigma_c^4 + \sigma_c^3\sigma_t)} - \sigma_t\sigma_c - \sigma_t^2}{\sigma_t^2 + 2\sigma_t\sigma_c + 2\sigma_c^2}\right] \tag{6-40}$$

则沿着切削面的切削力和垂直于切削面的垂直力分别为

$$F_H = bh\sigma_c \frac{\sqrt{\sigma_c \cos^2\left(\frac{\pi}{4}+\psi\right)+\sigma_t} - \cos\left(\frac{\pi}{4}+\psi\right)}{\sin\psi} \cdot \left[\cos(\delta-45°+\varphi)(\mu\cos\delta+\sin\delta)\right.$$
$$\left.+\sin(\delta-45°+\varphi)(\mu\sin\delta-\cos\delta)\right] + \frac{2\mu bh\sigma_c \tan\alpha}{2} \quad (6\text{-}41)$$

$$F_r = 2bh\sigma_c \tan\frac{\alpha}{2} + F\cos(\delta-45°+\varphi)\cos\delta + F\sin(\delta-45°+\varphi)\sin\delta \quad (6\text{-}42)$$

式中：μ 为摩擦系数；δ 为前刀面与切削平面的夹角；α 为切刀刀刃角。

6.3 离散元参数标定

参数标定的主要目的是选取能反映岩土体宏观力学性质的细观参数，是使用离散元软件分析工程问题的基础。离散元参数的标定通常以室内三轴试验的数值模拟为基础，通过正交试验等方法确定宏-细观参数的相关关系，再通过迭代等手段不断调整，直到确定合适的细观参数。采用上述方法进行标定时，常常伴随着大量的人工调参过程，且标定结果受细观参数初始假定范围的影响，往往有一定的局限性。PSO 粒子群优化算法是一种优化算法，具有较好的全局和局部搜索能力。将参数标定过程视为一个优化过程，利用 PFC 软件提供的 Python 接口，编写基于 PSO 粒子群优化算法标定离散元参数的代码，可以避免繁琐的人工调参过程。本节将利用 PSO 粒子群优化算法标定离散元参数的方法，对贵阳白云岩地层的细观参数进行标定。

6.3.1 基于 PSO 的平行黏结模型标定

由于平行黏结模型结构简单、计算速度快且能较好地模拟岩石大部分的力学特性，被广泛应用于细观岩石力学的研究和宏观工程实际的研究中。在离散元宏观参数的标定过程中，通常先采用正交试验等试验设计等方法，确定研究范围内宏观-细观参数间的相关关系，再通过迭代等手段对细观参数进行微调。由于平行黏结模型的细观参数较多，一个细观参数往往能影响多个宏观参数，细观参数与宏观参数之间并无明确的解析关系式，因此很难通过上述方法确定出反映所需宏观参数性质的细观参数。除此之外，在不同宏观参数水平下，对宏观参数产生主要影响的细观参数也会发生改变，通过试验设计确定的宏观-细观关系只能反映出解空间局部范围内的关系，因此众多研究得出的宏观-细观关系并不完全相符合。通过宏观-细观关系得出的细观初值就很难符合岩石的宏观参数，要通过繁琐的调整过程才能确定较为合适的细观参数。为了更准确地确定岩石的细观参数，且避免繁琐人工调整过程，本节通过 PFC 提供的 Python 接口，利用 PSO 智能算法进行 PFC 细观参数的标定。

1. 平行黏结模型参数介绍

平行黏结模型模拟了刚性颗粒与其之间类水泥胶结材料的力学行为，能够提供抗拉和抗弯能力，其力与位移关系如图 6-18 所示。

平行黏结模型提供了两组接触面：点接触的接触面提供线弹性（不抗拉）和摩擦行为；一个有限面积的接触面提供弹性和胶结行为。第一组接触面，等效于线性模型不能抵抗弯矩，其主要参数有：有效变形模量 emod、法相与切向的刚度比 kratio（kN/ks）、摩擦系数 fric。第二组接触面被称为平行胶结，当其是胶结状态时第二组接触面与第一组接触面共同作用，能提供抗弯的行为直到胶结破坏。第二组接触面也提供线弹性的力与位移关系，当胶结受力达到胶结破坏，其不再承载力。第二组接触面的主要参数有：有效胶结变形模量 pb_emod，胶结法相与切向的刚度比 pb_kratio（pb_kN/pb_ks）和作为平行黏结断裂判断依据的平行黏结抗拉强度 pb_ten、平行黏结黏聚力 pb_coh 和平行黏结摩擦角 pb_fa。除此之外，颗粒粒径和颗粒胶结距离也是重要的模型参数。

$F^n \leqslant K^n U^n$

$\Delta F^s = -k^s \Delta U^s$

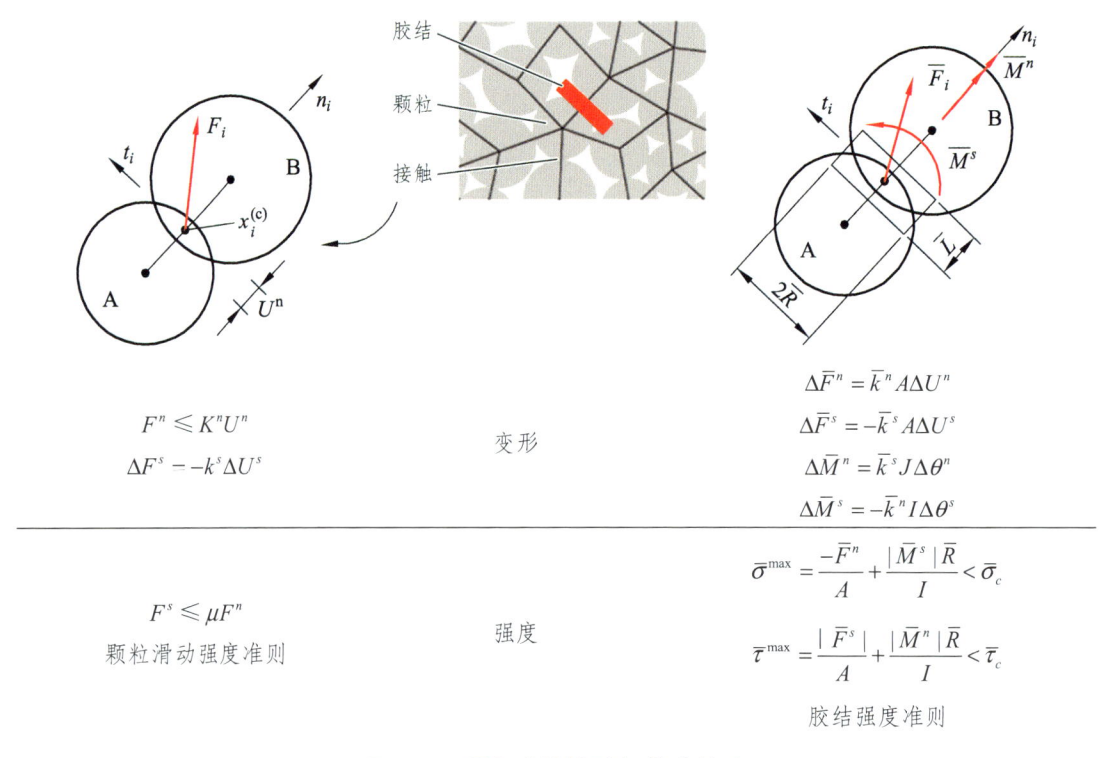

变形

$\Delta \overline{F}^n = \overline{k}^n A \Delta U^n$

$\Delta \overline{F}^s = -\overline{k}^s A \Delta U^s$

$\Delta \overline{M}^n = \overline{k}^s J \Delta \theta^n$

$\Delta \overline{M}^s = -\overline{k}^n I \Delta \theta^s$

$F^s \leqslant \mu F^n$

颗粒滑动强度准则

强度

$\overline{\sigma}^{\max} = \dfrac{-\overline{F}^n}{A} + \dfrac{|\overline{M}^s|\overline{R}}{I} < \overline{\sigma}_c$

$\overline{\tau}^{\max} = \dfrac{|\overline{F}^s|}{A} + \dfrac{|\overline{M}^n|\overline{R}}{I} < \overline{\tau}_c$

胶结强度准则

图 6-18　平行黏结模型力-位移关系

Emod 和 pb_emod 分别是颗粒和颗粒间类水泥胶结物质的弹性模量；kratio 和 pb_kratio 分别是颗粒和颗粒间类水泥胶结物质的法相刚度和切向刚度的比。为便于参数标定过程，根据众多学者的建议，可以取变形模量 Emod 和胶结变形模量 pb_emod 一致，刚度比 kratio 和胶结刚度比 pb_kratio 也可以取为相同的值。

2. 基于 PSO 粒子群优化算法的参数标定流程

通过 PSO 粒子群优化算法标定岩石平行黏结模型细观参数的过程如下：首先，确定岩石的平行黏结模型的初始取值范围，然后通过 PSO 粒子群优化算法不断地优化平行黏结模型细观参数，直到其对应的宏观参数在允许误差范围内或者达到最大迭代次数。具体的标定流程如图 6-19 所示。由于利用 PFC 进行三轴试验的计算时间较长，为了节省计算时间，在确定细观参数的适应度时分成了两步：首先通过单轴压缩试验，近似计算其的弹性模量 E，岩石单轴抗压强度（UCS）和弹性泊松比 μ，再判断这组细观参数对应的宏观结果是否在允许范围内，如果符合要求，则再通过三轴压缩试验，计算对应的黏聚力 c 和摩擦角 ϕ，并通过适应度函数 2 计算其适应度；如不符合要求，则通过适应度函数 1 计算其适应度。

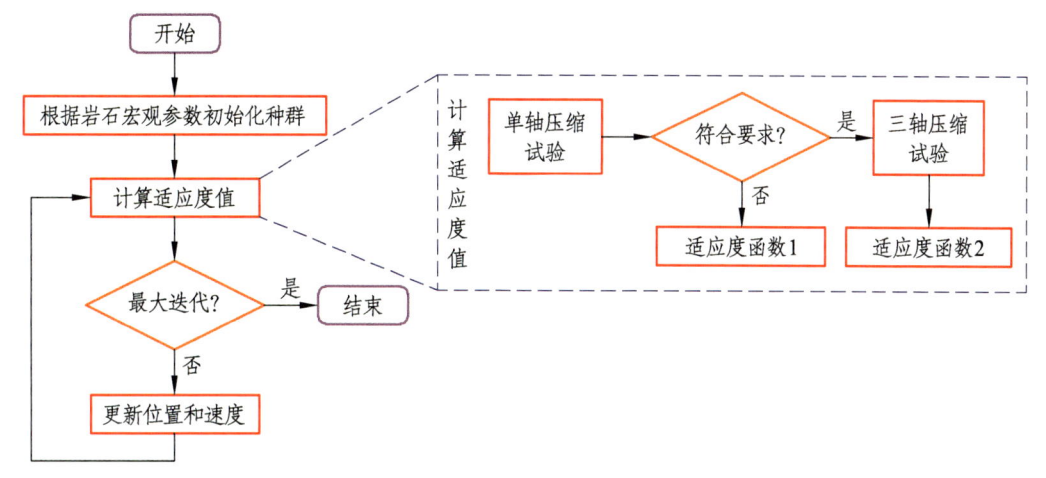

图 6-19 利用 PSO 确定细观参数流程

PSO 的优化可以分为最大值优化和最小值优化，本节采用最小值优化，即适应度小的细观参数标定出的宏观参数更接近待标定岩土体的宏观参数，因此适应度函数 1 计算的适应度值要大于利用适应度函数 2 计算的适应度值。

（1）初始化种群。

初始化种群是运行 PSO 粒子群优化算法的基础，种群初始值的选取能在很大程度上影响得到可接受优化值的迭代次数。根据前人研究，平行黏结模型细观参数与岩土体的宏观参数之间有一定的相关关系，因此可以根据目标岩土体的宏观参数初始细观参数种群。

通过岩石已知的 5 个宏观参数：弹性模量 E、岩石单轴抗压强度 UCS、弹性泊松比 μ、黏聚力 c、摩擦角 ϕ，结合前人平行黏结模型宏-细观参数的敏感性分析成果，并做一定的放宽，初步将离散元的细观参数初始取值区间划为

$$\begin{cases} 变形模量 emod = 胶结变形模量 pb_{emod} \in [E/100, 20E] \\ 刚度比 kratio = 胶结刚度比 pb_{kratio} \in (0, 10] \\ 摩擦系数 fric \in (0, 5] \\ 平行黏结抗拉强度 pb_{ten} \in \left[\dfrac{UCS}{100}, 200UCS\right] \\ 平行黏结黏聚力 pb_{coh} \in \left[\dfrac{UCS}{100}, 200UCS\right] \\ 平行黏结摩擦角 pb_{fa} \in (0, 90) \end{cases} \quad (6\text{-}43)$$

（2）适应度值的计算。

这里 PSO 粒子群优化算法的适应度函数采用最小值优化方法。每个因素的隶属度采用高斯隶属度函数的倒数，计算公式见式（6-44）。

$$u(x) = e^{\left(\dfrac{x-m}{2c}\right)^2} \quad (6\text{-}44)$$

式中：m 为岩石的宏观参数，$m \in \{E, UCS, \mu, c, \phi\}$；适应度函数 x 为通过单轴压缩试验或三轴压缩试验标定出的岩石所对应的宏观参数，适应度函数如图 6-20 所示，当通过数值试验标定出的宏观参数等于所需岩体材料的实际宏观参数时，计算的隶属度最小且值等于 1。

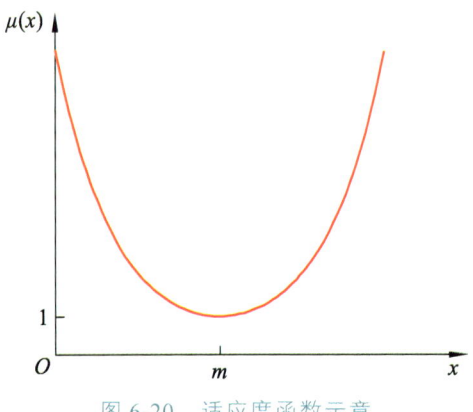

图 6-20　适应度函数示意

对于适应度函数 1，通过单轴压缩试验测得的弹性模量 E、岩石单轴抗压强度 UCS 和弹性泊松比 μ 的加权平均确定参数整体的适应度，见式（6-45）。单轴压缩试验标定的岩石参数只能反映一部分的岩石力学特性，为便于之后通过适应度函数 2 确定更合适的细观参数，需要再在加权平均适应度值 1 的基础上再乘以权重放大系数 k_1，其中 k_1 大于 1。

$$u_1 = k_1(k_E u_E + k_{UCS} u_{UCS} + k_\mu u_\mu) \tag{6-45}$$

式中：u_E、u_{UCS}、u_μ；k_E、k_{UCS}、k_μ 分别为 E、UCS 和 μ 的适应度值和其对应的权重值，且 $k_E + k_{UCS} + k_\mu = 1$。

对于适应度函数 2，由于此时已经进行了单轴压缩试验和三轴压缩试验，所以可以测得这组细观参数对应的 5 个岩土体宏观参数：弹性模量 E、岩石单轴抗压强 UCS、泊松比 μ、黏聚力 c、摩擦角 ϕ。通过 5 个标定值确定加权平均确定的整体适应度 u_2：

$$u_2 = k_E u_E + k_{UCS} u_{UCS} + k_\mu u_\mu + k_c u_c + k_\phi u_\phi \tag{6-46}$$

式中：$k_E + k_{UCS} + k_\mu + k_c + k_\phi = 1$。

（3）Python 代码。

PSO 粒子群优化算法进行离散元细观参数标定代码的具体代码见附录，下面简要介绍代码的几个主要函数。函数 ucs_test 和 triaxile_test 分别是利用 python 脚本进行单轴压缩试验和三轴压缩试验的代码，利用 itasca.command 函数传入细观参数的 fish 变量，并调用进行单轴压缩试验和三轴压缩试验的 fish 代码："servo_wall.p3dat"和"ucs.p3dat"。python 类 PSO 是利用 PSO 粒子群优化算法进行标定参数的主要代码，类 PSO 有五个传入变量：population_size、max_steps、upbounds、lowbounds、target，分别为种群数、终止迭代次数、细观参数取值的上边界、细观参数取值的下边界和宏观参数标定的目标值。根据前文介绍平行黏结模型共有 8 个待确定的细观参数，为减少研究的变量，根据前人的研究可以合理假设：变形模量 emod 和胶结变形模量 pb_emod 的取值范围相等，刚度比 kratio 和胶结刚度比 pb_kratio 的取值范围相等。因此初始化种群时，8 个待确定的细观参数的取值范围减少为了 6 个，upbounds、lowbounds

为包含这 6 个细观参数的列表，列表的形式为"[变形模量 emod、刚度比 kratio、摩擦系数 fric、平行黏结抗拉强度 pb_ten、平行黏结黏聚力 pb_coh、平行黏结摩擦角 pb_fa]"。传入参数 target 为含有岩石 5 个宏观参数的列表，形式为"[弹性模 E、泊松比 μ、黏聚力 C、内摩擦角 ϕ、单轴抗压强度 UCS]"。类 PSO 主要有 3 个函数：calculate_fitness、LDIW 和 evolve，其作用分别是计算适应度、更新惯性权重和进化种群。

3. 白云岩细观参数标定

结合贵阳市轨道交通 3 号线一期工程穿越的地层参数，根据上述 PSO 粒子群优化算法标定离散元细观参数流程，标定白云岩平行黏结模型的细观参数：变形模量 emod、胶结变形模量 pb_emod、法相与切向的刚度比 kratio、胶结法相与切向的刚度比 pb_kratio、摩擦系数 fric、平行黏结抗拉强度 pb_ten、平行黏结黏聚力 pb_coh、平行黏结摩擦角 pb_fa。

依托工程所穿越的中风化白云岩岩体较破碎，岩石基本质量等级为Ⅳ级，岩石重度为 25.50 kN/m³，抗压强度一般为 26.09～77.99 MPa，平均值为 45 MPa，岩石一般为较软岩—较硬岩。

岩石试件为高 100 mm、直径为 50 mm 的圆柱体，最小粒径为 1.25 mm，最大最小粒径比为 1.66，加载速率为 0.1 m/s。三轴压缩试验的围压分别取为 5 MPa、10 MPa 和 15 MPa。岩石试样的模型，如图 6-21 所示，在进行单轴压缩试验和三轴压缩试验时，通过移动试验上下墙单元试验加压，三轴压缩试验侧面的墙单元通过伺服机制保持围压的稳定。PSO 的种群数取为 100，终止迭代次数也选为 100。

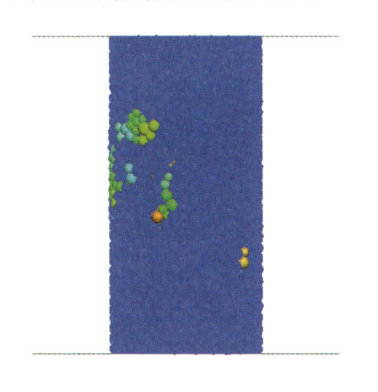

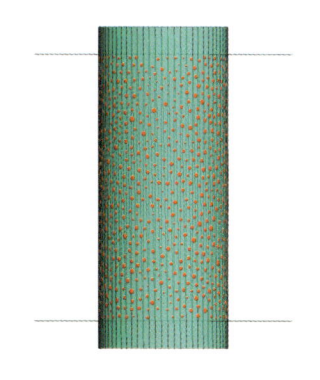

（a）单轴压缩试验　　　　　　　　（b）三轴压缩试验

图 6-21　岩石试验模型

利用 PSO 粒子群优化算法进行参数的标定，显示了较好的收敛性质，在第 1 代时全局最优的隶属度约为 0.5，在第 4 代时就优化为 0.25，在第 44 代时优化为 0.01，能较好地反映盾构区间中风化白云岩的物理力学参数。在迭代过程中隶属度最优的细观参数组合如表 6-2 所示，其标定的物理力学参数如表 6-3 所示。单轴压缩试验和三轴压缩试验的应力-应变曲线如图 6-22 和图 6-23 所示。

表 6-2 最优细观参数组合

变形模量 emod	胶结变形模量 pb_emod	刚度比 kratio	胶结刚度比 pb_kratio
2×10^{10}	2×10^{10}	6	6
摩擦系数 fric	平行黏结抗拉强度 pb_ten	平行黏结黏聚力 pb_coh	平行黏结摩擦角 pb_fa
0.5	2.5×10^{7}	7.8×10^{6}	10

表 6-3 PFC-PSO 标定白云岩力学参数结果

抗压强度 UCS/MPa	弹性模量 E/GPa	泊松比	黏聚力 c/MPa	内摩擦角 φ/(°)
45	28.96	0.20	14.81	32.05

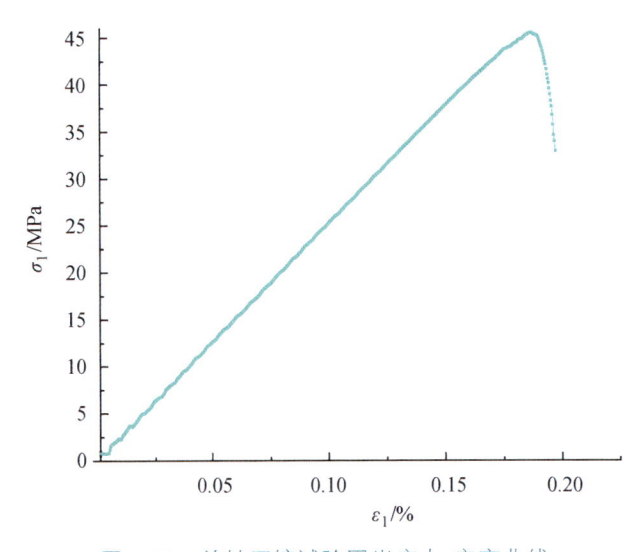

图 6-22 单轴压缩试验围岩应力-应变曲线

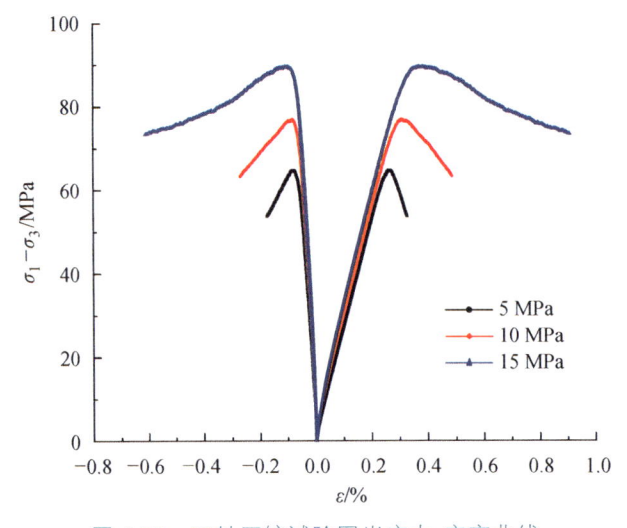

图 6-23 三轴压缩试验围岩应力-应变曲线

前文在初始化种群时,是在前人平行黏结模型宏-细观参数的敏感性分析成果的基础上做了一定放宽的细观参数初始取值区间。此区间范围较大,在种群数一定时需要较多的迭代次数才能得到可接受的优化解,可以通过 PSO 粒子群优化算法得到全部种群的解,对细观参数初始取值区间进行优化。将种群中的所有解按适应度从小到大排序,按前 10%解中细观参数的取值范围重新确定白云岩的平行黏结模型的细观参数取值区间,结果如下:

$$\begin{cases} 变形模量emod = 胶结变形模量pb_{emod} \in \left[\dfrac{E/30, E}{6}\right] \\ 刚度比kratio = 胶结刚度比pb_{kratio} \in (0,10] \\ 摩擦系数fric \in (0,5] \\ 平行黏结抗拉强度pb_{ten} \in [20UCS, 200UCS] \\ 平行黏结黏聚力pb_{coh} \in [20UCS, 200UCS] \\ 平行黏结摩擦角pb_{fa} \in (0,80) \end{cases} \quad (6\text{-}47)$$

6.3.2 计算时间步长确定

时间步长代表的物理意义为每个计算步间隔的物理时间,当时间步长较小时,刀具掘进单位距离所需要的计算步较多,需要较长的计算时间,明显影响计算效率。另一方面,当时间步长较大时,在每一计算步中刀具移动的距离会较大,使得刀具破岩受到的力偏大,使得模拟结果失真。

在 PFC 颗粒流软件中,主要有以下三种时间步长的确定方法:(1)自动时间步长(Automatic Timestep);(2)比例时间步长(Timestep Scaling);(3)固定时间步长(Fixed Timestep)。

(1)自动时间步长。

为了使牛顿定律将保持稳定的显式解,时间步长不得超过总系统总的最小临界特征周期。特征周期,是由系统的刚度和质量共同确定的,具体计算公式如式(6-48)所示。由公式可知,系统的临界周期与颗粒的质量的平方根成正比与其刚度的平方根成反比,对于三维问题 $m \propto r^3, k \propto r^2$,因此 $t_{crit} \propto \sqrt{r}$,当系统中颗粒的半径较小时,自动时间步长较小,所需的计算步较多,会导致计算时间过长。

$$t_{crit} = \begin{cases} \sqrt{m/k^{tran}}, 平动 \\ \sqrt{I/k^{rot}}, 转动 \end{cases} \quad (6\text{-}48)$$

式中:m 为颗粒质量;k^{tran} 为颗粒平动刚度;I 为颗粒转动惯性矩;k^{rot} 为颗粒转动刚度。

(2)固定时间步长。

固定时间步长是人为给定的一个时间步长,当给定的时间步长合适时,能极大的提升模型的计算效率。另一方面,固定时间步长可能导致模型不稳定。例如,颗粒可能在一个计算步内相互穿过,而不会产生任何力。此外,单个计算步中可能会发生较大的重叠,从而导致较大的力。这可能会导致几乎静止的部件以非物理方式破坏。在使用固定时间步长时,需要确定合适的时间步长以保证计算模型的稳定性和较好的计算速率。

(3)比例时间步长。

PFC 默认的自动时间步长,是对稳态和非稳态条件都有效的真实的动力学解。如果只对稳态解感兴趣（模型加速度均为零，对应于静态或稳定流状态），则可以使用比例间步长，这种方法通过给予颗粒以虚拟的质量，以增大稳步长来加快模型的收敛。此外，在使用本方法时，并不会影响颗粒的体力（如重力）。

对于颗粒直径较小且数量较多的情况，采用自动时间步长会致使计算时间过长而不可接受；而对于固定时间步长，确定合适的固定时间步较为困难，当其值较小时计算时间同样会过长，而其值取得较大时容易导致计算模型的不稳定，会出现例如颗粒与另一颗粒或者墙体没有相互作用力而穿越过去，或者颗粒之间有巨大的重叠。

盾构掘进过程是缓慢的，可以近似认为在计算过程中其状态是稳定的。为提高模拟效率，本节将采用比例时间步长方法确定时间步长，定义时间放大系数 f_t 为计算时间 t_m 与物理之间 t_p 之比，即 $f_t = \dfrac{t_m}{t_p}$，那么在计算过程中刀具的速度 $v_m = \dfrac{v_p}{f_t}$，其中 v_p 为刀具的物理运动速度。

本工程盾构在正常段施工时的掘进速度保持在 10~35 mm/min，即 0.167~0.583 mm/s。假定刀具竖向侵入速度为 0.4 mm/s。由于在滚刀破岩过程中，刀具中主要的受力部件为滚刀的刀圈，为简化研究过程，在研究滚刀破岩效果时，滚刀刀具简化为刀圈。

考虑刀圈竖向侵入 2 mm。在使用自动时间步长时，将竖向侵入速度放大 100 倍，计算时间约为 1 h，当侵入速度不做放大时，计算时间约为 100 h，计算时间过长不能接受。当采用固定时间步长时，由于会出现穿墙现象，计算结果不理想。基于计算效率和计算精度的考虑，本节将采用比例时间步长，为确定合适的时间系数，考虑以下 5 个时间系数：1 000、3 000、5 000、8 000 和 10 000。

利用 CPU 为 AMD Ryzen 7 1700 Eight-Core Processor 3.00 GHz，内存为 24 GB，64 位操作系统的计算机进行计算。不同时间放大系数下计算机运行的时间近乎呈正比增大关系，在时间系数为 1 000 时，计算时间约为 3 min；而时间系数为 10 000 时，计算时间约为 45 min。

刀圈所受到的垂直力与贯入度的关系如图 6-24 所示。由图 6-24 可知，5 个时间放大系数下，垂直力与贯入度的关系曲线变化趋势一致。当时间系数大于 1 000 时，垂直力与贯入度的关系曲线几乎与自动时间步时计算的一致。基于计算效率的考虑，在本节滚刀线性切割试验时选取自动时间步为 3 000。

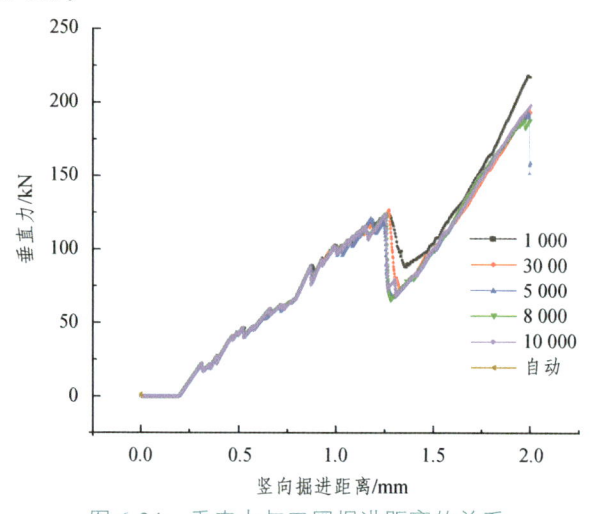

图 6-24 垂直力与刀圈掘进距离的关系

6.4 贯入度对滚刀受力的影响

6.4.1 模型建立

离散元是基于牛顿定律计算颗粒的平衡，需要考虑颗粒两两之间的相互作用关系，当颗粒数目增大时会显著增大模型的计算时间，但颗粒数目同时决定了模型的计算精度，在相同的颗粒半径下颗粒数目越多，能更精确地模拟滚刀破岩的非线性。为了同时兼顾模型的计算效率和模型的计算时间，本节将采用颗粒流软件 PFC^{3D}6.0 和有限差分软件 FLAC 3D 6.0 软件耦合方式，进行滚刀破岩的模拟。

进行滚刀破岩模拟时采用贵阳地铁 3 号线盾构机实际使用的 18 英寸滚刀，利用 wall 单元模拟，滚刀直径为 457.2 mm，如图 6-25 所示。模型与滚刀接触范围内采用颗粒流单元模拟，外部采用实体单元模拟。外部实体单元尺寸为长 3.0 m，宽 3.0 m，高 1 m；内部颗粒流凹槽尺寸为长 1.0 m，宽 0.5 m，深 0.25 m，如图 6-26 所示。模拟的岩石为贵阳地铁 3 号线盾构掘进过程中常遇到的中风化白云岩，有限差分软件部分参数按表 6-2 取值，颗粒流部分的细观参数按表 6-3 取值。

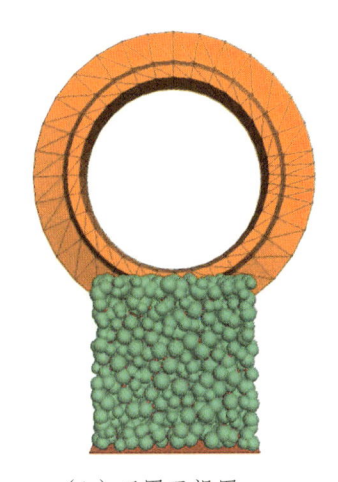

（a）刀圈侧视图　　　　　　（b）刀圈正视图

图 6-25　刀圈模型示意

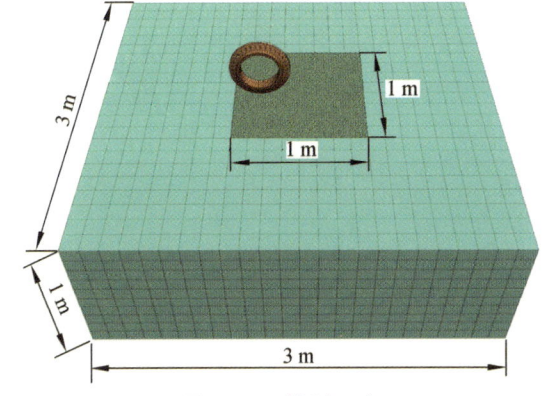

图 6-26　模型示意

盾构机在正常掘进段，刀盘转速的范围为 1.4~1.7 r/min，推进速度为 20~30 mm/min。假设滚刀在进行线性切割试验模拟时滚动的线速度与平均安装半径处的线速度相同，则滚动的速度为 0.24 m/s，滚刀自转转速为 1.03 rad/s，滚刀竖向侵入速度为 0.4 mm/s。为研究滚刀在不同贯入度条件下的破岩性能，先使滚刀向下侵入至指定的贯入度，再向右滚动 0.6 m。基于上述过程，分别研究贯入度为 1 mm 到 20 mm 共 20 种工况下滚刀的受力情况。

6.4.2 不同贯入度下线性切割破岩计算结果分析

依据建立的离散-连续的滚刀线性切割破岩模型的计算结果，提取不同贯入度情况下滚刀的受力情况如图 6-27~图 6-30 所示。

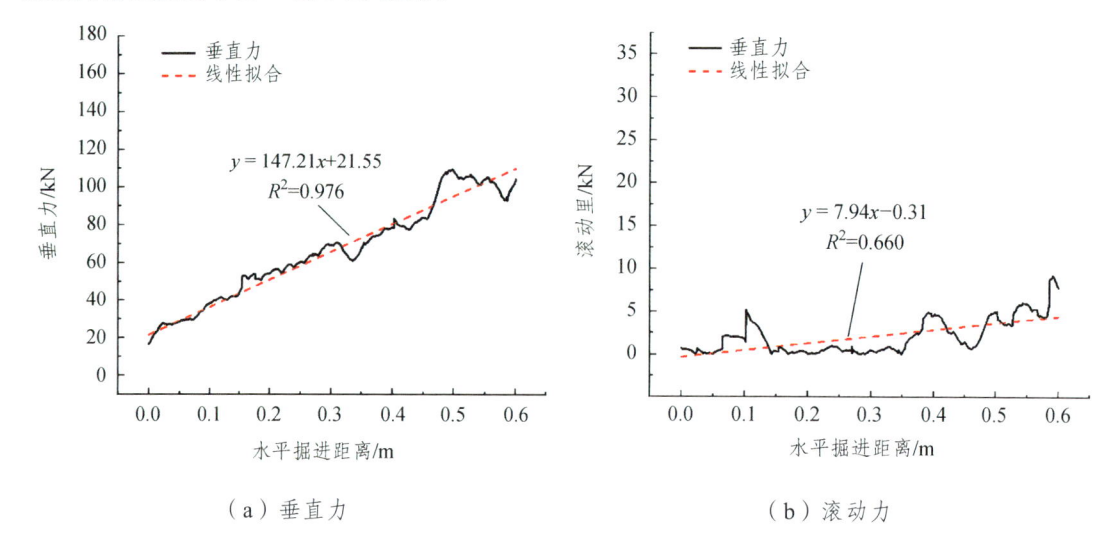

（a）垂直力　　　　　　　　　　（b）滚动力

图 6-27　贯入度为 1 mm 时滚刀受力情况

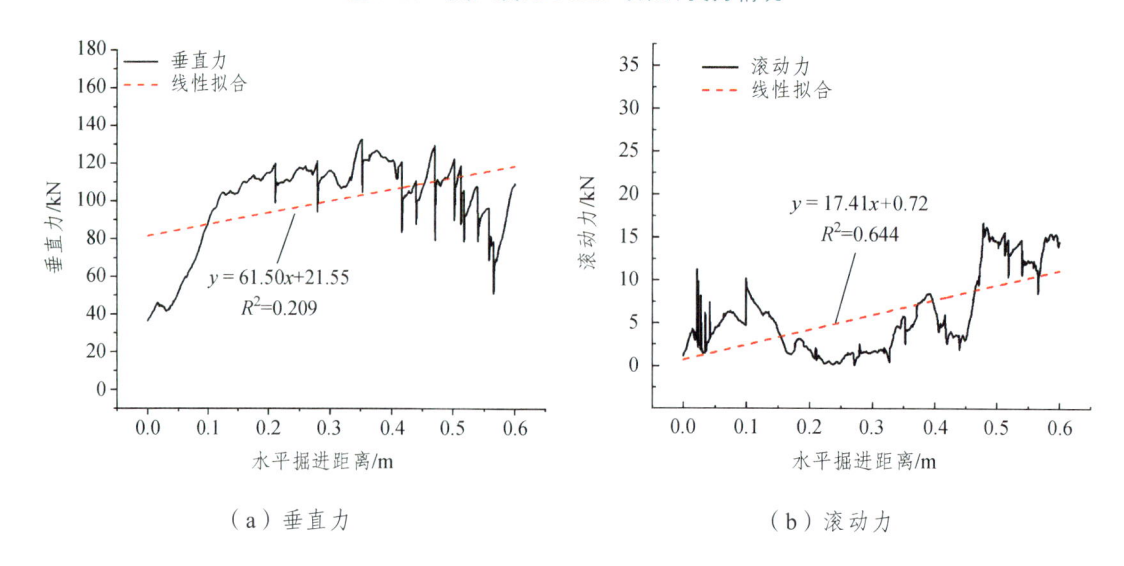

（a）垂直力　　　　　　　　　　（b）滚动力

图 6-28　贯入度为 5 mm 时滚刀受力情况

(a) 垂直力

(b) 滚动力

图 6-29　贯入度为 10 mm 时滚刀受力情况

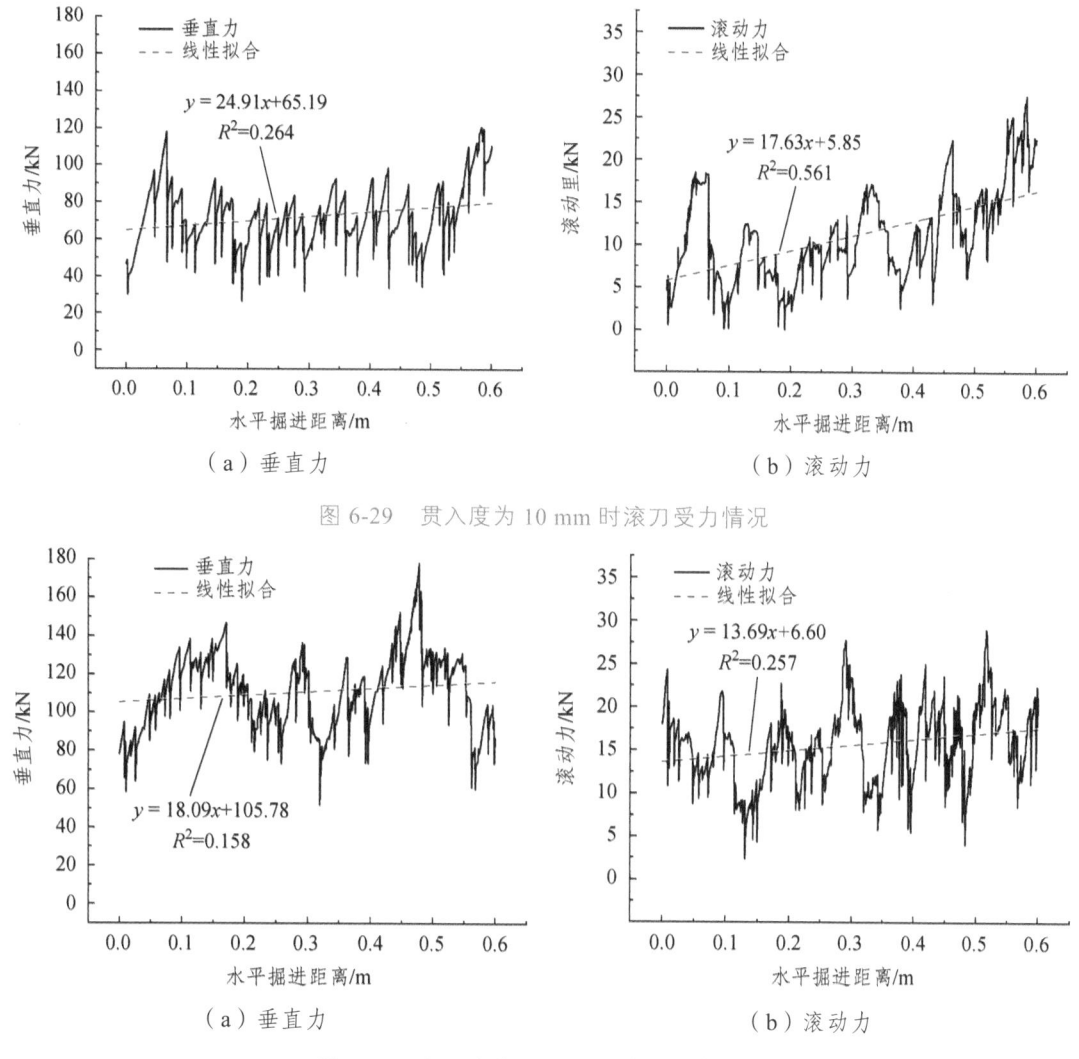

(a) 垂直力

(b) 滚动力

图 6-30　贯入度为 20 mm 时滚刀受力情况

由图 6-27～图 6-30 可知，在贯入度较小时（如贯入度为 1 mm），随着滚刀向前掘进，滚刀所受的垂直力呈线性增加趋势。这是因为在贯入度较小时，岩体较为完整，在滚刀线性滚动的过程中能提供线性的反力，且为计算效率考虑采用颗粒粒径较大（最小粒径 6 mm），在岩体细观参数变形模量 emod 一定时，粒径大的颗粒的法向刚度也更大，为了反应相同的岩体单轴抗压强度和峰值应变，大粒径颗粒的胶结强度要大于小粒径的，在小贯入度下由于滚刀受力整体较小，难以破碎大粒径颗粒的胶结，此时在滚刀竖向侵入作用下垂直力呈线性增大。在贯入度较大的情况下（如贯入度为 10 mm 和 20 mm），滚刀垂直力与掘进距离的线性拟合函数的相关系数较小，此时滚刀所受垂直力有明显的阶跃特性：滚刀在向前掘进的过程会使前方岩体形成压碎区和放射状裂纹，当滚刀行走在压碎区时，受力较小，进行破岩时受力较大，滚刀的破岩过程是一个受力不均衡的过程。分析滚刀垂直力与掘进距离的线性拟合函数的斜率，随着滚刀的水平前进，滚刀同时在竖向侵入岩石，其所受的垂直力整体呈增大的趋势，在小贯入度时竖向侵入对垂直力的增量较大，而在大贯入度时竖向侵入对垂直力的增量较小。

这里通过 CSM 滚刀受力预测模型预测滚刀在不同贯入度下的垂直力与滚动力，并与数值模拟结果进行比较。在掘进过程中滚刀间距按实际刀间距取为 75 mm，用数值模拟计算的滚刀平均受力结果与 CSM 滚刀受力预测模型比较，垂直力的计算结果如图 6-31 所示，滚动力的计算结果如图 6-32 所示。由图 6-31 和图 6-32 可知，无论是数值模拟还是理论计算的结果，随着滚刀贯入度的增大，垂直力和滚动力都呈增大趋势。数值模拟计算得的滚动力和垂直力与 CSM 模型计算得到的有一定差别，其中可能的原因有：（1）CSM 模型压碎区压力与无量纲系数 C 有关，而 C 是一个经验系数很难符合所有的工况；（2）为了计算效率考虑，滚刀破岩过程中选取的颗粒的粒径较大，在贯入度较小时岩体还是完整的，此时滚刀受力与其实际情况相比偏大。通过分析还可知：滚刀在破岩过程中，垂直力要远大于滚动力，且在小贯入度时垂直力与滚动力的比要大于大贯入度时的情况，说明贯入度越小滚刀受力越以垂直力为主。在相同贯入度下进行了滚刀只滑动不滚动的对照试验，在对照试验中滚刀所受到的垂直力只略大于其受到的滚动力，因此可以假设滚刀所受滚动力小于垂直力的原因是滚刀能绕其轴承自转，滚刀在自转的过程中抵消了其所受的部分滚动力。

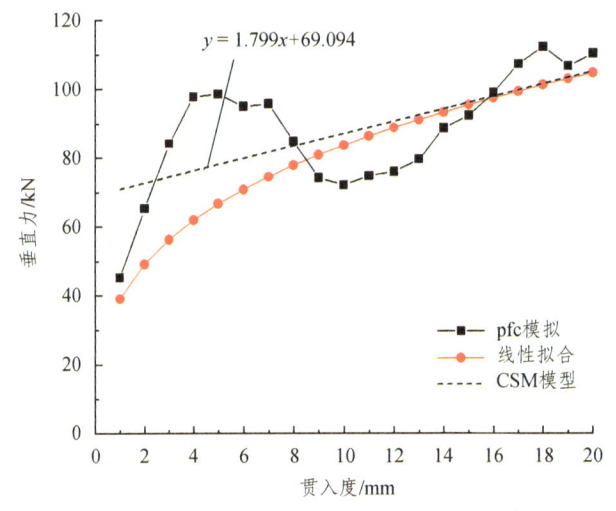

图 6-31　不同贯入度下滚刀所受的垂直力

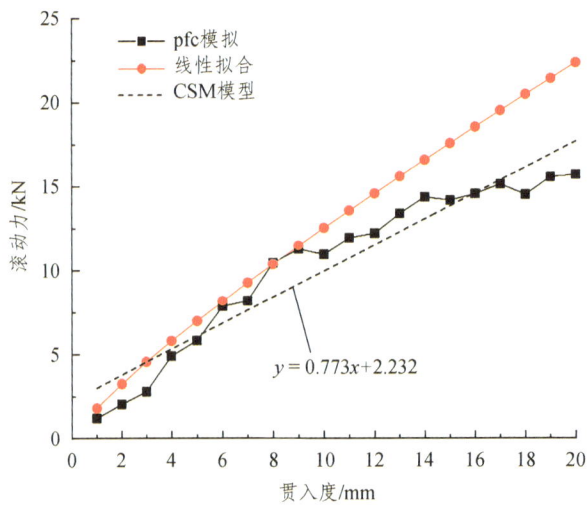

图 6-32　不同贯入度下滚刀所受的滚动力

6 盾构刀具受力机理及磨耗预测优化研究

由于 CSM 滚刀受力预测模型不能预测滚刀的侧向力，现通过数值计算模型的结果提取不同贯入度下滚刀左右两侧的侧向力，如图 6-33 所示。由图 6-33 可知，在线性破岩的过程中滚刀两侧所受的侧向力大致相同；随着贯入度的加深，侧向力的变化趋势与滚动力相似，都近似从 0 开始呈线性增长，但侧向力与贯入度的线性拟合曲线的斜率更大，说明侧向力对贯入度更为敏感。

依托工程盾构机的中心滚刀为双刃滚刀，同时通过前文研究可知滚刀在掘进过程中以受垂直力为主，为探究贯入度对双刃滚刀受力的影响规律，利用墙单元建立双刃滚刀模型，按与单刃滚刀相同的模拟参数和模拟步骤进行模拟，计算得到双刃滚刀垂直力与贯入度的关系图（图 6-34）。为便于与单刃滚刀的受力情况比较，图中双刃滚刀的受力为其实际受力的一半。

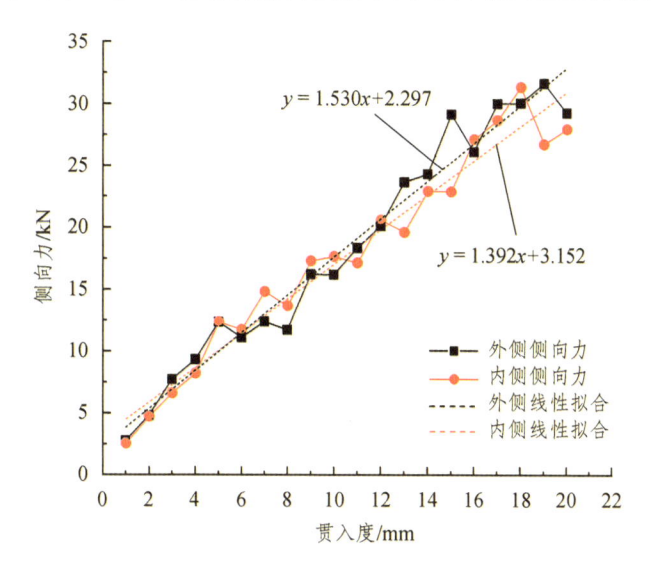

图 6-33　不同贯入度下滚刀所受的侧向力

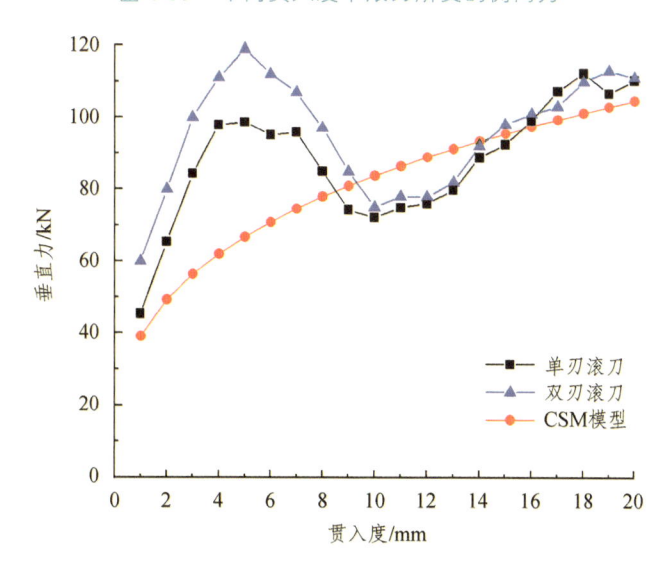

图 6-34　双刃滚刀在不同贯入度下所受的垂直力

由图 6-34 可知，在大贯入度的情况下，岩体已经较为破碎，单刃滚刀受力与双刃滚刀的受力情况大致相同。而在小贯入度的情况下，双刃滚刀的受力明显要大于单刃滚刀的，造成上述现象的可能原因是：在贯入度较小时，岩体较为完整，双刃滚刀组合破岩的效果导致双刃滚刀内部岩体受到挤压，导致双刃滚刀的受力更大。单刃滚刀和双刃滚刀在贯入度为 10 mm 时的侵入结果如图 6-35 所示。由图 6-35 可知，在此工况下双刃滚刀的破岩效果，相当于两个单刃滚刀单独作用下造成的，此时双刃滚刀中的两个单刃的组合破岩效果小，因此在大贯入度下单刃滚刀受力与双刃滚刀中的单个刃受力情况大致相同。

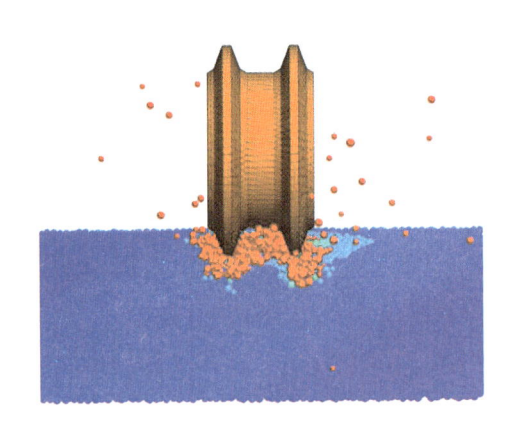

（a）双刃滚刀　　　　　　　　　　（b）单刃滚刀

图 6-35　贯入度 10 mm 时滚刀侵入结果示意

为分析贯入度对滚刀主要受力部分的影响，提取贯入度为 2 mm 和 10 mm 时的滚刀受力力链，如图 6-36 所示。由图 6-36 可知，在小贯入度时，滚刀受力主要集中在滚刀的正下方，随着贯入度的加大，滚动的主要受力向滚动方向的前部移动。

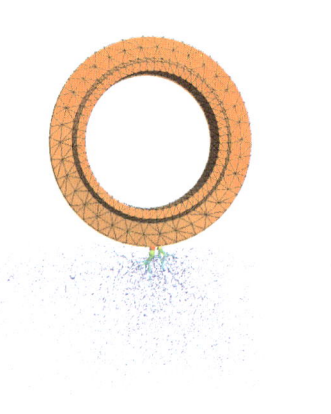

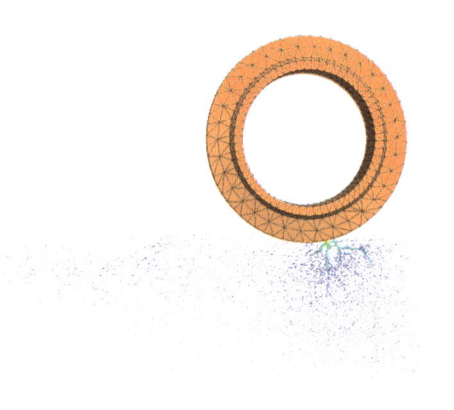

（a）贯入度为 2 mm　　　　　　　　（b）贯入度为 10 mm

图 6-36　滚刀受力力链

为研究贯入度对滚刀破岩效果的影响，先对滚刀在掘进过程中裂隙的生成情况和胶结的破坏情况进行分析。在滚刀贯入度为 2 mm 和 10 mm 时，岩块最终的破裂情况分别如图 6-37 和图 6-38 所示。由图 6-37 和图 6-38 可知，随着滚刀贯入度的增加，滚刀滚动过程中破碎的岩体范围也在逐渐增大，在贯入度为 2 mm 时破碎岩体在水平面上投影的宽度约为 60 mm，而当贯入度增大为 10 mm 时，宽度增大到了约 100 mm，岩体的破碎宽度范围扩大了 1.67 倍。考虑到建立的双刃滚刀模型的两刃的间距为 150 mm，单刃滚刀在贯入度为 10 mm 时的 100 mm 破碎宽度小于两刃的间距，双刃滚刀的两刃的破碎区并没有贯通，佐证了前文假设的在此工况下双刃滚刀的破岩效果大致相当于两个单刃滚刀的单独作用。

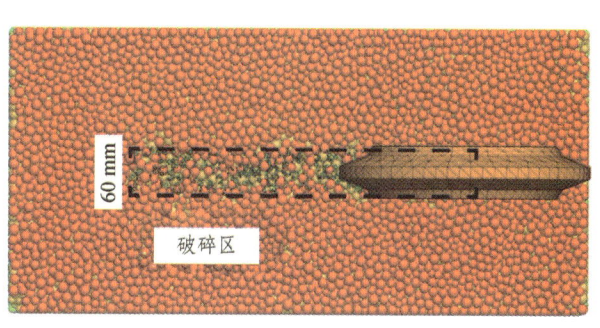

（a）侧视图　　　　　　　　　　（b）俯视图

图 6-37　岩体破裂面（贯入度 2 mm）

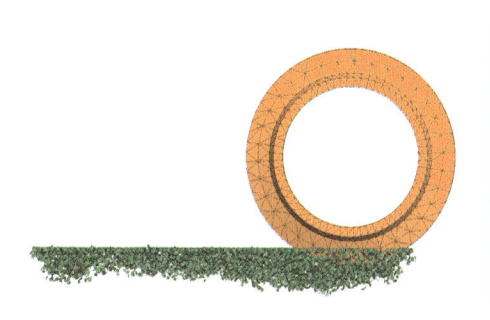

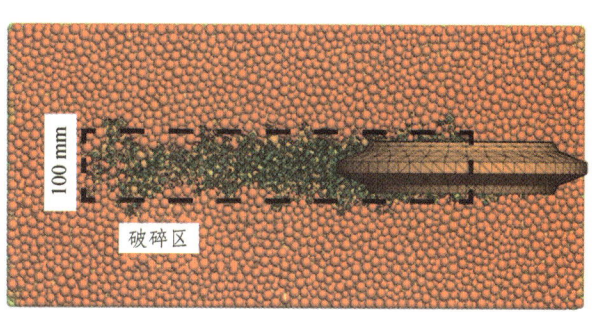

（a）侧视图　　　　　　　　　　（b）俯视图

图 6-38　岩体破裂面（贯入度 10 mm）

滚刀贯入度为 10 mm 时，岩块胶结破坏与掘进距离的关系如图 6-39 所示。通过分析胶结破坏与掘进距离的关系可知：在滚刀破岩过程中，胶结破坏的数量与掘进距离成正比，胶结破坏以剪切破坏为主（占破坏类型总数的 95% 以上），同时剪切破坏又可以分为剪压破坏和剪拉破坏，剪拉破坏和剪压破坏的数量大致相等，剪压破坏数略微大于剪拉破坏数。

在不同的贯入度下，滚刀水平掘进 0.6 m 后的总胶结破坏数如图 6-40 所示。分析可得，随着滚刀贯入度的增大，胶结破坏的数量先快速增加后缓慢增加，在贯入度达 5 mm 后，胶结破坏数量的增速减缓。因此，随着贯入度的增大，滚刀对岩体的破碎效果越好，但是破碎岩体的效果增益在逐渐减缓。

图 6-39 胶结破坏数量与掘进距离关系

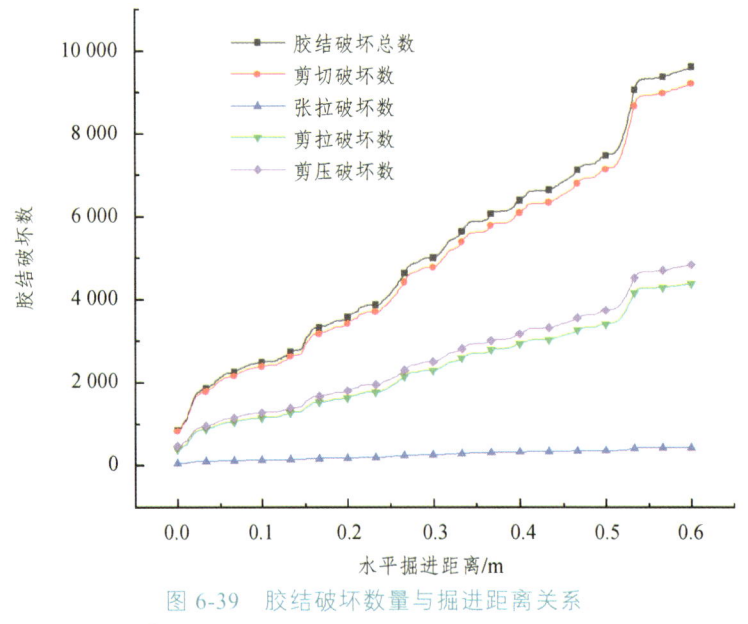

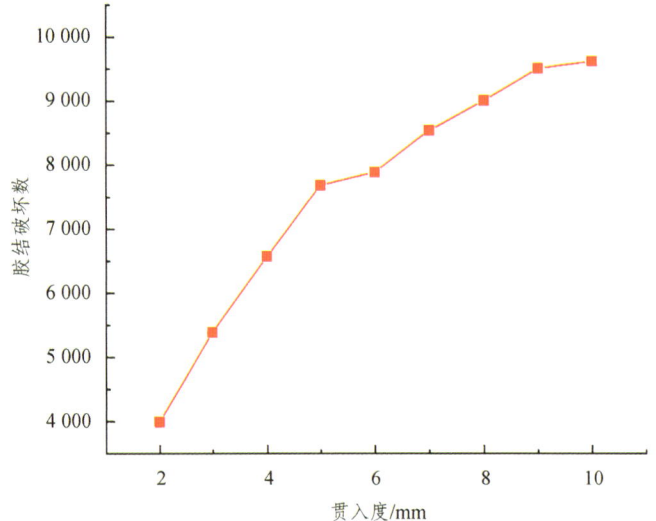

图 6-40 不同贯入度下水平掘进 0.6 m 后的总胶结破坏数

6.5 安装半径对滚刀受力的影响

6.5.1 滚动布置形式

目前滚刀常见的布置型式有：单螺旋、多螺旋、十字随机型和米字随机型等，在工程中常用的平面螺旋线有：阿基米德线、费马螺线、双曲螺旋线、对数螺旋线等。盾构滚刀一般常按阿基米德线布置。

阿基米德螺旋线是指动点绕定点做匀速圆周运动的同时，沿射线向外做匀速直线运动的迹线。阿基米德螺旋线的曲线方程如下：

$$\rho = \rho_0 + \alpha(\theta - \theta_0) \tag{6-49}$$

式中：ρ 为极径；ρ_0 为极径的实始值；α 为常数；θ 为极角；θ_0 为初始极角值。

单螺旋线刀具布置如图 6-41 所示。两条螺线及多条螺线相当于在单螺线布置的基础上进行均匀加密，双螺旋线刀具的布置如图 6-42 所示。对于需要对刀盘外边缘局部加密布置刀具的情况，可以设置两条以上的螺线。盾构刀具的螺旋线布置型式是多样的，在一般的双螺旋线外还有反交螺旋线布置型式，与一般的双螺旋线布置方式相比，反交错双螺线的两条螺线绕行方向相反且相互交叉，反交错双螺线布置型式的盾构机在实际工程中也有一定的应用。

依托工程盾构机的刀盘刀具配置如下：6 把 18 寸中心双联滚刀、35 把 18 寸单刃滚刀和 1 把超挖刀。标号#13~#36 滚刀属于正面滚刀。正面滚刀按螺旋线布置，螺旋线的初始极径为 1 135 mm，刀间距为 75 mm。滚刀刀具的安装参数如表 6-4 所示。中心线（0°）竖直向上，刀具与中心线的夹角以逆时针为正，顺时针为负。

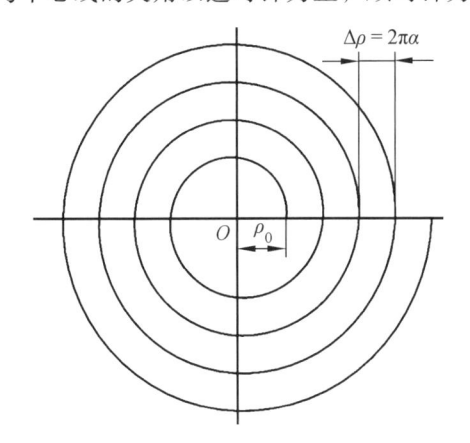

图 6-41　一般单螺旋线刀具布置示意

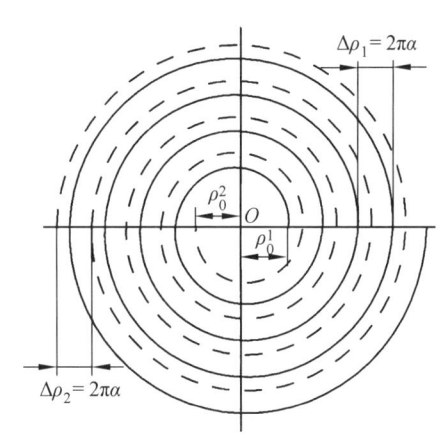

图 6-42　一般双螺旋线刀具布置示意

表 6-4　滚刀刀具安装参数

滚刀编号	安装半径 /mm	相位角 /(°)	安装倾角 /(°)	滚刀编号	安装半径 /mm	相位角 /(°)	安装倾角 /(°)
#1	70	90	0	#14	1 210	180	0
#2	160	270	0	#15	1 285	60	0
#3	250	90	0	#16	1 360	240	0
#4	340	270	0	#17	1 435	120	0
#5	430	0	0	#18	1 510	300	0
#6	520	180	0	#19	1 585	0	0
#7	610	0	0	#20	1 660	180	0
#8	700	180	0	#21	1 735	60	0
#9	790	120	0	#22	1 810	240	0
#10	880	300	0	#23	1 885	120	0
#11	970	120	0	#24	1 960	300	0
#12	1 060	300	0	#25	2 035	0	0
#13	1 135	0	0	#26	2 110	180	0

续表

滚刀编号	安装半径/mm	相位角/(°)	安装倾角/(°)	滚刀编号	安装半径/mm	相位角/(°)	安装倾角/(°)
#27	2 185	60	0	#38	2 990	277.2	24.2
#28	2 260	240	0	#39	3 045	97.2	31.30
#29	2 335	120	0	#40	3 090	337.2	37.60
#30	2 410	300	0	#41	3 130	157.2	43.6
#31	2 485	0	0	#42	3 165	352.8	49.5
#32	2 560	180	0	#43	3 194	202.8	54.9
#33	2 635	60	0	#44	3 217	262.8	59.8
#34	2 710	240	0	#45	3 233	82.8	63.6
#35	2 785	120	0	#46-1	3 245	142.8	66.9
#36	2 855	37.2	8	#46-2	3 245	322.8	66.9
#37	2 925	217.2	16.3				

由于本盾构设置有一个仿形刀，为了便于分析比较，将仿形刀替换为滚刀，滚刀位于双螺线与仿形刀所在的梁中心线的交点处，安装半径为 2 860 mm，安装相位角为 30°，安装倾角为 0°，如图 6-43 所示。

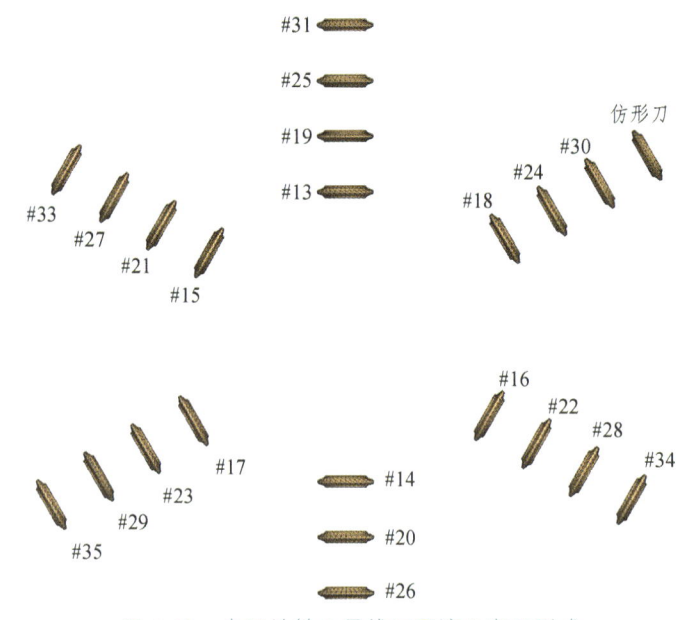

图 6-43 贵阳地铁 3 号线正面滚刀布置形式

6.5.2 模型建立

线性切割模型所推导出的滚刀受力模型并没有考虑滚刀的安装半径对滚刀受力的影响，为探究正面滚刀的安装半径对其受力变化的影响，分别建立只考虑单把单刃滚刀安装半径影响的单刃滚刀旋转模型和考虑所有正面滚刀组合破岩时安装半径影响的正面滚刀旋转组合破岩模型。

单刃滚刀旋转模型在 6.4.1 节建立的滚刀线性切割模拟模型的基础上考虑滚刀对其旋转中心进行的公转，模型如图 6-44 所示。滚刀模型与模型参数设置与 6.4.1 节相同。滚刀以 0.4 mm/s 竖向侵入速度侵入至贯入度为 10 mm 后进行旋转切割，计算从#13~#35 的正面滚刀滚动弧长为 0.6 m 时的受力情况。在模拟过程中，边界条件设为约束外侧实体的侧面和底面的法向速度。盾构在正常段掘进过程中，刀盘转速约为 1.5 r/min，因此假设滚刀公转速度保持为 1.5 r/min，同时假设滚刀自转的线速度与滚刀公转的线速度相同。滚刀自转的线速度采用传送带速度模拟，传送带速度（velocity-conveyor）是 PFC^{3D}6.0 为墙体（Wall）的面单元（facet）提供的一种面速度，传送带速度能在不运动面单元的情况下模拟运动行为。对滚刀的每个面单元（facet）施加切线方向的速度就能模拟滚刀的自转行为。

正面滚刀旋转组合破岩模型的滚刀布置型式与图 6-43 相同，正面滚刀滚动区域为离散元区域（半径 800~3 200 mm 的区域），在离散元区域的内侧和外侧均为实体单元，实体单元的最大半径为 6 400 mm，模型如图 6-45 所示。

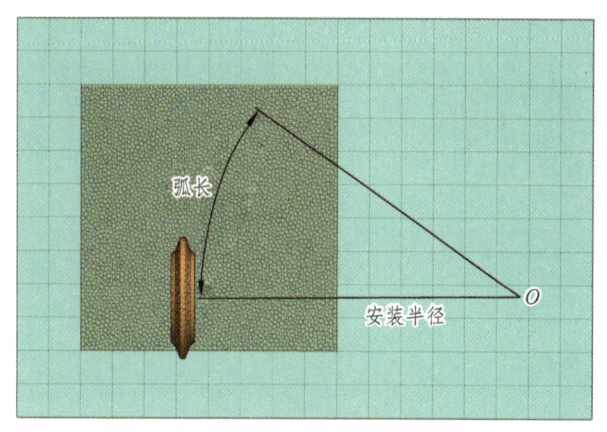

图 6-44　单刃滚刀旋转破岩模型示意

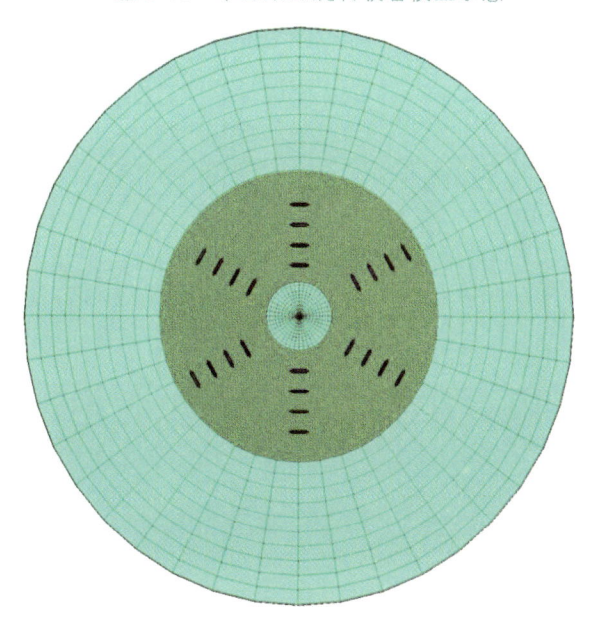

图 6-45　正面滚刀旋转组合破岩模型示意

模拟时约束外侧实体侧面和底面的法向速度。模型参数与单刃滚刀旋转模型时设置的一样，模拟过程同样以 0.4 mm/s 的竖向侵入速度向下侵入 10 mm 后进行顺次旋转破岩，正面滚刀进行旋转破岩时以 1.5 r/min 的公转速度旋转一周。滚刀的自转速度同样用传送带速度模拟，设滚刀自转的线速度与其公转的线速度相等。

6.5.3 单刃滚刀旋转破岩结果分析

根据单刃滚刀旋转破岩数值模拟的结果，提取单刃滚刀在不同安装半径下的滚动力和垂直力，滚刀在安装半径为 1 135 mm、1 660 mm、2 260 mm 和 2 785 mm 时的受力情况如图 6-46～图 6-49 所示。

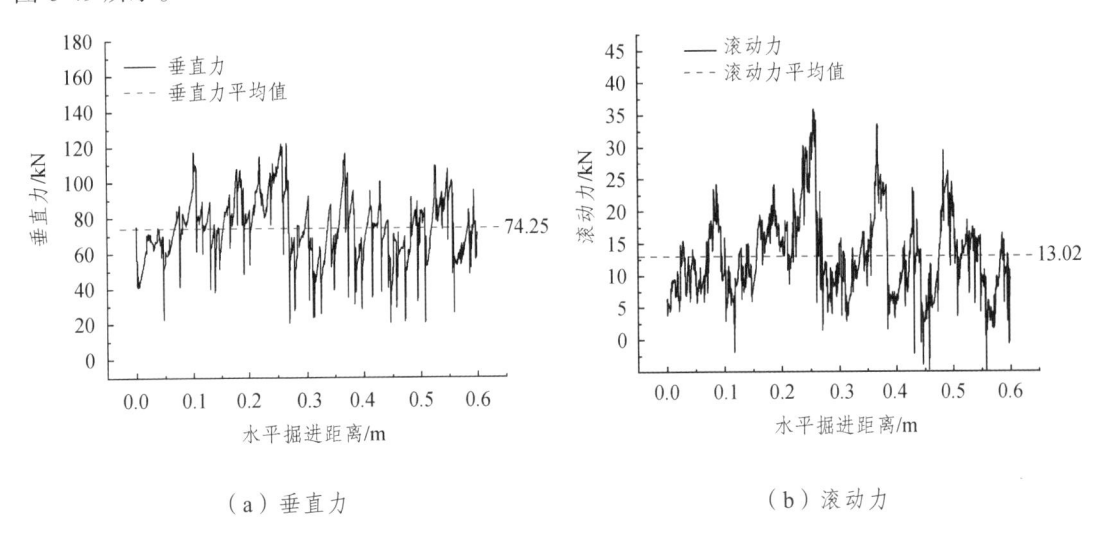

(a) 垂直力 (b) 滚动力

图 6-46 安装半径为 1 135 mm 时滚刀受力情况

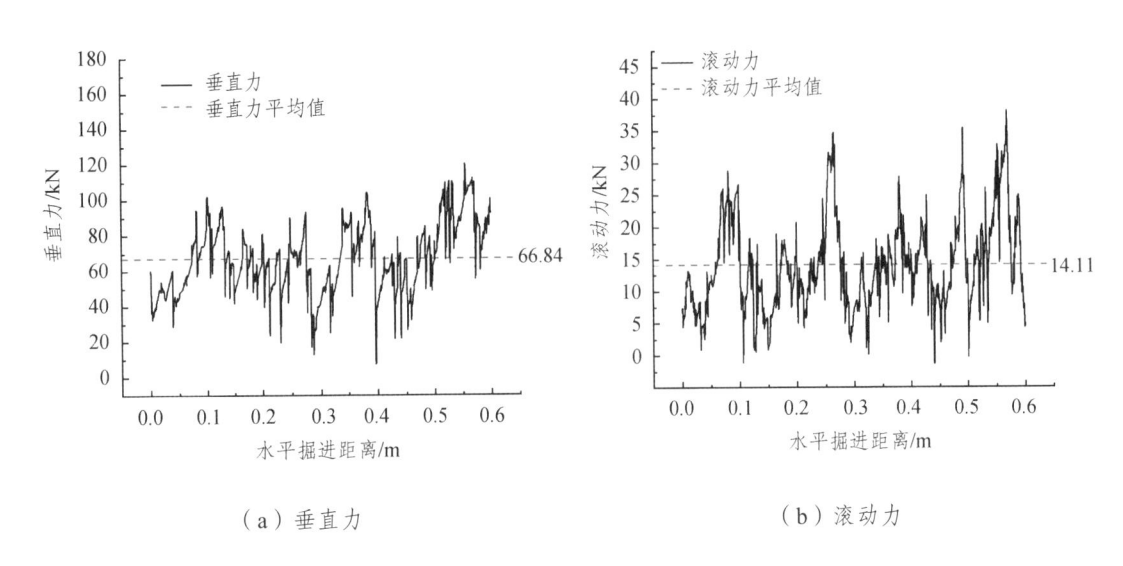

(a) 垂直力 (b) 滚动力

图 6-47 安装半径为 1 660 mm 时滚刀受力情况

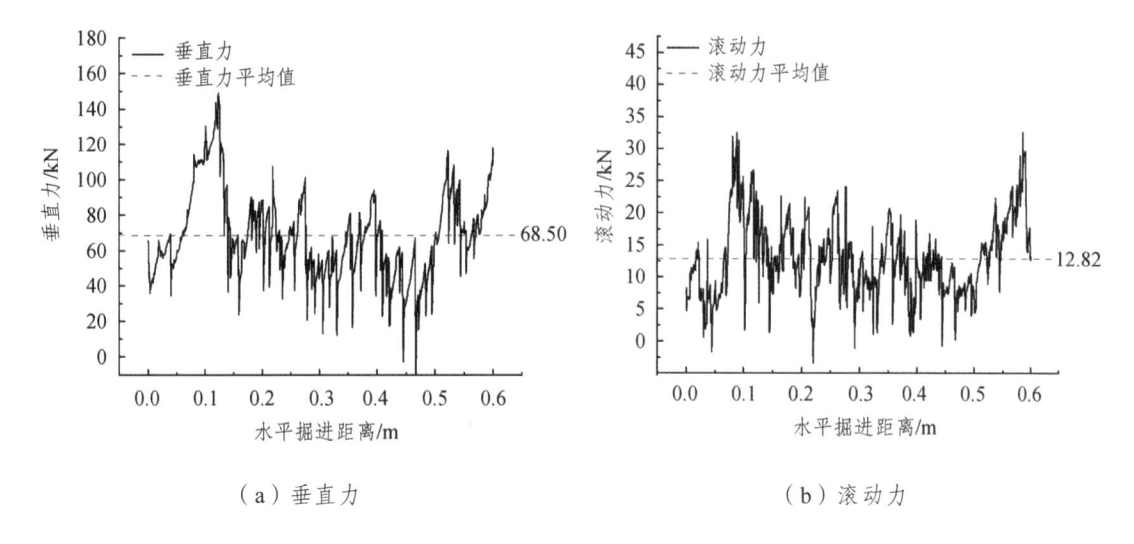

6 盾构刀具受力机理及磨耗预测优化研究

(a) 垂直力   (b) 滚动力

图 6-48 安装半径为 2 260 mm 时滚刀受力情况

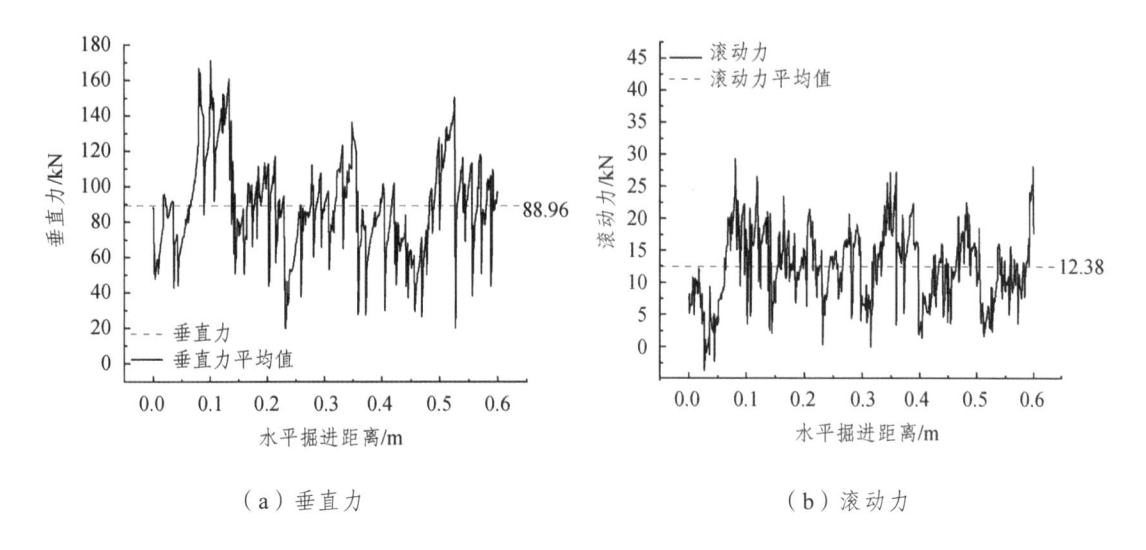

(a) 垂直力   (b) 滚动力

图 6-49 安装半径为 2 785 mm 时滚刀受力情况

对正面滚刀所有安装半径情况下单刃滚刀在滚动 0.6 m 过程中的受力进行均值处理，正面滚刀的安装半径范围为 1 135～2 785 mm，以掘进过程滚刀受力的平均值作为其受力的代表值，做出安装半径与滚刀受力的关系曲线如图 6-50 所示。由图 6-50 可知，随着安装半径的增大，滚刀所受的垂直力在缓慢增大，而所受的滚动力变化不大。这是因为在不同的安装半径下，滚刀公转的线速度随着安装半径呈正比增加，滚刀破岩速度的加快导致滚刀受力增大。由于在本模型中假设滚动自转的线速度与滚刀公转的线速度相同，即认为滚刀在做完全的滚动运动，因此在滚动速度加快的同时，滚动力变化不大；而垂直力无法通过滚刀自转抵消滚动速度加快的影响，所以随着安装半径的增大，滚刀所受的垂直力在缓慢增大。

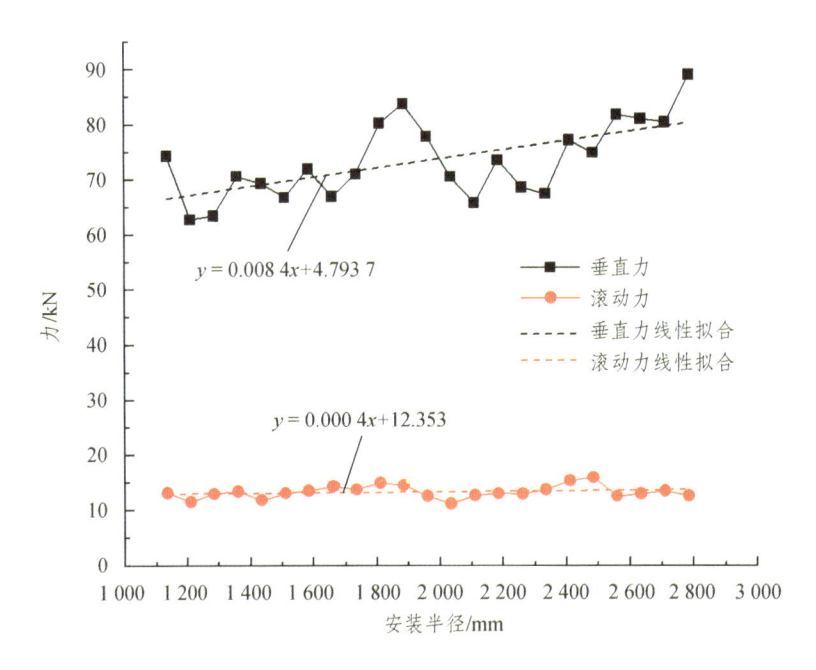

图 6-50　单刃滚刀旋转破岩时安装半径与滚刀受力关系曲线

6.5.4　正面滚刀旋转组合破岩结果分析

根据正面滚刀旋转组合破岩数值计算结果，提取正面滚刀在旋转 1/8 周、1/4 周、1/2 周和 1 周时的破岩效果图，如图 6-51～图 6-54 所示。为标识正面滚刀的转动位置，安装半径最小的 #13 滚刀和安装半径最大的仿形刀在图中用白色表示，其余滚刀用橙色表示。

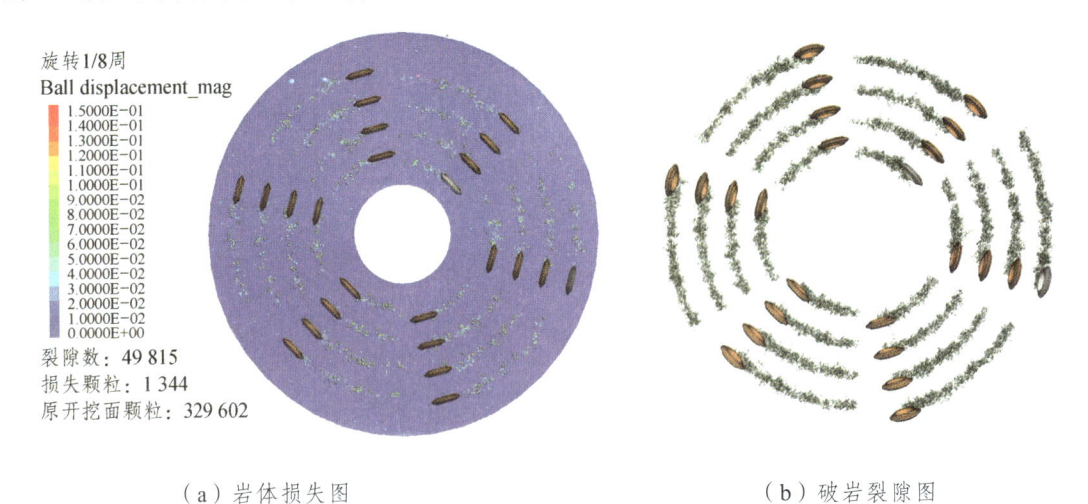

（a）岩体损失图　　　　　　　　　　（b）破岩裂隙图

图 6-51　正面滚刀旋转 1/8 周破岩效果

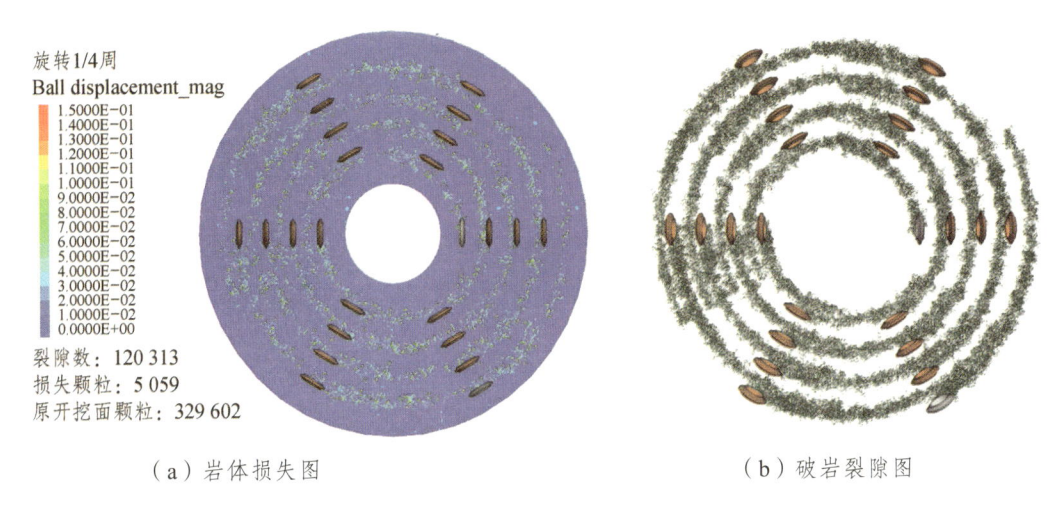

6　盾构刀具受力机理及磨耗预测优化研究

（a）岩体损失图　　　　　　　　　　　　　（b）破岩裂隙图

图6-52　正面滚刀旋转1/4周破岩效果

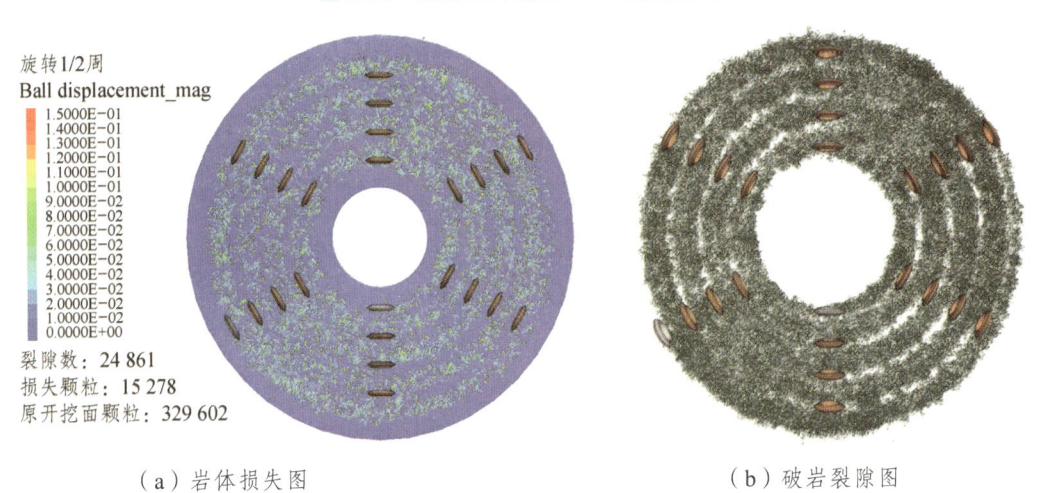

（a）岩体损失图　　　　　　　　　　　　　（b）破岩裂隙图

图6-53　正面滚刀旋转1/2周破岩效果

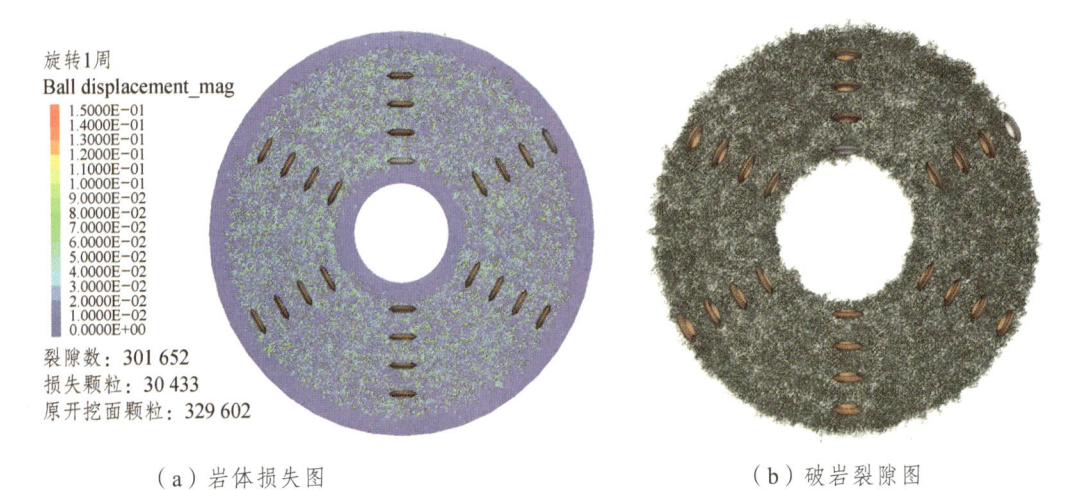

（a）岩体损失图　　　　　　　　　　　　　（b）破岩裂隙图

图6-54　正面滚刀旋转1周破岩效果

199

观察不同时刻正面滚刀破岩效果图,以#13 滚刀为研究对象可知:正面滚刀在刀盘旋转的初期是每个滚刀在单独破岩,因为此时相邻两滚刀之间的刀间距较大,如同一安装角度的#13 滚刀和#19 滚刀刀间距为 450 mm,此时正面滚刀破岩造成的裂隙没有相互联通,每个滚刀都各自破岩形成弧形破岩碎裂带;随着刀盘的旋转,与#13 滚刀相邻的#15 滚刀(刀间距为 150 mm)转到#13 滚刀的初始相位角度,此时刀破岩形成的弧形破碎带开始彼此联通;在滚刀旋转 1/2 周时,与#13 滚刀刀间距最小的#14 滚刀(刀间距为 75 mm)转到#13 滚刀的初始相位角度,此滚刀破岩形成的破碎带开始加密;在刀盘旋转一周后正面滚刀开挖轮廓面上基本布满了裂隙,说明此时正面岩体已基本破碎。

提取正面滚刀刀盘转动不同角度时的裂隙数和损失颗粒数,并做出其与刀盘旋转角度之间的关系曲线,如图 6-55 所示。由图 6-55 可知,随着滚刀刀盘的旋转,损失的颗粒近似呈线性增长,说明滚刀在旋转破岩过程中近似均匀的剥离岩体碎裂颗粒;裂隙数在旋转 1/2 周前快速增长,旋转 1/2 周后缓慢增长,结合前文对正面滚刀破岩效果图的分析可知,在旋转 1/2 周前岩体较为完整,此时滚刀与岩体破裂的区域较远能破碎较多的岩体,在旋转 1/2 周后岩体已经变得较为破碎,此时滚刀与岩体破裂的区域较近能破碎的岩体较少,所以裂隙的增长缓慢。综上可知,滚刀破岩是一个逐步破碎岩体并均匀剥离碎裂岩体的过程。

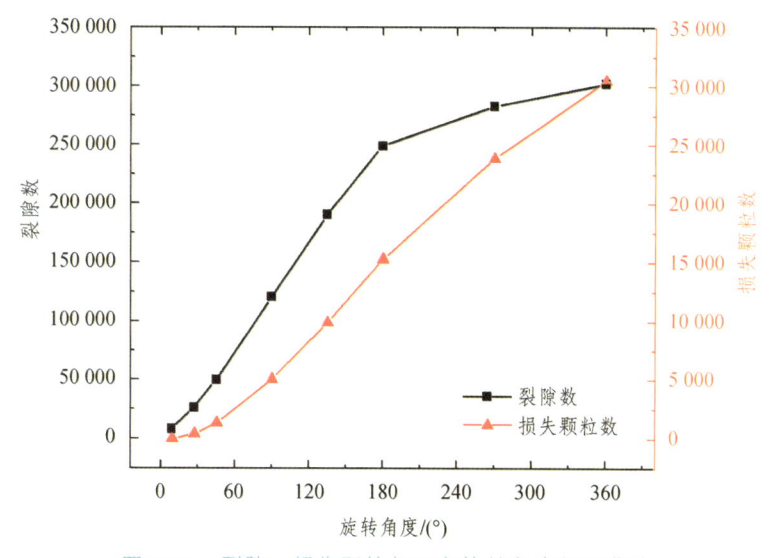

图 6-55 裂隙、损失颗粒与刀盘旋转角度关系曲线

根据正面滚刀刀盘转动一周的数值模拟结果,提取所有正面滚刀受力的平均值,做出正面滚刀组合破岩时安装半径与滚刀受力大小的关系曲线,如图 6-56 所示。与单刃滚刀旋转破岩时安装半径与滚刀受力关系曲线比较,正面滚刀组合破岩,也呈现出垂直力随着安装半径的增大而增大的趋势,安装半径对滚动力大小影响不大。比较两个模型的垂直力对安装半径的线性回归拟合曲线,可发现正面滚刀组合破岩时的斜率更大,说明组合破岩时垂直力对安装半径更为敏感。单刃滚刀旋转破岩和正面滚刀旋转组合破岩时,所有安装半径垂直力的平均值分别为 73.4 kN 和 65.3 kN,滚动力分别为 13.1 kN 和 10.3 kN,在相同安装半径下单刃滚刀破岩的受力均值普遍大于正面滚刀组合破岩的情况,这是因为在正面滚刀组合破岩时相邻滚刀有协同破岩的作用;在相同安装半径下,组合破岩的滚刀通过的岩体更为破碎,说明通过组合破岩能在一定程度上降低滚刀所受的垂直力。

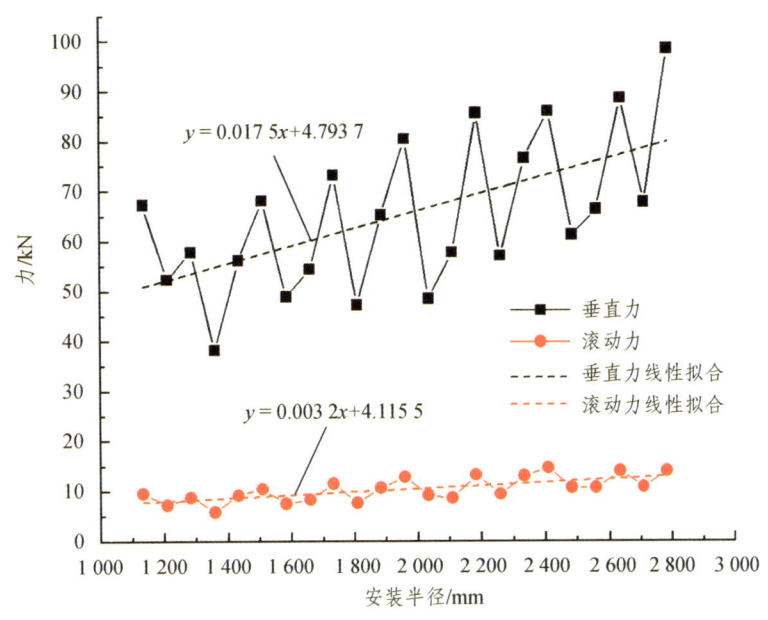

图 6-56　正面滚刀旋转组合破岩时安装半径与滚刀受力关系曲线

6.6　滚刀磨损及寿命预测

盾构刀具的失效模式主要可以分为以下三类：（1）正常磨损；（2）异常磨损；（3）刀具的断裂损伤。其中，正常磨损是盾构刀具失效的主要模式。盘型滚刀的正常磨损指的是盾构掘进过程中刀圈径向和刃宽的磨损量基本一致，表现为均匀磨损。异常磨损对于滚刀主要表现为偏磨和弦磨等。滚刀偏磨是滚刀在不均匀受力状态下长时间滑移，所造成的局部严重现象。造成滚刀偏磨的原因是地层较为松软无法提供转动滚刀所必需的启动扭矩，这种情况多见于软弱不稳定的地层。造成刀具断裂损伤的可能原因有：滚刀在高应力状态下受到了较大的冲击荷载，如遇到的地层突然变硬，刀具由于局部过载而发生断裂；另一种可能的原因是循环应力作用下造成的滚刀疲劳断裂。

6.6.1　滚刀磨损计算模型

刀具的磨损主要是刀具合金与岩土体相互作用过程中造成的刀具材料损失现象，其本质是相互作用的荷载所产生的能量转换和能量消散过程。滚刀的磨损可以按照其磨损的机理分为：（1）磨粒磨损；（2）黏着磨损；（3）疲劳磨损；（4）冲击破损。

（1）磨粒磨损。

磨粒磨损指的是外界硬质的凸体材料对较软材料的摩擦面进行微观切削而犁出沟槽的材料脱落现象。根据作用的对象，磨粒磨损可以分为二体磨损和三体磨损。二体磨损指的是系统中只存在被磨损材料和与之配对的材料；三体磨损指的是系统中除了上述的二体外还有存在于两者之间的磨料。滚刀在破岩的过程中破碎并剥离了部分岩体，通常滚刀并不直接与完整的岩体接触，滚刀的力和能量主要通过破碎区来传递，因此滚刀所受到的磨粒磨损被广泛认为是三体磨损。

Rabinowicz 针对三体磨损建立了如图 6-57 所示的磨粒磨损模型。该模型认为磨粒的形状为圆锥形，磨粒材料在被磨材料上犁出三角形的沟槽。

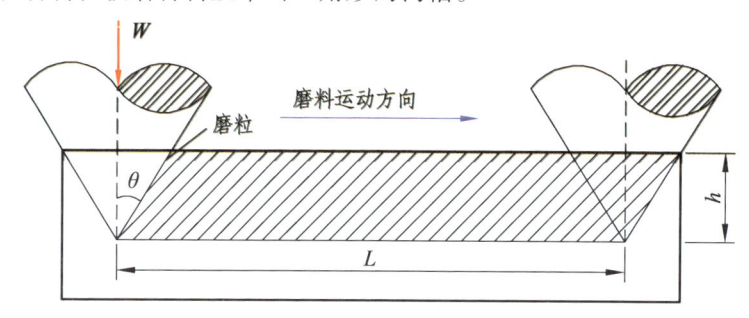

图 6-57 磨粒磨损机微观模型

垂直载荷 W 全部由磨粒磨损提供时，可按式（6-50）计算。

$$W = n\sigma_s A = n\pi\sigma_s h^2 \tan^2\theta \tag{6-50}$$

式中：n 为圆锥体磨粒的数量；σ_s 为被磨材料的屈服强度，假设其不随时间变化；A 为圆锥体的三角形投影面积；h 为磨粒的压入深度；θ 为圆锥体的中心半角。

当圆锥体磨粒在保持压入深度不变的情况下，移动单位距离，其剥离的磨粒磨损的体积 Q_{abr} 可表示为

$$Q_{abr} = nh^2 \tan\theta = \frac{W}{\sigma_s \pi \tan\theta} \tag{6-51}$$

引入磨粒磨损系数 k_1，$k_1 = \dfrac{K}{\tan(\theta)}$，$K$ 为磨粒发生磨损的概率数，则式（6-51）可以改写为

$$Q_{abr} = \frac{k_1 W}{\sigma_s \pi} \tag{6-52}$$

磨粒磨损系数 k_1 的取值与磨粒的类型、尺寸和材料等多个因素有关，对刀具磨粒磨损量的预测影响较大。一些学者通过试验得到的 k_1 取值如表 6-5 所示。根据前人的研究，滚刀磨损时磨粒磨损系数多取为 4×10^{-3}。

表 6-5 磨粒磨损系数

年份	研究学者	磨粒类型	磨粒尺寸/μm	材料	$k_1/\times 10^{-3}$
1956	塞尔	两体	70	钢	16
1958	赫鲁晓夫	两体	80	多种材料	24
1958	托波罗夫	三体	150	钢	6
1961	拉宾诺维奇	三体	80	钢	4
1961	拉宾诺维奇	三体	40	多种材料	2

（2）黏着磨损。

由于两个接触材料的表面在微观上并不是平整的，接触一般发生在两个接触材料的微凸起处。在垂直荷载的作用下，较软的材料所受到的局部压力先超过其屈服强度发生塑性变形。进而在胶合作用下，较软材料这一部分塑性区发生剪断，与基体发生脱离，或迁移到较硬的

材料上，或脱落成磨屑。此类磨损被称为黏着磨损，其过程如图6-58所示。

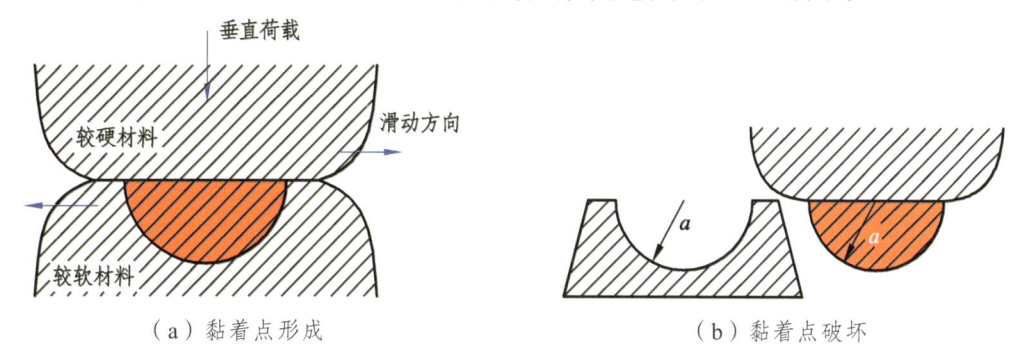

(a) 黏着点形成

(b) 黏着点破坏

图6-58 黏着磨损微观模型

有学者按照磨粒磨损量的计算公式，给出了移动单位距离时黏着磨损量 Q_{adh} 的计算公式，见式（6-53）。针对滚刀破岩的过程，有学者认为出黏着磨损系数可以取为 3.09×10^{-6}。

$$Q_{adh} = \frac{k_2 W}{3\sigma_s} \tag{6-53}$$

式中：k_2 为黏着磨损系数，$k_2 \leqslant 1$。

（3）疲劳磨损。

当材料受到循环荷载作用时，不可避免地产生疲劳磨损。滚刀破岩过程中同时进行着公转和自转。因此对于滚刀刀刃上的一点，其受到的荷载就是循环荷载。单位距离疲劳磨损量 Q_{fat}，同样也可以采用与磨粒磨损相类似的表达式，见式（6-54）。

$$Q_{fat} = \frac{k_3 W}{\sigma_s} \tag{6-54}$$

式中：k_3 为疲劳磨损系数。

（4）冲击破损。

冲击破碎主要发生在砂卵石地层，主要是卵石对滚刀所造成的冲击磨损和撞击磨损，其对滚刀的磨损十分严重，但由于滚刀在砂卵石地层的受力状态较为随机，很难从理论上推导冲击破损对滚刀磨损量的计算公式。

6.6.2 滚刀磨损速率计算

滚刀在破岩磨损的过程中常伴随着多种磨损机理，但众多学者通过盾构掘进过程滚刀磨损量的回归分析，得出滚刀的磨损主要以磨粒磨损为主（80%以上），疲劳磨损可以忽略（小于1%）。为计算方便，本节将只考虑滚刀的磨粒磨损，即滚刀滚动单位距离，其磨损的体积 $Q = Q_{abr}$。通过前文的计算和前人的经验可知，正面滚刀受力主要以垂直力为主，侧向力主要影响滚刀的偏磨损。因此可以认为，正面滚刀的单位磨损量 Q 为滚刀单位正面磨损量 Q_N。

（1）滚刀正面磨损量计算。

假设安装半径为 R_0 的滚刀的切深为 h、滚刀刀刃与岩体的总的正面接触距离为滚刀前进方向上的半弧长，则该滚刀每转动1圈，总接触距离 L 为

$$L = R\varphi \approx \sqrt{2Rh} \tag{6-55}$$

滚刀转动一圈刀圈半径方向上的正面磨损量 δ_m 可表示为

$$\delta_m = \frac{Q_N L}{2\pi RT} \tag{6-56}$$

式中：R 为滚刀半径；T 为刀刃宽度；h 为刀具切深。

将 $Q_N = \frac{k_1 F_N}{\sigma_s \pi}$ 代入式（6-56）可得：

$$\delta_m = \frac{Q_N L}{2\pi RT} = \frac{k_1 F_N \sqrt{2Rh}}{2\pi RT \sigma_s \pi} \tag{6-57}$$

垂直力根据CSM滚刀受力预测模型计算，则式（6-57）可化为

$$\delta_m = \frac{k_1 \phi P^0 \sqrt{2Rh}}{2\pi \sigma_s \pi (1+\psi)} \cos\left(\frac{\phi}{2}\right) \tag{6-58}$$

（2）滚刀磨损速率计算。

滚刀转动时贯入度保持不变，滚刀公转一圈时掘进距离为其贯入度 h。安装半径为 r_i 的滚刀，公转一圈其自转的圈数为 r_i/R，则其滚刀磨损速率（单位掘进距离刀圈的径向磨损量）：

$$\omega_{abr} = \frac{\delta_r}{L} = \frac{\delta_m \times r_i / R}{h} \tag{6-59}$$

根据前期始发端头钻孔取芯结果，全断面中风化白云岩单轴抗压强度 σ_c=45 MPa，滚刀刃宽 T=20 mm，滚刀直径 ϕ 457.2 mm。正常掘进段贯入度控制在 10 mm 以内，取贯入度 h=10 mm。刀刃硬度为 55～57 HRC，查询《黑色金属硬度及强度换算值》(GB/T 1172)，得刀圈的抗拉强度为 2 181 MPa，合金钢屈强比为 0.85，因此得到刀圈的屈服强度 σ_s=1 853.85 MPa。通过CSM滚刀受力预测模型计算得到的滚刀磨损率和前文通过PFC^{3D}6.0数值模拟测得的滚刀垂直力计算得到的滚刀磨损速率，如图6-59所示。

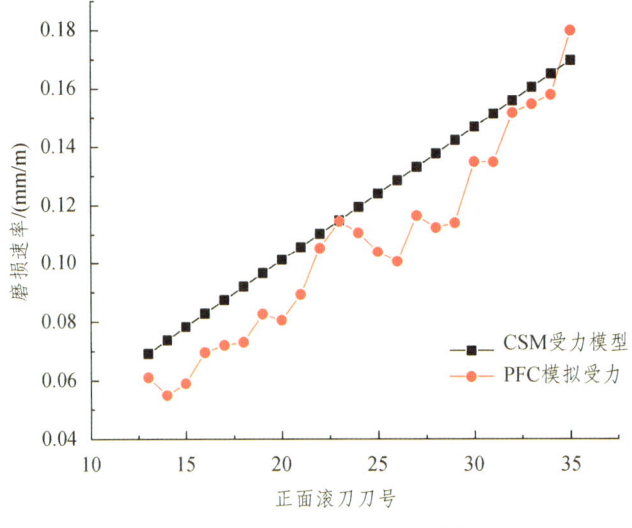

图6-59 正面滚刀的磨损速率

正面滚刀平均安装半径为 1 960 mm（为#24滚刀的安装半径），按照式（6-59）计算可得

其磨损速率为 0.119 4 mm/m，按磨损允许值 25 mm 计算，进行常压开舱检查刀具的掘进间隔应为 209.3 m。因此本工段在实际施工中拟每掘进 200 m 进行一次常压开舱，检查刀具的正常磨损并更换刀具是合理的。

6.6.3 刀具减耐磨措施

（1）选择合理的掘进参数。

盾构掘进参数主要有掘进速度、盾构推力、刀盘转速、刀盘扭矩等，而对刀具磨损影响较大的是盾构推力和刀盘转速。推力越大，滚刀所受载荷就越大，虽然短期内可以提高掘进效率，但滚刀长时间过载的情况下，会导致滚刀轴承变形，进而影响到自转，最终导致刀圈偏磨或断裂。刀盘转速过快，会加剧盾构机自身的振动，从而加剧刀具的磨损。在该复合地层中主要采取"低推力、小贯入度、中转速"的模式掘进。

（2）定期对滚刀进行检查并更换。

在复合地层中盾构掘进，当盾构推力很大，而掘进速度却相对较慢，盾构姿态较难控制时，需要考虑开舱检查刀具的磨损情况，判断这种情况是否由于刀具磨损严重而导致。不同地质条件下换刀距离不同，含岩石较多、强度较高的地层下换刀距离较短，强度低的地层下换刀距离相对长些，换刀距离需要根据具体的地层情况进行试验研究得出。检查刀具时，非正常磨损的刀具直接换掉，正常磨损刀具，中心区域滚刀磨损量达到 25 mm，正面滚刀磨损量达到 15~20 mm，边缘滚刀磨损量达到 10~15 mm，需要进行更换。

（3）改善滚刀的耐磨性。

通常在刀具的后面嵌入硬质合金刀片，并对滚刀四周进行表面硬化处理，表面硬化的一般方法是堆焊耐磨材料，常采用碳化钨堆焊焊条，堆焊层硬度可高于 HRC60。

① 滚刀减耐磨措施。

滚刀刀体硬度要高，抗冲击能力要强，且制作时需采取针对性的保护措施，避免滚刀轴承的损坏；尽量采用加厚刀体与厚刃刀圈，提高滚刀耐磨性，增强刀体抗撞击、抗变形的能力，在极硬岩中推进时通过采用重型刀圈、规范刀具维修等刀具配置优化措施，有效提高刀具利用效率，减少刀具更换数量；双刃滚刀可增大转动力矩并能保护刀鼓，因此可在刀盘弧形侧面装配双刃滚刀并在刀鼓上堆焊耐磨材料。

滚刀所受荷载与贯入度呈正比关系，当贯入度太大时将导致滚刀过载而破坏，掘进过程中可适当降低刀盘推力，避免刀圈或轴承的损坏；滚刀临界最大贯入度随岩石抗压强度增加而急剧减小，在硬岩中应适当降低贯入度，以贯入度控制推力。前期研究阶段应进行分析论证，有条件的可开展模型试验，确定合理的掘进模式与掘进参数（推力、刀盘转速、扭矩等），并根据施工中前方地质情况与盾构机械性能优化掘进参数，最大限度地延长刀具的使用寿命。

刀具破岩适应性与盾构选型、岩-机作用机制及岩石特性密切相关。由于岩土体的复杂性，同样的地层条件下刀具的适应性也可能得出不同的结论。因此，刀具适应性评价不可一概而论，目前尚没有建立刀具适应性的通用评价准则，必须在深入研究破岩机制的基础上，经现场试验确定刀具互换的类别与方法。

② 切刀、刮刀等固定刀减耐磨措施。

选择合理的刀具外形尺寸并优化布局设计。确定刀具合理配置方案的前提是正确计算各种工况下刀具的受力状况，利用立体切削原理进行刀具切削设计，其基本理念是利用各种类型刀具不同的切削深度，从总体上延长某种类型刀具的使用寿命。当切削深度较大的刀具磨损后，其他刀具开始接替掘削，如此可使刀具的使用距离延长，提高刀具的整体抗磨损能力。沿刀盘径向布置的刀具数量应有所差别，外周刀应多于刀盘内侧切削轨迹上的切削刀；另外，外周刀和部分切削刀沿轴向的高低布置应使刀盘上的刀具过渡平滑，符合渣土流动状态，使刀具受力更加合理，可实现次第磨损。

选用耐磨性好的刀具材质。刀具母材与刀刃应选用硬度大、抗磨蚀性好的优质钢材。切刀和周边刮刀应采用大合金块设计，必要时增设保护刀。根据经验，合金块焊接若采用铜焊，其焊接面不够牢固，遇到坚硬岩石时切削力陡然增大，容易引起合金块崩裂或脱落，因此建议采用银焊。合金块刀柄周围应堆焊硬质合金焊条，以保证合金块不因刀柄磨损过大而崩落。

应着重考虑最外周刀具的耐用性。刀盘最外侧刀具与中心刀具相比，滑动距离更长，因此刀具布设时，应充分考虑刀盘最外侧刀具的抗磨蚀性。为使其刃部达到较好的耐磨性与抗冲击韧性要求，建议采用硬质合金球齿的结构设计，硬质合金不应采用镶嵌方式，而应采用堆焊形式。

应采用合理的修刀工艺。合理的修刀工艺是刀具管理制度的重要内容。根据散发的特殊气味可及时判定刀具的破坏情况，并立即停机换刀；换刀时必须校准紧固螺栓的扭矩，防止因螺栓松动造成刀具脱落或断裂。正确选用零部件，制订合理的零部件磨损极限，选择正确的修刀工艺，确保刀具零件的加工精度，规范组装工艺，保证组装质量。

（4）对土体进行改良。

选择合适的添加剂改良材料，工程上通常使用泡沫和膨润土。通过施工现场地质条件来确定改良材料的配比与参入比，并实施科学的施工管理。添加改良剂材料可以改善土体的流塑性，大大减少刀具和螺旋输送机的磨损。

6.7 本章小结

本章以贵阳地铁3号线皂-太区间隧道为依托，探究了白云岩地层地铁盾构施工力学特性。提出了PSO粒子群优化算法标定离散元细观参数的基本流程，利用上述方法标定了白云岩的细观参数，建立了离散-连续耦合的滚刀破岩模型，探明了白云岩地层条件下贯入度和安装半径对滚刀受力的影响规律，并以此预测了滚刀的磨损速率，主要结论如下：

（1）研究了利用PSO粒子群优化算法标定离散元软件细观参数的基本流程，并利用上述方法标定了依托工程白云岩的平行黏结模型的细观参数。

（2）建立了模拟白云岩地层滚刀破岩的离散-连续模型，分析了贯入度对滚刀受力的影响。结果表明，随着滚刀贯入度的增大，其所受的垂直力、滚动力和侧向力都近似呈线性增大；垂直力对贯入度最为敏感；滚刀受力以垂直力为主，滚动力小于垂直力的原因是滚刀能绕其轴承自转抵消了部分受力；随着贯入度的增大，滚刀线性破岩的破碎区宽度也在增大。

（3）结合研究区间盾构机正面滚刀的实际布置情况，研究了滚刀安装半径对滚刀受力的影响，研究表明在此种情况下，随着正面滚刀安装半径的增大，其所受的垂直力在缓慢增大、而滚动力没有明显的变化。

（4）通过 CSM 滚刀受力预测模型和 PFC^{3D}6.0 数值模拟计算的滚刀垂直力，对滚刀的磨损速率和使用寿命进行了预测，预测结果表明盾构机在假定地层中宜每掘进 200 m 进行一次常压开舱检查刀具，与实际工况结合良好。

7 岩溶地区盾构隧道近距离穿越建（构）筑物保护技术研究

本章主要研究三个方面的内容：首先，分析白云岩地层中掘进参数的影响，探讨不同掘进速度、推力、扭矩等因素对施工效率和稳定性的影响；其次，研究溶洞对地表沉降和掘进过程中推力、扭矩的影响，重点分析溶洞位置、尺寸及分布位置对隧道掘进的潜在风险；最后，提出针对邻近建（构）筑物的变形影响的控制措施，制定有效的防护方案，以确保隧道掘进过程中周边建（构）筑物的安全性。

7.1 白云岩地层盾构掘进参数相互影响研究

合理的掘进参数是盾构机高效安全掘进的关键，盾构主要的掘进参数有推力、扭矩、掘进速度、刀盘转速、贯入度、螺旋机转速等。推力、扭矩与开挖面稳定和破岩效率有着极大的关系，是重要的控制性参数。因此，为保证盾构机在贵阳白云岩地层的顺利掘进，有必要研究盾构机掘进速度、刀盘转速和螺旋机转速对推力、扭矩的影响规律，并制订适用于白云岩地层的掘进参数控制范围。为研究掘进参数相互影响规律，建立模拟盾构机实际开挖地层的离散-连续耦合数值模型，由于模拟岩体的平行黏结模型并不能很好地反映土舱内渣土的流塑性，土舱内渣土采用了更能反映其流塑性的滚阻接触本构，并以坍落度作为流塑性控制指标，确定了滚阻接触本构的细观参数。考虑到数值模拟的局限性，在进行掘进参数相互影响研究前，将数值模拟结果与实际施工进行对比分析，并以盾构的实际施工数据为依据修正数值模拟测得的推力、扭矩。

7.1.1 数值模型

1. 模型建立

采用 PFC^{3D}6.0 与 FLAC 3D 6.0 软件耦合的方式建立数值模型，以提高计算效率，如图 7-1 所示。数值模型中有限差分元区域长宽高分别为 60 m、48 m 和 46 m，盾构埋深为 20 m。有限差分元模型底部和侧面均设置法向位移约束。离散元区域位于有限差分元区域内部，也为立方体形状。离散元区域中心与有限差分元区域中心重合，其长宽高分别为 18 m、12 m 和 18 m。盾构机头部有 1 m 位于离散元区域中。对于离散元区域，如果填充的颗粒粒径小，则会导致模型中颗粒数过大，会使计算时间过长甚至无法计算；如若填充的颗粒粒径较大，则会与实际工况有较大差距，影响模拟效果。为了兼顾模拟的计算效率和模拟效果，将离散元区域分为了加密区和非加密区，加密区是以盾构隧道掘进方向为轴线、1.5 倍隧道外径为直径的圆柱形区域，非加密区是除加密区以外的离散元区域。加密区中颗粒的粒径范围为 16～26 cm，非加密区中颗粒的粒径范围为 32～52 cm，离散元区域中总计约 30 万个颗粒。

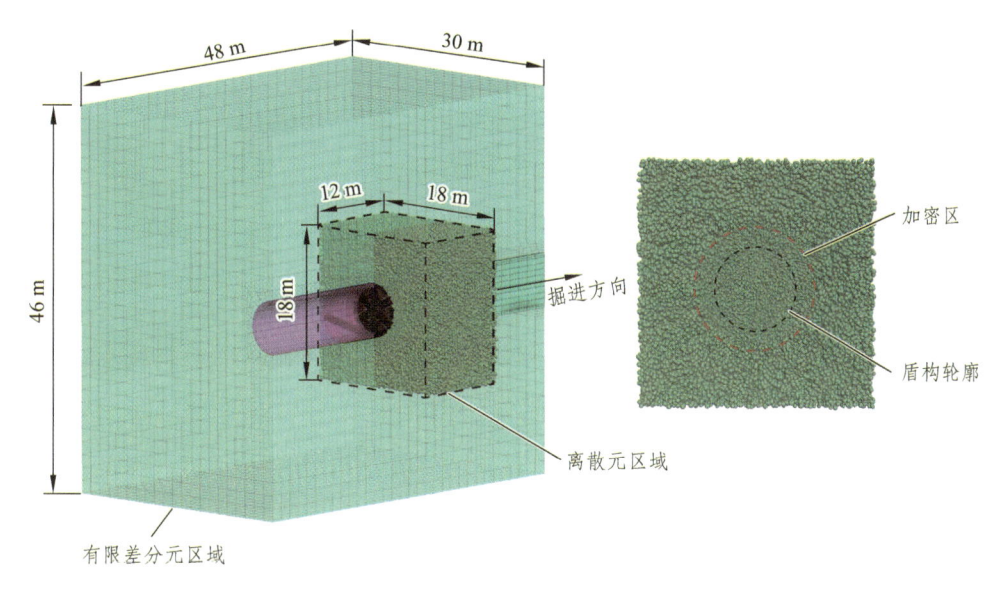

图 7-1　模拟盾构机开挖的数值模型

依托工程盾构机刀盘采用了复合式（辐条+面板）刀盘，盾构开挖直径为 6 490 mm，刀盘在布置了如表 6-4 所示的滚刀外，还配置有 12 把边刮刀和 43 把刮刀。滚刀安装高度为 165 mm，边刮刀和刮刀的安装高度均为 115 mm。根据盾构刀盘总图（图 7-2），通过犀牛（Rhinoceros）建模软件建立盾构刀盘的三维模型（图 7-2）并保存为 stl 文件。再通过 PFC^{3D}6.0 将保存的 stl 文件以几何模型（geometry）导入至程序，并通过命令将 geometry 转化为墙体（Wall）单元。通过同样的过程建立盾构机的土舱、2 个搅拌棒和螺旋出土器的模型，如图 7-3 所示。

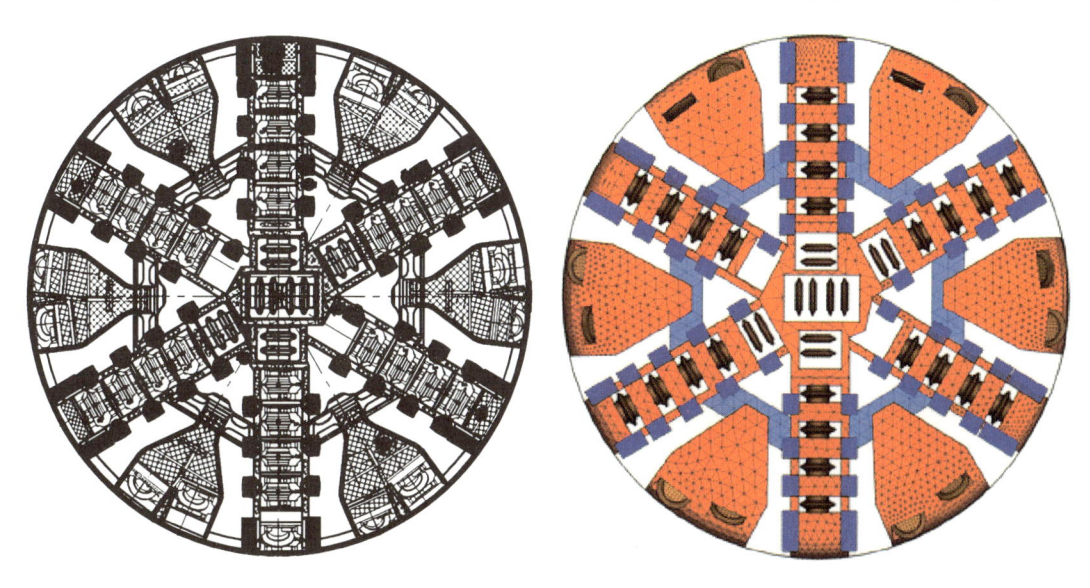

图 7-2　刀盘布置图和刀盘数值模型

(a)整体组装　　　　　　（b）土舱　　　　　　（c）螺旋出土器

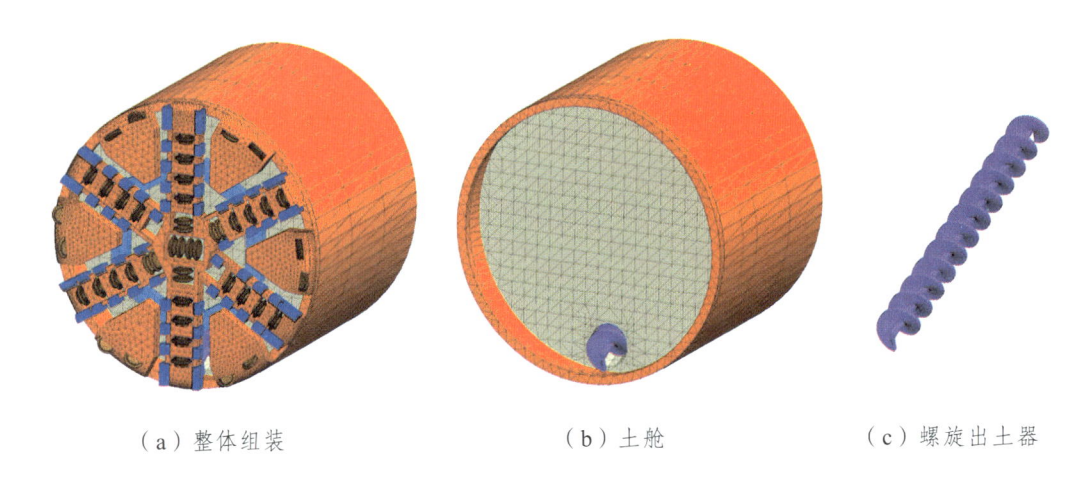

图 7-3　盾构机三维模型

2. 模型参数

模型地层及管片相关参数依据实际工程选取,在有限差分元部分地层采用摩尔-库仑本构,管片采用弹性本构。由于离散元的平行黏结接触本构不能反映土舱渣土的流塑性,将离散元部分大致分为地层和土舱渣土两部分,地层采用平行黏结接触本构,细观参数与前文确定的相同,土舱渣土采用滚阻接触本构,按坍落度试验确定其细观参数。

根据详勘报告,在贵阳地铁 3 号线皂-太区间拟建场地深度范围内,土层从上而下依次为:人工杂填土、红黏土、溶洞堆积、强风化白云岩(溶蚀破碎带)、中风化白云岩、中风化泥质白云岩。区间隧道主要穿越地层为中风化白云岩。计算模型只考虑地表以下 2 m 厚的杂填土地层和中风化白云岩地层,以简化模型,有限差分元部分地层采用摩尔-库仑本构,管片采用弹性本构。隧道衬砌管片采用预制钢筋混凝土管片,管片内径为 5 500 mm,外径为 6 200 mm,厚 350 mm,宽 1 500 mm,混凝土强度等级为 C50。有限差分元部分地层与衬砌材料的物理力学参数如表 7-1 所示。

表 7-1　有限差分元部分地层与衬砌材料的物理力学参数

材料名称	密度/(kg/m³)	弹性模量/GPa	泊松比	黏聚力/MPa	内摩擦角/(°)
杂填土	1 700	0.015	0.2	0.014	7
中风化白云岩	2 600	29	0.2	0.2	32
C50 混凝土	2 500	34.50	0.2	—	—

离散元部分分为地层和土舱渣土两部分,地层部分全为中风化白云岩,采用平行黏结接触本构,其细观参数依照表 6-2 取值;土舱渣土部分采用滚阻接触,并以坍落度为流塑性标定的依据。下面对土舱渣土的标定进行简要的介绍。

对于土压平衡盾构机,为了保证螺旋出土器顺利出土进而维持掌子面的稳定,一般需要在其中注入泡沫和膨润土等改良材料。和易性是评价渣土的流动性和稳定性的重要参数。试验室一般通过测量改良渣土的坍落度来评价其和易性。根据工程经验,渣土的坍落度分布在 80~250 mm。标准坍落筒的筒底面直径为 200 mm,筒高 300 mm,筒顶面直径 100 mm。试验装置与其数值模型如图 7-4 所示。

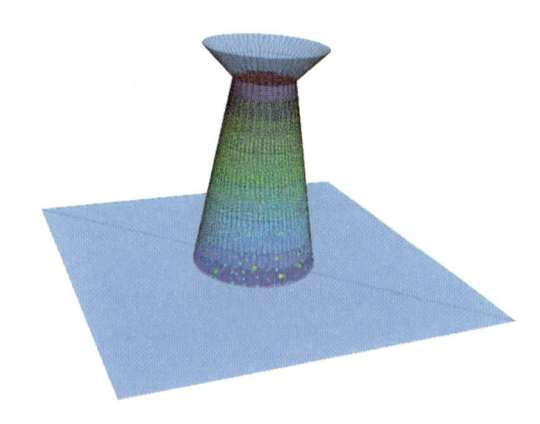

图 7-4 坍落度试验装置示意

前文中标定白云岩地层采用的平行黏结接触本构，在胶结状态时为完整的岩块，在胶结断裂后接触行为类似线弹性接触本构，由于颗粒间接触不能限制其滚动，此时颗粒间的力学行为类似光滑的玻璃珠之间的碰撞，在宏观上没有表现出塑性。为了更好地模拟土舱内渣土的流塑性，土舱内的渣土和被切削下来的岩土将采用滚阻接触本构。滚阻模型是在线性模型的基础上考虑了颗粒间的扭阻力。滚阻模型的主要参数有：有效变形模量 emod、法相与切向的刚度比 kratio（kN/ks）、摩擦系数 fric、滚阻系数 rr_fric、法向临界阻尼比 dp_nratio 和剪切临界阻尼比 dp_sratio。土舱内渣土细观参数如表 7-2 所示，计算得到其坍落度为 200 mm（见图 7-5）。

表 7-2 土舱渣土细观参数

emod	Kratio	fric	rr_fric	dp_nratio	dp_sratio
5.0×10^6	2	0.4	0.4	0.2	0.2

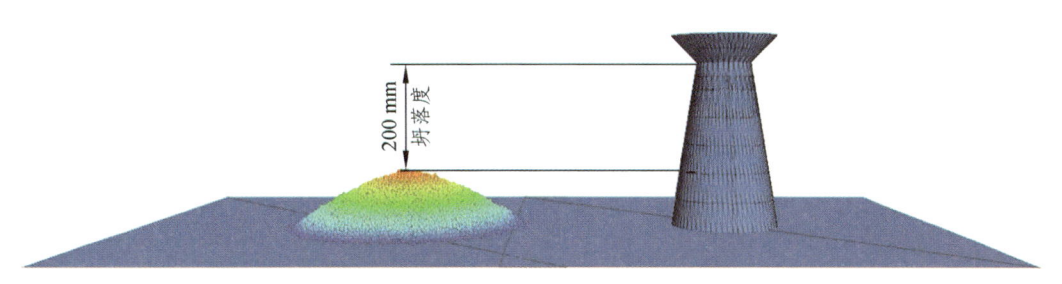

图 7-5 土舱内渣土坍落度数值模拟结果

3. 数值模拟流程

在进行掘进参数相互影响研究时，数值模型中是没有溶洞的，但是在下文进行溶洞分布对地表沉降和推力扭矩影响研究时需要设置溶洞。针对隧道周围存在溶洞的工况，隧洞开挖的数值模拟过程如图 7-6 所示。在无溶洞的工况下，除没有生成溶洞的过程，其余模拟过程均一致。

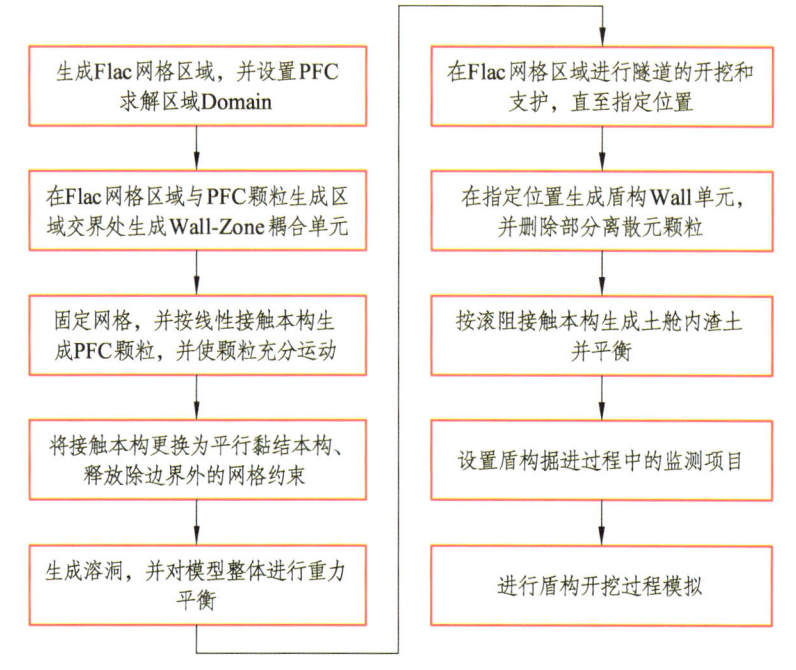

```
┌─────────────────────┐         ┌─────────────────────┐
│ 生成Flac网格区域，   │         │ 在Flac网格区域进行   │
│ 并设置PFC求解区域    │         │ 隧道的开挖和支护，   │
│ Domain              │         │ 直至指定位置         │
└──────────┬──────────┘         └──────────┬──────────┘
           ↓                               ↓
┌─────────────────────┐         ┌─────────────────────┐
│ 在Flac网格区域与PFC │         │ 在指定位置生成盾构   │
│ 颗粒生成区域交界处   │         │ Wall单元，并删除部分 │
│ 生成Wall-Zone耦合单元│         │ 离散元颗粒           │
└──────────┬──────────┘         └──────────┬──────────┘
           ↓                               ↓
┌─────────────────────┐         ┌─────────────────────┐
│ 固定网格，并按线性   │         │ 按滚阻接触本构生成   │
│ 接触本构生成PFC颗粒， │         │ 土舱内渣土并平衡     │
│ 并使颗粒充分运动     │         │                     │
└──────────┬──────────┘         └──────────┬──────────┘
           ↓                               ↓
┌─────────────────────┐         ┌─────────────────────┐
│ 将接触本构更换为平行 │         │ 设置盾构掘进过程中   │
│ 黏结本构、释放除边界 │         │ 的监测项目           │
│ 外的网格约束         │         │                     │
└──────────┬──────────┘         └──────────┬──────────┘
           ↓                               ↓
┌─────────────────────┐         ┌─────────────────────┐
│ 生成溶洞，并对模型   │         │ 进行盾构开挖过程模拟 │
│ 整体进行重力平衡     │         │                     │
└─────────────────────┘         └─────────────────────┘
```

图 7-6　数值模拟流程

值得注意的是，现在 FLAC 3D 6.0 与 PFC^{3D}6.0 之间耦合的方法主要有 Wall-Zone 耦合和 Ball-Zone 耦合两种。Wall-Zone 耦合是在网格或结构单元的表面生成 Wall 单元（Wall 单元是由边相连的三角形面构成的），通过 Wall 单元在接触与网格节点间传递力。Ball-Zone 耦合是在网格内的桥接区域设置耦合颗粒来实现耦合的，这种方法是针对在动力学问题中离散元和网格区域的边界不连续所提出的。同样需要注意的是，在 FLAC 3D 6.0 与 PFC^{3D}6.0 耦合时，FLAC 3D 6.0 网格节点需要设置为大变形模式。本节离散元与有限差分元耦合采用的是 Wall-Zone 耦合的方式。

为了使边界处的颗粒始终与其相邻的网格单元保持黏结，将离散元边界处颗粒与 Wall-Zone 的黏结强度设置得非常高。由于在离散元颗粒数较多的情况下，模拟盾构的开挖过程较为耗时，因此针对每一个工况，只模拟盾构掘进 300 s 的过程。为了节省计算时间，提升计算效率，离散元区域内的颗粒直径要远大于滚刀受力模拟过程中的颗粒直径（约 10 倍），在此种情况下滚刀的自转对数值模拟结果影响不大，因此在数值模拟过程中，只考虑刀盘的公转，不考虑滚刀自转的影响。

4. 监测项目设置

在数值模拟过程中需要对地表沉降、推力、扭矩等关键因素进行检测。

地表沉降测点的设置和坐标系如图 7-7 所示。数值模型采用右手直角坐标系，坐标系原点为盾构开挖面的圆心在地表面的水平投影，x 轴正方向为盾构掘进方向，z 轴正方向为竖直向上方向。沉降测点分布在沿开挖方向前方 20 m 和后方 5 m；开挖断面处的地表沉降测点位于距离隧道中线左右两侧 20 m 的方位内。盾构刀盘采用顺次破岩，刀盘旋转方向如图中蓝色箭头所示。

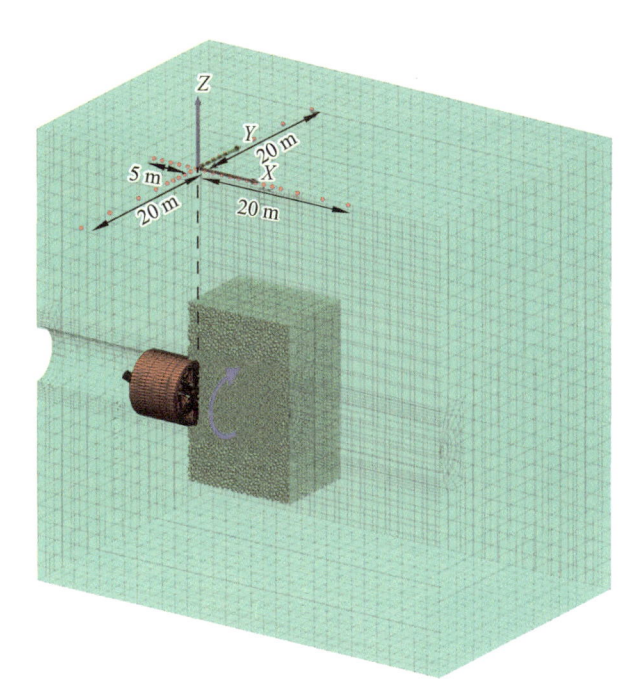

7　岩溶地区盾构隧道近距离穿越建（构）筑物保护技术研究

图 7-7　地表沉降测点设置

在数值模拟过程中，还需要对盾构机推力、扭矩等掘进参数进行监测。盾构的推力扭矩通过编写 fish 语言遍历所有属于盾构机的 Wall 单元，对每个 Wall 单元的推力、扭矩进行累加求和实现。由于离散元软件只能通过力链反映颗粒间的接触力，而力链不能直接反映地层的应力状态，为分析盾构前方地层应力的分布情况，通过布置"Measure"检测单元来分析土体的应力状态。监测单元的直径设为 0.7 m，按图 7-8 所示分布在隧道的开挖轮廓线内。

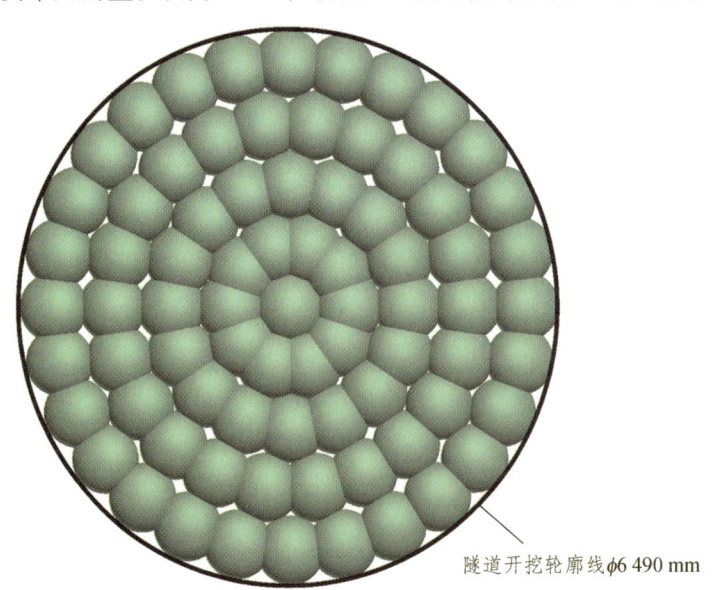

隧道开挖轮廓线 ϕ6 490 mm

图 7-8　检测单元分布

7.1.2 数值模拟结果与实际施工对比

根据贵阳地铁 3 号线盾构机在正常开挖段的实际盾构掘进参数，取盾构机的掘进速度为 20 mm/min、刀盘的转速为 1.5 r/min，螺旋出土器的转速为 5 r/min，进行白云岩地层盾构开挖的模拟。由于数值模拟与实际工况相比做了大量的简化，不可避免地有一定的误差。下文将结合实际施工情况对地层位移、盾构机推力扭矩、开挖面前方地层应力和土舱压力进行分析。

1. 地层变形分析

盾构机在白云岩地层掘进 60 s、120 s、180 s、240 s、300 s 的沉降云图如图 7-9 所示。由图可知，在隧道开挖面正前上方部分地层的竖向变形表现为沉降，这是盾构开挖导致开面前方松动土体滑入土舱所产生的。随着盾构机向前推进，松动地层产生的竖向沉降逐渐向地表传导，因此地表的最大沉降随着盾构的开挖逐渐增大，蓝色的沉降区域也逐渐向前扩展。而在隧道开挖面的下方，由于盾构开挖的卸载作用，地层有微量的隆起。

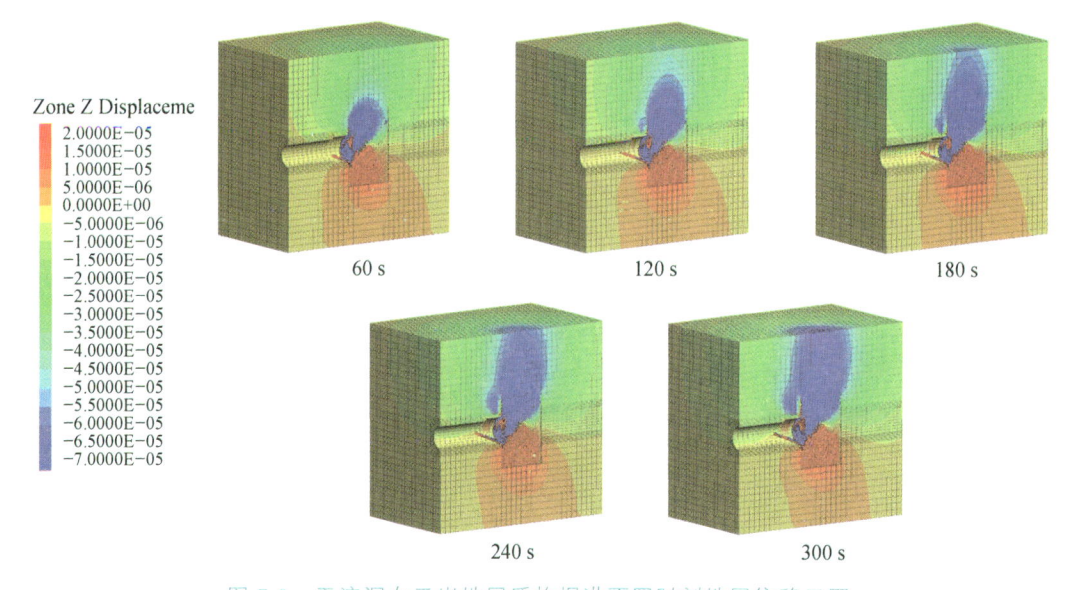

图 7-9 无溶洞白云岩地层盾构掘进不同时刻地层位移云图

提取不同计算时刻盾构机开挖面上方的地表沉降槽曲线，如图 7-10 所示。由于盾构机在掘进 300 s 过程中实际只向前掘进了 0.1 m，因此可以近似地认为在不同掘进时刻开挖面的位置没有移动。观察沉降槽曲线可以发现，地表沉降槽曲线并非严格按隧道中线对称。结合盾构掘进 300 s 时土舱内的颗粒分布分析，可以推测造成沉降槽曲线非对称的原因为：盾构机刀盘按固定方向旋转进行破岩（顺次破岩），盾构刀盘会沿旋转方向搬运部分渣土，由此盾构前进方向右侧会堆积更多的渣土；渣土上方被刀具刮下的岩土也会顺刀盘旋转方向运动；两种因素的共同作用下，导致滚刀顺次破岩时，盾构前进方向左侧土体的下滑趋势更为明显，因此盾构前进方向左侧的沉降量要略大于前进方向右侧的，在隧道中线附近前进方向右侧的沉降量约为左侧的 95%。

根据数值计算结果，提取掘进不同时刻地表的纵向沉降曲线如图 7-11 所示。

7 岩溶地区盾构隧道近距离穿越建（构）筑物保护技术研究

图 7-10 掘进不同时刻地表沉降槽曲线

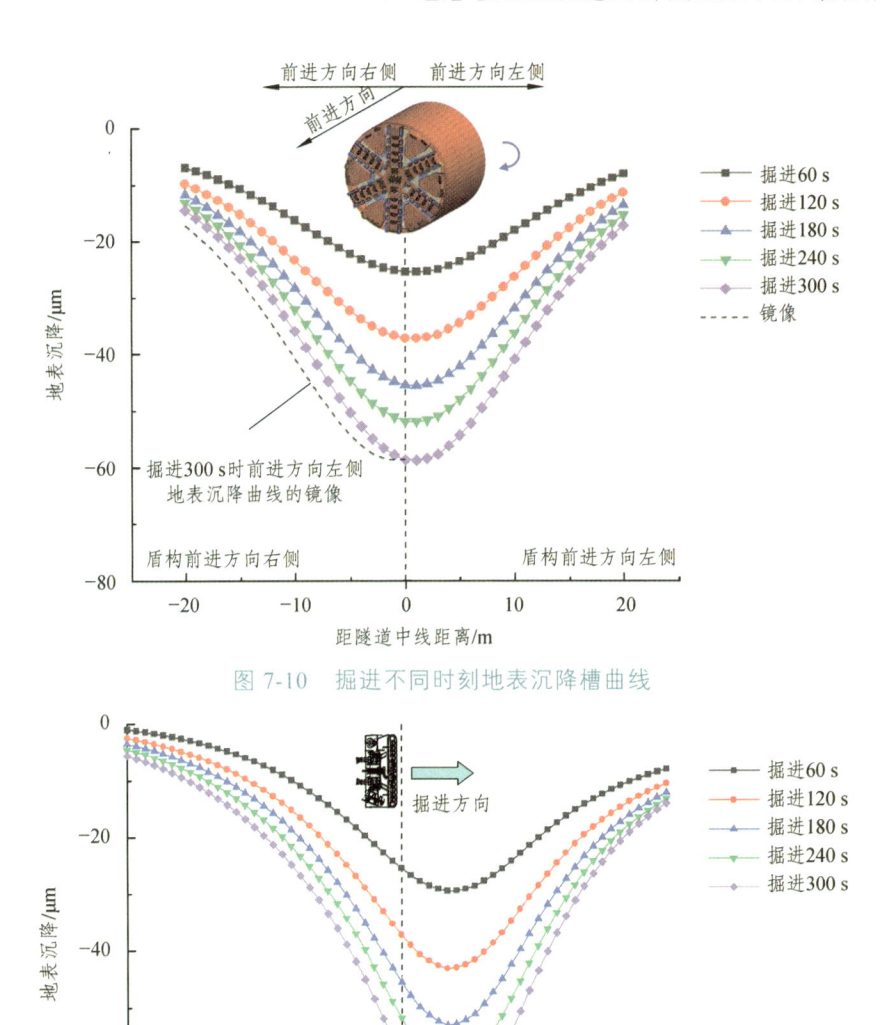

图 7-11 掘进不同时刻地表纵向沉降曲线

由图 7-11 可知，不同时刻下地表纵向沉降的累计曲线也呈现为槽形，开挖面前方的地表沉降量要大于开挖面后方的，地表沉降量最大处大致位于隧道开挖面前方 5 m。由于在数值模拟过程中没有考虑盾尾注浆过程，且没有考虑盾构机自重和掘进反力所产生的沉降（在数值模拟过程中固定了盾壳的径向位移）。而实际盾构开挖过程中由于盾尾空隙和盾尾注浆会造成较大的地表沉降，所以实际开挖时盾构开挖面后方的沉降量会更大。由于没有考虑这些因素对沉降的影响，数值计算得到的地表纵向沉降曲线与实际的地表纵向沉降曲线有一定的出入。

为计算隧道开挖过程中的地层沉降速度，以盾构开挖面圆心在地表的投影为原点 O，分别在原点 O 的前后左右再设置 4 个沉降测点 A、B、C、D，提取在盾构掘进过程中各沉降测点的沉降量随掘进时间的变化曲线，如图 7-12 所示。

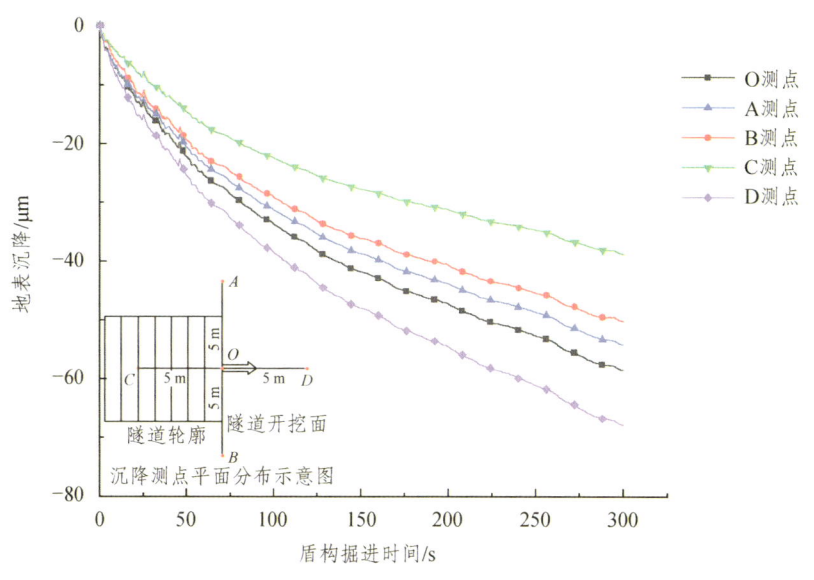

图 7-12 沉降量随掘进时间的变化曲线

由图 7-12 可知，各测点的沉降曲线的变化趋势大致相同，以沉降量最大的 D 测点为例，可以将沉降曲线分为快速沉降和稳定沉降两段：掘进 0~120 s 时可以视为快速沉降段，此阶段的累计沉降量约为 43 μm，约占累计沉降量的 60%，此时沉降速度为 21.5 μm/min；掘进 120~300 s 时可以视为稳定沉降段，在此阶段累计沉降量只有 25 μm，约占累计沉降量的 40%，此时沉降速度为 8.3 μm/min。可以看出快速沉降段的沉降速度要远大于稳定沉降段的。这是因为在盾构开挖模拟的初期，盾构机欠压，开挖沉降量较大。为避免过大估计沉降速度，以稳定沉降段的地层沉降量作为计算沉降速度的依据。根据前文可知，盾构机的掘进速度为 20 mm/min，盾构机保持此掘进速度连续掘进 1 天可前进约 30 m，而在盾构机实际施工中因为存在安装管片等后续工序，盾构机不可能按掘进速度连续施工，因此在实际施工中盾构每天开挖 8~12 m。假设地层的沉降主要是由盾构掘进阶段造成的，根据连续掘进 1 天可掘进 30 m 而实际施工 1 天只能掘进约 10 m，因此在盾构开挖时开挖时间和其他工序的时间比约为 1：2，因此可用连续施工沉降速度的 1/3 反映实际施工的沉降速度。假设在盾构掘进过程中，纵向沉降曲线随开挖面向前移动而形式保持不变。观察地表的纵向沉降曲线可以发现隧道开挖面前方 20 m 和后方 10 m 地表的沉降量大致相同，因此可以认为盾构连续开挖 1 天即掘进 30 m 时，地层最大累计沉降量测点的位置在初始开挖面前方 20 m 处，或掘进完成开挖面后方 10 m 处。根据图 7-11 取掘进 120~300 s 时间段，距离隧道开挖面 -10~20 m 范围内的平均沉降量为 15.9 μm，计算的稳定沉降段的沉降速度为 5.3 μm/min，即 7.6 mm/d。将连续开挖时的稳定沉降速度乘以 1/3，得到数值模拟最大的沉降速度为 2.5 mm/d。

依据现场实测数据，在皂角井站—太慈桥站盾构区间 512 个沉降测点测得的地层最大累计变形量和变形速率如图 7-13 所示。图中正值表示地表隆起，负值表示沉降。在皂-太区间地表沉降量的控制值为 30 mm，沉降变形速率的控制标准为 3 mm/d，实测累计最大隆起量为 5.92 mm，累计最大沉降量为 8.26 mm，同时地表变形速率也在控制范围内，说明正常开挖段采用的盾构掘进参数能较好地控制地层的变形。

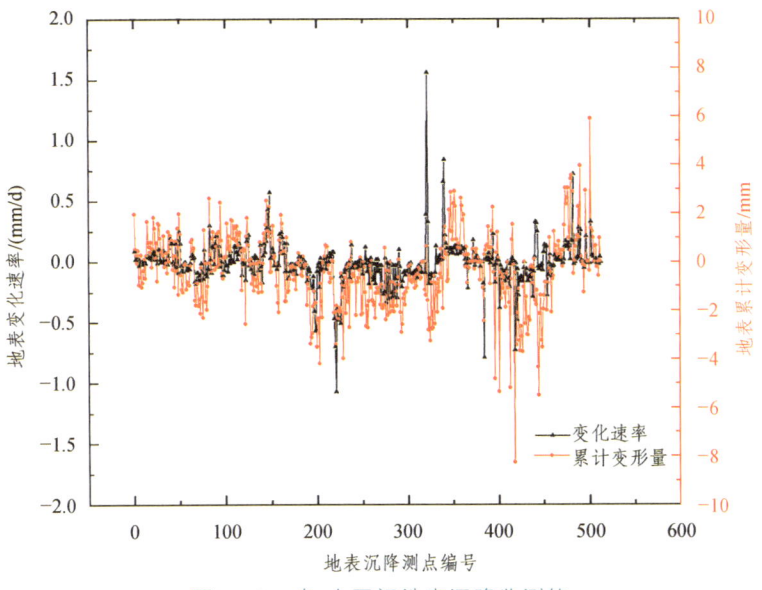

图 7-13 皂-太区间地表沉降监测值

将数值计算的地表沉降速度与实测的沉降速度进行比较，数值计算的地表最大沉降约为 2.5 mm/d，虽然也在沉降的变形速率控制标准之内，但要大于实测的最大沉降速度 1.5 mm/d。造成数值计算的沉降速度偏大的原因可能有：本模型盾构机从静止状况开始掘进模拟，由于没有预压，与实际情况相比，数值模型计算的推力偏小（约为实际推力的 3/4），盾构机开挖面前方的土体没有受到足够的支护力，造成沉降偏大；且只模拟了盾构机掘进 300 s 的过程，此时推力还没有完全达到稳定状态。以实测的最大沉降速度为修正依据，可以将数值模拟的最大沉降速度乘以 0.6 作为修正结果。

2. 盾构机推力、扭矩分析

（1）推力分析。

根据施工组织设计，在全断面中风化白云岩正常掘进时，盾构机推力保持范围为 7 500 ~ 8 500 kN，通过数值模拟测得盾构机推力随时间的变化曲线如图 7-14 所示。

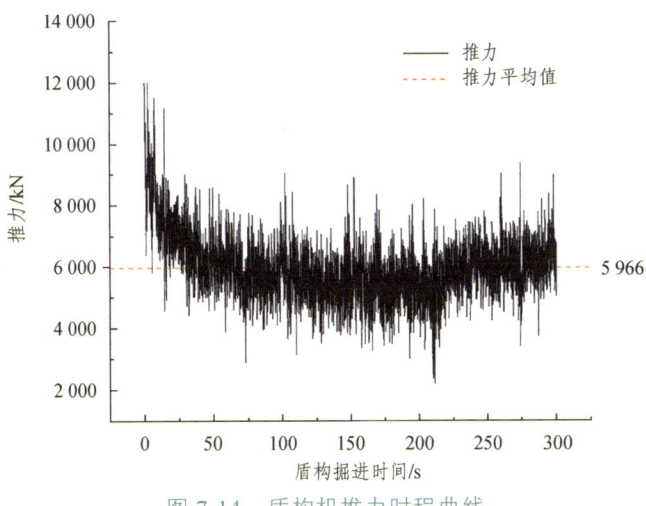

图 7-14 盾构机推力时程曲线

由图 7-14 可知，根据数值计算测得的盾构机推力的平均值为 5 966 kN，要小于正常掘进时盾构推力的保持范围。盾构机的总推力 F 一般由五个部分组成，见式（7-1）。数值模拟测得的盾构机推力只能反映破碎岩体和维持开挖面稳定的推力，以及一部分外壳与围岩之间的摩擦力，所以与实际工况的推力相比偏小。

$$F = F_1 + F_2 + F_3 + F_4 + F_5 \tag{7-1}$$

式中：F_1 为盾构机外壳与围岩之间的摩擦力；F_2 为盾尾与管片的摩擦力；F_3 为台车的牵引阻力；F_4 为维持开挖面稳定的推力；F_5 为破碎岩体的推力。

$F_1 \sim F_4$ 一般可以通过式（7-2）~式（7-5）计算。

$$F_1 = \mu_1 W + (\mu_1 p_m + c)SL \tag{7-2}$$

$$F_2 = \mu_2 G_1 \tag{7-3}$$

$$F_3 = \mu_3 G_2 \tag{7-4}$$

$$F_4 = \frac{\pi}{4} D^2 p_d \tag{7-5}$$

式中：μ_1、μ_2、μ_3 分别为盾壳与围岩、盾尾密封与管片、电车车轮与导轨之间的摩擦系数；S 和 L 分别为盾构机外壳周长和机身长度，分别为 19.7 m 和 9 m；W 为盾构机自重；p_m 为盾构机受到的平均土压力；G_1 和 G_2 分别为盾尾内管片自重总和及台车自重；p_d 为盾构开挖面处的平均土压力。

观察 $F_1 \sim F_4$ 可知，这四个力与盾构机掘进参数的相关性较小，在埋深一定、盾构机在均匀地层施工时这四个力可以视为定值。考虑到计算误差，在下文进行掘进的相互影响研究时，可以将实际施工推力的平均值 8 000 kN 作为修正数值模拟盾构推力的依据，将测得的推力平均值加 2 000 kN 作为数值计算的推力结果。

（2）扭矩分析。

根据施工组织设计，在全断面泥质白云岩正常掘进时，刀盘扭矩的保持范围为 2 000 ~ 2 500 kN·m。通过数值模拟测得盾构机扭矩随时间的变化曲线，如图 7-15 所示。由图可知，根据数值计算测得的刀盘扭矩平均值为 2 072 kN·m，在实际施工刀盘扭矩的保持范围内。需要注意的是，数值模拟通过遍历刀盘 Wall 单元测得的扭矩只考虑了刀具切削地层时的地层抗力扭矩、摩阻力扭矩，并没有考虑全部的扭矩（如轴承的摩阻力扭矩和减速装置摩擦损耗扭矩等），因此实际的扭矩比数值模拟测得的扭矩要略大。刀盘扭矩在开始掘进时波动较大，后逐渐趋于稳定，这是因为开始掘进时围岩是完整的，破岩时需要较大的扭矩，而刀盘在破碎岩面上旋转时扭矩较小；随着盾构的开挖，滚刀破岩产生的裂隙在不断延伸，使得岩面均匀破碎，因此刀盘扭矩的大小变化逐步趋于稳定。通过上述分析可知，数值模拟测得的刀盘扭矩能在一定程度上反映盾构实际施工时所受到的扭矩，但由于没能考虑盾构扭矩的全部构成，数值模拟测得的扭矩与实际值相比偏小。以扭矩保持范围的平均值作为扭矩修正的依据，可以将数值模拟测得的扭矩值加 200 kN·m 作为最终的扭矩结果。

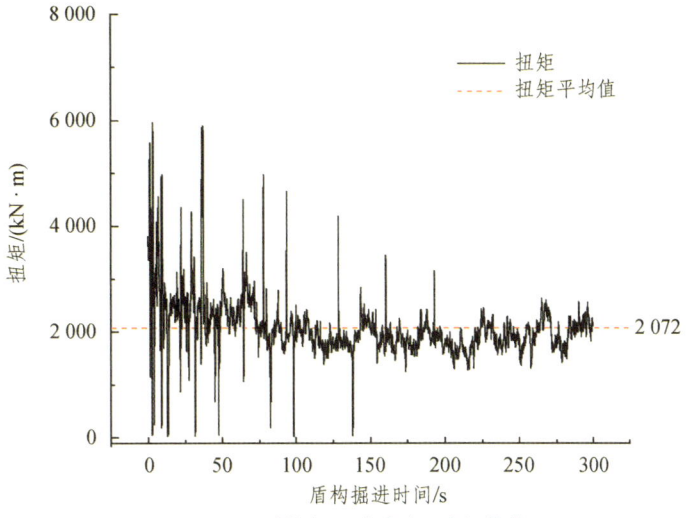

图 7-15 盾构机刀盘扭矩时程曲线

3. 开挖面前方地层应力和土舱压力分析

土压平衡盾构机通过土舱内的渣土来保持开挖面的稳定，因此土舱内渣土的分布与盾构机前方土体瞬时的受力分布情况息息相关，下面将先分析数值模拟过程中土舱内渣土的分布情况，再分析土舱内应力分布情况和距开挖面不同水平距离处地层正应力的分布情况。

盾构掘进 300 s 后土舱内颗粒的分布情况如图 7-16 所示。图中深紫色的颗粒为初始土舱内的颗粒，浅紫色为初始盾构机外部地层的颗粒。由图可知，随着盾构的开挖，部分盾构前方的土体被切削进土舱，并与土舱内的渣土搅拌在一起。由于进入土舱内的渣土有一定的流塑性，在刀盘旋转的作用下，土舱内的土体并不是均匀分布的。从开挖面后方向前看，刀盘按顺时针旋转，将土舱按上下左右分为四个区域，此时Ⅱ区内的渣土明显要多于Ⅰ区内的。为使得土舱内土体分布均匀，以保证开挖面前方地层受力均匀，可以适当地加快刀盘转速，通过搅拌棒充分搅拌土舱内的渣土，或者调整渣土的改良材料使其获得更好的流动性。

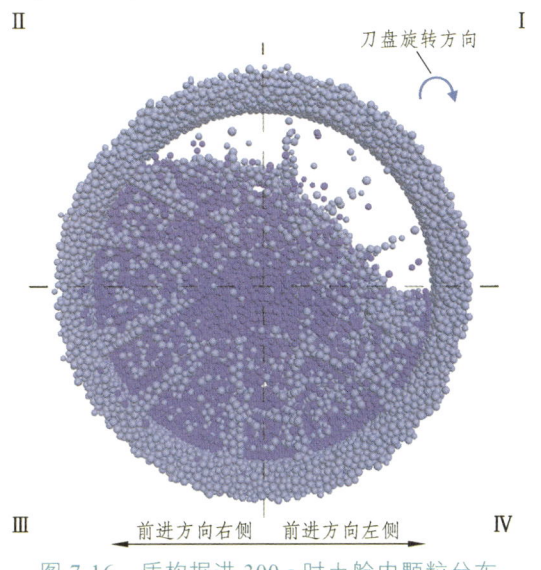

图 7-16 盾构掘进 300 s 时土舱内颗粒分布

在盾构掘进 300 s 后，通过如图 7-8 所示的监测单元提取盾构机土舱应力的分布形式，如图 7-17 所示。图中将盾构机每 1 m 高度范围内正应力的平均值作为这 1 m 高度中点处的应力值。

（a）正应力分布云图　　　　（b）土压力分布图

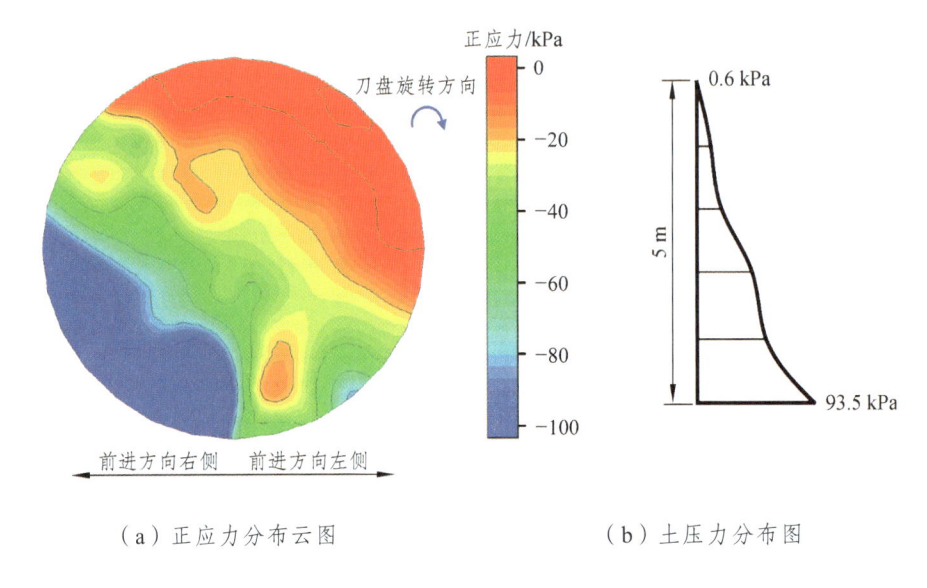

图 7-17　盾构掘进 300 s 时土舱应力分布

由图 7-17 可知，土舱内上部压力要小于下部，盾构机前进方向左侧的压力要小于右侧的，这与盾构机土舱内渣土分布情况是一致的，即土舱内渣土分布少的区域的土舱压力也小。数值模拟计算的土舱压力平均值约为 45 kPa，实际施工中盾构机在中风化白云岩正常掘进时，土舱压力保持在 60～80 kPa，数值模拟的土舱压力要小于实际施工时的土舱压力。前文数值模拟得到盾构机的平均推力约为 5 966 kN，土舱提供的反力约为 1 250 kN，约占盾构机总推力的 21%，这是由于依托工程的盾构机采用的是复合式刀盘，盾构机开口率较小，刀盘起到了主要的挡土作用。同时也可发现在土舱中螺旋出土器对应位置处土压力较小，这是螺旋出土器的排土作用所导致的。

同样的，提取开挖面前方 1 m 处的盾构开挖轮廓面内地层应力，如图 7-18 所示。地层正应力反映了地层垂直于开挖轮廓面方向的受力大小，对于均质的原状土，其对应的地层正应力大小应按深度呈梯形分布。由图 7-18 可知，对于开挖面前方 1 m 处地层，其正应力的分布并不完全呈现为梯形分布。这是由盾构机土舱内渣土分布的特征决定的。通过上文对土舱内颗粒分布的分析可知，由于渣土的流动塑性和刀盘的转动，土舱内渣土的分布并不均匀，地层在图示的右上部没有渣土抵抗，所受到的正应力较小。由于盾构的掘进受到刀盘和土舱内渣土的挤压，此地层下侧受到的土压力要大于上侧的。此时在开挖轮廓面范围的平均土压力约为 172 kPa。

开挖面前方 5 m 地层的应力分布如图 7-19 所示，此时地层所受的正应力大致按高度均匀分布，说明盾构机开挖对此处地层的扰动较小，地层主要受地应力的影响。此开挖面轮廓线范围内地层的平均土压力约为 241 kPa，要大于开挖面前方 1 m 地层的，说明此时盾构机类似于欠压开挖。通过静止土压力计算公式计算得到盾构中心处的侧向土压力约为 287 kPa，与此处平均土压力大致相同，说明数值计算结果能较好的反映土压力的分布。

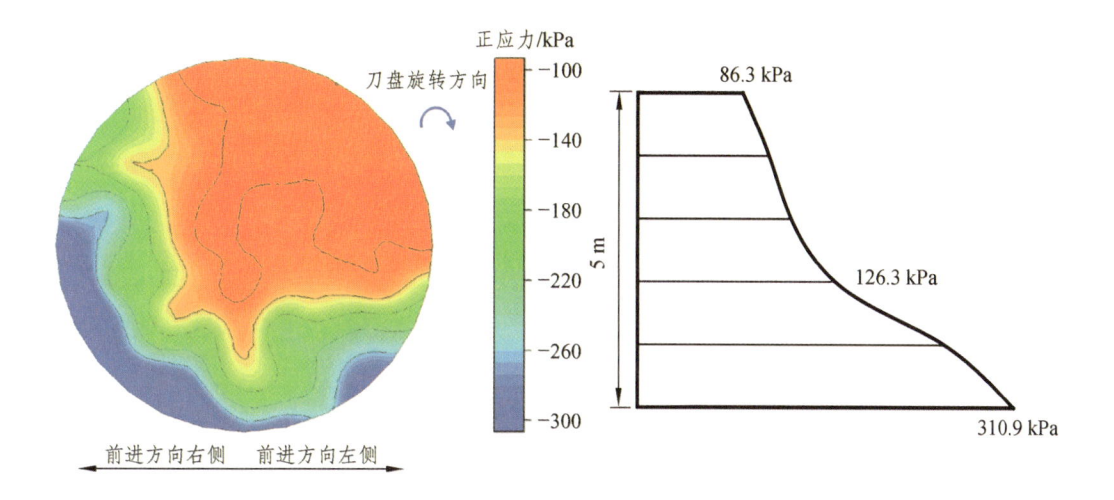

(a）正应力分布云图　　　　　　　　（b）土压力分布图

图 7-18　盾构掘进 300 s 时开挖面前方 1 m 的地层应力分布

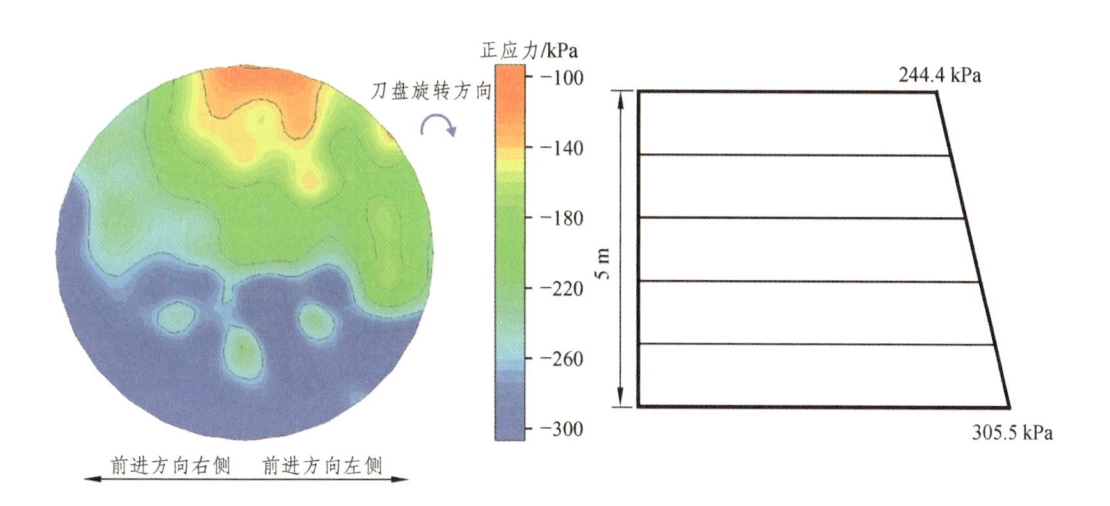

(a）正应力分布云图　　　　　　　　（b）土压力分布图

图 7-19　盾构掘进 300 s 时开挖面前方 5 m 的地层应力分布

7.1.3　掘进参数相互影响结果分析

下面通过正交试验分析白云岩地层盾构掘进速度、刀盘转速和螺旋机转速对地表最大沉降速度、盾构机推力和扭矩的影响规律。同时结合盾构机推力、扭矩的合理保持范围，根据推力、扭矩与掘进速度和刀盘转速之间的规律，划分盾构机掘进速度和刀盘转速的合理选取范围。

1. 正交试验设计

已知依托工程盾构机的部分技术参数如下：最大掘进速度为 80 mm/min、最大刀盘转速为 3.7 r/min、最大螺旋机转速 25 r/min。在白云岩地层掘进过程中，掘进速度一般保持在 5~30 mm/min，刀盘的转速保持在 0.8~1.5 r/min，螺旋机的转速则保持在 2~5 r/min。对上述三个掘进参数分别设置了从小到大的三个水平，如表 7-3 所示。

表 7-3　盾构掘进参数水平

水平	掘进速度/(mm/min)	刀盘转速/(r/min)	螺旋机转速/(r/min)
1	10	1	2
2	20	1.5	5
3	30	2	10

为研究掘进参数对地层的最大沉降速度的影响，选用 L9(3⁴) 的正交分析表进行三因素三水平正交试验分析，如表 7-4 所示。根据前文的分析，地层实测的最大沉降速度要大于数值模拟计算的，需要将数值模拟计算的最大沉降速度乘以 0.6 作为模型修正后的最大沉降速度。

表 7-4　盾构掘进参数三因素三水平正交试验

试验编号	因子 1 掘进速度	因子 2 刀盘转速	因子 3 螺旋机转速	最大沉降速度/(mm/d)
1	1	1	1	1.59
2	1	2	2	1.47
3	1	3	3	1.70
4	2	1	2	1.52
5	2	2	3	1.64
6	2	3	1	1.21
7	3	1	3	1.44
8	3	2	1	1.28
9	3	3	2	1.36

为研究掘进速度、刀盘转速、螺旋机转速对推力和扭矩的影响，提取正交试验各工况数值模拟结果的推力和扭矩的平均值。值得注意的是，根据前文对数值模拟结果和实测数据对比的分析结论，通过数值模拟计算的盾构机平均扭矩和平均推力与盾构机的实际值相比偏小。将数值模拟测得的推力平均值加 2 000 kN，扭矩平均值加 200 kN·m 作为修正结果，各试验工况的推力、扭矩值如表 7-5 所示。

表 7-5　正交试验推力、扭矩

试验编号	推力/kN	扭矩/(kN·m)
1	7 482.59	2 225.66
2	6 549.13	2 104.71

续表

试验编号	推力/kN	扭矩/(kN·m)
3	6 275.26	1 941.25
4	7 541.17	2 335.47
5	7 133.00	2 274.00
6	9 294.41	2 212.06
7	8 194.48	2 430.90
8	10 108.01	2 384.97
9	8 769.94	2 280.49

2. 最大沉降速度影响因素分析

为判断三个掘进参数对地表最大沉降速度的影响程度，对地表最大沉降速度的正交试验结果进行极差分析，结果如表 7-6 所示。根据极差分析结果可知，对于地表最大沉降速度影响程度的排序为：掘进速度=螺旋机转速>刀盘转速。

表 7-6 地表最大沉降速度极差分析结果

指标	掘进速度/(mm/min)	刀盘转速/(r/min)	螺旋机转速/(r/min)
$k1$	4.76	4.55	4.09
$k2$	4.37	4.39	4.34
$k3$	4.08	4.27	4.78
$q1$	1.59	1.52	1.36
$q2$	1.46	1.46	1.45
$q3$	1.36	1.42	1.59
R	0.23	0.09	0.23

根据极差分析结果，做出最大沉降速度随各掘进参数的变化曲线，如图 7-20 所示。由图可知，随着盾构机掘进速度和刀盘转速的增大，地表最大沉降速度呈减小趋势，而随着螺旋机转速的增大，地表最大沉降速度呈减小趋势。根据前文分析，造成上述现象的可能原因是：本模型实际模拟的工况类似于欠压开挖，因此掘进速度的增大减缓了对地层扰动所导致的地表沉降，因此建议盾构隧道在依托的白云岩地层以较快的掘进速度推进。同时可知，各掘进参数在其保持范围内的最大沉降速度小于沉降速度控制值 3 mm/d，因此在假定工况中最大沉降速度不是控制掘进参数的指标。

为判断各掘进参数对地表最大沉降速度影响的显著性大小，对正交试验的计算结果进行了多因素方差分析，结果如表 7-7 所示。查阅 F 临界分析表可知，$F_{0.05}(2,2)=19$，P 值小于 0.05 的结果显著性表现为显著。根据方差分析结果可知，盾构掘进速度和螺旋机转速对于地表最大沉降速度表现为显著，刀盘转速不显著。结合极差分析结果，在模型假定的工况下，为使地表的最大沉降速度最小，掘进参数组合可以设置为：水平 3 的掘进速度（30 mm/min）、水平 3 的刀盘转速（2 r/min），以及水平 1 的螺旋机转速（2 r/min）。

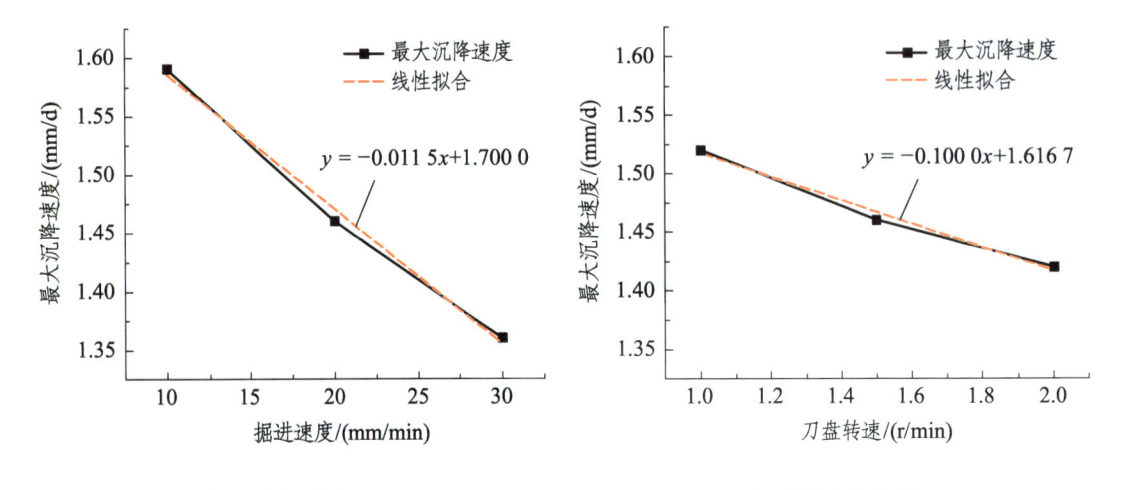

(a) 随掘进速度

(b) 随刀盘转速

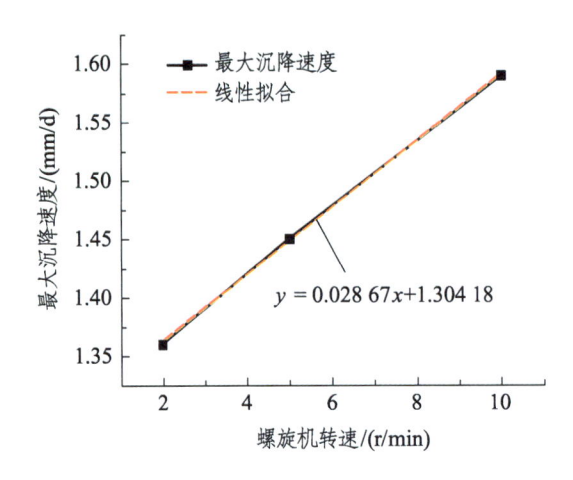

(c) 随螺旋机转速

图 7-20　最大沉降速度随各掘进参数变化曲线

表 7-7　地表最大沉降速度方差分析结果

变异来源	平方和	自由度	均方	F	P
掘进速度	115.31	2	57.57	21.46	0.045
刀盘转速	74.98	2	37.49	13.98	0.067
螺机转速	165.89	2	82.94	30.92	0.031
误差 e	5.37	2	2.68		

3. 推力影响因素分析

为判断掘进速度、刀盘转速和螺旋机转速对盾构机推力的影响程度，对推力的正交试验结果进行了极差分析,结果如表 7-8 所示。由表可知,在模拟工况下各掘进参数对盾构机推力的影响程度从大到小排序为:掘进速度>螺旋机转速>刀盘转速。其中掘进速度和螺旋机转速对盾构机推力的影响要远大于刀盘转速。

表 7-8 推力极差分析结果

指标	掘进速度/(mm/min)	刀盘转速/(r/min)	螺旋机转速/(r/min)
$k1$	20 306.98	23 218.24	26 885.01
$k2$	23 968.58	23 790.14	22 860.24
$k3$	27 072.43	24 339.61	21 602.74
$q1$	6 768.99	7 739.41	8 961.67
$q2$	7 989.53	7 930.05	7 620.08
$q3$	9 024.14	8 113.20	7 200.91
R	2 255.15	373.79	1 760.76

根据极差分析结果做出盾构机推力随掘进速度、刀盘转速和螺旋机转速的变化曲线,如图 7-21 所示。由图可知,随着盾构机掘进速度和刀盘转速的增大,盾构机的推力呈线性增大趋势;随着螺旋机转速的增大,推力呈减小趋势,但螺旋机转速和盾构机推力之间没有明显的线性关系。为探究在合理盾构机推力范围内盾构机掘进参数的取值范围,将正常开挖段盾构机推力的保持范围 7 500～8 500 kN 分别代入到盾构机推力与三个掘进参数的线性拟合曲线之中,通过计算可以得到盾构机掘进速度的合理保持范围为 16.2～25.1 mm/min,刀盘转速的合理保持范围为 0.36～3.03 r/min,螺旋机转速的合理保持范围为 0.36～3.03 r/min。

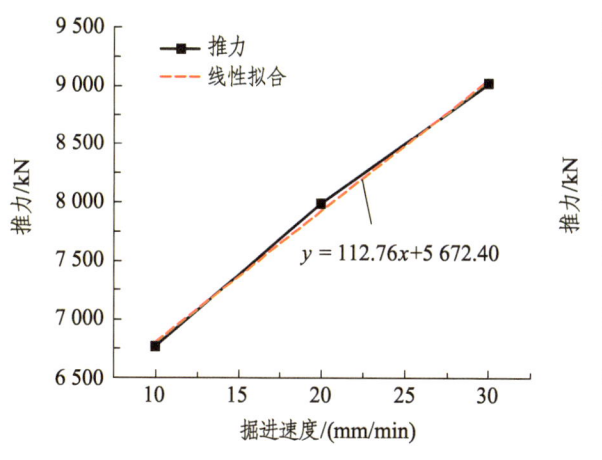

(a)推力随掘进速度变化曲线 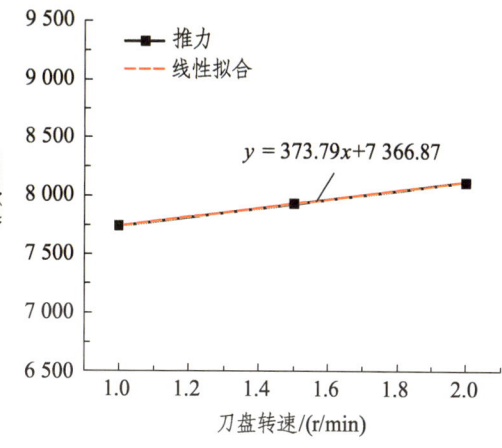　　(b)推力随刀盘转速变化曲线

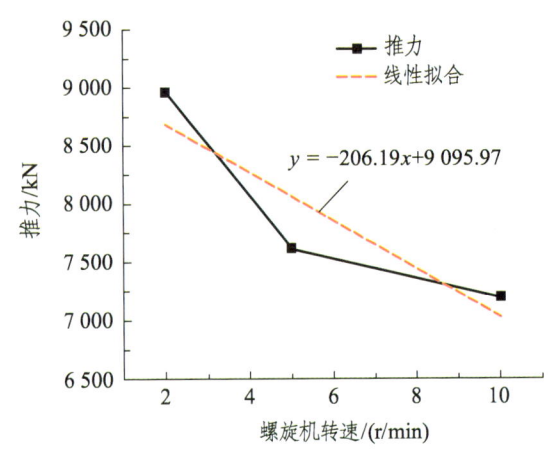

（c）推力随螺旋机转速变化曲线

图 7-21 盾构机推力随各掘进参数变化曲线

为判断三个掘进参数对推力影响的显著性大小，对正交试验的计算结果进行了多因素方差分析，结果如表 7-9 所示。由表 7-9 可知，在白云岩地层中掘进速度和螺旋机转速对推力有着显著影响，而刀盘转速则对推力没有显著影响。

表 7-9 推力方差分析结果

变异来源	平方和	自由度	均方	F	P
掘进速度	7 645 834.79	2	3 822 917.39	94.38	0.010
刀盘转速	209 606.40	2	104 803.20	2.59	0.279
螺机转速	5 075 828.46	2	2 537 914.23	62.66	0.016
误差 e	81 007.51	2	40 503.76		

以方差分析中对推力有显著影响的掘进速度和螺旋机转速为自变量，推力为因变量建立多元回归分析结果：

$$F = 112.76 V_{掘进} - 74.39 V_{螺机} + 6232.82 \quad (7-6)$$
$$R^2 = 0.623$$

式中：F、$V_{掘进}$、$V_{螺机}$ 分别为推力、掘进速度和螺旋机转速。

值得注意的是，多元回归的 R^2 只有 0.6，说明这两个掘进参数只能反映推力 60%的变化情况，且多元回归计算的掘进速度和螺旋机转速的 P 值分别为 0.023 和 0.448，说明掘进速度为主要影响盾构机推力的变量，而螺旋机转速对推力的影响相对较小。因此通过掘进参数预测推力时可以不考虑螺旋机转速的影响，使用推力和掘进速度的线性拟合公式。

4. 扭矩影响因素分析

根据正交试验各组数值模拟结果得到盾构机扭矩的极差分析结果如表 7-10 所示。根据极差分析结果可知，在模拟工况下各掘进参数对盾构机扭矩的影响程度从大到小排序为：掘进速度>刀盘转速>螺旋机转速。

7 岩溶地区盾构隧道近距离穿越建（构）筑物保护技术研究

表 7-10 扭矩极差分析结果

指标	掘进速度/(mm/min)	刀盘转速/(r/min)	螺旋机转速/(r/min)
$k1$	6 271.62	6 992.03	6 822.69
$k2$	6 821.53	6 763.68	6 720.67
$k3$	7 096.36	6 433.80	6 646.15
$q1$	2 090.54	2 330.68	2 274.23
$q2$	2 273.84	2 254.56	2 240.22
$q3$	2 365.45	2 144.60	2 215.38
R	274.91	186.08	58.85

根据极差分析结果做出扭矩随各掘进参数的变化曲线，如图 7-22 所示。由图 7-22 可知，扭矩随着掘进速度的增大而增大，随着刀盘转速和螺旋机转速的增大而减小。将正常开挖段盾构机扭矩的保持范围 2 000~2 500 kN·m 分别带入推力与各掘进参数的线性拟合曲线中，分别得到掘进速度的合理保持范围为 2.3~38.7 mm/min，刀盘转速的保持范围为 0.12~2.81 r/min，螺旋机转速的保持范围由其设计参数控制，为 0~25 r/min。

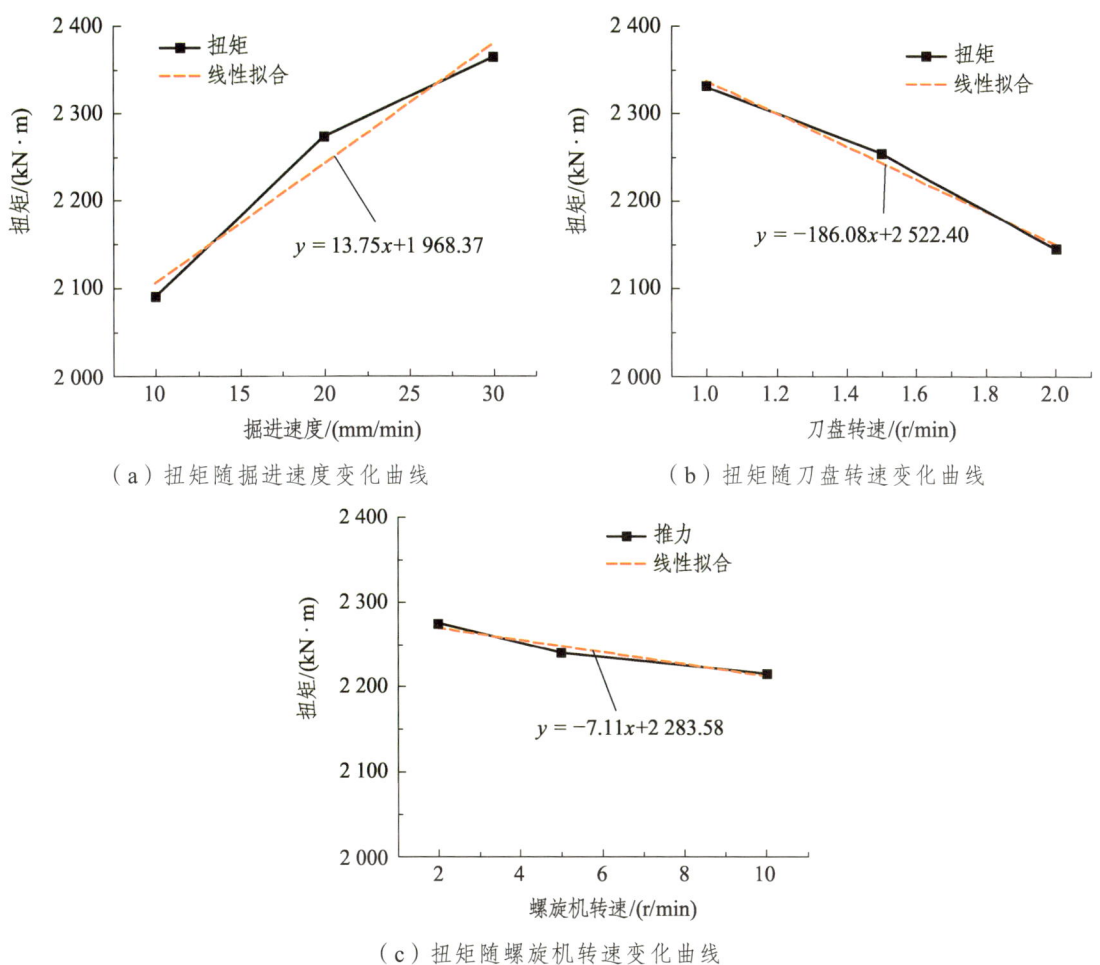

（a）扭矩随掘进速度变化曲线

$y = 13.75x + 1\,968.37$

（b）扭矩随刀盘转速变化曲线

$y = -186.08x + 2\,522.40$

（c）扭矩随螺旋机转速变化曲线

$y = -7.11x + 2\,283.58$

图 7-22 盾构机扭矩随各掘进参数变化曲线

为判断各掘进参数对盾构机扭矩影响的显著性大小，对正交试验的计算结果进行了多因素方差分析，结果如表 7-11 示。由表可知，在模拟工况下盾构机掘进速度和刀盘转速对盾构机扭矩有显著影响，而螺旋机转速对盾构机扭矩没有显著影响。

表 7-11　扭矩方差分析结果

变异来源	平方和	自由度	均方	F	P
掘进速度	117 569.84	2	58 784.92	47.07	0.021
刀盘转速	52 509.47	2	26 254.74	21.02	0.045
螺机转速	5 236.41	2	2 618.20	2.10	0.323
误差 e	2 497.81	2	1 248.90		

以对盾构机扭矩有显著影响掘进速度和刀盘转速为自变量，盾构机平均扭矩为因变量，建立多元回归分析，回归分析结果如下：

$$T = 13.755 V_{掘进} - 186.07 V_{刀盘} + 2\ 251.93$$
$$R^2 = 0.922$$

（7-7）

式中：T、$V_{刀盘}$ 分别为盾构机推力和刀盘转速。

多元回归计算得到掘进速度和刀盘转速的 P 值分别为 0.000 和 0.003，说明掘进速度和刀盘转速都对盾构机扭矩有显著影响。

5. 掘进参数控制范围

根据前文的分析，由于隧道埋深较大，掘进参数在其保持范围时地表最大沉降速度小于控制值，现以盾构机推力和扭矩的合理保持范围确定掘进速度和刀盘转速的控制范围。根据盾构机的设计参数，掘进过程中推力和扭矩的合理保持范围分别为 7 500～8 500 kN 和 2 000～2 500 kN·m。根据盾构的设计参数，盾构机的掘进速度和刀盘转速分别需要满足以下条件：$0 \leq V_{掘进} \leq 80$ mm/min 和 $0 \leq V_{刀盘} \leq 3.7$ r/min。

根据上文正交试验分析结果，盾构机推力主要与掘进速度有关，盾构机扭矩与掘进速度和刀盘转速都相关。根据盾构机推力合理保持范围的上下限和推力与掘进速度的线性拟合方程，分别确定最大和最小推力的掘进速度控制线：$V_{掘进,min} = 16.2$ mm/min 和 $V_{掘进,max} = 25.1$ mm/min。根据盾构机扭矩合理保持范围的上下限和扭矩与掘进速度的线性拟合方程，分别确定最大和最小扭矩的掘进速度控制线：$V_{掘进,min} = 2.3$ mm/min 和 $V_{掘进,max} = 38.7$ mm/min，扭矩确定的范围要大于推力确定的范围，说明掘进速度的控制线方程由推力的合理保持范围确定。

再根据盾构机扭矩合理保持范围的上下限和扭矩与刀盘转速的线性拟合方程，分别确定最大和最小扭矩的刀盘转速度控制线：$V_{刀盘,min} = 2.3$ r/min 和 $V_{刀盘,max} = 38.7$ r/min。最后通过盾构机扭矩合理保持范围的上下限和扭矩与掘进速度和刀盘转速的多元线性回归方程，分别确定最大和最小扭矩的组合控制线：$V_{刀盘} = 0.074 V_{掘进} - 1.333$ 和 $V_{刀盘} = 0.074 V_{掘进} + 1.354$。

根据上述由推力扭矩合理保持范围确定的掘进速度和刀盘转速的控制线方程，绘制出掘进速度和刀盘转速的合理保持范围，如图 7-23 中灰色区域。图中星号标志为实际施工采用的掘进速度 20 mm/min 和刀盘转速 1.5 r/min，星号标志在掘进参数的合理选取范围内，说明实际使用的掘进参数能使得盾构机在白云岩地层掘进过程保持推力和扭矩在合理的范围内。

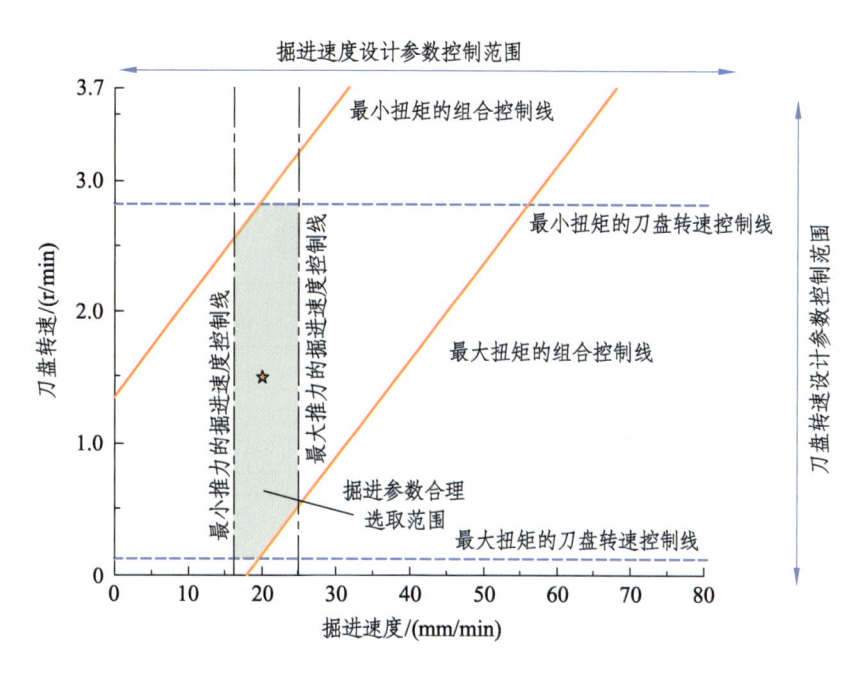

图 7-23 白云岩地层合理掘进参数选取范围

7.2 溶洞分布对地表沉降和推力扭矩的影响

为保证盾构机在岩溶地层的安全施工，有必要开展溶洞分布对盾构机推力、扭矩和地表沉降影响的研究。研究时可以将溶洞分布细化为：溶洞与开挖面的水平间距和溶洞在开挖面前方的空间方位分布。

7.2.1 溶洞设置

有溶洞的盾构开挖数值模拟模型以 7.1 节建立的白云岩地层盾构开挖模型为基础，在不同的空间位置设置溶洞。具体的模型尺寸和模拟流程详见 7.1 节。

为探究溶洞与隧道开挖面的水平间距对溶洞稳定和地层位移的影响，在如图 7-1 所示的数值模型基础上设置溶洞在盾构掘进方向的正前方，其竖向剖面图如图 7-24 所示。为减少离散元与有限差分元耦合区域边界对数值计算的影响，盾构机头部前 1 m 位于离散元区域中。根据贵阳地铁 3 号线盾构机在正常开挖段的实际盾构掘进参数，取盾构机的掘进速度为 20 mm/min、刀盘转速为 1.5 r/min，螺旋出土器的转速为 5 r/min。取溶洞洞径为 2 m，溶洞中心位于隧道中线上，分别考虑溶洞与盾构机开挖面的水平间距为 1 m、3 m、5 m 和 7 m 共 4 种工况。

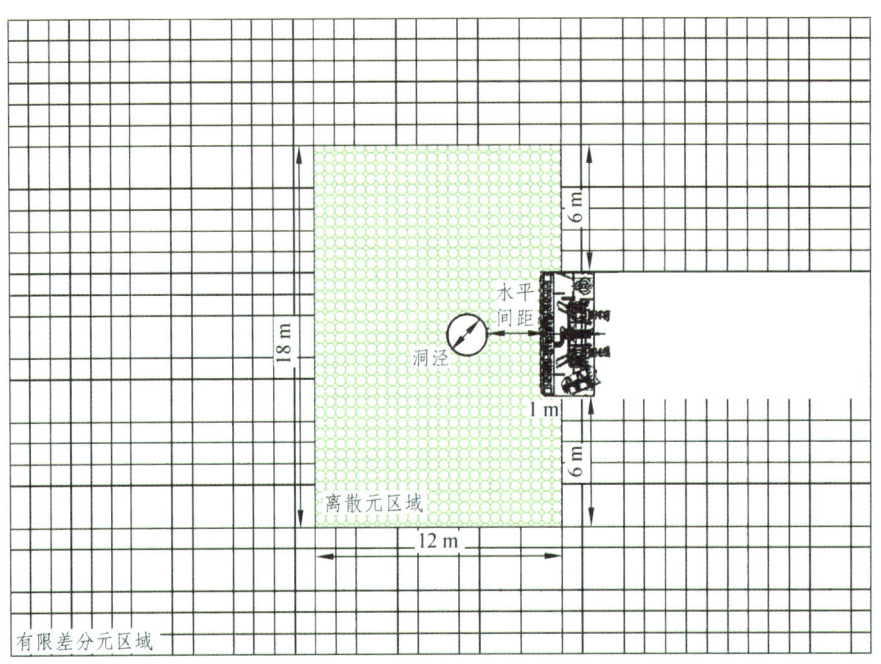

图 7-24　盾构掘进方向上溶洞间距示意

为研究隧道开挖过程中溶洞在空间上的分布对溶洞稳定性和地层位移的影响，在上文建立的数值模型的基础上改变溶洞的空间方位分布。考虑到盾构在掘进过程中刀盘进行顺次破岩，所以盾构对两侧相同距离、相同大小溶洞的影响程度可能有所区别，为探究这种差别需要分别研究溶洞在盾构机左侧和右侧的两种情况。进行溶洞空间方位分布影响研究时建立的溶洞分布在隧道上下左右四个方位，如图 7-25 所示。溶洞的洞径同样选为 2 m，溶洞与隧道开挖面的水平间距为 1 m，在横断面投影上溶洞轮廓与盾构轮廓的距离也为 1 m。

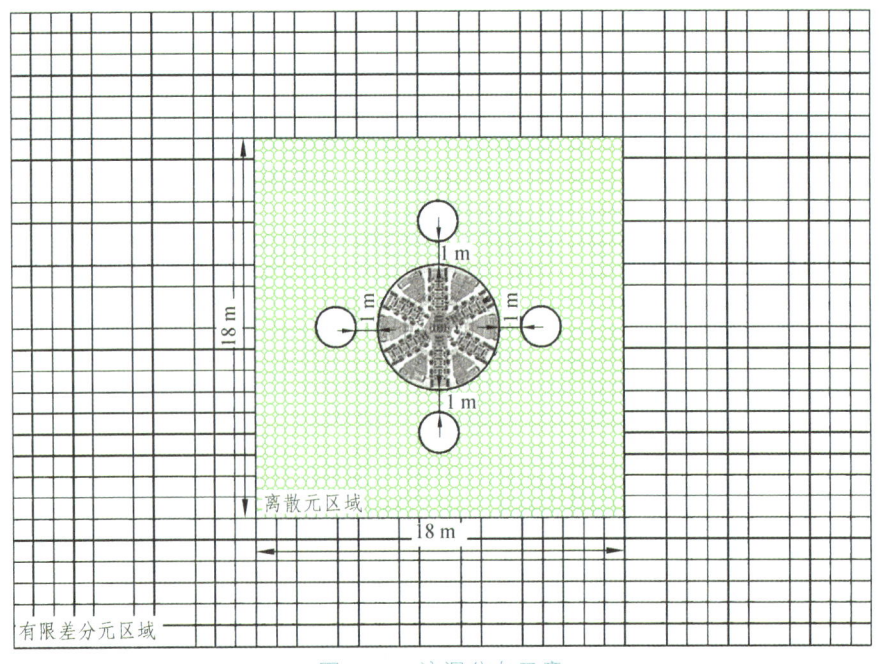

图 7-25　溶洞分布示意

7.2.2 溶洞水平间距的影响

1. 溶洞水平间距对地表沉降的影响

不同溶洞水平间距工况下盾构机掘进 300 s 时颗粒和地层的变形云图如图 7-26 所示。由图可知，盾构机开挖面前方土体在盾构施工作用下滑落至土舱，所产生的沉降云图一直向前扩展到地表。同时可以发现，竖向变形云图的变化主要集中在溶洞附近：溶洞下方土体在盾构顶推的挤压作用下产生了部分隆起；溶洞顶部岩体大多发生了坍塌，溶洞上方土体向溶洞内涌入，在溶洞水平间距较大的工况时溶洞上方土体的竖向变形云图呈现为漏斗形。为了进一步分析溶洞水平间距对地表沉降的影响，绘制了如图 7-27 所示的隧道开挖面上方的地表沉降槽曲线。

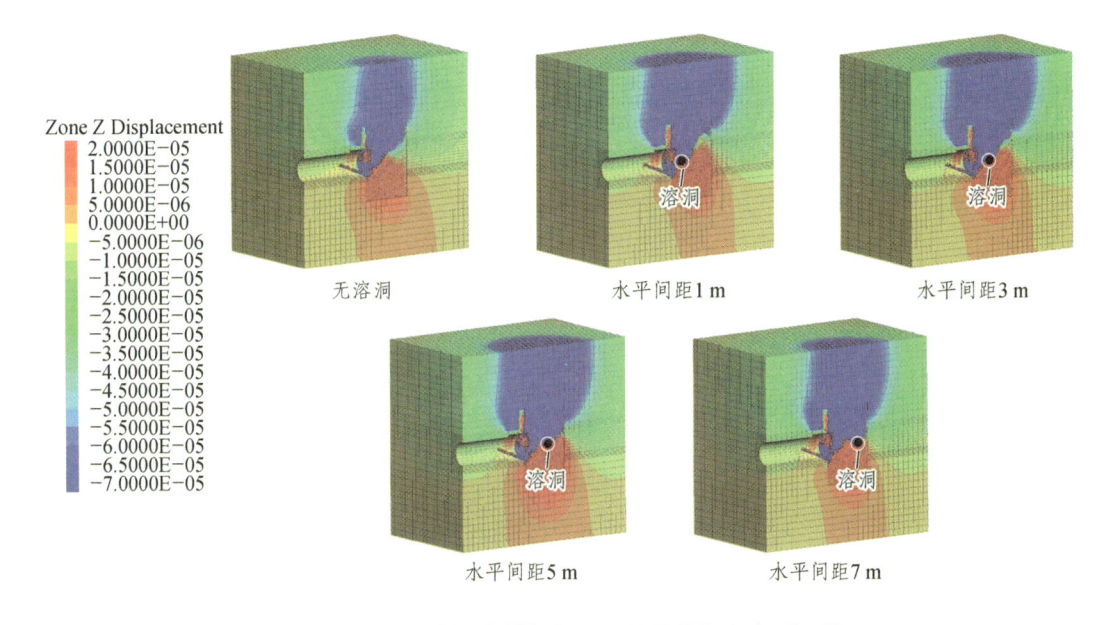

图 7-26 不同溶洞水平间距工况的地层竖向变形云图

由图 7-27 可知：无溶洞时地表沉降量最小，有溶洞工况的地表沉降量均要大于不存在溶洞的工况。可以合理地将无溶洞的工况假设为溶洞水平间距无限大的工况，由此可以得出，开挖面地表沉降槽曲线的最大沉降量随着溶洞与开挖面距离的增大而逐渐减小。造成上述现象的原因为：模型假设溶洞的洞径较大，溶洞的稳定性较差，在盾构开挖的过程中溶洞顶部地层发生了坍塌，溶洞顶部地层的滑落导致了地表的沉降，而水平间距小的溶洞加剧了隧道开挖面上方地表的沉降。

为探究隧道开挖过程中溶洞水平间距对溶洞稳定性的影响，提取隧道掘进中线两侧 0.5 m 范围内颗粒的竖向位移云图，如图 7-28 所示。

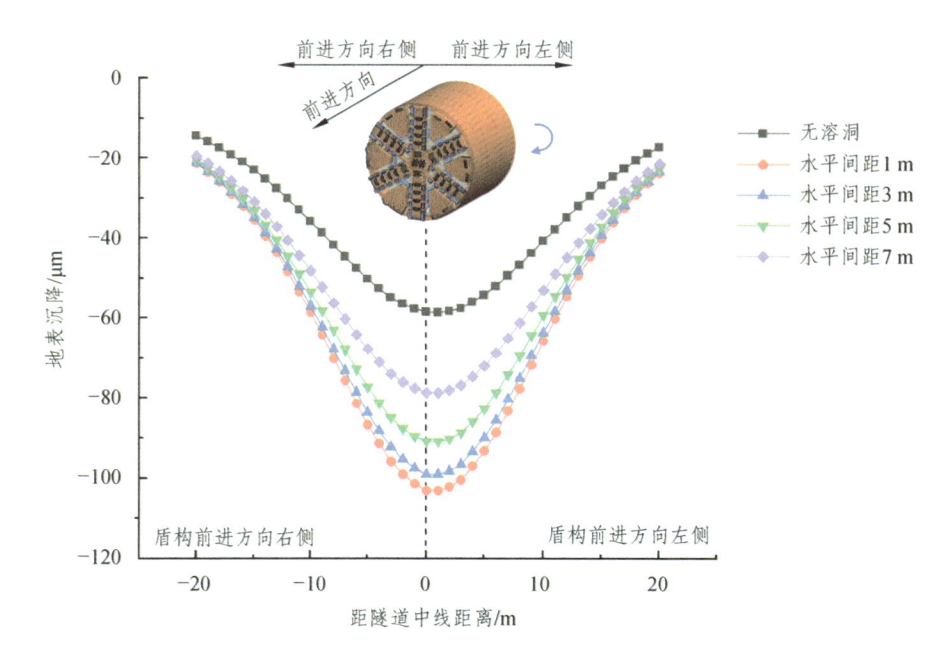

图 7-27　不同溶洞水平间距工况的地表沉降槽曲线

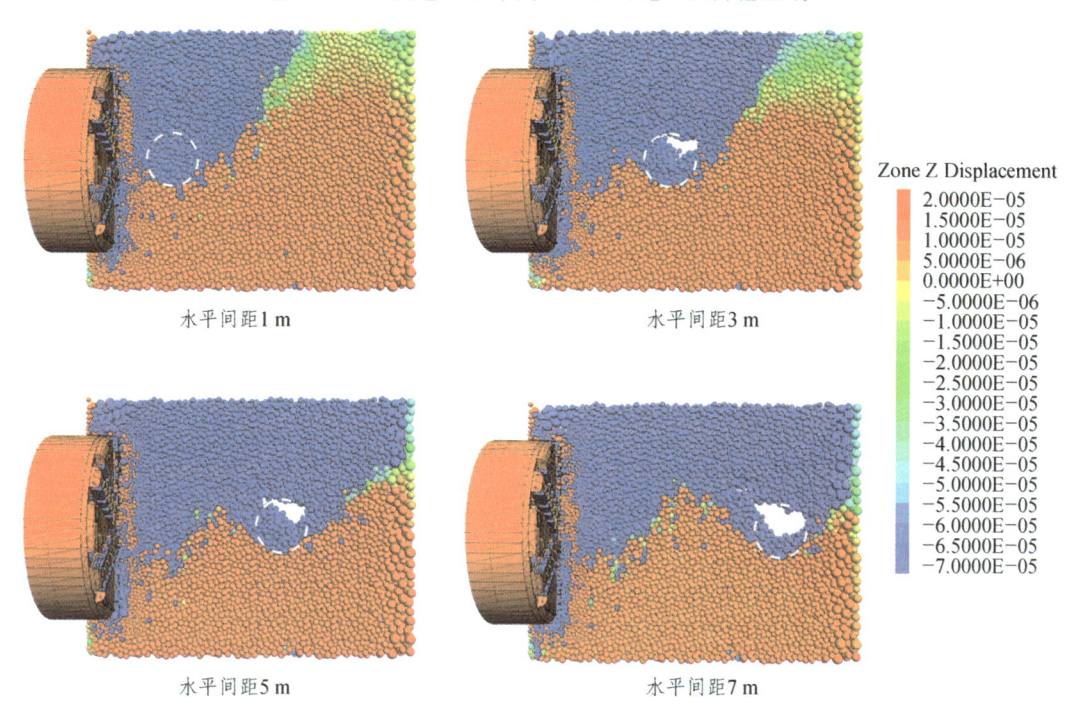

图 7-28　不同溶洞水平间距工况的颗粒竖向位移云图

图 7-28 中白色虚线为各工况中溶洞在隧道开挖前的初始外轮廓线。在溶洞水平间距为 1 m 的工况中白色虚线内充满了颗粒，这是由于此工况中溶洞距离隧道开挖面最近，溶洞受盾构隧道开挖的影响不能保持稳定，导致溶洞周围岩体塌陷。同时，随着溶洞距离隧道水平间距的增大，白色虚线内空白的区域逐渐扩大，即溶洞围岩的稳定性在逐渐增强。溶洞水平间距

为 7 m 的工况中白色虚线内的空白区域占据了绝大多数,考虑到在地层应力的作用下,不进行隧道开挖时溶洞围岩也会向溶洞内侵入,可以认为在溶洞水平间距为 7 m 的工况下溶洞围岩在隧道开挖的影响下基本保持了稳定。同时观察溶洞水平间距为 7 m 的工况可以发现,在不受盾构施工影响或受盾构施工影响较小时,溶洞的存在使得溶洞周围地层呈现漏斗状沉降,与地应力作用的结果相类似。溶洞水平间距为 3 m 和 5 m 工况下,白色虚线内靠近隧道开挖面的颗粒要多于远离开挖面的,说明盾构机的顶推力使得溶洞和开挖面之间的岩层松动破坏,使得溶洞靠近开挖面处的围岩稳定性更差,这一侧塌落的颗粒更多。

2. 溶洞水平间距对推力扭矩的影响

提取不同溶洞水平间距工况的推力、扭矩,如图 7-29 ~ 图 7-32 所示。

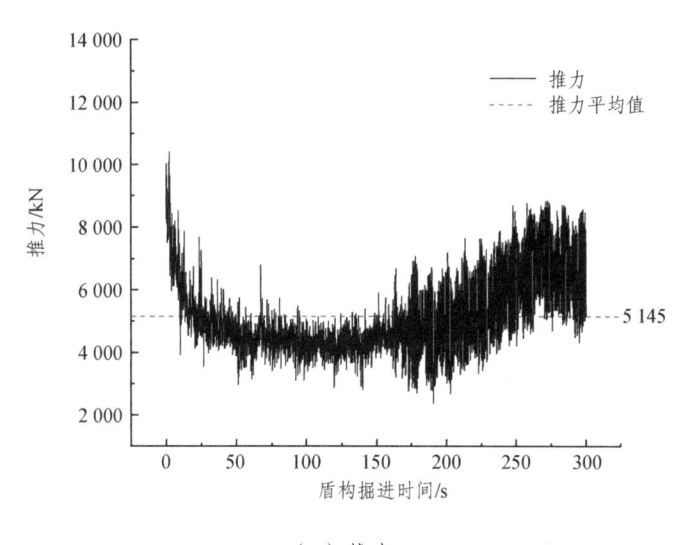

(a) 推力

(b) 扭矩

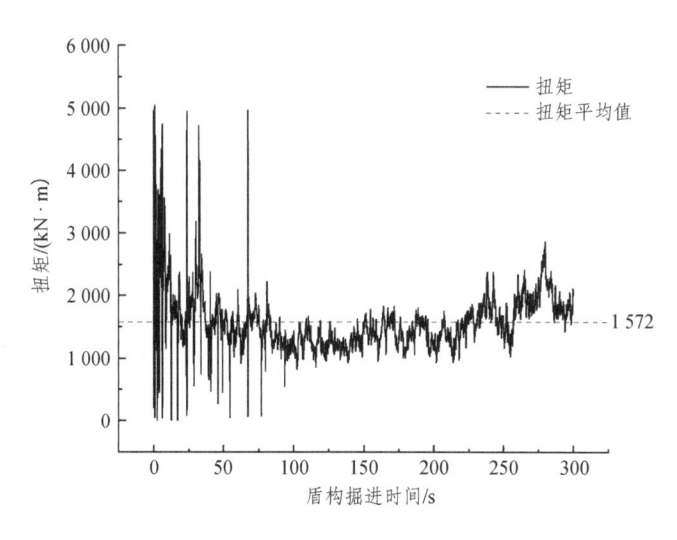

图 7-29 溶洞水平间距 1 m 时盾构机推力、扭矩随掘进时间变化曲线

(a）推力

(b）扭矩

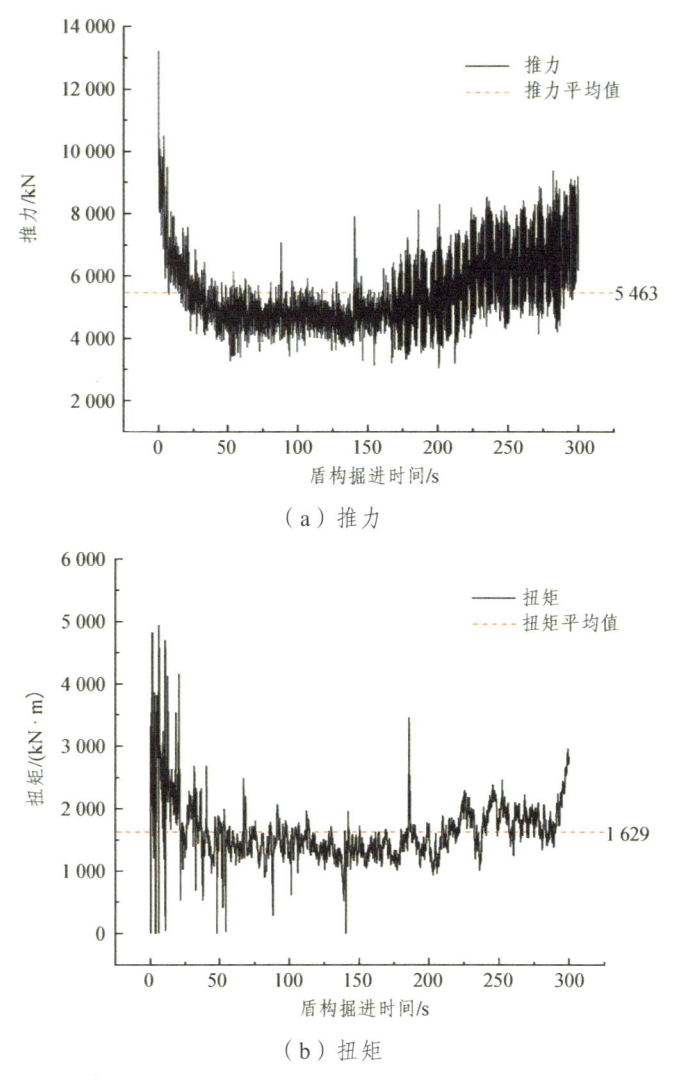

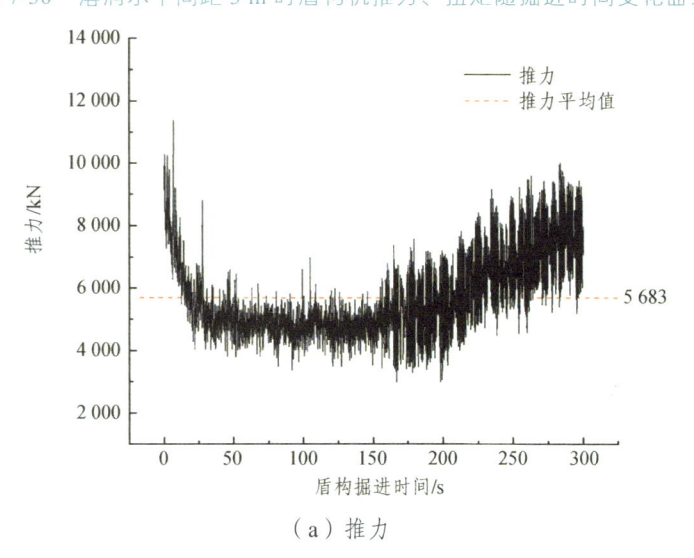

图 7-30　溶洞水平间距 3 m 时盾构机推力、扭矩随掘进时间变化曲线

(a）推力

（b）扭矩

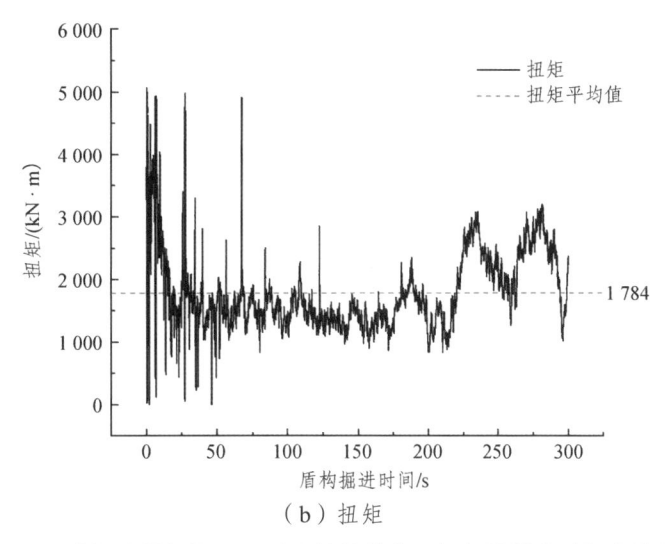

图 7-31　溶洞水平间距 5 m 时盾构机推力、扭矩随掘进时间变化曲线

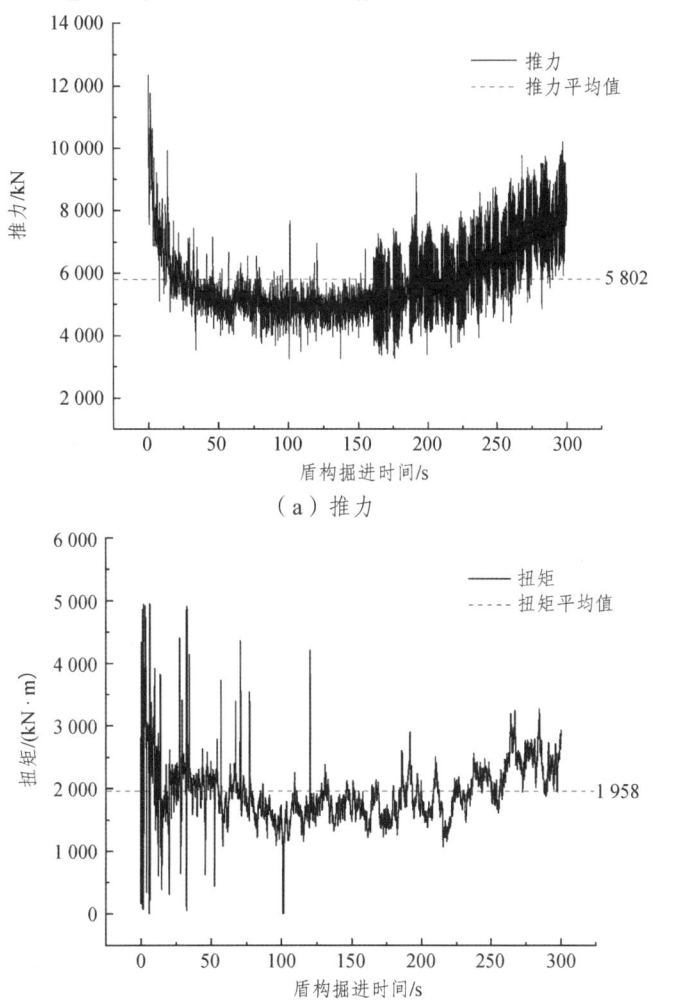

（a）推力

（b）扭矩

图 7-32　溶洞水平间距 7 m 时盾构机推力、扭矩随掘进时间变化曲线

由于数值模拟的局限性,计算的推力、扭矩的平均值要小于实际的推力、扭矩,根据前文分析,需要将数值模拟测得的平均推力加 2 000 kN,平均扭矩加 200 kN·m。作为修正的盾构机推力、扭矩值,修正结果如表 7-12 所示。

表 7-12　不同溶洞水平间距工况下盾构机推力、扭矩修正结果

水平间距/m	推力/kN	扭矩/(kN·m)
1	7 145	1 772
3	7 463	1 829
5	7 683	1 984
7	7 802	2 158
无溶洞	7 966	2 274

根据表 7-12 做出盾构机推力、扭矩与溶洞水平间距之间的关系曲线,如图 7-33 所示,并利用线性拟合曲线近似表达推力、扭矩与水平间距的关系。由图 7-33 可知,随着溶洞与隧道开挖面水平间距的增大,盾构机的推力和扭矩都在逐渐增大,不同的是推力是先快速增大后缓慢增大,扭矩是先缓慢增大后近似匀速增大。与溶洞水平间距 1 m 的工况相比,无溶洞工况下推力和扭矩增大的幅度分别为 11.5% 和 28.3%。由此可知,盾构掘进过程中刀盘扭矩对盾构前方溶洞的水平间距更为敏感。假设溶洞的水平间距足够远时,推力、扭矩与无溶洞工况时一样,将无溶洞工况的推力、扭矩值代入线性拟合曲线,可以得到溶洞水平间距对盾构机推力和扭矩的影响范围分别为 8.04 m 和 9.15 m。在盾构掘进过程中,若盾构机扭矩和推力有减小趋势,则盾构机前方可能存在溶洞,此时应该保持警惕并采取相应的措施。

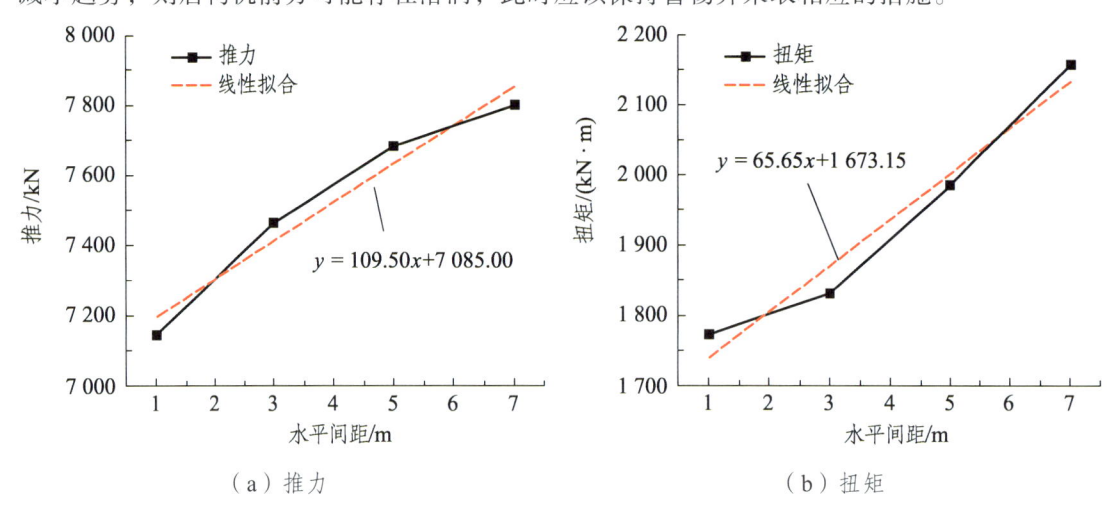

(a) 推力　　　　　　　　　　(b) 扭矩

图 7-33　推力、扭矩与溶洞水平间距关系曲线

7.2.3　溶洞空间方位分布的影响

1. 溶洞空间方位分布对地表沉降的影响

提取各溶洞空间方位分布工况下隧道开挖 300 s 后开挖面上方地表沉降槽曲线,如图 7-34 所示。

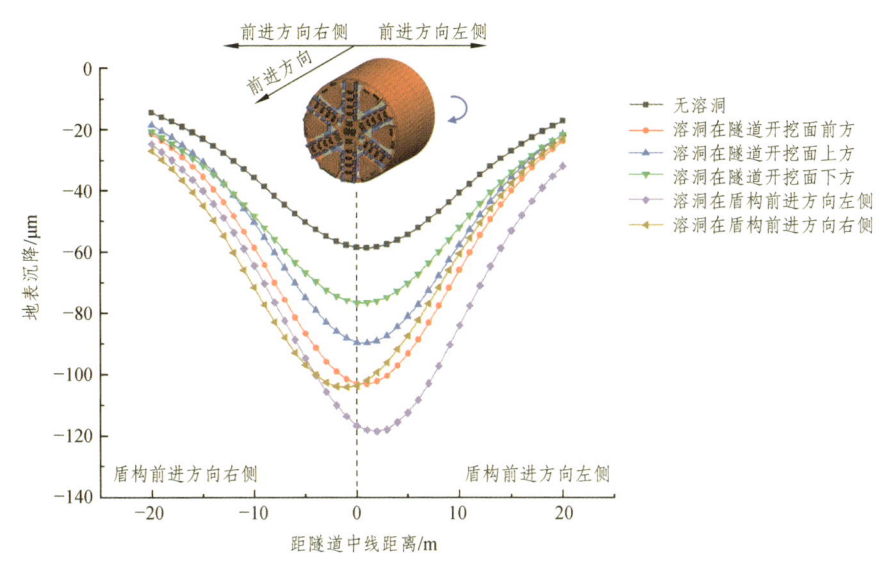

图 7-34　不同溶洞空间方位分布工况下地表沉降槽曲线

由图 7-34 可知，存在溶洞工况的最大沉降量都要大于无溶洞工况的，说明隧道开挖面前方分布的溶洞均对地表沉降有影响。比较各工况的最大沉降量可知，溶洞在盾构前进方向左侧时地表沉降最大；溶洞在隧道上方时造成的地表沉降量比溶洞在隧道下方的要大，这是因为模拟过程中假定盾构机以恒定速率掘进，没有考虑盾构机的重力对溶洞的影响，只考虑了刀盘转动和掘进的影响，因此盾构机下部溶洞对地表沉降的影响并没有被充分考虑；盾构机刀盘顺次破岩导致溶洞在前进方向左侧的最大沉降量要大于右侧的；溶洞圆心与隧道圆心位于同一高度时，地表的沉降量要大于溶洞在隧道上方时的。从图中还可以知道，在相同水平间距和埋深情况下，溶洞的水平分布改变了地表沉降槽最大沉降量出现的位置，最大沉降量出现在靠近溶洞的这一侧。

根据图 7-35 所示的力链图可知，溶洞在开挖面下方时，盾构机下方的力链要比其他工况的稀疏，说明此处地层较为松软，在盾构自重作用下有栽头的风险，从侧面说明了溶洞在隧道下方时的地表沉降被低估了。溶洞在盾构侧面时，溶洞扰动的上方地层区域与盾构开挖所扰动的上方地层区域交汇在一起，造成了溶洞和盾构隧道上方大片的扰动区域。

（a）溶洞在隧道上方　　（b）溶洞在隧道下方　　（c）溶洞在盾构前进方向左侧　　（d）溶洞在盾构前进方向右侧

图 7-35　不同溶洞空间方位分布工况的力链图

提取隧道开挖面前方溶洞所在横断面处的颗粒竖向位移云图，如图 7-36 所示。由于竖向位移云图是从隧道开挖面前方向开挖面看的，所以盾构前进方向左侧的溶洞在图中位于盾构机的右侧。图 7-36 中白色虚线为各工况下溶洞的初始轮廓线。由图 7-36 可知，只有盾构前进方向右侧的溶洞内没有被颗粒充满，在白色虚线内仍存在着空隙，说明盾构顺次破岩对在前进方向右侧溶洞的扰动要小于其他方向的；同时可以发现，在盾构开挖的卸载作用影响下，盾构机下方的岩土体大部分都是隆起的。

溶洞在隧道上方

溶洞在隧道下方

溶洞在盾构前进方向左侧

溶洞在盾构前进方向右侧

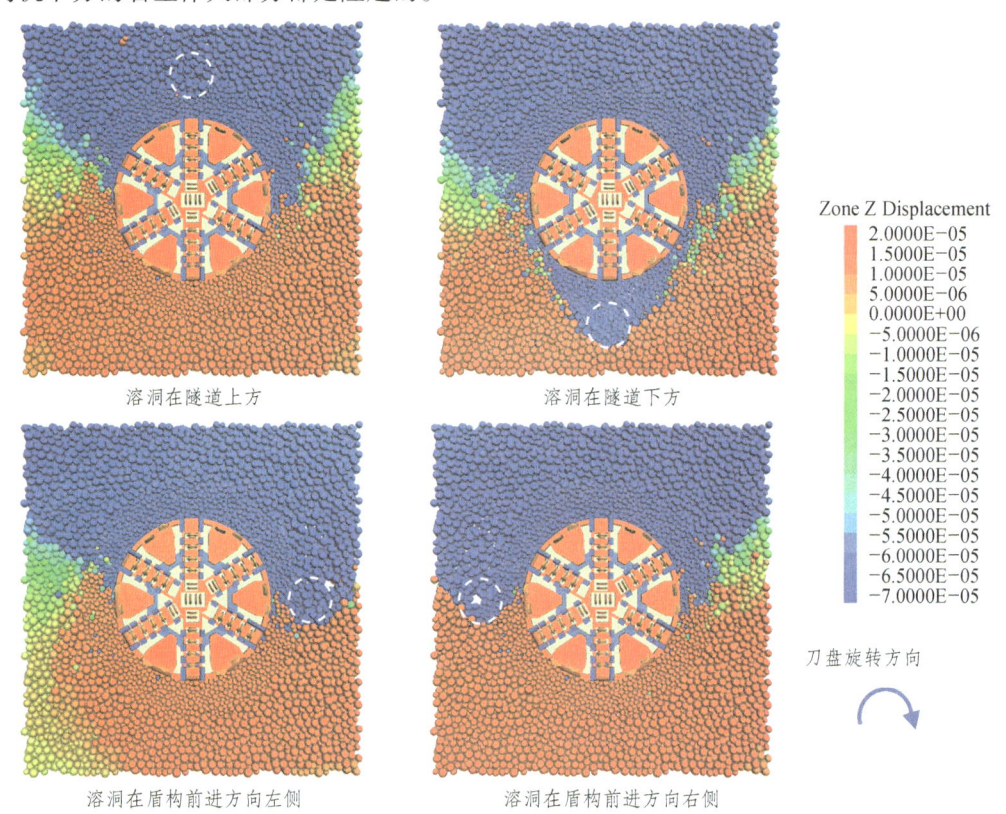

刀盘旋转方向

图 7-36　不同溶洞空间方位分布工况的颗粒竖向位移云图

2. 溶洞空间方位分布对推力、扭矩的影响

提取不同溶洞水平间距工况的推力、扭矩，如图 7-37～图 7-40 所示。

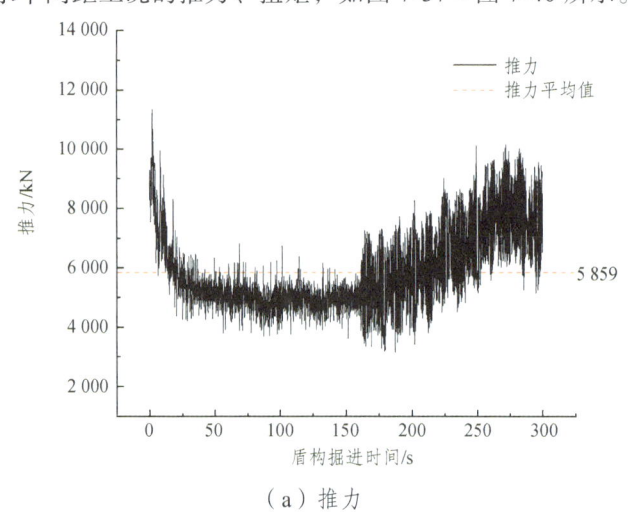

（a）推力

(b)扭矩

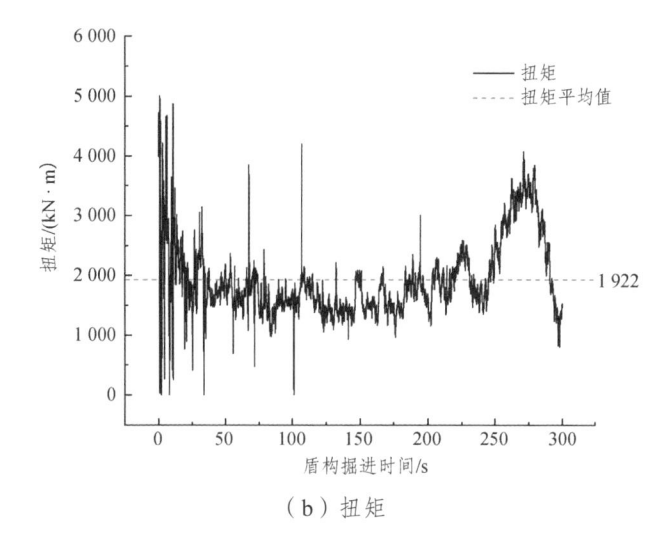

图 7-37　溶洞在隧道开挖面上方时盾构机推力、扭矩随掘进时间变化曲线

(a)推力

(b)扭矩

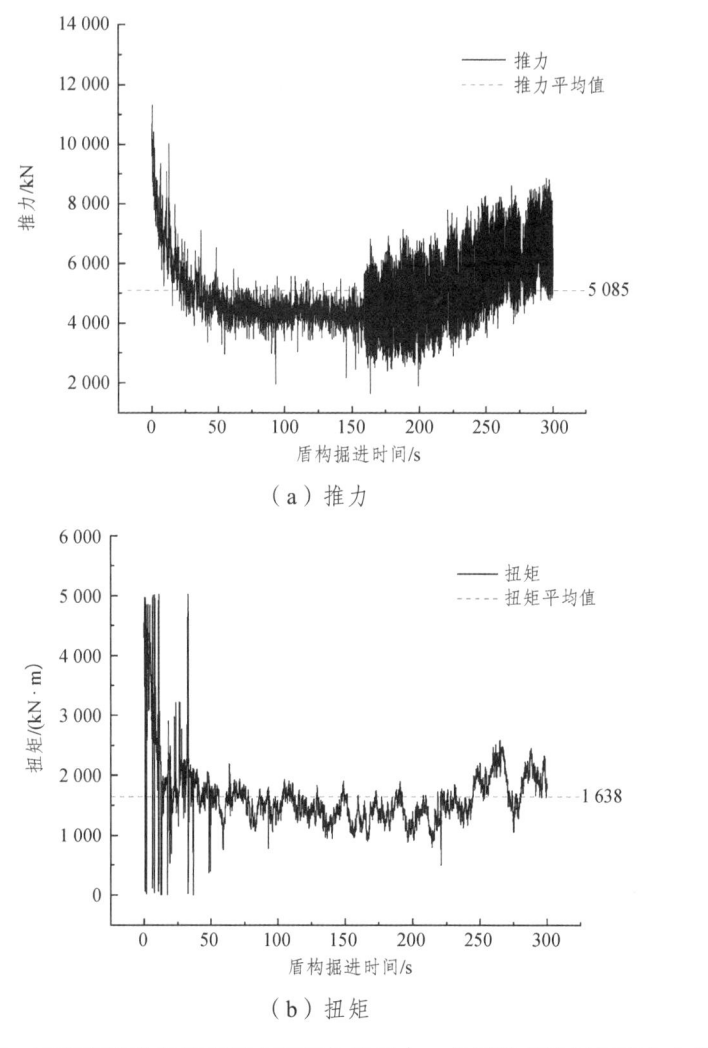

图 7-38　溶洞在隧道开挖面下方时盾构机推力、扭矩随掘进时间变化曲线

(a) 推力

(b) 扭矩

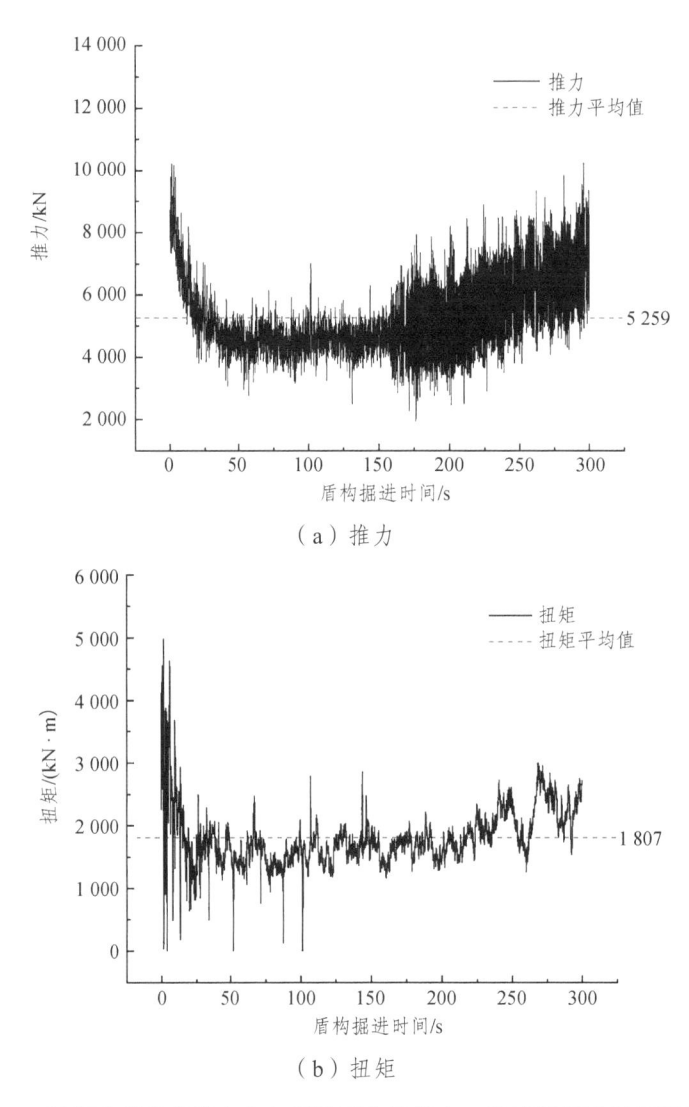

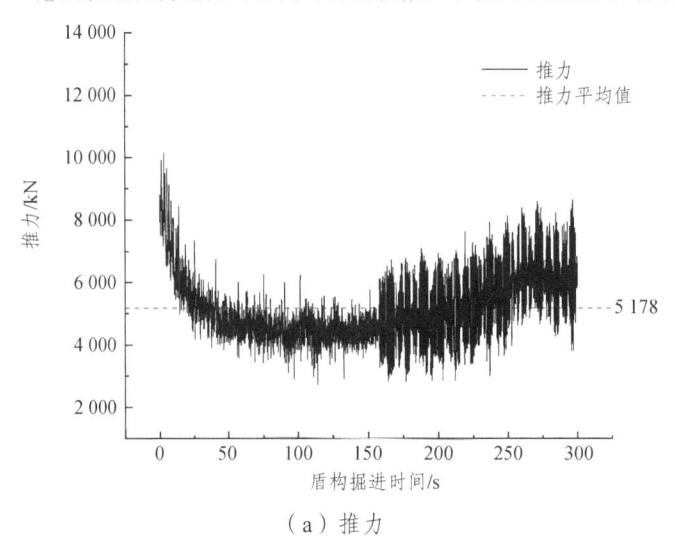

图 7-39　溶洞在盾构前进方向左侧时盾构机推力、扭矩随掘进时间变化曲线

(a) 推力

(b) 扭矩

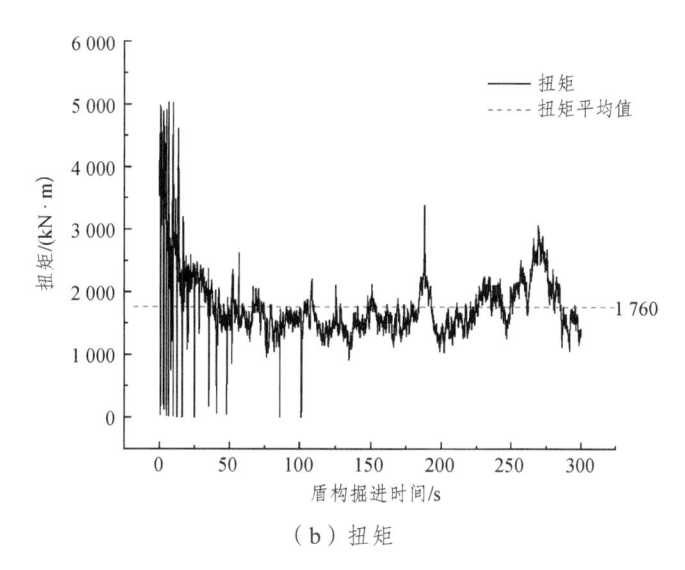

图 7-40　溶洞在盾构前进方向右侧时盾构机推力、扭矩随掘进时间变化曲线

由于数值模拟的局限性，计算的推力、扭矩的平均值要小于实际的推力、扭矩，根据前文分析，需要将数值模拟测得的平均推力加 2 000 kN，平均扭矩加 200 kN·m 作为修正的盾构机推力、扭矩值，修正结果如表 7-13 所示。

表 7-13　不同溶洞空间方位分布工况下盾构机推力、扭矩修正结果

溶洞方位	推力/kN	扭矩/(kN·m)
隧道开挖面前方	7 145	1 772
隧道开挖面上方	7 859	2 122
隧道开挖面下方	7 085	1 838
盾构前进方向左侧	7 259	2 007
盾构前进方向右侧	7 178	1 960
无溶洞	7 966	2 274

根据表 7-13 做出盾构机推力扭矩与溶洞空间方位之间的关系曲线，如图 7-41 所示。由图可知，开挖面上方溶洞的推力扭矩>开挖面下方溶洞的推力扭矩>盾构前进方向左侧的推力扭矩>前进方向右侧的推力扭矩。开挖面上方溶洞的推力约为无溶洞工况的 98%、扭矩约为无溶洞工况的 93%，说明开挖面上方溶洞对盾构机推力、扭矩的影响较小。开挖面下方溶洞的推力约为无溶洞工况的 88%、扭矩约为无溶洞工况的 80%，说明开挖面下方溶洞对盾构机推力、扭矩的影响较大。造成上述现象的原因可能是：开挖面上方溶洞不影响开挖面前方地层，所以推力扭矩的变化较小，而开挖面下方溶洞会导致开挖面前方地层塌落，所以推力、扭矩变小。结合前文的分析，如果推力、扭矩同时以较大幅度变小，盾构机可能遇到隐伏溶洞，有栽头风险。

（a）推力　　　　　　　　　　　　　（b）扭矩

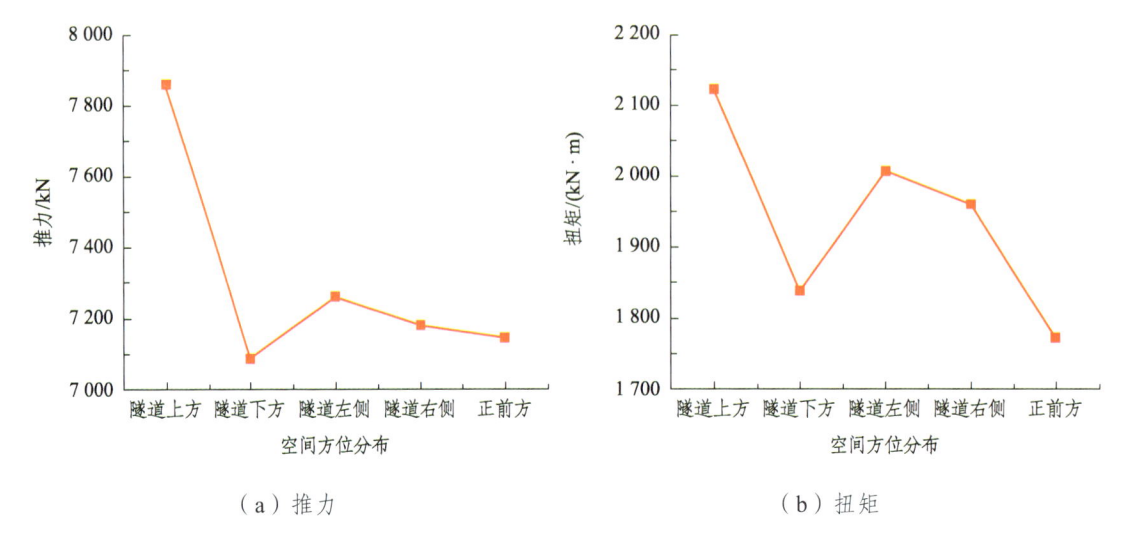

图 7-41　推力扭矩与溶洞水平间距关系曲线

7.3　岩溶地层盾构掘进影响分区

7.3.1　影响分区划分标准

工程上通常将隧道施工的影响分区分为：强影响区、弱影响区和无影响区，各分区等级的特征及控制措施如表 7-14 所示。

表 7-14　分区等级特征及控制措施

分区等级类型	特征	控制措施
强影响区	新建工程对既有建筑物有较强影响，且会对其产生严重危害	需要对建筑物的沉降和稳定性进行分析，需要严格控制盾构掘进参数，必要时需要采取地面加固、监控量测等工程措施
弱影响区	新建工程对既有建筑物有较小的影响，可能会对其产生一定的危害	需要控制盾构掘进参数，进行必要的监控量测
无影响区	新建工程对既有建筑物无影响	无须采用工程措施

现阶段针对隧道开挖影响分区的定量判断方法，通常有塑性区准则、应力准则、位移准则和复合准则。

关于隧道近接既有建筑物施工的影响分区的研究，按研究对象可以分为两类：第一类以隧道施工开挖的安全性为主要研究对象，此时主要研究既有建筑物所产生的附加应力对施工的不利影响，常用的控制性指标为隧道围岩塑性区范围、隧道拱顶的沉降、隧道围岩的安全系数和安全性系数相对比；第二类是以开挖过程中既有建筑物的安全性为主要研究对象，此时主要的控制指标为既有建筑的沉降量。

贵阳市轨道交通 3 号线一期工程盾构隧道穿越了大量建构筑物，其中下穿的建筑物按基础类型可分为单线铁路桥墩、路桩基，下穿人行地道，各类民房。下穿的民房按基础类型可以分为：人工挖孔桩基础、独立柱基础和条形基础。本节以工程临近的典型 6 层条形基础建筑为研究对象，研究双孔盾构隧道开挖对既有建筑物的影响程度。民房允许沉降控制标准为 15 mm，允许局部倾斜的控制标准为 0.2%，以控制标准值作为强弱分区的临界值，以控制值的 70%作为弱无分区的临界值。因此当沉降量大于 15 mm 时为强影响区，沉降量大于 10 mm 且小于 15 mm 时为弱影响区，沉降量小于 10 mm 时为无影响分区。

7.3.2 模型建立

本节以工程临近的典型 6 层条形基础建筑为研究对象，计算模型尺寸为：180 m × 80 m × 45 m，双洞隧道的中心距为 17 m，如图 7-42 所示。模型只有上表面为自由面，其余面均施加了法向位移约束。为简化考虑，模型只考虑两类地层：填土层和中风化白云岩地层，层厚分别选为 6 m 和 34 m。管片内径为 5.5 m，外径为 6.2 m，厚 3.5 m。混凝土强度等级为 C50，在计算时考虑 0.8 的刚度折减。地层及衬砌材料的物理力学参数如表 7-1 所示。

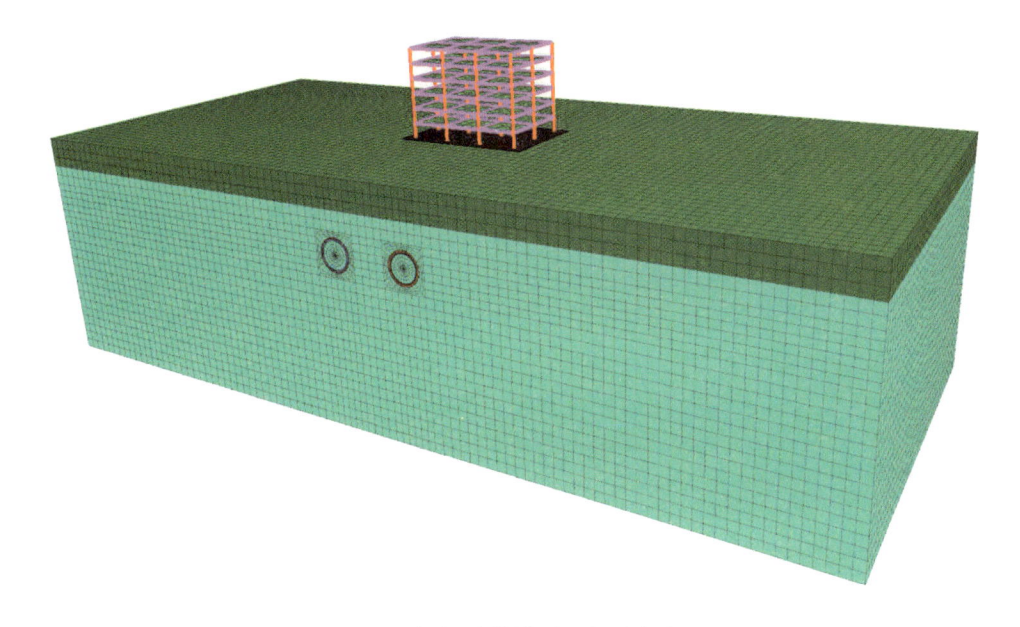

图 7-42 6 层框架计算模型（基础长度 24 m）

框架柱间距取为 8 m × 8 m，层高取为 3 m；柱截面尺寸 0.5 m × 0.5 m，框架梁截面尺寸 0.3 m × 0.6 m；板厚 0.3 m；基础宽度方向取为 2 跨，宽度为 16 m。为探究建筑物长度对沉降影响分区的影响，分别取基础长度方向为 2 跨、3 跨和 4 跨，基础长度分别为 16 m、24 m 和 32 m。建筑基础采用条形基础，基底埋深取为 1.5 m。基础长度为 24 m 时，条形基础示意图如图 7-43 所示。柱和梁均采用 beam 单元，板单元采用 shell 单元，基础使用弹性模型。梁柱板和基础均采用 C25 混凝土，密度为 2 500 kg/m³，泊松比为 0.2。除自重荷载外，在各层施加 4 kN/m² 的楼面和装修荷载。通过等代层考虑盾尾注浆对地表沉降的影响，参考现有研究结果，等代层厚度取为 30 mm，等代层弹性模量取为 1 MPa，泊松比取为 0.2。

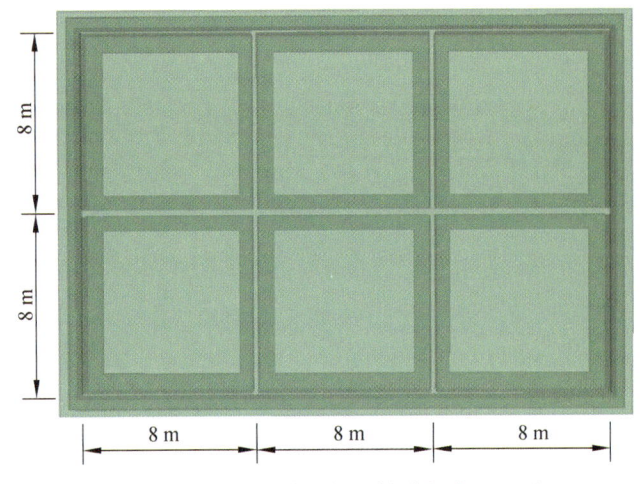

图 7-43　条形基础示意（基础长度 24 m）

数值模拟中先开挖左侧隧道，在左侧隧道开挖完成后开挖右侧隧道。出于简化计算过程的考虑，隧道每次开挖 4 m。模型在重力作用下达到初始地应力平衡，清零位移场后，在每一步开挖后在开挖面施加与原始地层侧向静止土压力值相等的梯形荷载作为支护作用力，然后以等代层模拟壁后注浆，在达到平衡后进行下一步开挖，直至左右两侧隧道均开挖完成。

为确定双洞隧道与既有建筑物处于不同相对位置时，隧道开挖对既有建筑物的影响范围，设置两个参数来表示其相对位置关系：隧道埋深 h 和建筑物中心与双洞隧道中心的水平距 e，如图 7-44 所示。区间隧道的埋深范围约为 10～26 m，从 10 m 开始间隔 4 m 设置一个埋深工况，共 5 个埋深工况。由于双洞隧道先开挖左侧隧道后开挖右侧隧道，因此左右两侧并不是完全对称，$e>0$ 时双洞隧道中心位于建筑中心右侧，$e<0$ 时双洞隧道中心位于建筑中心左侧，相对水平距离设置为 -32～32 m，间隔 4 m 设置一个水平距离工况，共 17 组水平位置工况。

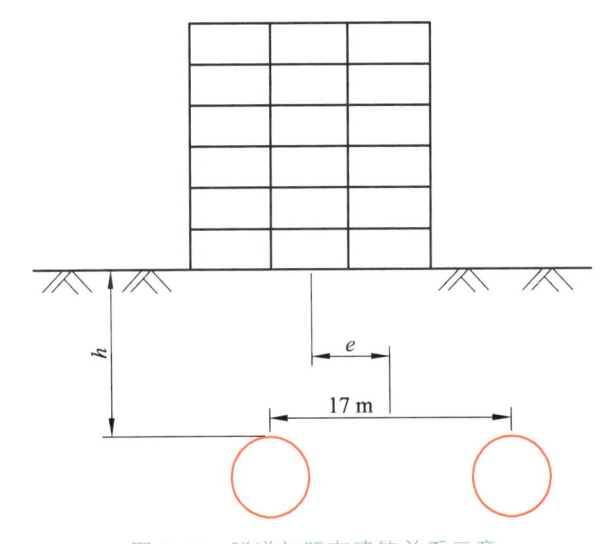

图 7-44　隧道与既有建筑关系示意

7.3.3　结果分析

以基础长度为 24 m 的工况为例，提取所有建筑物与隧道方位的工况中隧道施工完成后基

7 岩溶地区盾构隧道近距离穿越建（构）筑物保护技术研究

础产生的最大沉降量，以隧道与建筑的水平中心距为横坐标，隧道埋深为纵坐标做建筑物最大沉降云图，如图 7-45 所示。由图 7-45 可知，既有建筑物的最大沉降量在水平中心距 e 一定时，随着埋深的增大在逐渐减小；在既有建筑物和双洞隧道的水平中心距 e 从 0 开始增大或减小，埋深一定的情况下，建筑物的最大沉降量呈现先增大后减小的现象。造成上述现象的可能原因为：当建筑物在双洞隧道的正上方时建筑物均匀沉降、没有发生倾斜。随着中心距绝对值的逐渐增大，建筑物的最大沉降量经历了两个过程，在第一个过程，建筑物整体位于隧道开挖所造成的地表沉降范围内，此时建筑发生不均匀沉降，产生倾斜，建筑物的最大沉降量增大；第二个过程，由于建筑物与隧道的最小净距在逐渐增大，建筑物在逐渐远离由隧道开挖所造成的地表沉降范围，在此过程中建筑物的最大沉降量逐渐减小。在隧道埋深为 10 m，最小净距离 e 分别为 0 m、8 m、16 m，地表和建筑物变形放大 500 倍的示意图如图 7-46 所示，该图能较好地反映在埋深一定的情况下，建筑物最大沉降随水平中心距的变化情况。

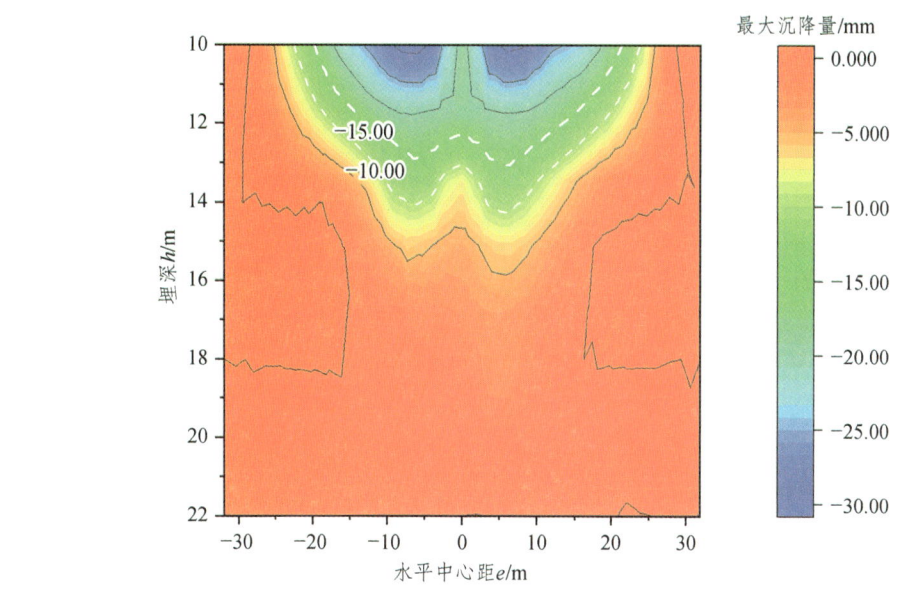

图 7-45 既有建筑物最大沉降云图（基础长度 24 m）

$e=0$ m
建筑物均匀沉降

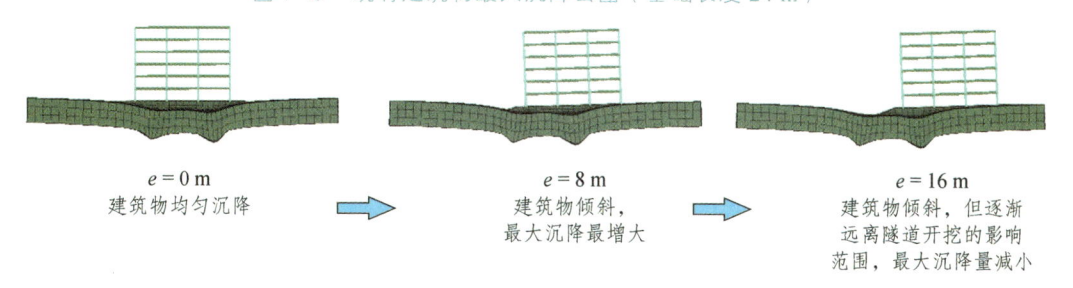

$e=8$ m
建筑物倾斜，
最大沉降最增大

$e=16$ m
建筑物倾斜，但逐渐
远离隧道开挖的影响
范围，最大沉降量减小

图 7-46 建筑物及地表土层沉降示意（放大系数 500）

由前文可知，建筑物沉降的强弱分界线和弱无分界线，分别为沉降 15 mm 和沉降 10 mm，从图 7-46 中分别提取沉降 15 mm 和沉降 10 mm 的等值线，并根据等值线范围使用直线段分别做出强弱和弱无分界线的示意图，如图 7-47 和图 7-48 所示。利用直线段画出的范围要大于等值线包括的范围，因此利用直线段所确定的分区偏安全。

由图 7-47 可知，最大沉降 15 mm 的等值线并非关于 e=0 完全左右对称，在 e<0（双洞隧

245

道中心位于建筑中心左侧）时，相同水平净距绝对值对应最大沉降 15 mm 等值线的埋深，要小于 $e>0$（双洞隧道中心位于建筑中心右侧）时的埋深。在地表最大沉降量和水平净距绝对值一定时，对应等值线的埋深越大，说明隧道对地表建筑物的影响越大。考虑到数值模拟采用先开挖左侧隧道后开挖右侧隧道的施工顺序，双洞隧道中心位于建筑中心左侧时建筑的最大沉降量要小于双洞隧道中心位于建筑中心右侧时的。因此一般情况下先开挖距离建筑物较远的隧道要比先开挖距离建筑物较近的隧道所造成建筑物的最大沉降量小。沉降控制弱无分界的沉降 10 mm 等值线也同样有上述规律。

观察建筑物最大沉降量 10 mm 和 15 mm 两条等值线，还可以发现两条等值线基本上都呈现为"w"形。一方面，双洞隧道的"w"形沉降等值线可以印证前文所述的：建筑物的最大沉降量随着中心距绝对值的逐渐增大，经历先增大后减小的两个过程，另一方面可以将其看成两个单洞隧道沉降槽曲线影响效果的叠加。

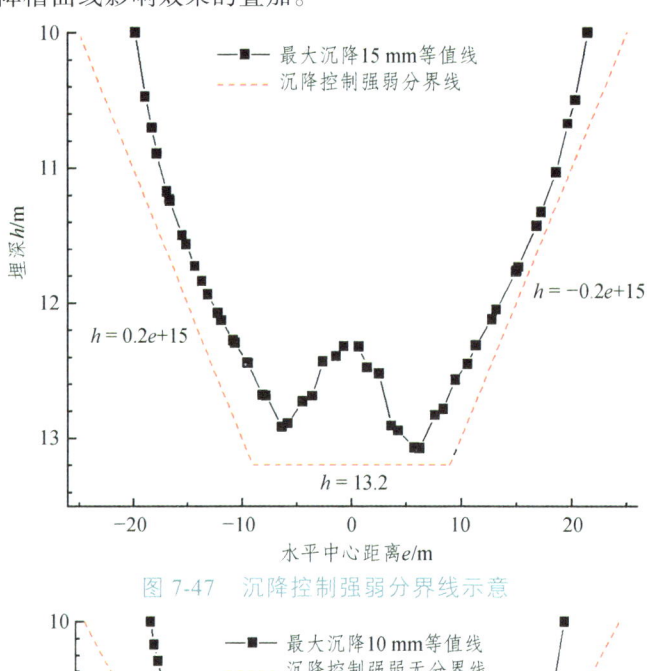

图 7-47　沉降控制强弱分界线示意

图 7-48　沉降控制弱无分界线示意

结合图 7-47 和图 7-48 中沉降控制的强弱和弱无分界线，做出既有建筑物沉降控制示意图，如图 7-49 所示。图中红色部分为沉降控制强影响分区，黄色部分为沉降控制弱影响分区，绿色部分为沉降控制无影响分区。值得注意的是，由于本区间隧道最小隧道埋深约为 10 m，所以模型计算时并未考虑隧道埋深小于 10 m 的情况。本模型偏于安全考虑，所取杂填土层厚较大为 6 m，在隧道埋深小于 10 m 的情况下，地表的沉降量大于地表沉降量的控制值。因此为偏于安全的考虑，在隧道埋深小于 10 m 的情况下，可以都认为是强影响分区。根据沉降控制分区示意图可知，隧道掘进对建筑物沉降产生强影响和产生影响的水平中心距离 e 的范围分别为 -25~25 m 和 30~30 m。

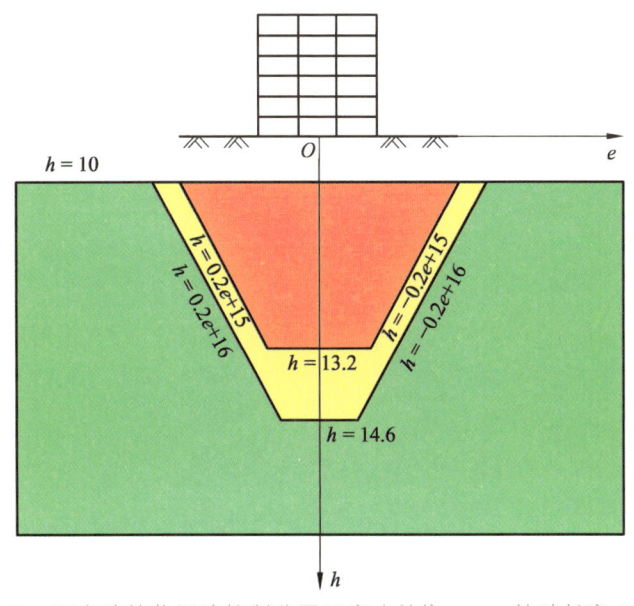

图 7-49 既有建筑物沉降控制分区示意（单位：m，基础长度 24 m）

通过数值计算确定基础长度分别为 16 m 和 32 m 工况下建筑物最大沉降云图，如图 7-50 和图 7-51 所示。

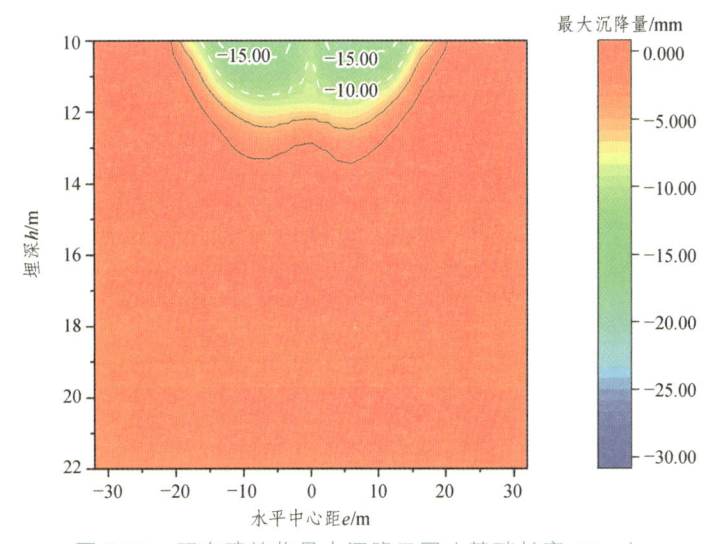

图 7-50 既有建筑物最大沉降云图（基础长度 16 m）

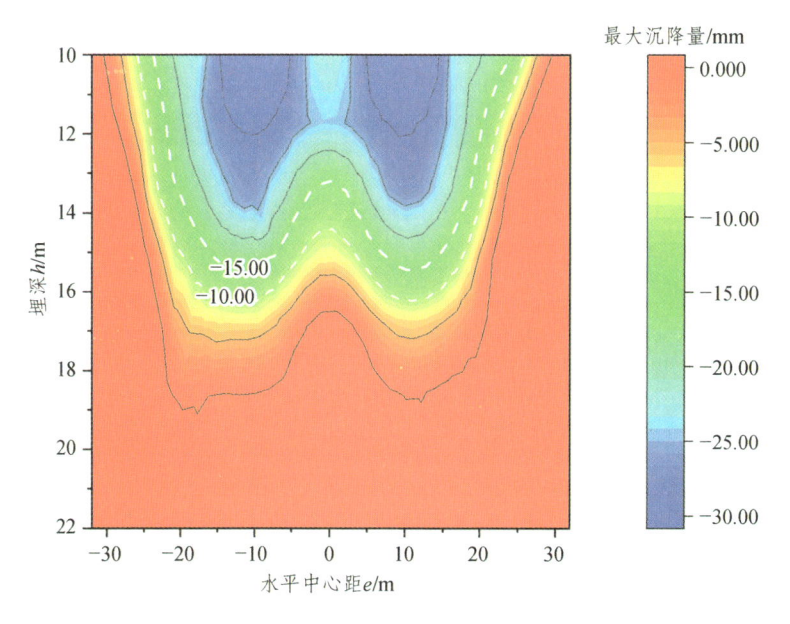

图 7-51 既有建筑物最大沉降云图（基础长度 32 m）

通过与基础长度为 24 m 的 6 层建筑物沉降影响范围分区划分过程，确定了基础长度为 16 m 和 32 m 的 6 层建筑物的沉降影响分区，分别如图 7-52 和图 7-53 所示。与建筑物基础长度为 24 m 时的情况相同，图中红色部分为沉降控制强影响分区，黄色部分为沉降控制弱影响分区，绿色部分为沉降控制无影响分区。偏于安全的考虑，在隧道埋深小于 10 m 的情况下，可以都认为是强影响分区。

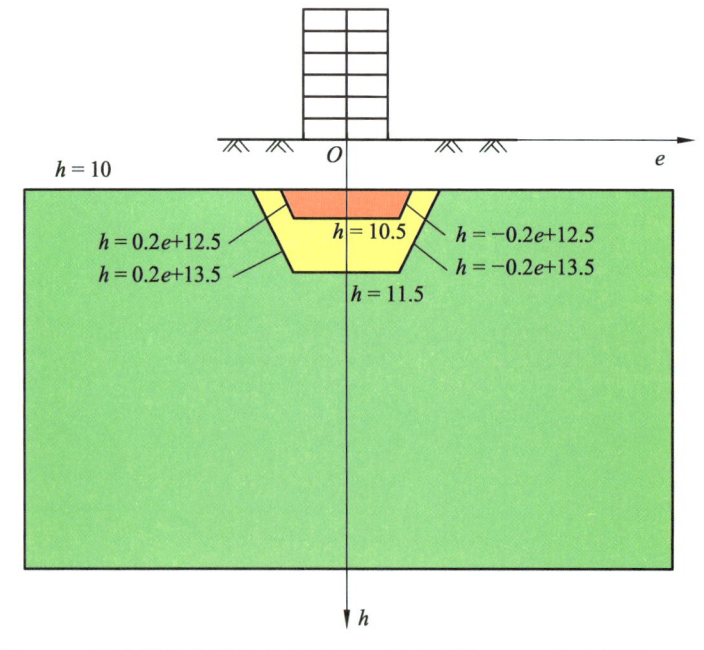

图 7-52 既有建筑物沉降控制分区示意（单位：m，基础长度 16 m）

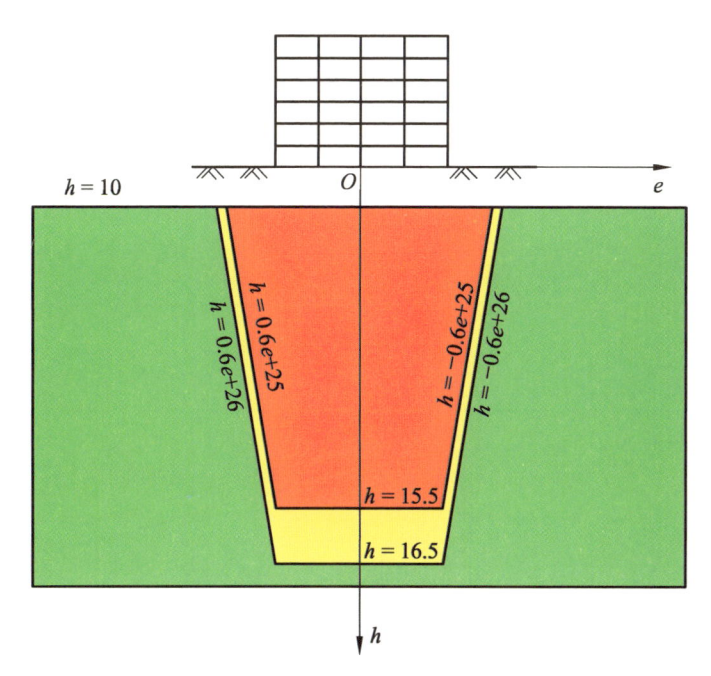

图 7-53　既有建筑物沉降控制分区示意（单位：m，基础长度 32 m）

根据既有建筑物最大沉降云图，在基础长度为 16 m、24 m 和 32 m 的工况下，在隧道开挖完成时，所有工况中建筑物的最大沉降量分别为 19 mm、30 mm 和 50 mm。同时，在基础长度为 16 m、24 m 和 32 m 工况下，建筑物沉降有无的埋深分界分别为：11.5 m、14.6 m 和 16.5 m。综上可得，随着建筑物基础长度的增长，建筑物荷载对沉降的影响越大，建筑物的最大沉降量越大，建筑物沉降影响范围的埋深也越大。值得注意的是，根据沉降云图，在建筑物沉降量最大的工况，建筑物大致位于一侧隧道的正上方。

根据建筑物最大沉降云图，可发现在基础长度为 16 m、24 m 和 32 m 工况下，建筑物沉降影响有无的水平中心距分别为：35 m、60 m 和 54 m。基础长度为 16 m 时，影响宽度要远小于其他两个工况，造成上述现象的原因可能为：基础长度小于双隧道的最小间距 17 m，建筑物荷载主要作用在单侧隧道开挖所造成的范围上，因此该工况下隧道开挖的影响范围要明显小于另外两个工况。基础长度为 32 m 的工况下，建筑物沉降影响有无的水平中心距略小于基础长度为 24 m 的工况，可能的原因为：由于基础长度的增长，在影响范围外的长度也在增加，在隧道开挖影响范围外的基础长度减少了隧道因倾斜产生的沉降。

7.4　盾构施工对邻近建（构）筑物的影响机理与控制

7.4.1　盾构施工对邻近结构物的影响

1. 邻近结构物外力条件变化类型

盾构掘进引起土体变形一般包括盾构掘削面前的土体变形、盾构通过时的土体变形和盾尾脱出后的土体变形；此外，也有因盾尾漏水或隧道衬砌缝漏水引起地下水降低而发生大范围下沉，以及盾构在软弱黏土地层扰动引起的长期固结沉降。若发生上述的土体变形，邻近结构物的外力条件、支承状态就会发生变化，结构物受到不同程度的影响而发生隆沉、倾斜、断面变形，甚至结构损坏，如图7-54所示。

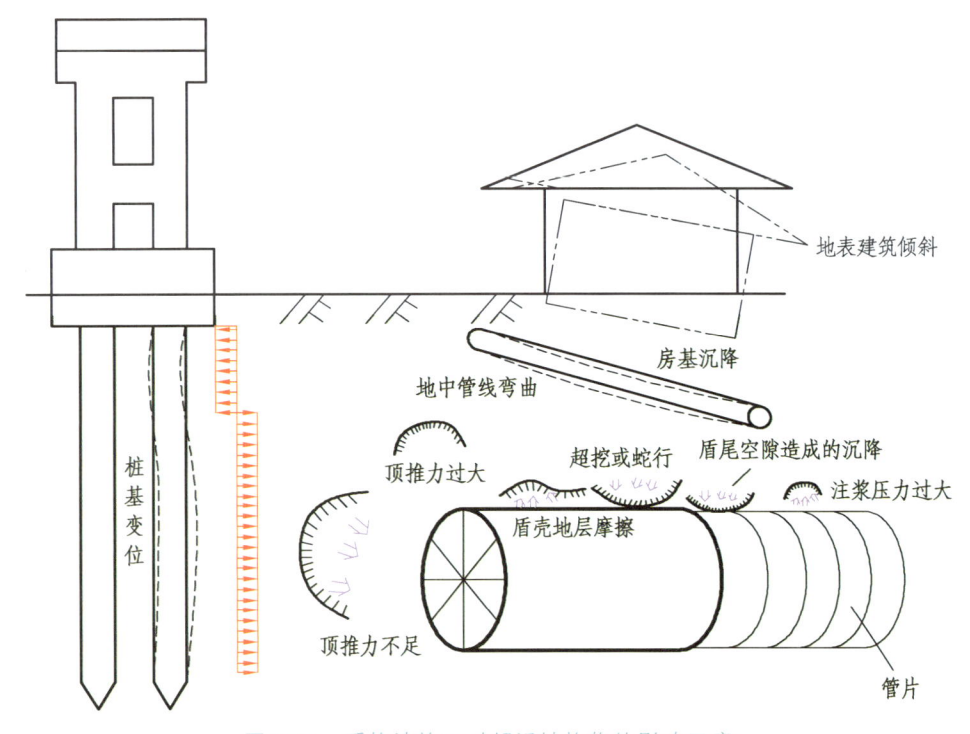

图 7-54 盾构法施工对邻近结构物的影响示意

影响程度的大小取决于原有建筑物的设计条件与盾构的位置距离、邻近施工段长度、结构条件、刚度、土层性质等。而外力条件的变化类型主要有以下4种：

（1）地层应力释放引起的弹塑性变形，导致建筑物地基反力大小和分布发生变化。这主要由开挖面坍塌、盾构蛇形运动与超挖、盾尾间隙的产生、衬砌变形等引起。

（2）因有效覆土压力的增大而导致的土体压密沉降，使建筑物地基的垂直土压力增大。这主要是由各种因素导致的水位下降而引起。

（3）因土体负载而导致的弹塑性变形，使建筑物地基的土体压力增大。这主要是由盾构推力过大、盾构与周围土体间的摩擦、壁后注浆压力等引起。

（4）因土性变化而导致的弹塑性沉降和蠕变沉降，引起建筑物地基的反力分布发生变化。这主要是由盾构施工对周围土体的扰动而使土性发生变化所引起。

2. 盾构施工对浅基础结构物的影响

（1）地表均匀沉降对建筑物的影响。

地表的均匀沉降使建筑物产生整体下沉。一般说来，这种均匀沉降对于建筑物的稳定性和使用条件并不会产生太大的影响。但是过量的地表下沉，即使是均匀的，也可能会从另一方面带来严重问题，如下沉量较大，地下水位又较浅时，会使地基土长期浸水，强度降低。

（2）地表不均匀沉降对建筑物的影响。

地层的不均匀沉降改变了地面的原始坡度，产生地表倾斜，对建筑物产生影响。地表倾斜对于高度大而底面积小的高耸建筑物（如烟囱、水塔、高压线塔等）的影响较大，它将使得高耸建筑物的重心发生偏斜，引起附加应力重新分布。某些大型精密设备在基础倾斜后，必需另行调平，以保证设备正常使用。

地层的不均匀沉降除了使地表倾斜外还会使地表形成曲面，对建筑物产生较大影响。当地表因开挖而产生弯曲时，建筑物部分基础将悬空，从而将荷载转移到其余部分。地基相对上凸时，两端部分悬空，荷载向中央集中，因此，在地表相对上凸区（正曲率作用区），建筑物基础两端悬空，上部受拉、下部受压，易使建筑物产生倒"八"字形的裂缝；而在相对下凹区（负曲率作用区），建筑物基础犹如一个两端受支承的梁中间部分悬空，上部受压、下部受拉，易使建筑物产生"八"字形的裂缝，如图 7-55 所示。

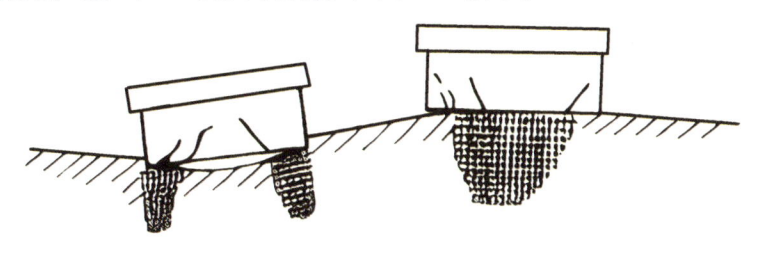

图 7-55　地表弯曲对建筑物的影响

（3）地表水平变形对建筑物的影响。

地表的水平变形指地表的拉伸和压缩，它对建筑物的破坏作用很大。建筑物抵抗拉伸的能力远远小于抵抗压缩的能力，在较小的地表拉伸下就能使其产生裂缝，尤其是砌体房屋。一般在门窗洞口的薄弱部位最易产生裂缝，砖砌体的结合缝易被拉开，如图 7-56 所示。虽然建筑物对压缩变形有较大抵抗力，但变形过大，仍会对建筑物造成严重影响。地表压缩变形对建筑物的破坏主要是使门窗洞口挤成菱形，纵墙或围墙产生褶曲或屋顶鼓起，如图 7-57 所示。

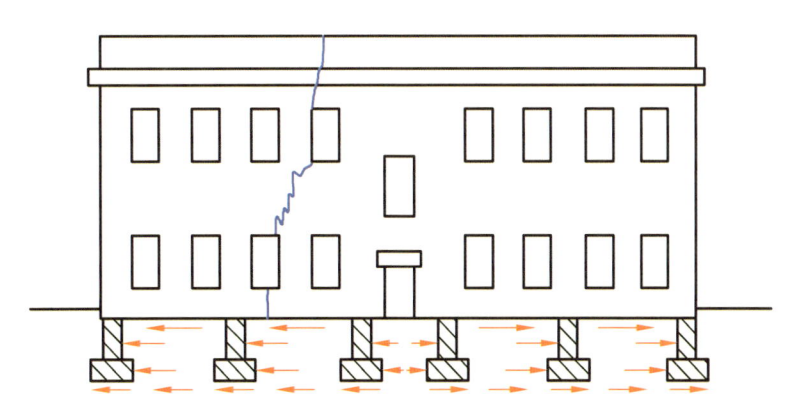

图 7-56　地表拉伸对建筑物的影响

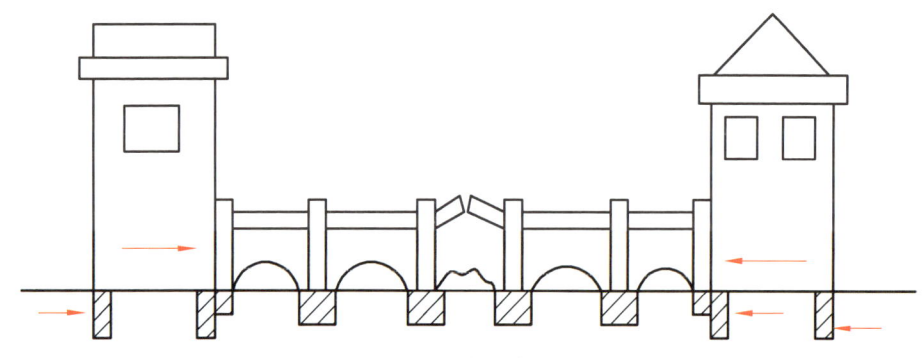

图 7-57 地表压缩对建筑物的影响

在盾构施工中，地表隆起或沉降是动态发展的过程，因此，对建筑物的影响也是一个动态发展的过程。一般情况下，建筑物首先受地表隆起的影响（正曲率），然后受下沉的影响（负曲率），且下降的幅度越来越大。此外，建筑物的破坏往往是几种变形共同作用的结果。在一般情况下，地表的拉伸和正曲率同时出现；地表的压缩和负曲率同时出现。

3. 盾构施工对深基础建筑物的影响

深基础的建筑物不仅受到基础底部土层变形的影响，还受到基础四周地层变形的影响。对于深基础中的桩基，受到的影响主要有：

（1）桩周土沉降引起的负摩阻力导致桩的附加沉降。

（2）土体侧向变形引起桩的侧向变形，同时使桩基内力发生变化。

（3）当桩底在隧道上方时，桩底土的沉降和土性变化引起桩端承载力的部分或全部丧失而引起桩的沉降。

4. 盾构施工对既有隧道结构的影响

土体位移场的改变传递至既有隧道，将改变作用在既有隧道上的水土压力、地基反力的大小及分布，迫使既有隧道对此产生响应，从而使既有隧道局部发生纵向的垂直位移及水平位移或引起既有隧道变形。既有隧道变形发生到一定程度引起既有隧道结构及功能受损，如图 7-58 所示。

图 7-58 土体扰动引起的隧道变形及损伤

盾构施工过程中，对于不同位置的邻近既有隧道可能出现以下影响：

（1）平行隧道施工对既有隧道的影响。由于顶推力和地层损失，既有隧道结构会在纵向上发生不均匀沉降，在掘削面附近发生不均匀侧移和挠曲。整体上看，既有隧道向接近的拟建隧道方向发生拉伸变形；因为平行隧道的施工，既有隧道周边围岩松弛，从而作用在既有隧道衬砌上的荷载增加，也可能发生偏压现象。

（2）重叠隧道施工对既有隧道的影响。两条隧道近距离重叠修建，新建隧道在既有隧道的上方平行通过时，由于荷载作用，既有隧道随着开挖的进行不断向上方变形，围岩成拱作用受到破坏，从而使衬砌上的荷载增加；新建隧道在既有隧道的下方平行通过时，既有隧道随着开挖的进行不断发生下沉，随着隧道埋深、净距的加大和围岩类别的提高，该变化趋势逐渐减小。

（3）正交下穿隧道施工对既有隧道的影响。整体上看，新建隧道在既有隧道上方通过时，由于卸载作用，既有隧道向上方发生变形；新建隧道在既有隧道下方通过时，既有隧道可能发生向下的变形。从结构变形和受力两方面看，具体影响为：

① 既有隧道变位。

新建隧道下穿正交隧道施工将对既有隧道变位产生影响：在水平方向发生不均匀侧移，在铅直方向发生不均匀沉降以及沿着新隧道掘进方向发生扭转。当既有隧道位于掘削面前方时，顶进力对既有隧道不均匀侧移的影响较大，随顶进力的增加，不均匀侧移增加；当既有隧道位于掘削面正上方时，在顶进力和地层损失的共同作用下，既有隧道产生扭转，且扭转效应随顶进力增大而增大；当既有隧道位于掘削面后方时，顶进力对既有隧道的影响较小，既有隧道的不均匀沉降主要由地层损失引起，地层损失越大，不均匀沉降越严重。当新隧道修建完毕后，由于次固结沉降的影响，既有隧道的不均匀沉降会继续增加。因而，正交隧道施工时，如何减少对周围地层的扰动是至关重要的。

② 既有隧道应力改变。

正交隧道施工时，既有隧道的应力场改变主要由新建隧道掘进引起的地层应力重分布引起，地层损失等因素导致的不均匀沉降主要使既有隧道纵向上的应力发生改变，而顶进力对既有隧道应力的影响不大。当既有隧道位于掘削面正上方时，在扭转效应作用下，既有隧道环间将产生一定剪力，随着顶进力增大、隧道间距减小、围岩变差，扭转效应增强，环间剪力也增大。新建隧道完工后，随着次固结沉降的产生，既有隧道的不均匀沉降出现最大值，由不均匀沉降引起的纵向应力也出现最大值，此时，环缝上的纵向螺栓中拉应力出现最大值。

如果隧道施工中要尽量减少对邻近结构物的损坏，除要控制好盾构掘进中的施工参数之外，更重要的是要对地层不均匀沉降、地表曲率、地层水平变形进行严格控制，同时加强对近接结构物变形的监控量测。

7.4.2 岩溶地区盾构施工控制方法

在岩溶地区进行盾构施工时，面对的主要挑战包括不稳定的地质结构、潜在的涌水风险及不均匀的地层压力。为有效应对这些挑战，采取一定的控制措施是至关重要的。控制盾构掘进过程中对邻近结构物影响的措施，一般可以分为主动控制措施和被动控制措施两种。

7.4.2.1 主动控制措施

主动控制措施是指通过对施工参数的优化，从盾构开挖的源头开始采取有关措施来控制掘进对周边土层的扰动，以减少对建筑物的不利影响。盾构隧道沿线附近的建筑物保护，应首先把重点放在主动控制措施上。包括精确地质勘探与评估、盾构机设计与优化、监测与实时数据分析、高效的水处理和排水系统、安全与应急预案等方面。

1. 精确地质勘探与评估

在施工前，首先根据经验选取施工参数，然后通过对地面变形和对建筑物影响的预测，优化选取和本工程相适宜的施工参数；施工时，通过信息化施工，进一步优化施工参数，精心控制地层变形，使其不至于影响周围建筑物的正常使用或安全。在施工前进行详尽的地质勘探是至关重要的。这包括利用地质雷达、地震反射和钻探等方法来详细了解地下岩溶特征、溶洞分布、地下水流动情况及其他相关地质信息。准确的地质信息有助于预测和规避施工中可能遇到的问题，制定相应的应对策略。

2. 盾构机设计与优化

选择或定制适合岩溶地区施工的盾构机至关重要。这包括强化盾构机的刀盘设计、提高其对复杂地质的适应性，并优化其土压平衡系统以适应地下水的变化。同时，应考虑到盾构机的稳定性和可靠性，确保在复杂地质条件下的顺利运行。根据已有的施工经验及研究成果，盾构施工参数中对周围环境影响比较明显的是正面支护压力、盾构千斤顶推力、掘进速度、开挖排土量、超欠挖量，背后注浆的浆压、浆量、浆液性质和注浆时间，以及盾构姿态等。

其中土仓压力的设定应随上覆土厚度的不同而变化。根据实践，一般设定为理论值（静止土压+水压）的105%~115%。推进速度的选取应尽量使土体受到的是切削而不是挤压。不同的地质条件推进速度不同。对于土压平衡盾构，施工中要注意调整掘进速度和排土量，使土仓压力的波动控制在最小幅度。

壁后注浆的主要参数为注浆材料、注浆压力、注浆量和注浆时间。注浆材料一般选用合理配比和性质优良的材料，稠度值一般控制在10.5~11，容重近似原状土。注浆压力在理论上只须使浆液压入口的压力大于该处水土压力之和，即能使建筑空隙得以充盈。但因实际注浆量大于计算注浆量，超体积浆液必须用适当高于计算的压力方可压入建筑空隙。但压力也不能过大，因为压力过大会使周围土层产生劈裂，这样管片外的土层将会被浆液扰动而造成较大的后期沉降及隧道本身的沉降。

实践中，多采用注浆压力为1.1~1.2倍静止水土压力。注浆量在理论上为衬砌和周围地层之间的间隙体积。但由于盾构纠偏、跑浆和浆料的失水收缩等因素，实践上常采用理论计算值的1.4~2.0倍。注浆时间一般以同步注浆为宜在土层较好，地层变形控制要求不高的地段，为提高施工速度，也可采用即时注浆等注浆形式。

3. 监测与实时数据分析

利用高级监控设备对施工过程进行实时监测是控制岩溶地区盾构施工的关键。监控数据包括刀盘的转速、推进速度、土压力等，这些数据应实时分析，以便快速响应地质变化和及时调整施工策略。另外，还要尽量保证盾构掘进中的轴线和设计轴线一致，以减小盾构纠偏量，从而减小因盾构纠偏对周围土层的剪切挤压扰动，同时有利于控制盾尾和管片后背间的间隙和地层损失。实践证明，盾构停止推进时，会因正面土压力的作用而后退，从而增大周围地层的变形，因此，施工中宜保持施工的连续性。当必须停止推进时，务必做好防止后退的措施，正面和盾尾要严密封闭，以减少停机期间对周围环境的影响。

4. 高效的水处理和排水系统

在岩溶地区，有效的水处理和排水系统对于防止涌水灾害至关重要。需要设计合理的排水通道和泵送系统，以确保在遇到地下水时能够迅速排出，避免水害对施工的影响。

5. 安全与应急预案

制定详细的安全和应急预案，以应对突发情况，如涌水、地层塌陷等。预案应包括紧急撤离路线、救援设备的配置以及快速封堵涌水的措施。

6. 施工人员培训与管理

确保施工人员接受适当的培训，了解岩溶地区盾构施工的特殊性和风险，以及如何应对可能遇到的挑战。此外，施工现场的有效管理也是保证施工安全和效率的关键。

综上所述，岩溶地区的盾构施工要求综合考虑地质、机械、监测和管理等多方面的因素，通过精确的地质勘探、盾构机的优化、实时监测、有效的水处理、安全预案以及人员培训和管理，共同确保施工的顺利进行。

7.4.2.2 被动控制措施

被动控制措施主要指通过诸如土体加固、托换、隔断等工程方法来保护邻近结构物。对于对地面变形比较敏感且影响后果比较严重的结构物，仅通过盾构各施工参数的优化可能不能满足安全控制标准，故还需要采取有效的工程保护措施。常见的措施主要有：

① 土体加固。

跟踪注浆法是一种治理土体移动的常用方法，利用土体损失影响地面沉降的滞后现象，在隧道开挖影响范围与被控制的基础之间设置补偿注浆层，即在土层沉降处注入适量的水泥或化学浆，以起到补偿土体的作用，然后通过施工过程中的监测数据，不断控制各注浆管的注浆量，实现隧道开挖与基础沉降的同步控制，从而减小土体的沉降。跟踪注浆根据隧道可能发生过大位移或在已经发生了部分位移后，通过注浆局部增大隧道外侧的荷载并改善土质，使其停止移动甚至产生反向位移。这种方法能够非常有效地弥补土体损失，提高结构物承载强度和刚度，使其受隧道开挖的影响程度最低，因此在隧道开挖措施无法满足地表沉降要求时，注浆加固无疑是一种十分可行的方法。

当地面具备施工条件时，可采用从地面进行注浆或喷射搅拌的方式进行施工；当地面不具备施工条件或不便从地面施工时，可以采用洞内处理的方式，主要是洞内注浆。成都地铁1号线在盾构下穿安监局时，通过地面注浆的处理方式顺利通过了结构基础，且把最终沉降成功地控制在17 mm以内。

② 桩基托换。

一般在下列情况下需要进行桩基托换：（a）盾构开挖通过桩基附近，从而削弱了桩的侧向约束，降低了桩的承载能力；（b）盾构开挖从距离桩端很近的地方穿过，使桩端承载力严重损失；（c）盾构开挖穿过桩体本身，导致桩的承载力大幅下降或消失。

桩基托换是以特定的桩取代原桩作为建筑物的传力杆件，与原有地基形成多元化桩基并共同分担上部荷载，缓解和改善原有地基的应力应变状态，直至取得控制沉降与差异沉降的预期效果。在隧道开挖过程中，往往会遇到建筑物桩基侵入隧道净空的情况，当地铁隧道从建筑物底部穿越时，建筑物底部的地基土被开挖，洞体四周土体应力状态将发生变化，且伴随着土体的变形，一直延伸到地表，并对建筑物的基础产生作用。此时必须对桩基进行托换处理，将建筑物原来的基础托承到不受施工影响的新的桩基上，同时建筑物上部荷载通过托换结构也得到了可靠的转移，从而减少了隧道开挖中地层变形对建筑物的影响，解决了隧道穿越既有建筑物的安全问题。

桩基托换技术经济合理，效果较好，而且通过改变力的传播途径来控制建筑物变形的发生，不会影响到建筑物的使用功能。但是桩基托换的机理比较复杂，托换技术难度大、综合性强、施工周期长，而且大部分基础托换工程工作在建筑物的室内进行，作业空间受到限制。

③ 隔断法。

在建筑物附近进行地下工程施工时，通过在盾构隧道和建筑物间设置隔断墙等措施，阻止盾构机掘进造成的土体变形，以减少对建筑物的影响，避免建筑物产生破坏的工程保护法，称为隔断法。该法需要建筑物基础和隧道之间有一定的施工空间。

隔断墙墙体可由密排钻孔灌注桩、高压旋喷桩和树根桩等构成，主要用于承受由隧道施工引起的侧向土压力和由土体差异沉降产生的负摩阻力，减小建筑物靠盾构隧道侧的土体变形。为防止隔断墙侧向位移，还可在墙顶部构筑联系梁并以地锚支承。

设置隔断墙可以有效地减少隧道开挖对建筑物基础的影响，效果较好。钻孔灌注桩的优点是桩的强度和刚度好，比较安全可靠，同时钻孔桩施工以后桩身强度增长快，施工过程中对原有建筑物影响很小，缺点是由于场地限制只能选用较小的设备作业，速度较慢。高压旋喷桩的优点是施工设备灵巧，施工速度快，施工中对建筑物影响小，成本比钻孔灌注桩低，但其强度较低，施工后桩身强度成长慢。树根桩优点是成本低，施工设备较小，施工时对原有建筑物影响小，但由于桩小，隔断效果较差。隔断墙本身的施工也是邻近施工，故施工中要注意控制对周围土体的影响。

④ 建筑物本体加固措施。

建筑物本体加固即对建筑物结构补强，提高结构刚度，以抵抗或适应由地表沉降引起的变形和附加内力。具体的加固措施有：

（a）增大截面法。该方法通过外包混凝土或增设混凝土面层加固混凝土梁、板、柱，通过增设砖扶壁柱加固砖墙；增大截面法可增大构件刚度，提高构件的承载能力，从而提高构件的抗变形能力。

（b）外包钢法。该方法通过在混凝土构件或砌体构件四周包以型钢、钢板从而提高构件性能。该方法可在基本不增大构件截面尺寸的情况下提高构件的承载力，提高结构的刚度和延度。

（c）外包混凝土法。该方法通过外包钢筋混凝土加固独立柱和壁柱，增设钢筋混凝土扶壁柱加固砖墙，增设钢筋网混凝土或钢筋网水泥砂浆（俗称夹板墙）加固砖墙；与外包钢法相比，这种方法可更好地实现新旧材料的共同工作。

（d）粘钢法和粘贴碳纤维法。该方法通过黏结剂将钢板或碳纤维粘贴于构件表面从而提高构件性能。该方法可在不改变构件外形和不影响建筑物使用空间的条件下提高构件的承载力和适用性能。

⑤ 改善建筑物设计方法。

在地下工程建造活跃的地区，在建筑物的设计中宜考虑后期地基变形等因素，将建筑物的抗变形设计融入现有的结构设计中，以提高结构物抗变形的能力。对于框架结构，在设计时可兼顾刚性设计和柔性设计原则。刚性设计可提高建筑物的整体性和刚度，提高建筑物的抗变形能力；柔性设计是人为地在建筑物上部结构或地基基础上形成软弱面，用以吸收大部分开挖引起的地表变形，或是阻断地表变形的传递和扩散。此外，还可将现有的抗震设计理论扩展到结构抗变形理论中，例如将框架结构的"强柱弱梁、强剪弱弯、强节点弱构件"抗震原则扩展到结构的抗变形设计中。

隔断法、桩基托换和注浆等作为隧道开挖造成建筑物损害的治理措施，均有其特定的最佳使用条件，有些情况下也可以相互配合使用以减少建筑物保护代价。在隧道开挖靠近建筑物，建筑物基础埋置较浅时，且场地受到限制，可以设置隔断墙来保护建筑物；隧道开挖穿越建筑物基础将建筑物的桩基切断或者使其产生过大的变形，在施工现场、施工技术许可的情况下，建议采用桩基托换法。注浆法可以作为其他两种方法的补充和辅助手段，在隧道开挖引起的地表位移不大时也可单独采用。

7.5 本章小结

本章建立了存在溶洞的白云岩地层盾构开挖模型，研究了白云岩地层盾构掘进参数的相互影响，将数值模拟结果与实际施工进行对比，分析了溶洞分布对地表沉降和推力、扭矩的影响，提出了岩溶地层盾构掘进影响分区的划分标准，阐明了盾构施工对邻近建（构）筑物的影响机理，主要结论如下：

（1）建立了模拟白云岩地层盾构机实际开挖的数值模型。通过模拟盾构机开挖过程得出，由于盾构机刀盘是按固定方向旋转破岩，地表沉降槽曲线并非完全关于隧道中线对称，在顺次破岩的情况下，隧道前进方向左侧的沉降量要略大于前进方向右侧的。

（2）通过正交试验分析白云岩地层盾构掘进速度、刀盘转速和螺旋机转速对地表最大沉降速度、盾构机推力扭矩的影响规律，结果表明：① 盾构掘进速度和螺旋机转速对于地表最大沉降速度有显著影响，掘进速度越快、螺旋机转速越慢，地表的最大沉降速度越小；② 掘进速度对盾构机推力有显著影响，掘进速度的增大和螺旋机转速的减小会导致盾构机的推力增大；③ 掘进速度和刀盘转速对盾构机扭矩也有显著影响，表现为掘进速度的增大和刀盘转速的减小会导致扭矩的增大。④ 在正交试验分析结果的基础上，结合盾构机开挖过程推力扭矩的合理保持范围，划分了盾构机掘进速度和刀盘转速的合理选取范围。

（3）隧道开挖面附近溶洞不同的空间方位分布对盾构隧道在岩溶地层的开挖影响为：① 开挖面地表沉降槽曲线的最大沉降量随着溶洞与开挖面的水平净距的增大而逐渐减小；② 溶洞与隧道开挖面的最小净距越大，溶洞周围岩层越稳定，在模拟地层中，最小净距为 7 m 时溶洞基本保持稳定；③ 与隧道埋深相近的溶洞对地表沉降的影响最大，隧道上方的溶洞的影响要大于下方的溶洞；④ 溶洞的水平分布主要影响地表沉降槽曲线沉降最大值出现的位置。

（4）溶洞分布对地表沉降和推力、扭矩的影响表现为：随着溶洞与开挖面水平间距的增大，地表最大沉降速度在逐渐减小，溶洞的围岩越稳定，盾构机的推力扭矩越大；溶洞圆心与隧道圆心位于同一高度时对地表沉降的影响最大；开挖面下方的溶洞使盾构机的推力、扭矩都有较大幅度的减小，而开挖面上方的溶洞对盾构机的推力、扭矩的影响较小。

（5）将双孔盾构隧道的开挖对既有建筑物的影响程度进行分区，分为强影响区、弱影响区和无影响区。随着建筑物基础长度的增长，建筑物荷载对沉降的影响越大；建筑物的最大沉降量越大，建筑物沉降影响范围的埋深也越大。值得注意的是，根据沉降云图，在建筑物沉降量最大的工况，建筑物大致位于一侧隧道的正上方。

附录　Python 代码

利用 PSO 粒子群优化算法进行离散元细观参数标定代码如下：

```
import itasca as it
from itasca import ballarray as ba
import numpy as np
import matplotlib.pyplot as plt
from scipy import optimize
import math
import pandas as pd
import csv
import os
import shutil
def triaxile_test(prop0,save_name):
    it.command("python-reset-state false")
    it.command("""
model new
[emod = {emod} ]
[kratio ={kratio}]
[fric = {fric}]
[pb_emod = {pb_emod}]
[pb_kratio = {pb_kratio}]
[pb_ten ={pb_ten}]
[pb_coh = {pb_coh}]
[pb_fa = {pb_fa}]
[save_name = {save_name}]
model restore "parallel_bonded"
program call "servo_wall" suppress
""".format(emod = prop0[0],kratio = prop0[1],fric = prop0[2],pb_emod = prop0[3], pb_kratio = prop0[4],pb_ten = prop0[5],pb_coh = prop0[6],pb_fa = prop0[7],save_name = "\""+save_name+"\""))
    return
def ucs_test(prop0,save_name):
    it.command("python-reset-state false")
    it.command("""
model new
[emod = {emod} ]
```

```
        [kratio ={kratio}]
        [fric = {fric}]
        [pb_emod = {pb_emod}]
        [pb_kratio = {pb_kratio}]
        [pb_ten ={pb_ten}]
        [pb_coh = {pb_coh}]
        [pb_fa = {pb_fa}]
        [save_name = {save_name}]
        program call "parallel_bonded.p3dat" suppress
        model restore "parallel_bonded"
        program call "ucs.p3dat" suppress
        """.format(emod = prop0[0],kratio = prop0[1],fric = prop0[2],pb_emod = prop0[3], pb_kratio = prop0[4],pb_ten = prop0[5],pb_coh = prop0[6],pb_fa = prop0[7],save_name = "\'"+save_name+"\'"))
        ucs = it.fish.get("peak_stress")
        it.command("""
        program call "his_export2.dat"
        """)
        stress = np.loadtxt("hist1.csv", skiprows=2, delimiter=',')[:, 1]
        strain = np.loadtxt("hist2.csv", skiprows=2, delimiter=',')[:, 1]
        stress = -stress
        strain = -strain
        pk,ec =emod(stress,strain)
        return ucs,ec
class PSO(object):
    def __init__(self, population_size, max_steps, upbounds, lowbounds, target):
        self.w = 0.6
        self.c1 = 2
        self.c2 = 2
        self.population_size = population_size
        self.dim = len(upbounds) #
        self.max_steps = max_steps #
        # py modified
        self.target = np.array(target)
        self.indiv = 0
        self.gen = 0
        self.upbounds = np.array(upbounds)
        self.lowbounds = np.array(lowbounds)
        self.path0 = os.getcwd()
```

```python
self.path1 = os.path.join(self.path0, "xv-data") # the target file
self.xy_collect = pd.DataFrame({}) # 收集所有的数据
self.x_bound = [0, 1] #
self.x = (np.array(upbounds) - np.array(lowbounds)) * np.random.uniform(self.x_bound[0],
    self.x_bound[1],
    (self.population_size, self.dim)) + lowbounds #
self.v = np.random.rand(self.population_size, self.dim) #
fitness = self.calculate_fitness(self.x)
self.p = self.x #
self.pg = self.x[np.argmin(fitness)] #
self.individual_best_fitness = fitness #
self.global_best_fitness = np.min(fitness) #
def LDIW(self):
    wstart = 0.95
    wend = 0.4
    self.w = (wstart - wend) * (self.max_steps - self.py_gen) / self.max_steps + wend
def evolve(self):
    # fig = plt.figure()
    for step in range(self.max_steps):
        self.exportxv() # export x and v data
        r1 = np.random.rand(self.population_size, self.dim)
        r2 = np.random.rand(self.population_size, self.dim)
        # 更新速度和权重
        self.LDIW()
        self.v = self.w * self.v + self.c1 * r1 * (self.p - self.x) + self.c2 * r2 * (self.pg - self.x)
        self.x = self.v + self.x
        self.gen += 1
        fitness = self.calculate_fitness(self.x)
        # 需要更新的个体
        update_id = np.greater(self.individual_best_fitness, fitness)
        self.p[update_id] = self.x[update_id]
        self.individual_best_fitness[update_id] = fitness[update_id]
        # 新一代出现了更小的 fitness，所以更新全局最优 fitness 和位置
        if np.min(fitness) < self.global_best_fitness:
            self.pg = self.x[np.argmin(fitness)]
            self.global_best_fitness = np.min(fitness)
        self.changebounds()
        self.x = (np.array(self.upbounds)-np.array(self.lowbounds)) * np.random.uniform(self.x_bound[0],
            self.x_bound[1], (self.population_size,self.dim)) + self.lowbounds
```

参考文献

[1] 徐前卫. 盾构施工参数的地层适应性模型试验及其理论研究[D]. 上海：同济大学，2006.

[2] 尹吕超，朱振宏，李玉珍，等. 日本隧道盾构新技术[M]. 武汉：华中理工大学出版社，1999.

[3] 张成. 地铁工程土压平衡式盾构施工技术研究[D]. 成都：西南交通大学，2002.

[4] 白中仁. 广州地铁三号线客大盾构区间盾构机选型技术[D]. 成都：西南交通大学，2003.

[5] 张凤翔，朱合华，傅德明. 盾构隧道[M]. 北京：人民交通出版社，2004.

[6] 何其平. 南京地铁盾构选型研究[D]. 成都：西南交通大学，2004.

[7] 龚秋明，赵坚，张喜虎. 岩石隧道掘进机的施工预测模型[J]. 岩石力学与工程学报，2004，23（S2）：4709-4714.

[8] GONG Q M, ZHAO J, JIANG Y S. In situ TBM penetration tests and rock mass boreability analysis in hard rock tunnels[J]. Tunnelling and Underground Space Technology, 2007, 22(3) : 303-316.

[9] 龚秋明，佘祺锐，王继敏，等. 不同层厚层状岩体对TBM开挖的影响[J]. 岩石力学与工程学报，2010，29（7）：1442-1449.

[10] 王洪新，傅德明. 土压平衡盾构掘进的数学物理模型及各参数间关系研究[J]. 土木工程学报，2006，39（9）：86-90.

[11] 朱合华，徐前卫，郑七振，等. 软土地层土压平衡盾构施工参数的模型试验研究[J]. 土木工程学报，2007，40（9）：87-94.

[12] YAGIZ S. Utilizing rock mass properties for predicting TBM performance in hard rock condition[J]. Tunnelling and Underground Space Technology, 2008, 23(3) : 326-339.

[13] HASSANPOUR J, ROSTAMI J, KHAMEHCHIYAN M, et al. TBM performance analysis in pyroclastic rocks: a case history of Karaj water conveyance tunnel[J]. Rock Mechanics and Rock Engineering, 2010, 43(4) : 427-445.

[14] 张厚美，吴秀国，曾伟华. 土压平衡式盾构掘进试验及掘进数学模型研究[J]. 岩石力学与工程学报，2005，24（S2）：5762-5766.

[15] 张莹，蔡宗熙，冷永刚，等. 盾构机掘进参数的关联分析与地质特征识别[J]. 哈尔滨工程大学学报，2011，32（4）：476-480.

[16] 宋克志，袁大军，王梦恕. 基于盾构掘进参数分析的隧道围岩模糊判别[J]. 土木工程学报，2009，42（1）：107-113.

[17] 张恒，陈寿根，邓稀肥. 盾构掘进参数对地表沉降的影响分析[J]. 现代隧道技术，2010，47（5）：48-53.

[18] GONG Q M, ZHAO J. Influence of rock brittleness on TBM penetration rate in Singapore granite[J]. Tunnelling and underground Space technology, 2007, 22(3) : 317-324.

[19] 吕建中，王守慧，李毕华，等. 不同土层下南京长江隧道盾构施工参数研究[J]. 城市道桥与防洪，2008（7）：166-169+14.

[20] 孙玉永，周顺华，向科，等. 近距离下穿既有隧道的盾构施工参数研究[J]. 中国铁道科学，2010，31（1）：54-58.

[21] 郭树棠. 应用人工智能和模糊理论的盾构自动掘进系统（用于深埋、长距离的盾构施工）[J]. 世界隧道，1995（5）：46-51+75.

[22] 张厚美. TBM 的掘进性能数值仿真研究[J]. 隧道建设，2006（S2）：1-7.

[23] 杨全亮. 盾构法施工掘进参数优化分析研究[D]. 北京：北京交通大学，2008.

[24] 宋克志，孙树贤，袁大军，等. 基于盾构掘进参数的岩石可切割性模糊识别[J]. 岩石力学与工程学报，2008（S1）：3196-3202.

[25] 吕强，傅德明. 土压平衡盾构掘进机刀盘扭矩模拟试验研究[J]. 岩石力学与工程学报，2006（S1）：3137-3143.

[26] 管会生. 土压平衡盾构机关键参数与力学行为的计算模型研究[D]. 成都：西南交通大学，2008.

[27] 邓立营，刘春光，党军锋. 盾构机刀盘扭矩及盾体推力计算方法研究[J]. 矿山机械，2010，38（17）：13-16.

[28] 朱北斗，龚国芳，周如林，等. 基于盾构掘进参数的 BP 神经网络地层识别[J]. 浙江大学学报（工学版），2011，45（5）：851-857.

[29] 徐前卫，朱合华，廖少明，等. 砂土地层中全断面盾构掘进机顶进推力和刀盘切削扭矩的模型试验研究[J]. 现代隧道技术，2008，45（S1）：178-182.

[30] KIM S H, JEONG G H, KIM J S. Predicted and measured tunnel face behaviour during shield tunneling in soft ground[J]. Tunnelling and Underground Space Technology, 2006, 21(3/4) : 264.

[31] CHAMBON P, CORTE J F. Shallow tunnels in cohesionless soil: stability of tunnel face[J]. Journal of Geotechnical Engineering, 1994, 120(7) : 1148-1165.

[32] 胡国良，龚国芳，杨华勇. 土压平衡式盾构机土压控制的模拟实验[J]. 液压与气动，2007（9）：1-4.

[33] 陈立生，王洪新. 土压平衡盾构平衡控制的新思路[J]. 上海建设科技，2008（5）：18-21.

[34] 魏建华，丁书福. 土压平衡式盾构开挖面稳定机理与压力舱土压的控制[J]. 工程机械，2005（1）：18-19+59-102.

[35] VINAI R, OGGERI C, PEILA D. Soil conditioning of sand for EPB applications: A laboratory research[J]. Tunnelling and Underground Space Technology, 2008, 23(3) : 308-317

[36] 黄正荣，朱伟，梁精华，等. 浅埋砂土中盾构法隧道开挖面极限支护压力及稳定研究[J]. 岩土工程学报，2006（11）：2005-2009.

[37] 胡新朋，孙谋，李建华，等. 地铁 EPB 盾构不同地层土仓压力设置问题研究[J]. 地下空间与工程学报，2006（S2）：1413-1417.

[38] 施虎，龚国芳，杨华勇，等. 盾构掘进土压平衡控制模型[J]. 煤炭学报，2008（3）：343-346.

[39] 徐英晋. 同步注浆条件下盾构施工引起的隧道和地表沉降及其控制研究[D]. 北京：北京交通大学，2019.

[40] 周健，柴嘉辉，丁修恒，等. 盾构隧道施工预测与动态调控方法研究[J]. 岩土工程学报，2019，41（5）：821-828.

[41] 魏纲，张鑫海，华鑫欣. 考虑多因素的双线水平平行盾构施工引起地表隆陷研究[J]. 防灾减灾工程学报，2017，37（6）：923-930.

[42] 陈春来，赵城丽，魏纲，等. 基于 Peck 公式的双线盾构引起的土体沉降预测[J]. 岩土力学，2014，35（8）：2212-2218.

[43] 许军. 地铁隧道盾构法施工引起地表沉降动态分析[J]. 工程勘察，2014，42（11）：64-67+73.

[44] 白海卫，何海健，李玲. 正交下穿施工对上部既有隧道安全的影响研究[J]. 地下空间与工程学报，2014，10（2）：434-440.

[45] 刘柳，冯卫星. 基于 NNBR 模型的隧道盾构施工地表沉降实测与计算分析[J]. 吉林大学学报（工学版），2021，51（1）：245-251.

[46] 辛韫潇. 盾构地铁隧道建设对地表文物建筑的影响研究[J]. 工程勘察，2021，49（2）：1-6+30.

[47] 姜久纯，尹超，张超翔，等. 乌鲁木齐地铁隧道下穿邻近既有线施工力学行为研究[J]. 工程勘察，2021，49（10）：21-25+43.

[48] SHI J, ORTIGAO J A R, BAI J. Modular neural networks for predicting settlements during tunneling[J]. Journal of Geotechnical and Geoenvironmental Engineering, 1998, 124(5)：389-395.

[49] SUWANSAWAT S, EINSTEIN H H. Describing settlement troughs over twin tunnels using a superposition technique[J]. Journal of Geotechnical and Geoenvironmental Engineering, 2007, 133(4)：445-468.

[50] SANTOS JR O J, CELESTINO T B. Artificial neural networks analysis of Sao Paulo subway tunnel settlement data[J]. Tunnelling and Underground Space Technology, 2008, 23(5)：481-491.

[51] ZHANG L, WU X, JI W, et al. Intelligent approach to estimation of tunnel-induced ground settlement using wavelet Packet and support vector machines[J]. Journal of Computing in Civil Engineering, 2017, 31(2)：0401605.

[52] 李涛. 基于颗粒流模型的 TBM 滚刀破岩过程细观特征规律研究[D]. 成都：西南交通大学，2017.

[53] 张桂菊，谭青，劳同炳.TBM 盘形滚刀切削力学模型分析[J].中南大学学报(自然科学版)，2020，51（10）：2792-2799.

[54] 张尧尧. 线性和回转切割模式下 TBM 滚刀破岩机理及影响因素研究[D]. 济南:山东建筑大学，2020.

[55] 杨振波. 复合式盾构机刀具数值模拟及布置方式研究[D]. 太原：太原科技大学，2019.

[56] 赵多. 复合式盾构机刀盘刀具布局方案的研究[D]. 天津：天津大学，2012.

[57] 周喜温. 土压平衡式复合盾构刀盘的刀具优化配置研究[D]. 长沙：中南大学，2010.

[58] CUNDALL P A, STRACK O. A discrete numerical model for granular assemblies[J]. Géotechnique, 1979, 30(3)：331-336.

[59] BUSS S R. Accurate and efficient simulation of rigid-body rotations[J]. Journal of Computational Physics, 2000, 164(2) : 377-406.

[60] JOHNSON S M, WILLIAMS J R, COOK B K. Quaternion-based rigid body rotation integration algorithms for use in Particle methods[J]. International Journal for Numerical Methods in Engineering, 2008, 74(8) : 1303-1313.

[61] POTYONDY D O, CUNDALL P A. A bonded-Particle model for rock[J]. International Journal of Rock Mechanics and Mining Sciences, 2004, 41(8) : 1329-1364.

[62] JIANG M, SHEN Z, WANG J. A novel three-dimensional contact model for granulates incorporating rolling and twisting resistances[J]. Computers & Geotechnics, 2015, 65: 147-163.

[63] BAHAADDINI M, SHEIKHPOURKHANI A M, MANSOURI H. Flat-joint model to reproduce the mechanical behaviour of intact rocks[J]. European Journal of Environmental and Civil Engineering, 2021, 25(8) : 1427-1448.

[64] 韩利涛. 盾构机刀具智能选型与布置研究[D]. 石家庄：石家庄铁道大学，2016.

[65] 王俊伟，汪定伟. 粒子群算法中惯性权重的实验与分析[J]. 系统工程学报，2005（2）：194-198.

[66] 陈贵敏，贾建援，韩琪. 粒子群优化算法的惯性权值递减策略研究[J]. 西安交通大学学报，2006（1）：53-56+61.

[67] 邓树新，郑永来，冯利坡，等. 试验设计法在硬岩 PFC3D 模型细观参数标定中的应用[J]. 岩土工程学报，2019，41（4）：655-664.

[68] 周秋爽. 基于三维离散—连续耦合方法的新建隧道下穿既有盾构隧道变形特性研究[D]. 北京：北京交通大学，2019.

[69] 张权，饶秋华，沈晴晴，等. 基于中心组合设计的颗粒流平直节理模型宏-细观参数相关性研究[J]. 中南大学学报（自然科学版），2021，52（3）：779-789.

[70] 崔洋洋. 砂土材料离散元细观参数的自动识别[D]. 北京：北方工业大学，2019.

[71] 徐国元，孙元鹏. 利用迭代思想标定砂土三轴试验宏-细观参数[J]. 哈尔滨工业大学学报，2017，49（9）：65-69.

[72] 蒋明镜，方威，司马军. 模拟岩石的平行粘结模型微观参数标定[J]. 山东大学学报（工学版），2015，45（4）：50-56.

[73] LI Z, RAO Q H. Quantitative determination of PFC3D microscopic parameters[J]. Journal of Central South University, 2021, 28(3): 911-925.

[74] 杨新安，张业炜，邱龑，等. 盾构机反交错双螺旋线刀具布置形式[J]. 同济大学学报（自然科学版），2013，41（8）：1263-1268.

[75] 贾权. 盾构滚刀磨损寿命预测及破岩仿真研究[D]. 成都：西南交通大学，2016.

[76] 吴俊，袁大军，李兴高，等. 盾构刀具磨损机理及预测分析[J]. 中国公路学报，2017，30（8）：109-116+142.

[77] 袁立斌，刘杰，赵宏，等. 富水卵漂石地层盾构滚刀磨损规律及寿命预测分析[J]. 隧道建设（中英文），2019，39（10）：1712-1719.

[78] 田瑞忠. 盾构长距离穿越上软下硬富水石灰岩地层施工技术[J]. 铁道建筑技术，2020

（4）：73-76.

[79] 石少刚. 施工荷载下盾构隧道管片力学响应分析[D]. 哈尔滨：哈尔滨工业大学，2014.

[80] 杨小龙，房有亮，吕志洲. 昆明软土地区双孔隧道地表沉降预测及影响分区[J]. 现代隧道技术，2019，56（S2）：347-354.

[81] 张自光，仇文革. 地铁区间隧道近接建筑施工工程影响分区研究[J]. 现代隧道技术，2016，53（1）：75-82.

[82] 王辉，蒋成，郑朋强，等. 城市隧道近接建筑施工的相互影响规律研究[J]. 山东科技大学学报（自然科学版），2019，38（4）：27-32+49.

[83] 郑余朝，蔡佳良，袁竹，等. 地铁隧道下穿既有铁路近接影响分区和施工控制研究[J]. 现代隧道技术，2016，53（6）：202-209.

[84] 王明年，张晓军，苟明中，等. 盾构隧道掘进全过程三维模拟方法及重叠段近接分区研究[J]. 岩土力学，2012，33（1）：273-279.

[85] 邱明明，姜安龙，舒勇. 城市地铁盾构施工地层变形三维数值模拟分析[J]. 防灾减灾工程学报，2014，34（2）：161-167.